十三經注疏

注 鄭玄 疏 孔穎達
책임번역 李霜芽 공동번역 趙埈晫
현 토 成百曉

譯註 禮記正義 3

예기정의

전통문화연구회

飜譯委員

企劃編輯　東洋古典飜譯編輯委員會
飜譯研究管理　南賢熙
責任飜譯　李霜芽
共同飜譯　趙埈暤
懸　吐　成百曉
潤　文　朴勝珠
校　訂　郭成龍
編輯出版　白俊哲
裝　幀　김진디자인

圖書管理

事業管理　李鍾爽
弘報管理　李和春
普　及　申洋先
古典情報化　安成守

東洋古典現代化와 十三經注疏 譯註

본회가 東洋古典의 飜譯과 教育, 情報化 등 古典現代化 사업을 시작한 지 어느덧 25년이 되었다. 그간 우리나라의 고전국역 상황을 보면, 東洋古典에 대한 번역문제는 1960년 중반에 한국고전번역을 정부에서 추진하면서 우선 四書五經 등 기본고전을 모범 번역하자는 논의가 있었지만 우리 고전이 아니라고 무산되었다.

1980년대에 韓國學 연구와 한국고전번역의 先決課題는 물론, 國際政治 관계나 經濟상의 이유로도 필요하다는 논의가 제기되었다. 그 후 1988년 본회가 발족하면서 東洋古典 번역을 착수하여, 1990년대 말경 본회에서 소위 '新注'의 四書三經을 註까지 懸吐完譯함으로써 東洋學과 韓國學徒들의 袖珍本이 되고 教育界와 文化界까지 파급되었다.

그 후 본회 창립 20주년이 되면서 다시 동양고전현대화의 과제와 목표를 논의하면서, 단순한 韓國學의 선결과제를 넘어 東洋文化에 대한 源泉的이며 體系的인 檢討의 필요성이 대두되었으니, 이제 우리는 東洋文化의 先導的 역할을 담당할 준비를 갖추고 21세기에 先進文化强國 건설로 새 歷史를 이루자는 것이었다.

일반적으로 十三經은 核心的 儒家經典의 總稱이지만, 이는 東洋文化의 뿌리라 하겠다. 우리 역사상으로 十三經은 저 멀리 삼국시대에 이미 高句麗의 太學에서 기본 교과로 채택하였고, 百濟에서는 五經博士 制度를 두었고, 新羅 薛聰은 九經을 方言으로 읽었고, 高麗에서는 國子監이나 九齋學堂에서 교육하였으며, 朝鮮朝 成均館과 鄕校, 書堂과 書院에서는 四書五經 등을 교육하여 人材 등용과 국가정책에 절대적 영향을 끼쳤다.

이 十三經의 代表的 註釋書는 漢・唐時期의 '古注'라 일컬어지는 十三經注疏와, 그 후 宋代의 朱子的 世界觀이 반영된 '集註'와 '集傳' 등의 '新注'가 두 개의 軸이라 할 수 있다.

그런데 우리는 조선조에서부터 朱子學 일변도의 學風으로 경도되어, 그 偏向性이 오늘에까지 이르렀음은 심히 不幸이라 하겠다. 中國에서는 明・淸 시기에 訓詁學, 考證學이라는 學風이 일어 十三經注疏가 經學硏究의 標準이 되었고, 日本에서는 反朱子的 見解와 陽明學의 영향을 받아 明治維新 때 이미 漢文大系 등의 古典整理 사업으로 '古注' 연구가

一般化된 사실을 간과해서는 안 되겠다.

이에 東洋文化의 核心이라 할 수 있는 十三經注疏를 譯註하고, 이를 통해 우리 文化의 傳統에 대해 體系的으로 이해하고 復元함으로써, 그간 편협했던 학술 風土를 넘어 多樣性과 客觀性을 모색하고, 아울러 古典現代化의 水準을 높이고 融合的이고 自生的인 韓國學을 진작시켜야 할 것이다.

오늘날 중국과 일본에서 번역하지 못한 십삼경주소를 본회에서 130여 책으로 10년 안에 完譯하고, 이와 이울러 韓中日 三國의 東洋古典語彙 情報網을 구축함으로써, 우리의 東洋學과 韓國學 연구에 礎石과 架橋가 되어 우리나라가 先進文化强國으로 昇華되고 世界文化 발전에까지 기여하기를 기대한다.

이 十三經注疏의 번역은 三經과 三禮와 春秋三傳과 ≪論語≫, ≪孟子≫, ≪孝經≫, ≪爾雅≫ 등의 十三經을 經은 물론이요 注와 疏까지 譯註하는 것으로, 原典의 傳統性과 번역의 現代性을 기본으로 하여 漢學元老와 新進學者의 協同硏究飜譯으로 추진하고자 한다.

또한 註釋은 宋代의 소위 '新注'와 비교하고, 明淸代의 注와 韓國 先賢의 注와 見解, 그리고 日本의 注를 가급적 반영하며, 深度 있는 硏究解題를 하기로 하였다. 한편 古典의 우리식 讀解文法인 懸吐를 經과 注에 달고 방대한 疏에는 편의상 構文을 이해할 수 있는 標點을 달며, 經·注·疏 전체에 대한 內容索引을 할 계획이다.

끝으로 오랫동안 飜譯과 校閱에 종사하여 오신 元老漢學者와 10여 년 이상 漢學을 연수한 新進學者로서, 이 십삼경주소의 연구번역에 참여하여 難解한 注疏의 譯註에 헌신하시는 모든 분들께 무한한 감사를 드린다.

또한 고전현대화에 대한 政府의 지대한 關心과 支援에 감사를 드리며, 그간 직간접으로 지도편달하여 주신 학계와 교육계 및 문화계 인사 여러분께 심심한 謝意를 표하며, 앞으로도 따뜻한 관심과 엄정한 叱正을 부탁드리며 내내 평강과 행복을 기원한다.

社團法人 傳統文化硏究會 理事長 李啓晃

凡 例

1. 본서는 十三經注疏 중 ≪譯註 禮記正義≫의 제3책이다.
2. 본서는 원전의 傳統性과 번역의 現代性을 구현하기 위해 노력하였다.
3. 본서의 저본은 阮元 校刻本 ≪重栞宋本禮記注疏附校勘記≫(淸 嘉慶 20년(1815) 江西南昌府學開雕 阮元 校刻)를 영인한 ≪禮記正義≫(中華書局, 2009, 이하 '阮刻本'으로 약칭)로 하되, 北京大 整理本 ≪禮記正義≫(十三經注疏整理委員會 整理, 北京大學出版社, 2000, 이하 '北京大本'으로 약칭)를 참고하였다.
4. 본서의 書名은 底本인 阮刻本 卷首題에는 ≪附釋音禮記注疏≫로 되어 있으나, 五經正義의 하나로 간행되어 '禮記正義'의 서명이 더욱 보편적일 뿐 아니라, ≪四庫全書總目提要≫ 등에도 '禮記正義'로 되어 있어 본서의 제목을 '禮記正義'로 하였다.
5. 원문의 經과 注는 우리나라 전통 방식으로 懸吐하고, 疏는 간략히 표점하였다. 경문의 현토는 ≪禮記大文諺讀≫를 참조하되 주소에 근거하여 수정하였다.
6. 原文은 저본의 體制에 따라 經, 注, 疏를 구분하고, 注에는【注】표시를, 疏에는【疏】표시를 하여 經과 구분하였다.
7. ≪예기≫ 49편은 순서에 따라 01부터 49까지 번호를 붙였다. 원문의 分章은, 經과 注는 저본을 따라 부호 '○'로 시작한 것은 章으로 구분하여 번호를 붙이고, 疏 뒤에 '○'가 없이 經과 注가 다시 나오면 같은 章의 小節로 삼아 번호를 붙였다. 다만 疏는 단락이 길 경우 의미에 따라 역자 재량으로 분절하고 번호는 붙이지 않았다. 예컨대 '01-01-01'은 '〈곡례 상〉 제1장 제1절'이라는 의미이다.
8. 저본의 反切 注는 생략하되 문맥을 이해하기 위해 필요한 경우에는 살리고, 독음이 특수하거나 僻字인 경우는 원문의 해당 글자 뒤의 ( ) 속에 한글로 音을 달아주었다.
9. 疏에서 설명 대상으로 인용한 經과 注의 단어나 구절은 번역하지 않고 원문 그대로 〔 〕 속에 넣어주었다.

   예 〔儼若思〕 '儼'은 엄숙하고 장중한 모습이다.

10. 번역은 原義에 충실하게 하되 이해가 어려운 부분은 보충역을 하였다. 다만 鄭玄과 孔穎達·陸德明의 해석이 다를 경우 정현 주에 근거하여 번역하고 공영달과 육덕명의 다른 해석을 주석으로 밝혔다.
11. 注疏에서 인용한 13경의 구절은 ≪十三經注疏≫에 근거하여 번역하였다.
12. 번역문은 한글과 漢字를 혼용하였으며, 맞춤법과 띄어쓰기는 한글 맞춤법과 표준어 규정을 따르는 것을 원칙으로 하였다.
13. 譯註는 校勘, 異說, 인용문의 出典, 故事, 역사적 사건, 전문용어, 難解語, 人物, 制度, 官職 등에 관한 사항을 밝혔다.
14. 校勘은 원문의 誤字, 脫字, 衍字, 倒文 등을 대상으로 하였다. 다만 己·已·巳는 별도의 주석 없이 문맥에 맞게 곧바로 수정하였으며, 이체자 역시 한국고전종합DB 이체자검색(http://db.itkc.or.kr/DCH)에 의거하여 대표자로 수정하였다.
15. 校勘은 저본인 阮刻本의 校勘記에서 꼭 필요한 경우에만 선택적으로 譯註에 반영하였다. 이밖에 北京大本 校勘記를 비롯한 여러 原典 자료를 참조하였으며, 참조한 자료는 譯註에 밝혔다.
16. 阮刻本에서 校勘에 참고한 書目의 略稱은 다음과 같으며, 譯註에 약칭으로 표기하였다.
    - 嘉靖本 : 明나라 嘉靖(1522~1566) 年間本. 刊板人 未詳
    - 監本 : 明나라 萬曆(1573~1620) 연간의 國子監 刻本
    - 考文宋板 : 日本 山井鼎·物觀의 ≪七經孟子考文補遺≫에 실려 있는 宋板本
    - 南宋石經 : 宋나라 高宗 御書本
    - 盧文弨校本 : 淸나라 盧文弨(1717~1795)가 교감한 것
    - 段玉裁校本 : 淸나라 段玉裁(1735~1815)가 교감한 것
    - 毛本 : 明나라 崇禎 12년(1639) 毛晉의 汲古閣 校刊本
    - 閩本 : 明나라 嘉靖(1522~1566) 연간의 閩中御史 李元陽의 校刊本
    - 附釋音本 : 南宋 시기 原刻本
    - 石經 : 唐나라 開成 2년(837)의 石刻本
    - 孫志祖校本 : 淸나라 孫志祖(1736~1800)가 교감한 것
    - 岳本 : 宋나라 岳珂刻本. 淸나라 武英殿翻刻仿宋本을 사용
    - 衛氏集說 : 南宋 衛湜의 ≪禮記集說≫
    - 浦鏜校本 : 淸나라 浦鏜(?~1762)의 ≪十三經注疏正字≫
    - 惠棟校宋本 : 淸나라 惠棟(1697~1758)이 宋刊本에 근거하여 汲古閣本을 교감한 것

17. 본서의 校勘에 사용된 符號는 다음과 같다.

( )〔 〕: (저본의 誤字)〔교감한 正字〕

〔 〕: 저본의 脫字 補充

( ): 저본의 衍字

18. 본서에 사용된 주요 符號는 다음과 같다.

“ ”: 對話, 각종 引用

‘ ’: “ ” 안에서 再引用, 强調

「 」: ‘ ’ 안에서 再引用, 强調

( ): 원문에서는 讀音이 특수한 글자나 僻字의 音
번역문에서는 간단한 譯註

〔 〕: 번역문과 뜻은 같으나 音이 다른 漢字나 句節, 譯註에서 인용한 原文
疏에서 설명 대상으로 제시한 經이나 注의 단어나 구절

≪ ≫: 書名이나 典據

＜ ＞: 篇章名, 作品名, 補充譯

【 】: 注와 疏의 표시

○ : 저본에 사용된 단락 구분 표시 遵用

19. 본서에서 사용된 標點符號는 다음과 같다.

. : 문장의 종결

, : 한 문장 안에서 句나 節의 구분이 필요한 곳

· : 대등한 명사나 구절의 병렬

“ ”: 對話, 각종 引用

‘ ’: “ ” 안에서 再引用, 强調

「 」: ‘ ’ 안에서 再引用, 强調

: : 疏의 내용을 포괄하는 ‘正義曰’ 뒤에 사용

目 次

十三經注疏

譯註 禮記正義 3

예기정의

禮記注疏 제5권

제2편 曲禮 下

禮記 鄭氏 注 孔穎達 疏

02-14-01 五官之長을 曰伯이니

〈司徒 이하〉 다섯 관직의 수장을 '伯'이라 하니,

【注】 謂爲三公者니 周禮에 九命作伯이라하니라

三公이 된 자를 이르니, ≪周禮≫ 〈春官 大宗伯〉에 "九命이 伯이 된다."라고 하였다.

是職方하니라

이에 나누어 맡은 방소를 주관한다.

【注】 職은 主也니 是伯은 分主東西者라 春秋傳曰 自陝(섬)[1]以東은 周公主之하고 自陝以西는 召[2]公主之하고 一相이 處乎內라하니라 是는 或爲氏라

1) 陝(섬) : ≪春秋公羊傳≫ 隱公 5년 조 何休의 解詁에 "'陝'은 지금의 弘農 陝縣이 이곳인 듯하다.〔陝者 蓋今弘農陝縣是也〕"라고 하였는데, 陸德明은 音義에서 일설을 인용하여 '陝'은 '郟(겹)'이 되어야 하며 王城이 郟鄏(겹욕)에 있음을 말한 것이라고 하였다. '郟鄏'은 지금의 河南省 洛陽市에 있었던 周나라의 東都로, ≪春秋左氏傳≫ 宣公 3년 조에 "성왕이 겹욕에 鼎을 안치하였다.〔成王定鼎于郟鄏〕"라는 내용이 보인다.(陸德明의 音義 참조)

2) 召 : 又本에는 '邵'로 되어 있다.(陸德明의 音義 참조)

'職'은 '주관하다'의 뜻이니, 여기의 '伯'은 동쪽과 서쪽 지역을 나누어 맡아서 주관하는 자이다. ≪春秋公羊傳≫에 이르기를 "陝 동쪽은 周公이 주관하고, 陝 서쪽은 召公이 주관하고, 한 명의 재상은 畿內에 거처한다."라고 하였다. '是'는 或本에는 '氏'로 되어 있다.

【疏】'五官'至'職方'[1]. ○ 正義曰：此一節總論二伯及州牧諸侯等稱謂, 今各依文解之. ○'五官之長曰伯', 畿外[2]之大, 莫大於二伯, 故此先言之也. "五官"者, 卽司徒以下五官也. 云"長"者, 謂三公無職, 故不在五官之中, 卽三公加一命, 出爲分陝二伯者也. "伯", 長也, 謂朝廷之長, 言此二伯爲內外官之長. "是職方"者, 言二伯於是職主當方之事也.

1) 五官至職方：惠棟校宋本에는 이 5자가 없다.(阮元의 校勘記 참조)

2) 畿外：王都를 중심으로 주위의 천 리 지역을 '畿'라 이른다. ≪周禮≫〈地官 大司徒〉 賈公彦의 疏에 "王畿는 천 리이니, 일월의 큼을 형상하였다. 그 중앙에 왕성을 두어 왕성 밖 사면이 각각 5백 리이다.〔王畿千里 以象日月之大 中置國城 面各五百里〕"라는 내용이 보인다.

經의 〔五官〕에서 〔職方〕까지

○ 正義曰：이 절은 二伯 및 州牧과 제후 등의 호칭을 총괄적으로 논한 것이니, 이제 각각 글을 따라 풀이하겠다.

○〔五官之長曰伯〕 畿外의 큰 나라로는 〈東伯과 西伯의〉 二伯보다 더 큰 곳이 없으므로 여기에서 먼저 말한 것이다. '五官'은 즉 司徒 이하의 다섯 관직이다. '長'이라 말한 것은, 三公은 맡은 직책이 없으므로 다섯 관직 안에 들어 있지 않음을 말한 것이다. 즉 〈8命인〉 삼공으로 1命을 더하여 〈9命으로〉 나가서 陝을 기준으로 나누어 맡아 〈동백과 서백의〉 二伯이 된 자들이다. '伯'은 '수장〔長〕'의 뜻이니, 조정의 수장을 이른다. 이 두 伯이 내외 관원들의 수장이 된다는 말이다. '是職方'은 二伯이 이에 해당 방소의 일을 주관한다는 말이다.

【疏】○ 注'職主'至'乎內'. ○ 正義曰：引公羊傳, 證周家二伯所主之事. 隱五年公羊傳云"天子三公者何. 天子之相也. 則何以三. 自陝而東者, 周公主之, 自陝而西者, 召公主之, 一相處乎內." 又案三公八命者, 堯時爲四伯, 故詩崧高注云[1] "當堯時, 姜氏爲四伯." 至堯之末, 分置八伯, 故虞書傳云[2] "元祀巡守四岳八伯." 舜之元祀有八伯, 明堯末置之, 夏則無文, 殷則改置二伯, 與周同. 故王制云 "八州八伯." 又云[3]"天子之老二人, 曰二伯"是也.

1) 詩崧高注云：≪詩經≫〈大雅 崧高〉 毛亨의 傳에 "〈四嶽은〉 동악은 岱山, 남악은 衡山, 서악은 華山, 북악은 恒山이다. 堯임금 때 姜氏가 四伯이 되어 四嶽의 제사를 관장하

고 제후의 직책을 맡아 지켰다. 周나라에서는 〈그 후손으로〉 甫氏・申氏・齊氏・許氏가 있다.〔東嶽岱 南嶽衡 西嶽華 北嶽恒 堯之時 姜氏爲四伯 掌四嶽之祀 述諸侯之職 於周則有甫有申有齊有許也〕"라는 내용이 보인다. 鄭玄의 箋에 따르면 '四嶽'은 卿士의 관원으로 四時를 관장하는 자이다. 천자의 方嶽 巡守에 대한 일을 맡아서 주관하였는데, 요임금 때는 姜姓이 이를 행하였다고 한다.

2) 虞書傳云 : 이하의 내용이 ≪尙書大傳≫ 卷1下에 보인다. 정현의 주에 "요임금 때 羲氏와 和氏를 얻어 六卿에 임명하였다. 춘・하・추・동을 주관하는 자들이 아울러 方嶽의 일을 관장하니, 이들은 四嶽이 되었고 나가서는 伯이 되었다. 그 후에 차츰 죽고 驩兜(환두)와 共工 등이 이를 대신하니, 마침내 나누어서 八伯을 두었다.〔堯時得羲和 命爲六卿 其主春夏秋冬者竝掌方嶽之事 是爲四嶽 出則爲伯 其後稍死 驩兜共工等代之 乃分置八伯〕"라고 하였다. 요임금 때 八伯은 驩兜・共工・放齊・鯀(곤) 및 미상의 4人이다.(賈公彦 〈周禮疏序〉 鄭玄 注 참조)

3) 又云 : ≪禮記≫ 〈王制〉에 "八伯은 각각 자기 관속을 거느리고 천자의 〈上公인〉 老 두 사람에게 소속되어 천하를 나누어 좌와 우로 삼으니, 이를 二伯이라 한다.〔八伯 各以其屬 屬於天子之老二人 分天下以爲左右 曰二伯〕"라는 내용이 보인다.

○ 注의 〔職主〕에서 〔乎內〕까지

○ 正義曰 : ≪春秋公羊傳≫을 인용하여 周나라의 二伯이 주관한 일을 증명한 것이다. ≪춘추공양전≫ 隱公 5년 조에 이르기를 "천자의 三公은 누구인가? 천자의 재상이다. 그렇다면 왜 세 명인가? 陝 동쪽은 周公이 주관하고, 陝 서쪽은 召公이 주관하고, 한 명의 재상은 畿內에 거처한다."라고 하였다. 또 살펴보면 삼공으로 8命인 자들은 堯임금 때 四伯이 되었으므로 ≪詩經≫ 〈大雅 崧高〉 注에 이르기를 "요임금 때를 당하여 姜氏가 四伯이 되었다."라고 한 것이다. 요임금 말기에 이르러서는 八伯을 나누어 두었으므로 ≪尙書大傳≫ 〈虞書〉에 이르기를 "〈舜임금은〉 원년에 四岳 八伯을 순수하였다."라고 한 것이니, 순임금 원년에 八伯이 있었던 것은 요임금 말기에 둔 것이 분명하다. 夏나라는 명문이 없고, 殷나라는 이를 바꾸어서 二伯을 두어 周나라와 동일하다. 그러므로 ≪예기≫ 〈王制〉에 이르기를 "8개의 州에 八伯이 있다."라고 하였고, 또 이르기를 "천자의 老 두 사람을 二伯이라 한다."라고 한 것이 이것이다.

02-14-02 其擯[1]於天子也엔 曰天子之吏라하며

1) 擯 : 손님을 접대하여 인도하는 것이다. 陸德明의 音義에 따르면 '儐(빈)'으로 되어 있

는 판본도 있다. ≪周禮≫ 〈春官 大宗伯〉에 "왕이 제후에게 策命하면 〈책명 받을 제후를〉 儐한다.〔王命諸侯則儐〕"라고 하였는데, 가공언의 소에 "儐은 〈책명 받을 제후에게〉 앞으로 나아와서 책명을 받도록 하는 것을 이른다.〔儐謂進使前以受策也〕"라고 하였다.

〈왕명을 전하는〉 擯者가 〈伯을〉 천자에게 고할 때는 '천자의 吏'라고 하며,

【注】擯者辭也라 春秋傳曰 王命委之三吏[1]라하니 謂三公也라

1) 王命委之三吏 : 현행본 ≪春秋左氏傳≫ 成公 2년 조에는 "王使委於三吏"라고 되어 있다.

이것은 擯者의 말이다. ≪春秋左氏傳≫에 이르기를 "왕이 명하여 사신 접대를 三吏에게 맡겼다."라고 하였으니, 〈三吏는〉 三公을 이른다.

天子 同姓[1]으란 謂之伯父요 異姓으란 謂之伯舅라하시며 自稱於諸侯曰天子之老라하고 於外曰公이라하고 於其國曰君이라하나니라

1) 同姓 : 陸德明의 音義에서는 이 2자를 衍文으로 보았다.

천자는 〈伯을 칭하여〉 同姓이면 '伯父'라 부르고 異姓이면 '伯舅'라 부른다. 〈伯은 九州와 四夷의〉 제후에게는 '천자의 老'라 자칭하고, 〈王畿 내의 땅으로 자신의 采地〉 밖에서는 '公'이라 자칭하고, 자신의 채지 안에서는 '君'이라 자칭한다.

【注】稱之以父與舅는 親親之辭也라 外는 自其私土之外니 天子畿內라

이들을 '父'와 '舅'로 칭한 것은 친속을 친하게 여기는 말이다. '外'는 자기의 사적인 영토 밖의 땅이니, 천자의 畿內 땅이다.

【疏】'其擯'至'之吏'. ○ 正義曰[1] : 此是二伯也. 擯謂天子接賓之人也. 若擯者傳辭於天子, 則稱此二伯爲"天子之吏"也. 亦當言名也, 記者略, 可知也. 然擯呼在朝三公, 亦爲天子之吏. 若然, 玉藻云"伯曰天子之力臣"者, 謂介傳命稱天子力臣. 擯者受辭, 傳於天子, 則曰"天子之吏".

1) 正義曰 : 惠棟校宋本에는 이 3자가 없다.(阮元의 校勘記 참조)

經의 〔其擯〕에서 〔之吏〕까지

○ 正義曰 : 이들은 二伯이다. '擯'은 천자가 손님을 접대하게 한 사람을 이른다. 만

약 擯이 천자에게 말을 전한다면 이 二伯을 '천자의 吏'라고 칭한다. 또한 〈伯의〉 이름을 말해야 하나 기록하는 자가 생략했음을 알 수 있다. 그러나 擯이 조정에서 三公을 부를 때에도 마찬가지로 '천자의 吏'라고 한다. 만약 그렇다면 ≪禮記≫ 〈玉藻〉에서 "伯을 천자의 力臣이라 한다."라고 한 것은, 介가 왕명을 전할 때 '천자의 力臣'이라고 칭한 것을 이른다. 擯이 이 말을 받아 천자에게 전할 때는 '천자의 吏'라고 한다.

【疏】 ○ 注'擯者'至'公也'. ○ 正義曰：引證呼三公竝爲吏之意也. 此左傳成二年, 晉使鞏朔獻齊捷于王, 王命委之三吏. 杜預注云 "三吏, 三公也." 於時王不見鞏朔, 王命委付三公接對之, 故云"委之三吏".

○ 注의 〔擯者〕에서 〔公也〕까지

○ 正義曰：三公을 호칭하여 모두 '吏'라고 한 뜻을 인용하여 증명한 것이다. 이것은 ≪春秋左氏傳≫ 成公 2년 조에 보이는 기사로, 晉나라가 〈上軍 大夫인〉 鞏朔을 보내 왕에게 齊나라와의 전쟁에서 획득한 포로와 전리품을 바치자, 왕이 명을 내려 三吏에게 〈사신 접대를〉 맡긴 것이다. 杜預의 주에 이르기를 "三吏는 三公이다."라고 하였다. 당시 왕이 공삭을 만나지 않고 왕이 명을 내려 三公에게 맡겨서 접대하게 하였으므로 '委之三吏'라 한 것이다.

【疏】 ○ '天子同姓謂之伯父'者, 此三公與王同姓者, 王呼爲伯父. 伯者長大之名, 父乃同姓重親之稱也. ○ '異姓謂之伯舅'者, 異族重親之名也. 異族無父稱, 故呼爲伯舅, 亦親之故也. 案晉文公爲二伯, 左傳僖二十八年云"王曰[1]叔父", 不稱伯者, 以州牧之禮命之, 故稱叔也. 然晉旣稱叔父, 所以昭九年云"伯父惠公歸自秦, 而誘以來", 又云"我在伯父, 猶衣服之有冠冕", 晉稱伯父者, 以晉旣稱伯父, 又以晉爲州牧, 又爲二伯, 若以州牧爲禮稱之, 則曰叔父, 若以二伯之禮稱之, 則曰伯父. 故晉或稱伯, 或稱叔也. 周公分陝爲二伯, 詩稱"王曰叔父"[2]者, 成王以(之)〔本〕[3]親命之. 晉文侯仇爲伯, 尙書直云"父義和[4]", 不云伯者, 親親之也. 又二伯稱"天子之老", 自敵以下曰寡人, 僖四年齊桓公對楚屈完稱不穀者[5], 謙也. 凡常諸侯皆稱寡人, 莊十一年宋災, 魯往弔之, 宋閔公稱孤者, 傳云 "列國有凶, 稱孤, 禮也." 以有凶災, 故降名稱孤. ○ '自稱於諸侯曰天子之老'者, 二伯若與九州及四夷之諸侯言, 已自謂"天子之老", 係於天子言之, 以威遠國也. ○ '於外曰公'者, 外者, 其私土采地之外也, 而猶在王畿之內, 如周公食邑於周. 嚮國外之人, 其自稱則曰公也. ○'於其國曰君'者, "其國", 采地內也. 若與采地內臣民言, 則自稱曰君. 其旣主分陝, 又在王朝, 嫌不正爲采地君, 故明之也. 不云"自稱", 承上可知也.

1) 曰 : ≪春秋左氏傳≫ 僖公 28년 조에는 '謂'로 되어 있다.
2) 詩稱王曰叔父 : ≪詩經≫ 〈魯頌 閟宮〉에 "왕이 말하기를, 숙부여! 그대의 원자를 세워, 魯나라의 임금이 되게 하노라.〔王曰叔父 建爾元子 俾侯于魯〕"라는 내용이 보이는데, '王'은 成王을, '叔父'는 周公을, '元子'는 魯公 伯禽을 이른다.
3) (之)〔本〕 : 저본에는 '之'로 되어 있으나, 문맥이 통하지 않아 北京大本에 의거하여 '本'으로 바로잡았다.
4) 義和 : 晉나라의 제11대 군주인 晉 文侯의 字로, 이름은 仇이다. 周 平王을 보좌하여 東周 초기의 혼란한 정세를 안정시켰다.
5) 僖四年齊桓公對楚屈完稱不穀者 : '不穀'은 '不善'의 뜻으로, 제후가 겸손하게 자신을 부르는 칭호이다. ≪춘추좌씨전≫ 僖公 4년 조에 "齊侯가 말하기를 '〈내가 군대를 끌고 이곳까지 온 것이〉 어찌 나를 위해서이겠는가. 우리 선군들이 맺은 우호를 계승하기 위함이니, 나와 우호하는 것이 어떻겠는가?'라고 하였다.〔齊侯曰 豈不穀是爲 先君之好是繼 與不穀同好 如何〕"라는 내용이 보인다.

○〔天子同姓謂之伯父〕 이것은 三公이 왕과 同姓일 경우 왕이 '伯父'로 부른다는 것이다. '伯'은 연령이 높음을 이름한 것이니, '父'는 바로 同姓으로서 친속을 중히 여기는 호칭이다.

○〔異姓謂之伯舅〕 異族으로서 친속을 중히 여기는 이름이다. 異族은 '父'의 호칭이 없으므로 '伯舅'라 호칭한 것이니, 또한 친근하게 여기기 때문이다. 살펴보면 晉 文公은 二伯이 되었는데, ≪春秋左氏傳≫ 僖公 28년 조에 이르기를 "왕은 叔父에게 말하겠다."라고 하여 '伯'을 칭하지 않은 것은, 州牧의 禮로 명하였으므로 '叔'을 칭한 것이다. 그러나 晉나라를 이미 '叔父'로 칭하였는데, ≪춘추좌씨전≫ 昭公 9년 조에 이르기를 "〈王이 대부인 詹桓伯을 晉나라에 사신으로 보내 꾸짖으며〉 伯父인 晉 惠公이 秦나라에서 돌아온 뒤에 〈戎族을〉 유인해 왔다."라 하고, 또 이르기를 "나는 伯父에게 있어 의복에 冠冕이 있는 것과 같다."라고 하였다. 晉나라를 '伯父'로 칭한 이유는, 晉나라를 이미 '백부'라 칭하였는데 또 晉나라를 州牧으로 삼아서 또 二伯이 되었기 때문에 州牧을 禮로 삼아서 칭하면 '叔父'라 하고 二伯의 禮로 칭하면 '伯父'라 한 것이다. 그러므로 晉나라를 혹은 '伯'이라 칭하고 혹은 '叔'이라 칭한 것이다. 周公이 陝을 나누어 二伯이 되었으니, ≪詩經≫ 〈魯頌 閟宮〉에서 "왕이 말하기를 숙부여〔王曰叔父〕"라고 한 것은,

成王이 本親으로 명한 것이다. 晉 文侯인 仇가 伯이 되었을 때 ≪書經≫ 〈周書 文侯之命〉에서 단지 '父義和'라고만 하여 '伯'을 말하지 않은 것은, 친속을 친히 여긴 것이다. 또 二伯이 '天子之老'라 자칭한 것은, 대등한 신분 이하에게는 '寡人'이라 칭하는데 魯 僖公 4년에 齊 桓公이 楚나라 〈대부인〉 屈完을 대하여 '不穀'이라 칭한 것은 겸손하게 말한 것이다. 무릇 평상시에는 제후들이 모두 '寡人'이라 칭하는데, 魯 莊公 11년에 宋나라가 水災를 입자 魯나라에서 위로하러 갔을 때 宋 閔公이 '孤'를 칭한 것은, ≪춘추좌씨전≫에 이르기를 "열국에 凶災가 있으면 〈그 나라의 군주가〉 '孤'를 칭하는 것이 예이다."라고 하였다. 흉년의 재해가 있으므로 이름을 낮추어 '孤'라 칭한 것이다.

○〔自稱於諸侯曰天子之老〕 二伯이 만약 九州 및 四夷의 제후와 말한다면 자신을 '天子의 老'라 이르니, 천자에 연계시켜 말함으로써 멀리 있는 나라에 위엄을 보이는 것이다.

○〔於外曰公〕 '外'는 개인의 영토인 采地의 밖이기는 하나 여전히 王畿 안에 있는 것이니, 마치 周公의 식읍이 周나라에 있는 것과 같다. 國外의 사람에게 자칭할 때는 '公'이라 한다.

○〔於其國曰君〕 '其國'은 采地의 안이다. 만약 채지 안의 臣民과 말한다면 '君'이라 자칭한다. 이미 나누어 맡은 陝을 주관하는데 또 왕의 조정에 있으니 채지의 君이 되는 것은 올바르지 않다고 혐의할까 하여 밝힌 것이다. '自稱'이라 말하지 않은 것은, 앞글을 이은 것이어서 알 수 있기 때문이다.

【疏】 ○ 注'稱之'至'畿內'. ○ 正義曰：自稱爲公, 正在畿內耳, 畿外則曰"天子之老"也.

○ 注의 〔稱之〕에서 〔畿內〕까지

○ 正義曰：'公'으로 자칭하는 것은 바로 畿內에 있을 때뿐이니, 畿外에서는 '천자의 老'라고 한다.

02-14-03 九州之長이 入天子之國曰牧이요

九州의 長이 천자국에 들어가서는 〈자신을 칭하여〉 '牧'이라 하며,

【注】 每一州之中에 天子選諸侯之賢者하여 以爲之牧也라 周禮曰 乃施典於邦國而建其牧[1)]이라하니라

1) 牧 : 陸德明의 音義에 따르면 '기르다〔牧養〕'라고 할 때의 '牧'의 뜻으로 쓴 것이다.

하나의 州마다 그 안에서 천자가 제후의 賢者를 선발하여 牧으로 삼는다. ≪주례≫ 〈天官 大宰〉에 이르기를 "각 제후국에 六典을 시행하고 각 州에 牧을 세운다."라고 하였다.

天子同姓으란 **謂之叔父**요 **異姓**으란 **謂之叔舅**라하시며 **於外曰侯**라하고 **於其國曰君**이라하나니라

천자가 〈牧을 칭하여〉 同姓이면 '叔父'라 부르고 異姓이면 '叔舅'라 부른다. 〈九州의 長은 자신을〉 자기 나라 밖에서는 '侯'라 칭하고, 자기 나라 안에서는 '君'이라 칭한다.

【注】 牧尊於大國之君이로되 而謂之叔父는 辟(피)二伯也요 亦以此爲尊이라 禮或損之而益은 謂此類也라 外는 自其國之外와 九州之中이니 曰侯者는 本爵也라 二王之後[1]는 不爲牧이라

1) 二王之後 : 夏나라 禹王의 후손인 杞나라의 군주와 殷나라 湯王의 후손인 宋나라의 군주를 이른다.

牧은 大國의 군주보다 높은데도 '叔父'라 이른 것은 二伯을 피한 것이고, 또한 이것으로 존귀함을 삼은 것이다. 禮에 혹 낮추어서 〈오히려〉 높아지는 것은 이런 유를 이른다. '外'는 자기 나라 밖, 九州의 안이니, '侯'라 칭하는 것은 본래의 작위이다. 〈夏나라와 殷나라〉 二王의 후손은 牧이 되지 못한다.

【疏】 '九州'至'曰君'. ○ 正義曰[1] : 殷曰伯, 周曰牧, 此云牧, 據周禮也. 天子於每州之中選取賢侯一人, 加一命, 使主一州爲牧. 若入天子國, 則自稱曰牧. 牧, 養也, 言其養一州之人, 故周禮"八命作牧"[2]是也. 然伯不云入天子國者, 伯不出, 故不言入耳. 州長云入曰牧, 出則否也. 崔靈恩云 "州長自稱也." 白虎通云[3] "往來牧視諸侯也." ○ '天子同姓謂之叔父, 異姓謂之叔舅'者, 牧劣於二伯, 故天子謂之叔, 叔, 小也. 父·舅, 義如前[4]. 一本云"天下[5]同姓". 然則二伯云其"擯於天子, 曰天子之吏", 此不云"擯於天子", 是記者略之也. 故下云"諸侯見天子"[6], 鄭云"爲州牧則曰天子之老臣某侯某"是也. ○ '於外曰侯'者, 外謂其所封外九州內也. 自稱曰侯, 侯是本爵. 不云牧自稱, 承前可知也[7). ○'於其國曰君'者, 若與國內臣民言, 猶自稱爲君也.

1) 正義曰 : 惠棟校宋本에는 이 3자가 없다.(阮元의 校勘記 참조)
2) 周禮八命作牧 : ≪周禮≫ 〈春官 大宗伯〉 정현의 주에 "侯伯으로서 공덕이 있는 자에게 1命을 더하여서 제후들을 단독으로 정벌할 수 있게 한 것을 이른다.〔謂侯伯有功德者加命得專征伐於諸侯〕"라고 하였다.
3) 白虎通云 : ≪白虎通義≫ 卷上 〈德論上 封公侯〉에 "211국을 州로 삼으니, 州에는 伯이 있다. 요임금과 순임금 때는 牧이라 하였는데 무엇 때문인가? 질박함을 숭상한 것이다. 대부를 보내 오가면서 제후를 살피게 하였으므로 牧이라 한 것이다.〔二百一十國以爲州 州有伯 唐虞謂之牧 何 尙質 使大夫往來牧諸侯 故謂之牧〕"라는 내용이 보인다. 이때 '牧'은 '살피다'의 뜻이다.
4) 父舅 義如前 : 02-14-02 정현의 주 및 공영달의 소 참조.
5) 下 : 監本·毛本에는 '子'로 되어 있다.(阮元의 校勘記 참조)
6) 諸侯見天子 : 02-16-01 경문에 보인다.
7) 承前可知也 : 02-14-02 경문 참조.

經의 〔九州〕에서 〔曰君〕까지

○ 正義曰 : 殷나라에서는 '伯'이라 하고 周나라에서는 '牧'이라 하니, 여기에서 '牧'이라 한 것은 ≪周禮≫에 근거한 것이다. 천자는 州마다 그 안에서 현명한 제후 한 사람을 선발하여 1命을 더하고서 1州를 주관하게 하여 牧으로 삼는다. 〈이 제후가〉 만약 천자국에 들어가면 '牧'이라 자칭한다. '牧'은 '기르다'의 뜻이니, 1州의 사람들을 기른다는 말이다. 그러므로 ≪주례≫ 〈春官 大宗伯〉에서 "8命은 牧으로 삼는다."라고 한 것이 이것이다. 그러나 伯에 대해서는 천자국에 들어간다고 말하지 않은 것은, 伯은 〈천자국에서〉 나오지 않으므로 들어간다고 말하지 않은 것뿐이다. 州의 長은 천자국에 들어가서는 '牧'이라 말하지만 나와서는 그렇게 말하지 않는다. 崔靈恩이 말하기를 "〈牧은〉 州의 長이 자칭한 것이다."라고 하였다. ≪白虎通義≫에 이르기를 "오고 갈 때 제후를 살핀다."라고 하였다.

○〔天子同姓謂之叔父 異姓謂之叔舅〕 牧은 二伯보다 지위가 낮으므로 천자가 '叔'이라 말한 것이니, '叔'은 '작다'의 뜻이다. '父'와 '舅'는 뜻이 앞과 같다. 〈天子同姓이〉 어떤 판본에는 '天下同姓'으로 되어 있다. 그렇다면 二伯에 대해서는 '擯於天子 曰天子之吏'라 하였는데 여기에서는 '擯於天子'라 말하지 않은 것은, 이것은 기록하는 자가 생략한 것이다. 그러므로 다음 경문의 '諸侯見天子'에 대해, 정현이 말하기를 "州牧이 되면 '천자의 老臣 某侯 某'라고 한다."라고 한 것이 이것이다.

○〔於外曰侯〕'外'는 봉함 받은 땅의 밖, 九州의 안을 이른다. 자칭하여 '侯'라 하니 '侯'는 본래의 작위이다. 〈천자국에 들어가서는〉 '牧'이라 자칭한다고 말하지 않은 것은, 앞글을 이어받아서 알 수 있기 때문이다.

○〔於其國曰君〕 만약 자기 나라 안의 臣民과 말을 한다면 여전히 '君'이라 자칭한다는 것이다.

【疏】 ○ 注'牧尊'至'爲牧'. ○ 正義曰：大國之君是侯, 使稱伯. 今選侯之賢者, 加一命爲牧, 則是尊貴於不牧之侯, 而不謂爲伯, 降呼爲叔父者, 分陝已稱伯, 今牧若又呼爲伯, 則亂於分陝, 若猶呼本稱, 則不見其異, 故呼爲叔, 亦異常也. 云'禮或損之而益, 謂此類也'者, 崔云 "覲禮, 大國之君同姓謂之伯父, 異姓謂之伯舅[1]. 此小者, 同姓謂之叔父, 異姓謂之叔舅. 此各當一國, 不嫌敵二伯. 州牧雖爲侯封, 皆是大國之君, 本自稱伯牧. 今總攝衆國, 嫌其敵義, 故更稱叔, 此是損也. 叔名雖損, 卽是明其爲牧, 故謂之爲益, 故云'損之而益, 謂此類也'." 熊氏云 "三夫人致飮, 有醴淸・醫酏(이)糟, 不體王, 故申得二飮. 后致飮, 醫・酏糟, 以體王, 故屈二飮[2], 亦是損之而益之類也." 云'二王之後不爲牧', 知不爲牧者, 以二王之後, 其爵稱公, 今此經云"九州之長曰牧", "於外曰侯", 不言於外曰公, 故知二王之後不爲牧, 牧用侯以下. 二王之後所以不爲牧者, 以其先祖嘗爲天子, 統領海內, 若更遣爲牧, 恐有專權之心故也.

1) 覲禮……異姓謂之伯舅：≪儀禮≫ 〈覲禮〉에 "〈천자는〉 同姓 대국의 제후에게는 '伯父'라 칭하고 異姓 대국의 제후에게는 '伯舅'라 칭하며, 同姓 소국의 제후에게는 '叔父'라 칭하고 異姓 소국의 제후에게는 '叔舅'라 칭한다.〔同姓大國則曰伯父 其異姓則曰伯舅 同姓小邦則曰叔父 其異姓小邦則曰叔舅〕"라는 내용이 보인다.

2) 三夫人致飮……故屈二飮：≪周禮≫ 〈天官 漿人〉에 "〈漿人은〉 夫人이 〈酒正을 통해 客館에 보내서〉 빈객에게 음료를 대접하는 禮에 〈필요한 음료를〉 공급하여, 맑게 거른 醴와 거르지 않은 醫・酏를 올린다.〔共夫人致飮于賓客之禮 淸醴醫酏糟而奉之〕"라고 하였는데, 정현의 주에 "夫人은 왕과 일체가 되지 못하므로 다 갖출 수 있는 것이다.〔夫人不體王 得備之〕"라고 하였으며, 또 가공언의 소에 "'夫人'은 세 夫人을 이른다.……后가 왕과 일체가 되는 것에 상대하여 예를 낮춘 것이다. 그러므로 后는 거르지 않은 醫・酏는 있으나 〈부인이 빈객에게 보내는 예에 있는〉 맑게 거른 醴가 없다.〔夫人謂三夫人……對后體王 屈 故醫酏糟而無淸醴也〕"라고 하였다. ≪주례≫ 〈天官 酒正〉에 "〈酒正은〉 后가 빈객에게 음료를 보내는 禮에 〈필요한 음료를〉 공급하여, 거르지 않은 醫・酏를 바친다.〔共后之致飮于賓客之禮 醫酏糟〕"라는 내용이 보인다. '醴'는 술을 빚어 하룻

밤이 지나면 완성되는 찌꺼기가 뒤섞인 단술이다. '淸'은 거르지 않은 醴를 이른다. ≪주례≫ 〈천관 주정〉 정현의 주에 "거른 것을 '淸', 거르지 않은 것을 '糟'라 한다.〔泲曰淸 不泲曰糟〕"라고 하였다. '醫'는 酏로 빚은 醴로, 醴보다는 조금 맑다. 〈천관 주정〉 정현의 주에 "≪禮記≫ 〈內則〉에 이른바 '혹 酏로 醴를 만든다.'라는 것이다.〔內則所謂或以酏爲醴〕"라고 하였다. '酏'는 묽은 죽이다. 〈천관 주정〉 정현의 주에 "지금의 죽이니, 〈내칙〉에 찰기장으로 만든 酏가 있는데, 酏飮은 묽은 죽으로 만든 맑은 음료이다.〔今之粥 內則有黍酏 酏飮 粥稀者之淸也〕"라고 하였다.

○ 注의 〔牧尊〕에서 〔爲牧〕까지

○ 正義曰：大國의 군주는 바로 侯인데 〈자기 나라 밖에서는〉 '伯'으로 칭하도록 한 것이다. 지금 제후의 현자를 선발하여 1命을 더해 牧으로 삼았다면 이는 牧으로 삼지 않은 侯보다 존귀한데도 '伯'이라 하지 않고 낮추어서 '叔父'로 부른 것은, 陝을 나누어 맡은 자를 이미 '伯'으로 칭하였으니 지금 牧을 또 伯으로 칭한다면 陝을 나누어 맡은 伯과 호칭이 어지러워지게 되고, 〈侯라 하여〉 여전히 본래의 호칭으로 부른다면 〈다른 제후들과〉 차이가 보이지 않으므로 '叔'이라 부르는 것이니, 또한 평상시의 호칭과 달리한 것이다.

〔禮或損之而益 謂此類也〕 崔靈恩이 말하기를 "≪儀禮≫ 〈覲禮〉에 따르면 大國의 군주가 同姓일 경우 〈천자는 그를〉 '伯父'라 칭하고, 異姓일 경우 '伯舅'라 칭한다. 여기서는 小國이므로 동성의 제후를 '叔父'라 칭하고 이성의 제후를 '叔舅'라 칭한 것이다. 여기서는 각각 하나의 나라를 마주한 것이어서 二伯과 대등하게 칭한다는 혐의가 없다. 州牧은 비록 侯를 봉하기는 하나 모두 대국의 군주이니 본래는 '伯牧'으로 자칭해야 한다. 지금 여러 나라를 통솔하므로 〈二伯과〉 대등하게 여기는 뜻이 있을까 혐의하므로 '叔'으로 변경하여 칭한 것이니, 이것은 호칭을 낮춘 것이다. '叔'은 명칭은 비록 낮추었으나 바로 이것은 그가 牧이라는 것을 밝힌 것이므로 높인 것이라고 말한 것이다. 그러므로 '損之而益 謂此類也'라고 한 것이다."라고 하였다. 熊安生은 말하기를 "세 夫人이 〈빈객에게〉 음료를 보낼 때 맑게 거른 醴와 거르지 않은 醫·酏가 있는데, 王과 일체가 되지 못하므로 〈맑게 거른 醴와 거르지 않은 醫·酏〉 두 종류의 음료를 보내는 예를 펼 수 있는 것이다. 后는 음료를 보낼 때 거르지 않은 醫·酏를 보내는데, 왕과 일체가 되므로 낮추어서 〈거르지 않은 醫·酏〉 두 음료를 보내는 것이니, 이것 역시 '낮추어서 오히려 높아지는〔損之而益〕' 유이다."라고 하였다.

〔二王之後不爲牧〕 牧이 되지 못함을 아는 것은, 二王의 후손은 그 작위가 公을 칭하

는데, 지금 여기 경문에서 '九州之長曰牧'이라 하고 '於外曰侯'라 하여 '於外曰公'이라 하지 않았으므로 二王의 후손은 牧이 되지 못하고 牧은 侯 이하를 쓴다는 것을 안 것이다. 二王의 후손이 牧이 되지 못하는 이유는, 그 선조가 일찍이 천자가 되어 海內를 統領한 적이 있으니 만약 다시 牧이 되게 한다면 권력을 專斷하는 마음이 있을까 우려되기 때문이다.

02-14-04 其在東夷北狄西戎南蠻하얀 雖大하나 曰子니

〈九州 밖〉 동이·북적·서융·남만의 長에 대해서는 비록 나라가 크더라도 〈천자국에 들어왔을 때 擯의 말에 '牧'이라 칭하지 않고〉 '子'라고 칭하니,

【注】謂九州之外長也라 天子亦選[1]其諸侯之賢者하여 以爲之子하니 子는 猶牧也라 入天子之國曰子요 天子亦謂之子하니 雖有侯伯之地나 本爵亦無過子라 是以同名曰子라

1) 選 : 저본에는 왼쪽 부수인 '辶(착)'만 보이나, 北京大本에 의거하여 보충하였다.

九州 밖의 長을 이른다. 천자가 〈九州 이내와〉 마찬가지로 그 제후들 중 賢者를 선발하여 子로 삼으니, '子'는 〈九州의 長인〉 '牧'과 같다. 天子國에 들어와서는 〈자칭하여〉 '子'라 하고, 천자 또한 〈그를〉 '子'라 칭하니, 비록 侯·伯의 땅이 있더라도 본래의 작위는 또한 子를 넘지 못한다. 이 때문에 명칭을 똑같이 하여 '子'라 한다.

【疏】'其在'至'曰子'. ○ 正義曰[1] : 此天子亦選其中賢者, 爲之牧也. 但不知幾國立一人耳. 卑不得名爲牧, 又不得謂爲父·舅. 其本爵不過子·男, 若其本爵子者, 今朝天子, 擯辭曰子, 若本爵是男, 亦謂爲子也. 所以爾者, 擧其高者言之, 亦尊異故也. 不云"入天子國", 及不云"擯"者, 略可知也. 故爾雅云 "九夷·八狄·七戎·六蠻, 謂之四海[2]." 李巡注 "四海, 遠於四荒[3], 晦冥無形, 不可敎誨, 故云四海也." 海者, 晦也, 言其晦暗無知. 案爾雅所列與此同, 但數異爾.

1) 正義曰 : 惠棟校宋本에는 이 3자가 없다.(阮元의 校勘記 참조)

2) 爾雅云……謂之四海 : '九夷八狄七戎六蠻'은 ≪書經≫ 〈周書 旅獒〉 공영달의 소와 ≪詩經≫ 〈小雅 蓼蕭〉 공영달의 소에는 모두 "八蠻在南方 六戎在西方 五狄在北方"으로 되어 있고, ≪周禮≫ 〈夏官 職方氏〉 정현의 주에서도 ≪爾雅≫를 인용하여 "九夷·八蠻·六

戎・五狄謂之四海"라고 하였다. ≪爾雅≫ 〈釋地〉 邢昺의 소 역시 九夷・八蠻・六戎・五狄에 대해 풀이하고 있다. 이에 따르면 '九夷'는 동방의 아홉 종족으로 玄菟・樂浪・高驪・滿飾・鳧更・索家・東屠・倭人・天鄙 또는 畎夷・干夷・方夷・黃夷・白夷・赤夷・玄夷・風夷・陽夷를 이르고, '八蠻'은 남방의 여덟 종족으로 天竺・咳首・焦僥・跂踵・穿胸・儋耳・狗軹(구지)・旁春을 이르고, '六戎'은 서방의 여섯 종족으로 僥夷・戎夷・老白・耆羌・鼻息・天剛을 이르고, '五狄'은 북방의 다섯 종족으로 月支・穢貊・匈奴・單于(선우)・白屋을 이른다.(北京大本 ≪爾雅注疏≫ 校勘記 참조)

3) 四荒 : 사방의 먼 변경 지역에 있는 나라를 이른다. ≪爾雅≫ 〈釋地〉에 "〈북방의〉 觚竹, 〈남방의〉 北戶, 〈서방의〉 西王母, 〈동방의〉 日下를 '사황'이라 이른다.〔觚竹北戶西王母日下 謂之四荒〕"라는 내용이 보인다.

經의 〔其在〕에서 〔曰子〕까지

○ 正義曰 : 이것은 천자가 〈九州 이내와〉 마찬가지로 그 중에 賢者를 선발하여 牧으로 삼는 것이다. 다만 몇 나라에 한 사람을 세우는 지 알지 못할 뿐이다. 신분이 낮아서 '牧'으로 이름할 수 없고, 또 '父'나 '舅'라고 할 수도 없다. 그 본래의 작위는 子와 男에 지나지 않으니, 만약 본래의 작위가 子라면 지금 천자에게 조회왔을 때 擯의 말에 '子'라 하고, 만약 본래의 작위가 바로 男이라 해도 마찬가지로 '子'라 한다. 이렇게 하는 이유는 子와 男 중에 높은 것을 들어서 말한 것이니, 또한 높여서 남다르게 대하기 때문이다. '入天子國'을 말하지 않은 것과 '擯'을 말하지 않은 것은 생략해도 알 수 있기 때문이다. 그러므로 ≪爾雅≫ 〈釋地〉에 이르기를 "九夷・八狄・七戎・六蠻을 四海라 이른다."라고 한 것이다. 李巡의 注에 "四海는 四荒보다 멀리 있는 지역으로, 어두워 드러남이 없어서 가르칠 수 없으므로 '四海'라 한 것이다."라고 하였다. '海'는 '어둡다〔晦〕'의 뜻이니, 어두워서 앎이 없음을 말한다. 살펴보면 ≪이아≫에서 열거한 것이 여기와 동일하나, 다만 〈九夷・八狄・七戎・六蠻과 같이〉 숫자를 덧붙인 것이 다를 뿐이다.

【疏】 ○ 注'謂九'至'曰子'. 〔○〕[1]正義曰 : 其或有多功益土, 雖加侯・伯之地, 而爵不得進, 終守子・男, 以卑遠故也. 今雖別爲牧長, 而同呼爲子, 不得過本爵也.

1) 〔○〕 : 저본에는 부호 '○'가 없으나, 본서의 체제에 의거하여 보충하였다.

○ 注의 〔謂九〕에서 〔曰子〕까지

○ 正義曰 : 혹 功이 많아 땅을 늘려줄 일이 있어서 비록 侯・伯과 같은 크기의 땅을 더해주더라도 작위는 올리지 못하고 끝내 子・男을 유지하는 것은, 신분이 너무 낮기

때문이다. 지금 비록 특별히 牧長이 되었다 하더라도 똑같이 '子'로 호칭하는 것은 본래의 작위를 넘을 수 없기 때문이다.

02-14-05 於內엔 自稱曰不穀이라하고

국내에서는 '不穀'이라 자칭하고,

【注】與民言之에 謙稱이니 穀은 善也라

백성들과 말을 할 때는 겸손하게 칭하니, '穀'은 '좋다'의 뜻이다.

於外엔 自稱曰王老라하나니라

〈戎狄 중의〉 국외에서는 '王老'라 자칭한다.

【注】威遠國也라 外는 亦其戎狄之中이라

멀리 있는 나라에 위엄을 보이는 것이다. '外'는 또한 戎狄 중에 있는 것이다.

【疏】'於內'至'王老'. ○ 正義曰：謂其國之外・夷狄之中也. 以爲牧長, 恐夷狄難服, 須尊名威之. 故與一切言, 自稱曰"我是天子之老臣"也. 崔云"方伯・牧稱天子之老, 四夷之長稱曰王老. 方伯之職, 帶三公之任, 猶謂之內臣, 化同天子, 無有歸往之義, 故云天子之老. 四夷之君去王遠, 由有歸往之義, 賢始得爲長, 故以王老爲稱也."

經의 〔於內〕에서 〔王老〕까지

○ 正義曰：자기 나라 밖, 夷狄 중에 있을 때를 이른다. 이들을 牧長으로 삼은 것은, 이적은 복속시키기 어려울까 우려되어 존귀한 이름으로 위엄을 보여야 하기 때문이다. 그러므로 모든 이적과 말할 때 스스로를 칭하여 "나는 천자의 老臣이다."라고 한다. 崔靈恩이 말하기를 "方伯과 牧은 '천자의 老'라 칭하고 四夷의 長은 '王老'라 칭한다. 방백의 직책은 三公의 직임을 띠고 있어서 여전히 '內臣'이라 이르니, 천자에게 똑같이 교화되어 귀의하는 의리가 없으므로 '천자의 老'라고 한다. 四夷의 군주는 왕과 멀리 떨어져 있어서 귀의하는 의리가 있고 현명해야 비로소 長이 될 수 있으므로 '王老'로 호칭을 삼은 것이다."라고 하였다.

02-14-06 庶方小侯 入天子之國曰某人이니 **於外曰子**라하고 **自稱曰孤**라하나니라

〈九州 밖〉 여러 방소의 小侯가 천자국에 들어가서는 〈자칭하여〉 '某人'이라 하니, 〈작위가 子일 경우 四夷 안의〉 다른 나라에서는 〈자칭하여〉 '子'라 하고, 자신의 臣民에게는 '孤'라 자칭한다.

【注】謂戎狄子男君也라 **男者**는 **於外**에 **亦曰男**이니 **擧尊言之**라

戎狄의 子・男 군주를 이른다. 〈작위가〉 男인 군주는 다른 나라에 또한 '男'이라 칭하니, 〈'子'로 자칭한다 한 것은〉 높은 것을 들어 말한 것이다.

【疏】'庶方'至'曰孤'. ○ 正義曰[1]：庶, 衆也. 小侯謂四夷之君, 非爲牧者也, 以其賤, 故曰衆方也. 若入王國, 自稱曰某人, 若牟人・介人[2]也. 六服[3]之內, 但擧伯之與牧, 不顯其餘諸侯, 九州之外, 旣擧大國之子, 又擧其餘小國者, 以六服諸侯, 下文[4]別更具顯, 故於此略之. ○'於外曰子'者, 此君在其本國外・四夷之中, 自稱依其本爵, 或子或男. 今言子, 是擧其尊稱耳, 若男亦稱男也. ○'自稱曰孤'者, 若自與臣民言則曰孤, 孤者, 特立無德能也. 凡二伯自稱及介傳命曰[5]"天子之力臣", 故玉藻云"伯曰天子之力臣"是也. 若擯者傳命於天子, 則曰"天子之吏", 故此云[6]"擯於天子, 則曰天子之吏"是也. 於諸侯及朝廷, 則曰"天子之老", 則此文[7]及昭公十三年, 劉獻公對晉叔向云"天子之老"是也. 九州之長及介傳命, 則曰"某土之守臣某", 知者, 玉藻云 "若其擯者傳命於天子, 則曰天子之老臣某侯某." 知者, 約此文"天子之老"及下文云[8]"某侯某". 其餘諸侯, 介傳命云"某土之守臣某", 知者, 亦約玉藻文也. 擯者傳命云"某侯某", 知者, 約下文也. 凡九州之外, 大國之子, 介傳命"某屛之守臣某", 故玉藻又云"其在邊邑, 曰某屛之守臣某"是也. 擯者告天子稱"某子某", 與中國諸侯同. 庶方小侯, 介傳命云"某土之孤某", 知者, 玉藻云"小國之君曰孤"是也. 擯者告天子, 亦應云"某孤某", 知者, 約尋常諸侯, 稱"某侯某", 但稱孤爲異耳. 其二伯以下, 對天子皆稱名也.

1) 正義曰：惠棟校宋本에는 이 3자가 없다.(阮元의 校勘記 참조)

2) 牟人介人：'牟'는 지금의 중국 山東省 萊蕪縣 동쪽 20리에 있던 나라 이름이며, '介'는 지금의 중국 산동성 膠州市 서남쪽에 있던 城陽 黔陬縣의 東夷國이다.(≪春秋左傳注≫ 桓公 15년 楊伯峻 注, ≪春秋左氏傳≫ 僖公 29년 杜預 注)

3) 六服：'服'은 ≪周禮≫ 〈夏官 職方氏〉 정현의 주에 따르면 '천자를 따라 섬기다〔服事天

子]'의 뜻으로, 사방 천 리의 王畿 밖 제후국을 '服'이라 이른다. 왕기 밖을 500리씩 구분하여 차례로 侯服-甸服-男服-采服-衛服-要服이라 하며, 六服은 王城에서 3,500리 떨어져 있다. ≪주례≫ 〈秋官 大行人〉에 따르면 侯服은 1년에 한 번 조회하고 犧牲 등의 제사에 필요한 祀物을 바치며, 甸服은 2년에 한 번 조회하고 명주〔絲〕나 모시〔枲〕 등의 부인이 만든 嬪物을 바치며, 男服은 3년에 한 번 조회하고 尊(준)・彝 등의 器物을 바치며, 采服은 4년에 한 번 조회하고 검은색 포백〔玄〕・붉은색 포백〔纁〕・고운 갈포〔絺〕・솜〔纊〕 등의 服物을 바치며, 衛服은 5년에 한 번 조회하고 珠・象・玉・石・木・金・革・羽 등의 기물 제작에 필요한 八材를 바치며, 要服은 6년에 한 번 조회하고 龜・貝 등의 화폐로 쓸 수 있는 貨物을 바친다. '要服'은 ≪주례≫ 〈하관 직방씨〉에는 '蠻服'으로 되어 있다.

4) 下文 : 02-16-01 經文을 이른다.
5) 曰 : 惠棟校宋本에는 이 앞에 '則'이 있다.(阮元의 校勘記 참조)
6) 此云 : 02-14-02 경문을 이른다.
7) 此文 : 02-14-02 경문을 이른다.
8) 下文云 : 02-16-01 경문을 이른다.

經의 〔庶方〕에서 〔曰孤〕까지

○ 正義曰 : '庶'는 '무리〔衆〕'의 뜻이다. '小侯'는 四夷의 군주로 牧이 아닌 자를 이르니, 신분이 낮으므로 '衆方'이라 하였다. 만약 王國에 들어오면 牟人・介人처럼 '某人'이라 자칭한다. 六服 안에 대해서는 단지 伯과 牧의 관계만 거론하고 나머지 제후들은 드러내지 않았는데, 九州 밖에 대해서는 이미 大國의 子를 거론하고서 또 나머지 小國을 거론한 것은, 六服의 제후는 다음 경문에 별도로 더욱 갖추어서 드러냈으므로 여기에서는 생략한 것이다.

○〔於外曰子〕 이것은 군주가 본국 밖, 四夷 안에 있을 때 본래의 작위대로 자칭하여 혹은 '子'라 하고 혹은 '男'이라 한다는 것이다. 지금 '子'라고 한 것은, 그중에 존칭을 든 것뿐이니, 만약 男이라면 또한 '男'을 칭한다.

○〔自稱曰孤〕 만약 스스로 자기 臣民과 말한다면 '孤'라 하니, '孤'는 홀로 서서 덕과 재능이 없다는 것이다. 무릇 二伯은 자칭할 때나 介가 命을 전할 때 '천자의 力臣'이라 한다. 그러므로 ≪禮記≫ 〈玉藻〉에 이르기를 "伯은 천자의 力臣이라 한다."라고 한 것이 이것이다. 만약 擯者가 천자에게 命을 전한다면 '천자의 吏'라 한다. 그러므로 여기에서 '擯於天子 則曰天子之吏'라고 한 것이 이것이다. 다른 제후를 대할 때나 조정에서는 '천자의 老'라고 하니, 여기 經文과 ≪春秋左氏傳≫ 昭公 13년 조에 〈천자의 卿士

인〉 劉獻公이 晉나라 〈대부〉 叔向을 대하여 '천자의 老'라고 한 것이 이것이다. 九州의 長이 자칭하거나 介가 命을 전할 때는 '某土의 守臣 某'라고 하니, 이를 아는 것은 〈옥조〉에 이르기를 "만약 擯者가 천자에게 命을 전할 때는 '천자의 노신 某侯 某'라고 한다."라고 했기 때문이다. 이를 아는 것은 여기 경문의 '天子之老'와 다음 경문에서 '某侯某'라고 한 것에 의거한 것이다. 나머지 제후들은 介가 命을 전할 때 '某土의 守臣 某'라고 하는데, 이를 아는 것은 또한 〈옥조〉의 경문에 의거한 것이며, 擯者가 명을 전할 때는 '某侯某'라고 하는데, 이를 아는 것은 다음 경문에 의거한 것이다. 무릇 九州 밖에 있는 大國의 子는 介가 命을 전할 때 '某屛의 守臣 某'라고 한다. 그러므로 〈옥조〉에 또 이르기를 "변경의 나라에 있을 때는 '某屛의 守臣 某'라고 한다."라고 한 것이 이것이다. 擯者가 천자에게 고할 때는 '某子某'라고 칭하여 중원의 제후와 똑같다. 〈九州 밖에 있는〉 庶方의 小侯는 介가 명을 전할 때 '某土의 孤 某'라고 하니, 이를 아는 것은 〈옥조〉에 이르기를 "小國의 군주는 '孤'라 한다."라고 한 것이 이것이다. 擯者가 천자에게 고할 때는 마찬가지로 '某孤 某'라고 해야 한다. 이를 아는 것은, 보통의 제후들은 '某侯 某'라 칭한 것에 의거한 것이니, 다만 '孤'를 칭하여 다르게 할 뿐이다. 二伯 이하는 천자를 대하여 모두 이름을 칭한다.

02-14-07 天子當依而立이어시든 諸侯北面而見(현)天子를 曰覲이라하고 天子當宁(저)而立이어시든 諸公은 東面하고 諸侯는 西面을 曰朝라하나니라

천자가 〈가을에 袞冕服 차림으로 廟堂의 戶와 牖 사이에서〉 依를 등지고 〈남면하여〉 서 있으면 제후가 북면하여 천자를 알현하는 것을 '覲'이라 하고, 천자가 〈봄에 路門 밖 두 塾 사이의〉 宁에서 〈남면하여〉 서 있으면 여러 公은 동향하고 여러 侯는 서향하여 알현하는 것을 '朝'라 한다.

【注】 諸侯春見(현)曰朝니 受摯於朝하고 受享於廟는 生氣니 文也요 秋見(현)曰覲이니 一受之於廟는 殺氣니 質也라 朝者는 位於內朝而序進이요 覲者는 位於廟門外而序入이라 王南面하여 立於依宁而受焉이라 夏宗依春하고 冬遇依秋하나니 春秋時에 齊侯唁(언)魯昭公할새 以遇禮相見은 取易(이)略也라 覲禮는 今存[1]이요 朝宗遇禮는 今亡이라

1) 覲禮今存 : ≪儀禮≫ 〈覲禮〉편이 있다.

제후가 봄에 알현하는 것을 '朝'라 하니, 朝에서 예물을 받고 廟에서 享禮를 받는 것은 〈봄은〉 생성하는 기운이므로 문식하는 것이다. 가을에 알현하는 것을 '覲'이라 하니, 〈朝禮와 享禮를〉 모두 廟에서 받는 것은 〈가을은〉 숙살의 기운이므로 질박하게 하는 것이다. 朝禮를 행하는 자는 〈路門 밖의 治朝인〉 內朝에 자리하여 차례로 나아가고, 覲禮를 행하는 자는 廟門 밖에 자리하여 차례로 들어간다. 왕은 남면하고서 依와 宁에 서서 〈朝禮와 覲禮를〉 받는다. 여름의 '宗'은 봄의 朝를 따라 행하고, 겨울의 '遇'는 가을의 覲을 따라 행한다. 춘추시대에 齊나라 군주가 魯 昭公을 위문할 때 遇禮로 만난 것은 간이함을 취한 것이다. 覲禮는 지금 남아 있고, 朝禮·宗禮·遇禮는 지금 망실되었다.

【疏】'天子'至'曰朝'[1]. ○ 正義曰：此(二)〔一〕[2]節論諸侯四時朝·覲·宗·遇之法, 各隨文解之. ○'天子當依而立'者, 依, 狀如屛風, 以絳爲質, 高八尺, 東西當戶牖之間[3], 繡爲斧文也, 亦曰斧依[4]. 故覲禮云"天子設斧依於戶牖之間, 左右(凡)〔几〕[5]. 天子袞冕[6], 負斧依." 鄭注云"依, 如今綈(제)素[7]屛風也. 有繡斧文, 所以示威也." 爾雅云"牖戶之間謂之扆(의)." 郭注云"窓東戶西也." 依此諸解, 是設依於廟堂戶牖之間. 天子見諸侯, 則依而立, 負之而南面, 以對諸侯也. 凡諸侯朝王, 一年四時. 案宗伯"春曰朝, 夏曰宗, 秋曰覲, 冬曰遇." 鄭注"朝猶朝也, 欲其來之早. 宗, 尊也, 欲其尊王. 覲之言勤也, 欲其勤王之事. 遇猶偶也, 欲其若不期而俱至." 若通而言之, 悉曰朝, 從初受名. 覲禮云"諸侯前朝, 皆受舍于朝[8]." 又云"乘墨車[9], 載龍旂弧韣(독)[10]乃朝." 又春秋僖二十八年夏五月經曰"公朝於王所", 知朝通名也. 但朝·覲·宗·遇禮異耳. 案大行人云[11], 侯服歲壹見, 甸服二歲壹見, 男服三歲壹見, 采服四歲壹見, 衛服五歲壹見, 要服六歲壹見. 隨服更來, 周而復始. 然而六服分來, 又每方服別分爲四分, 一分朝春, 一分宗夏, 一分覲秋, 一分遇冬, 四方竝然. 故鄭注云"其朝貢之歲, 四方各四分趨四時而來, 或朝春, 或宗夏, 或覲秋, 或遇冬." 要服之外, 有夷·鎭·藩三服[12]. 案大行人云"九州之外謂之藩國, 世壹見." 鄭注云"世謂父死子立, 及嗣王卽位[13], 乃一來耳." 六服之中, 服數朝外, 又有四名. 一是"時見曰會"者, 若諸侯有不服者, 王將有征討之事, 若東方諸侯不服, 則與東方諸侯共討之, 若南方諸侯不服, 則與南方諸侯共討之, 諸方皆然. 朝竟, 王乃爲壇於國外, 與之會盟. 春於國東, 夏南, 秋西, 冬北. 會則隨事, 無有定期, 有時而然, 故曰"時見曰會"也. 二曰"殷見曰同"者, 天子十二年一巡

守, 或應巡守之歲, 而天下未平, 或王有他故, 不獲自行, 則四方諸侯竝朝京師. 朝竟, 亦於國外爲壇, 以命之政事. 殷, 衆也, 其來既衆, 故曰"殷見曰同"也. 三曰"時聘曰問"者, 謂王有事, 諸侯非朝王之歲, 不得自來, 遣大夫來聘, 因而問王起居. 此亦無常期, 故曰"時聘曰問"也. 四曰"殷覜(조)曰視"者, 謂元年・七年・十一年, 唯有侯服來朝, 朝者既少. 諸侯遣卿大夫以大禮來聘, 聘者既衆, 故曰殷也. 覜亦見也, 爲來見王起居, 故曰覜也. 殷(頫)〔覜〕[14]亦竝依時, 春東・夏南・秋西・冬北. 各隨方逐時, 但不每方分爲四耳. 故鄭注大行人云 "其殷(同)〔國〕[15], 四方四時分來如平時也." 鄭既云"四時分來如平時", 而前六服, 初時唯云四時, 雖不言四方, 後又云四方各分趨四時, 明其同也. 然所以殷覜不須分見四時者, 小禮不須更見四時法也. '天子當依而立', 是秋於廟受覲禮也. 諸侯來朝, 至於近郊[16], 王使大行人皮弁[17]用璧以迎勞之. 諸侯亦皮弁, 從使者以入. 天子賜舍, 諸侯受舍, 聽天子之命. 其朝日未出之前[18], 諸侯上介受舍于廟門外, 同姓西面北上, 異姓東面北上. 至朝日質明, 諸侯裨冕[19], 先釋幣於其齊(재)車之行主[20]. 天子袞冕在廟, 當依前南面而立, 不迎賓. 諸侯自廟門外位, 天子使上擯[21]進諸侯. 諸侯入廟門右[22], 坐奠圭玉而再拜. 所以奠圭玉者, 卑見於尊, 奠贄不授也. 擯者命升西階親授, 諸侯於是坐取圭玉升堂, 王受玉. 是當依而立之時也. ○'諸侯北面而見天子曰覲'者, 王既受玉, 而諸侯降階, 竝北面再拜稽首. 擯者延之, 使升成拜[23], 是北面曰覲時. 所以同北面者, 覲遇秋冬, 陰氣質斂, 故不布散. ○'天子當宁而立'者, 此爲春夏受朝時也. 宁者, 爾雅云 "門屛之間謂之宁." 郭注云 "人君視朝所宁立處." 李巡云 "正門內兩塾間曰宁." 謂天子受朝於路門[24]外之朝, 於門外而宁立以待諸侯之至, 故云'當宁而立'也. 然路門外有屛者, 卽"樹塞門"[25]是也. 爾雅云 "正門謂之應門." 又云 "屛謂之樹." 李巡云 "(恒)〔垣〕[26]當門自蔽名曰樹." 郭云 "小牆當門中." 今案李・郭二注以推驗禮文, 諸侯內屛在路門之內, 天子外屛在路門之外而近應門者矣. ○'諸公東面, 諸侯西面, 曰朝'者, 王既立宁, 諸侯次第而進, 諸〔公〕[27]在西, 諸侯在東而朝王, 陽氣文也, 故因文而分布也. 崔云 "地道貴右, 公故在西也. 然此是春朝也, 先受朝竟, 然後入廟受享也."

1) 天子至曰朝 : 惠棟校宋本에는 이 5자가 없다.
2) (二)〔一〕: 저본에는 '二'로 되어 있으나, 앞뒤 문맥에 의거하여 '一'로 바로잡았다.
3) 戶牖之間 : 堂의 정중앙 자리를 이른다. ≪說文解字≫ 〈戶部〉에 "室의 戶와 창문 사이를 '扆'라 한다.〔戶牖之間謂之扆〕"라는 내용이 보인다.

4) 斧依 : 왕이 朝堂에서 사용하는 병풍 모양의 도구로, '斧扆'라고도 한다. ≪儀禮≫〈覲禮〉鄭玄의 注에 "斧는 黼를 이른다.〔斧謂之黼〕"라고 하였고, 賈公彦의 疏에 "그 결단하는 바가 있음을 말한다.〔言其有所斷也〕"라고 하였다. '黼'는 고대 禮服에 黑白을 서로 교차하여 도끼 문양을 수놓은 것이다.

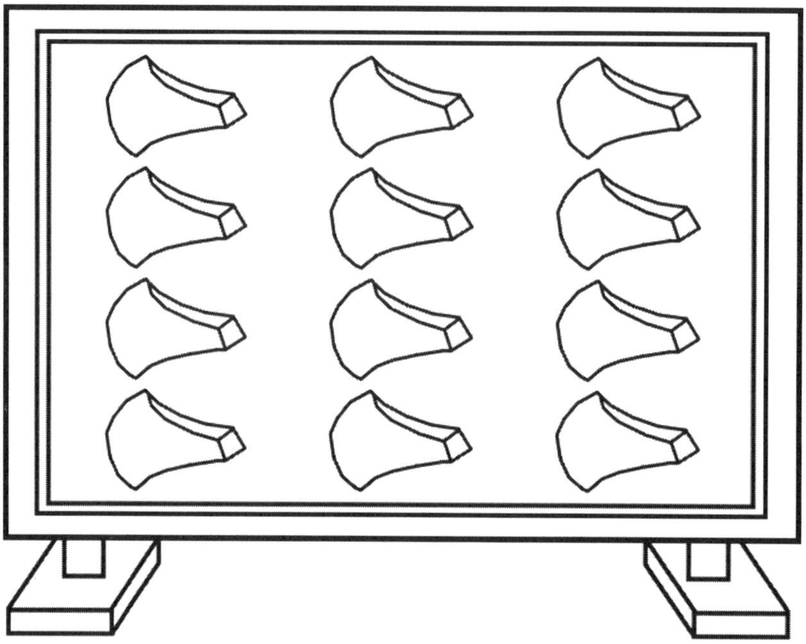

黼扆(보의)

5) (凡)〔几〕: 저본에는 '凡'으로 되어 있으나, 監本·毛本에 의거하여 '几'로 바로잡았다. 阮元 역시 '凡'을 오류라고 하였다.(阮元의 校勘記 참조)

6) 袞冕 : 袞服을 입고 면류관을 쓰는 것으로, 왕이 先王에게 제사할 때 입는 吉服이다. '袞服'은 12章服과 9章服이 있다. 왕이 하늘에 제사할 때는 上衣에 日·月·星辰·山·龍·華蟲을 그림 그리고 下裳에 宗彝(이)·藻·火·粉米·黼(보)·黻(불)을 수놓은 12장복을 입으며, 선왕에게 제사할 때는 상의에 龍·山·華蟲·火·宗彝를 그림 그리고 하상에 藻·粉米·黼·黻을 수놓은 9장복을 입는다. ≪周禮≫〈春官 司服〉에 "왕의 길복은……선왕에게 제사할 때는 곤면복을 입는다.〔王之吉服……享先王則袞冕〕"라는 내용이 보인다. 여기에서는 9장복을 가리킨다.

7) 綈(제)素 : ≪儀禮≫〈覲禮〉 가공언의 소에 "'綈'는 붉은색이고 '素'는 흰색이다. 漢나라 때 병풍을 붉은색과 흰색으로 만들었으니 옛날의 흰색과 검은색 도끼 문양을 형상한 것이다. 그러므로 한나라의 법으로 비유한 것이다.〔綈 赤也 素 白也 漢時屛風以綈素爲之 象古者白黑斧文 故以漢法爲況〕"라는 내용이 보인다.

8) 受舍于朝 : ≪의례≫〈覲禮〉 정현의 주에 "'受舍于朝'는 文王의 廟門 밖에 머물 곳〔次〕

을 하사받는 것이다.〔受舍于朝 受次于文王廟門之外〕"라는 내용이 보인다. 정현의 주에서 말한 '次'는 임시로 설치하는 장막이다. ≪周禮≫ 〈天官 掌次〉에 "제후들이 朝·覲·會·同을 하면 大次와 小次를 설치한다.〔諸侯朝覲會同 則張大次小次〕"라는 내용이 보이는데, 정현의 주에 "大次는 또한 처음 가서 머무는 곳이고, 小次는 궁에 나아가 일을 기다리는 곳이다.〔大次 亦初往所止居 小次 卽宮待事之處〕"라고 하였다.

9) 墨車 : 검은색 옻칠을 한 革車를 이른다. ≪주례≫ 〈春官 巾車〉에 "대부는 墨車를 탄다.〔大夫乘墨車〕"라고 하였는데, 가공언의 소에 "〈정현의 주에서〉 '墨車는 꾸미지 않은 것'이라 한 것은, 검은색 옻칠을 한 革車일 뿐임을 말한 것이다.〔墨車不畫也者 言墨漆革車而已〕"라고 하였다.

10) 龍旂弧韣(독) : ≪儀禮≫ 〈覲禮〉 정현의 주에 따르면 '龍旂'는 두 마리의 交龍이 그려진 제후가 사용하는 깃발이며, '弧'는 '깃발의 正幅을 펼치는 활〔所以張縿之弓〕'이며, '韣'은 활을 담는 '활집〔弓衣〕'이다.

11) 大行人云 : 02-14-06 '六服' 역주 참조.

12) 夷鎭藩三服 : ≪주례≫ 〈夏官 職方氏〉에 "또 그 밖 사방 500리를 '夷服'이라 하고, 또 그 밖 500리를 '鎭服'이라 하고, 또 그 밖 500리를 '藩服'이라 한다.〔又其外方五百里曰夷服 又其外方五百里曰鎭服 又其外方五百里曰藩服〕"라는 내용이 보인다. '藩服'은 ≪주례≫ 〈夏官 大司馬〉에는 '蕃畿'로 되어 있다.

13) 父死子立 及嗣王卽位 : ≪주례≫ 〈秋官 大行人〉 賈公彦의 疏에 따르면 제후가 죽으면 그 아들이 왕명을 받아야 하므로 알현하러 와야 하고, 새로운 왕이 즉위하면 이때도 알현하러 와야 한다는 말이다.

14) (頫)〔覜〕 : 저본에는 '頫(부)'로 되어 있으나, 바로 앞글 '殷覜曰視'에 의거하여 '覜'로 바로잡았다. 완원의 교감기에서도 '頫'를 오류로 보았다.(阮元의 校勘記 참조)

15) (同)〔國〕 : 저본에는 '同'으로 되어 있으나, ≪주례≫ 〈秋官 大行人〉 정현의 주에 의거하여 '國'으로 바로잡았다. 〈추관 대행인〉에 "왕이 각국의 제후들을 위무하는 방법은……12년마다 왕이 〈천하의〉 여러 나라를 순수한다.〔王之所以撫邦國諸侯者……十有二歲王巡守殷國〕"라는 내용이 보인다.

16) 近郊 : ≪의례≫ 〈覲禮〉 정현의 주에 따르면 '왕성에서 50리 떨어진 지역〔去王城五十里〕'을 이른다.

17) 皮弁 : 皮弁服으로, ≪의례≫ 〈覲禮〉 정현의 주에 따르면 '천자가 조정에서 조회 볼 때 입는 옷〔天子之朝朝服〕'이다. 제후가 告朔禮 때 입기도 한다. ≪의례≫ 〈士冠禮〉에 따르면 흰색 사슴 가죽으로 만든 弁을 쓰고, 흰색 상의〔素衣〕에 흰색 주름치마〔素積〕를 입고 검은색 띠〔緇帶〕를 띠며 흰색 폐슬〔素韠〕을 착용한다.

18) 其朝日未出之前 : ≪의례≫ 〈근례〉 가공언의 소에 따르면 '기일 하루 전〔前期一日〕'을 이른다.

19) 裨冕 : ≪儀禮≫ 〈覲禮〉 정현의 주에 따르면 '裨衣를 입고 冕을 쓰는 것〔衣裨衣而冠冕〕'이다. 천자는 거행하는 예에 따라 大裘·袞冕·鷩(별)冕·毳(취)冕·絺(치)冕·玄冕 등 6종의 예복을 입는데, 하늘에 제사 지낼 때 입는 大裘를 제외한 나머지 5服을 통칭하여 裨服이라 한다. 이 5종의 비복은 제후 이하 역시 입을 수 있어서, 上公인 제후는 升龍의 문양이 없는 곤면복을 입을 수 있고, 侯·伯은 별면복, 子·男은 취면복, 孤는 치면복, 卿大夫는 현면복을 입을 수 있다.

20) 先釋幣於其齊(재)車之行主 : ≪의례≫ 〈근례〉에는 '釋幣于禰'로 되어 있는데, 정현의 주에 따르면 '禰'는 '遞遷한 조상의 신주인 行主〔行主遷主〕'를 이른다. '幣'는 '다섯 필의 비단〔束帛〕'으로, '釋幣'는 정현의 주에 따르면 곧 覲禮를 행하려 한다는 것을 고하는 것이다.

21) 上擯 : ≪의례≫ 〈근례〉 정현의 주에 따르면 여러 명의 擯 중 왕에게 직접 고하는 宗伯을 가리킨다. ≪周禮≫ 〈秋官 大行人〉에 따르면 上公은 擯을 5명 두고, 侯·伯은 4명, 子·男은 3명 둔다.

22) 諸侯入廟門右 : ≪의례≫ 〈근례〉 정현의 주에 따르면 '신하의 도리를 행하여 감히 빈객의 자리로 가지 못하는 것〔執臣道不敢由賓客位〕'이다.

23) 升成拜 : 신하가 당 아래에서 절한 뒤에 군주의 사양을 받으면 당 위에 올라가 다시 절하는 것을 이른다. 淸나라 淩廷堪의 ≪禮經釋例≫ 〈通禮 上〉에 "일반적으로 신하가 군주와 예를 행할 때는 모두 당 아래에서 再拜稽首하고, 다른 나라의 군주에게도 마찬가지로 한다. 일반적으로 군주가 빈객의 예로 대할 때는 신하가 당을 내려가 절하면 군주가 사양하고 그런 뒤에 신하가 당 위에 올라가 다시 절한다.〔凡臣與君行禮 皆堂下再拜稽首 異國之君亦如之 凡君待以客禮 下拜則辭之 然後升成拜〕"라는 내용이 보인다.

24) 路門 : 왕궁의 가장 안쪽에 있는 문이다. 천자의 궁은 문이 모두 5개로, 밖에서부터 안쪽으로 皐門-庫門-雉門-應門-路門이 있으며, 제후의 궁은 문이 3개로, 밖에서부터 안쪽으로 庫門-雉門-路門이 있다.

25) 樹塞門 : ≪論語≫ 〈八佾〉에 "나라의 군주는 樹로 문을 가린다.〔邦君樹塞門〕"라는 내용이 보이는데, 何晏의 集解에 정현의 설을 인용하여 "인군은 내외를 구별하여 문에 屛을 세워 가린다.〔人君別內外 於門樹屛以蔽之〕"라고 하였다. ≪爾雅≫ 〈釋宮〉에 "屛을 樹라 이른다.〔屛謂之樹〕"라고 하였다.

26) (恒)〔垣〕 : 저본에는 '恒'으로 되어 있으나, 阮元이 衛氏集說의 '垣'을 옳다고 한 것에 의거하여 '垣'으로 바로잡았다.(阮元의 校勘記 참조)

27) 〔公〕 : 저본에는 '公'이 없으나, 阮元이 閩本·毛本을 근거로 '公'을 脫文으로 본 것에 의거하여 보충하였다.(阮元의 校勘記 참조)

經의 〔天子〕에서 〔日朝〕까지

○ 正義曰 : 이 절은 제후가 四時에 〈천자에게〉 朝禮·覲禮·宗禮·遇禮를 행하는 법을 논한 것이니, 각각 글을 따라 풀이하겠다.

○〔天子當依而立〕'依'는 모양이 병풍처럼 생겼으며 진홍색으로 바탕을 만들고 높이가 8尺이다. 東西 상의 위치는 室의 戶와 창문 사이에 두며, 도끼 문양을 수놓아서 또한 '斧依'라고도 한다. 그러므로 ≪儀禮≫ 〈覲禮〉에 이르기를 "천자를 위하여 〈文王廟의 堂 위 東西로 정중앙인〉 室의 戶와 창문 사이에 부의를 설치하고 〈부의 앞에 편 돗자리〉 좌우에 玉几를 놓는다. 천자는 袞冕服 차림으로 부의를 등지고 선다."라고 하였다. 정현의 주에 이르기를 "依는 오늘날의 붉은색과 흰색 문양이 있는 병풍과 같다. 도끼 문양을 수놓았으니, 위엄을 보이기 위한 것이다."라고 하였다. ≪爾雅≫ 〈釋宮〉에 이르기를 "〈당 위〉 室의 창문과 戶 사이를 '扆'라 이른다."라고 하였는데, 郭璞의 주에 "창문의 동쪽, 室戶의 서쪽이다."라고 하였다. 이러한 여러 해석에 따르면 이것은 依를 廟堂 위 室의 戶와 창문 사이에 설치하는 것이다. 천자가 제후를 접견할 때는 依 앞에 서니, 依를 등지고 남면하여 제후를 마주한다.

袞服

무릇 제후가 왕에게 조회하는 것은 1년 四時에 걸쳐 있다. 살펴보면 《周禮》〈春官 大宗伯〉에 "봄에 〈천자를〉 알현하는 것을 '朝', 여름에 알현하는 것을 '宗', 가을에 알현하는 것을 '覲', 겨울에 알현하는 것을 '遇'라 한다."라고 하였는데, 정현의 주에 "朝는 '아침'의 뜻인 '朝'와 같으니 일찍 오기를 바라는 것이다. '宗'은 '높다'의 뜻이니 왕을 존숭하기를 바라는 것이다. '覲'이란 말은 부지런하다〔勤〕는 것이니, 王事에 부지런하기를 바라는 것이다. '遇'는 〈'우연히'의 뜻인〉 '偶'와 같으니, 약속하지 않았는데도 모두 이르러 오는 것처럼 하기를 바라는 것이다."라고 하였다. 만약 통틀어 말한다면 모두 '朝'라 하여 〈봄철의〉 처음에 이름 받은 것을 따른다. 《儀禮》〈覲禮〉에 이르기를 "제후들은 朝를 행하는 날 이전에 모두 文王廟의 문밖에 임시 머물 곳을 하사받는다."라고 하였고, 또 〈근례〉에 이르기를 "〈제후들은 대부가 타는〉 墨車를 타고 〈제후가 사용하는〉 龍旂 및 활과 활집을 싣고서 이에 朝한다."라고 하였다. 또 《春秋》 僖公 28년 여름 5월 經文에 이르기를 "희공이 왕의 行在所로 가서 朝하였다."라고 하였으니, '朝'는 통칭임을 알 수 있다. 다만 朝禮·覲禮·宗禮·遇禮가 다를 뿐이다.

冕

墨車

살펴보면 ≪주례≫ 〈秋官 大行人〉에 이르기를, 侯服은 1년에 한 번 〈천자를〉 알현하고, 甸服은 2년에 한 번 알현하고, 男服은 3년에 한 번 알현하고, 采服은 4년에 한 번 알현하고, 衛服은 5년에 한 번 알현하고, 要服은 6년에 한 번 알현한다고 하였다. 服에 따라 교대로 와서 〈6년 만에〉 한 바퀴 돌면 다시 시작한다. 그러나 〈후복・전복・남복・채복・위복・요복의〉 六服이 나누어 오고, 또 매 방면의 服이 별도로 4分으로 나뉘어 1分은 봄에 朝하고 1分은 여름에 宗하고 1分은 가을에 覲하고 1分은 겨울에 遇하니, 四方이 모두 이렇게 한다. 그러므로 정현의 주에 이르기를 "알현하고서 공물을 바치는 해에 사방 제후국이 각각 넷으로 나누어서 四時에 달려오니, 혹은 봄에 朝하고, 혹은 여름에 宗하고, 혹은 가을에 覲하고, 혹은 겨울에 遇한다."라고 하였다. 要服 밖에는 夷服・鎭服・藩服의 三服이 있다. 살펴보면 〈대행인〉에 이르기를 "九州 밖을 '藩國'이라 이르니, 世에 한 번 알현한다."라고 하였는데, 정현의 주에 이르기를 "'世'는 〈제후인〉 아버지가 죽고 자식이 계승할 때 및 새로운 왕이 즉위할 때 바로 한 번 올 뿐임을 이른다."라고 하였다.

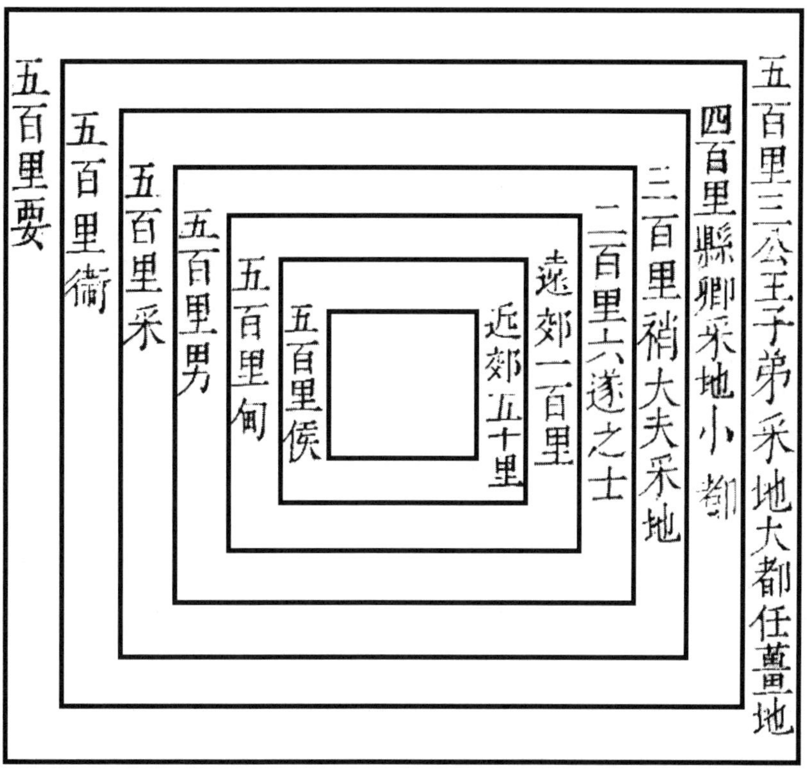

行人六服朝貢圖

六服 가운데 服에 따라 행하는 여러 가지의 朝禮 외에 또 네 가지 이름이 있다. 첫째는 '時見曰會'라는 것이다. 만약 제후 중에 따르지 않는 자가 있으면 왕이 征討하려는 일이 있게 되는데, 만약 동방의 제후가 따르지 않으면 동방의 제후들과 함께 토죄하고, 만약 남방의 제후가 따르지 않으면 남방의 제후들과 함께 토죄하여 각 방면에 모두 이렇게 한다. 朝禮가 끝나면 왕이 이에 도성 밖에 壇을 만들고 이들과 함께 會盟하는데, 봄에는 도성 동쪽에서, 여름에는 도성 남쪽에서, 가을에는 도성 서쪽에서, 겨울에는 도성 북쪽에서 한다. 會는 일에 따라 하여 정해진 시기가 없고 때에 따라 모이므로 '時見曰會'라 한다. 둘째는 '殷見曰同'이라는 것이다. 천자는 12년에 한 번 巡守하는데, 혹 순수해야 하는 해이지만 천하가 평안하지 않거나 혹 왕에게 다른 연고가 있어 직접 행할 수 없으면 사방의 제후가 모두 京師로 가서 조회한다. 朝禮가 끝나면 마찬가지로 도성 밖에 단을 만들고서 政事를 명한다. '殷'은 '무리〔衆〕'의 뜻이니, 조회하러 오는 제후들이 이미 많으므로 '殷見曰同'이라 한다. 셋째는 '時聘曰問'이라는 것이다. 왕에게 일이 있는데 제후가 왕에게 조회하는 해가 아니어서 직접 올 수 없으면 대부를 보내 聘問하고 이어서 왕의 안부를 묻는 것을 이른다. 이것 역시 일정한 시기가 없으므로 '時聘曰問'이라 한다. 넷째는 '殷覜曰視'라는 것이다. 원년·7년·11년에는 오직 侯服의 제후만이 조회할 수 있으니 조회하는 자가 이미 적다. 이에 제후들이 경대부를 보내 大禮로 빙문하는데, 빙문하는 자가 이미 많으므로 '殷'이라 한다. '覜' 또한 '보다〔見〕'의 뜻이니, 왕의 안부를 보러 오는 것이므로 '覜'라 한다. 殷覜 역시 모두 四時를 따라서 봄에는 동방의 제후가, 여름에는 남방의 제후가, 가을에는 서방의 제후가, 겨울에는 북방의 제후가 행한다. 각각 방면을 따르고 사시를 따라 행하나 다만 매 방면마다 넷으로 나누지 않을 뿐이다. 그러므로 ≪周禮≫ 〈秋官 大行人〉 정현의 주에 이르기를 "殷國은 사방에서 사시에 나누어 조회하러 오는 것을 평상시처럼 한다."라고 한 것이다. 정현이 이미 "사시에 나누어 조회하러 오는 것을 평상시처럼 한다."라고 하였는데, 앞의 六服에 대해 처음에는 오직 '四時'만을 말하고 비록 '四方'을 말하지는 않았으나 뒤에서는 또 四方이 각각 사시에 나누어 달려온다고 하여 동일함을 밝혔다. 그러나 殷覜는 사시에 나누어 알현할 필요가 없는 이유는, 小禮는 번갈아 알현하는 사시의 법이 필요치 않기 때문이다.

'天子當依而立'은, 이것은 가을에 廟에서 覲禮를 받는 것이다. 제후가 조회하러 와서 〈왕성에서 50리 떨어진〉 近郊에 이르면 왕이 皮弁服 차림의 大行人을 보내 璧을 들고

가서 맞이하여 위로한다. 제후 또한 피변복 차림으로 使者를 따라 〈도성으로〉 들어간다. 천자가 제후에게 머물 관사를 내려주면 제후가 관사를 받고 천자의 명을 따른다. 조회하는 날 하루 전에 제후의 上介가 〈왕의 명을 받은 掌次에게서 文王의〉 廟門 밖에 잠시 머물 곳〔次〕을 받는데, 同姓의 제후는 〈묘문 밖 동쪽의〉 서향하는 곳에 북쪽을 상위로 하여 받고, 異姓의 제후는 〈묘문 밖 서쪽의〉 동향하는 곳에 북쪽을 상위로 하여 받는다. 조회하는 날 동이 틀 무렵 裨冕 차림의 제후는 〈곧 근례를 행하려 함을 고하는 의미에서〉 먼저 齋車의 行主에 폐백을 올린다. 천자는 〈九章의〉 袞冕 차림으로 문왕의 廟에서 依 앞에 남향하고 서 있으며 賓을 맞이하지 않는다. 제후들이 묘문 밖에 자리하면 천자가 上擯을 시켜 제후들을 들어오게 한다. 제후들이 〈감히 빈객으로 자처하지 못하고 신하의 예를 행하여〉 묘문 오른쪽으로 들어와, 앉아서 圭玉을 바닥에 내려놓고 再拜한다. 규옥을 내려놓는 이유는, 卑者가 尊者를 알현할 때는 예물을 바닥에 내려놓으며 직접 건네주지 않기 때문이다. 擯者가 서쪽 계단으로 올라와 〈왕에게〉 직접 건네주라고 명하면, 제후가 이에 앉아서 규옥을 취하여 들고 당에 올라간다. 〈제후가 규옥을 바치면〉 왕이 규옥을 받는다. 이것이 '當依而立'의 때이다.

○〔諸侯北面而見天子曰覲〕 왕이 이미 규옥을 받았으면 제후가 계단을 내려가 모두 북면하여 再拜稽首한다. 擯者가 〈왕명을 받아 제후들에게 신하로서의 예인 당 아래에서의 절을 사양하여〉 제후들을 나아오게 해서 당에 올라와 成拜하라고 하는데, 이것이 '北面曰覲'을 하는 때이다. 〈제후들이〉 똑같이 북면하는 이유는, 覲禮와 遇禮를 행하는 가을과 겨울은 陰의 기운이어서 질박하여 거두는 때이므로 〈다 함께 한 곳에서 받아〉 흩어지게 하지 않은 것이다.

○〔天子當宁而立〕 이것은 봄과 여름에 朝禮를 받을 때이다. '宁'는 ≪爾雅≫ 〈釋宮〉에 이르기를 "門과 屛 사이를 '宁'라 한다."라고 하였는데, 郭璞의 주에 "인군이 조회를 볼 때 신하들을 기다리며 서 있는 곳이다."라고 하였다. 李巡은 말하기를 "正門 안의 두 塾 사이를 '宁'라 한다."라고 하였다. 천자가 路門 밖의 治朝에서 조회를 받을 때 문 밖에 우두커니 서서 제후가 이르기를 기다리므로 '當宁而立'이라 한다고 말한 것이다. 그러나 路門 밖에 屛이 있는 것은, 바로 "樹로 문을 가린다."라는 것이 이것이다. ≪이아≫ 〈석궁〉에 이르기를 "正門을 應門이라 이른다."라고 하였고, 또 이르기를 "屛을 樹라 이른다."라고 하였다. 이순은 "담장이 문을 막아서고 있어 절로 가려지게 한 것을 '樹'라 한다."라고 하였고, 곽박은 "작은 담장이 문 한가운데를 막아서고 있는 것이다."

라고 하였다. 지금 이순과 곽박의 두 주석을 살펴 ≪禮記≫ 경문을 미루어 검증해보면, 제후는 內屛이어서 路門 안에 있고 천자는 外屛이어서 路門 밖에 있어 應門에 가까운 듯하다.

○〔諸公東面 諸侯西面 曰朝〕 왕이 이미 宁에 서 있으면 제후들이 차례로 나아와서 여러 公은 서쪽에 서고 여러 侯는 동쪽에 서서 왕에게 朝禮를 행하는데, 〈봄과 여름은〉 陽의 기운이어서 문식을 하므로 문식함으로 인해 나누어 서는 것이다. 崔靈恩이 말하기를 "땅의 道는 오른쪽을 귀하게 여기니 公이 이 때문에 서쪽에 있는 것이다. 그러나 이것은 봄의 朝禮이므로 먼저 조례를 받는 예가 끝나고 난 뒤에 廟에 들어가 享禮를 받는다."라고 하였다.

【疏】○ 注'諸侯'至'今亡'. ○ 正義曰：庭實[1]受之於廟, 生氣文也. 陽生之時, 其氣文舒而布散, 故分於兩處受也. 云'秋見曰覲, 一受之於廟', 一竝朝享, 皆廟受之, 殺氣質也. 此陰殺之時, 其氣質斂, 故竝於一處受之也. 云'朝者, 位於內朝而序進'者, 此"內朝", 卽路門外朝也. 對皐門內三槐九棘(극)[2]之外朝, 故稱內也. 若對路寢庭朝, 又爲外, 故文王世子云 "朝於外朝則以官[3]"是也. 崔云 "諸侯春夏來朝, 各乘其命車至皐門外陳介[4]也. 天子車時在大門內, 傳辭旣訖, 則乘車出大門下車. 若升朝之時, 王但迎公, 自諸侯以下則隨之而入, 更不別迎也. 入至文王廟門, 天子還服朝服, 立於路門之外. 諸侯更易服朝服, 執贄而入應門而行禮, 故王當宁以待諸侯次第而進. 故云'序進', 謂入應門, 諸公東面, 諸侯西面." 若熊氏之義, 則朝無迎法, 唯享有迎諸侯之禮. 案覲禮諸侯乘墨車而入朝. 鄭云 "墨車者, 大夫制也. 入天子之國, 車服不可盡同也." 云'覲者, 位於廟門外而序入'者, 其宿受位次在廟門外, 至朝之旦, 秋冬王不出迎, 其尊卑各在其次中, 未得相見, 聽上擯進之, 乃於位次第而入, 故云"序入"也. 云'王南面, 立於依・宁而受焉'者, 二處皆南面也. 云'夏宗依春, 冬遇依秋'者, 陰陽同, 各相依也. 云'春秋時齊侯唁魯昭公, 以遇禮相見, 取易(이)略也'者, 此引證"宗依朝, 遇依覲", 非唯竝受爲異, 其禮有難易(이)繁省之殊也. 穀梁傳曰 "弔失國曰唁[5]." 魯昭公伐季氏, 不勝而出. 故春秋昭二十五年九月, "公孫於齊, 次于陽州[6]. 齊侯唁公於野井", 公羊云"以人爲菑(치)[7], 以幦(멱)爲席, 以鞌(안)爲几, 以遇禮相見"是也. 分六服隨服而朝, 則六年一遍, 此鄭康成之義. 尙書"六年, 五服一朝", 而孔注云 "五服一朝[8], 侯・甸・男・采・衛. 六年一朝, 會京師." 孔・鄭不同. 孔以昭十三年左傳云"歲聘以志業, 間朝以講禮,

再朝而會以示威, 再會而盟以顯昭明", 以爲諸侯三年一朝, 六年一會, 十二年一盟, 是周之正朝法也. 其大行人依服數見(삭현)者, 是諸侯遣使貢獻而見耳. 知覲在廟者, 此云"當依而立", 覲禮又有"負斧依", 及侯氏入廟門告聽事[9], 鄭注云"告王以國所用爲罪之事", 大行人云"廟中將幣, 三享"故也. 知在文王廟者, 聘禮云"不腆(전)先君之祧[10]", 明天子受覲於廟之祧可知也. 又案覲禮 "同姓西面, 異姓東面." 鄭注 "分別同姓異姓者, 受之將有先後也." 則是覲禮之法, 先同姓, 後異姓. 若然, 案檀弓注云"朝覲, 爵同同位", 則爵尊先見. 覲禮見不同者, 二文雖異, 其意則同, 就爵同之中, 先受同姓之朝. 周之盟會, 亦先同姓也. 故定四年[11], 祝佗稱踐土之盟載書云"晉重・魯申・蔡甲午・鄭捷・齊潘(반)[12]", 鄭雖小國, 而在齊上. 故隱十一年傳云 "周之宗盟, 異姓爲後." 若其餘盟, 分國大小爲次. 故襄二十七年, 宋之盟, 晉・楚爭先, 楚人先歃(삽)是也. 必知然者, 案杜預釋例云 "若王官之伯[13]主盟, 異姓爲後, 其餘則否也." 凡天子三朝. 其一在路門內, 謂之燕朝. 大(태)僕掌之, 故大僕云 "王眡(시)燕朝則正其位." 文王世子云 "公族朝於內朝, 親之[14]也." 此則王與宗人圖其嘉事, 及王退, 俟大夫之朝也. 其二是路門外之朝, 謂之治朝. 司士掌之, 故司士云 "正朝儀之位. 王南鄕, 三公北面東上, 孤東面北上, 卿大夫西面北上, 王族故士・虎士[15]在路門之右, 南面東上, 太僕・太右・太僕從者[16]在路門之左, 南面西(上)上[17]." 此是每日視朝之位, 其王與諸侯賓射[18], 亦與治朝同, 故射人云 "三公北面, 孤東面, 卿大夫西面, 諸侯在朝, 則皆北面." 不云王族故士・虎士・大僕・大右者, 文不具耳. 不云士者, 鄭注云 "此與諸侯〔之賓〕[19]射, 士不與." 案諸侯大射, 士立於西方東面[20], 是天子大射, 士亦預禮也. 其三是皐門之內, 庫門之外, 謂之外朝. 朝士掌之, 故朝士云 "左九棘, 孤・卿・大夫位焉. 右九棘, 公・侯・伯・子・男位焉. 面三槐, 三公位焉." 此是詢衆庶之朝[21]也. 凡朝, 三公北面者, 以其貴臣答王之義也. 孤及諸侯東面者, 尊之, 故從賓位. 卿大夫西面者, 君之臣子統於君也. 士門西東面者, 以其卑賤, 故外之. 其外朝, 孤與士辟(피)諸侯, 故就東方西面同其位. 案燕禮云[22], 卿西面, 大夫北面, 士門西東面, 大射亦然. 知諸侯有路門外朝者, 案玉藻云[23], 君朝服, 日出而視朝, 退適路寢是也. 其外詢衆庶之所, 經雖無文, 亦當與天子同. 其位, 無三公及諸侯, 當同燕禮・大射之位. 若然, 周禮天子有射・朝・燕, 儀禮諸侯有燕・朝也. 射雖無正朝, 當與天子同, 則天子・諸侯皆三朝也.

1) 庭實 : 각 나라에서 바치는 뜰에 늘어놓는 말〔馬〕 등의 공물을 이른다.

2) 三槐九棘(극) : 三公九卿의 朝位를 이른다. ≪周禮≫ 〈秋官 朝士〉에 "朝士는 왕국의 外朝의 법을 세우는 것을 관장한다. 동방의 왼쪽에는 아홉 그루의 대추나무를 심어 孤·卿·大夫가 자리하게 하고 여러 士가 그 뒤쪽에 자리하도록 하며, 서방의 오른쪽에는 아홉 그루의 대추나무를 심어 公·侯·伯·子·男의 제후가 자리하게 하고 〈鄕·遂·公邑·采邑 등의〉 여러 관리가 그 뒤에 자리하도록 하며, 남방의 앞쪽에는 세 그루의 홰나무를 심어 三公이 자리하게 하고 州의 長과 뭇 서인들이 그 뒤에 자리하게 한다.〔朝士掌建邦外朝之法 左九棘 孤卿大夫位焉 群士在其後 右九棘 公侯伯子男位焉 群吏在其後 面三槐 三公位焉 州長衆庶在其後〕"라는 내용이 보인다.

3) 朝於外朝則以官 : ≪禮記≫ 〈文王世子〉에 "군주에게 조회할 때 內朝에서는 서쪽에서 동향하는데 북쪽을 상위로 하고……外朝에서는 관직에 따라 차례한다.〔其朝于公 內朝則東西北上……其在外朝 則以官〕"라는 내용이 보이는데, 정현의 주에 "內朝는 노침의 뜰이다.……外朝는 노침의 문밖 뜰이다.〔內朝 路寢庭……外朝 路寢門之外庭〕"라고 하였다.

4) 陳介 : '介'는 賓 쪽에서 말을 전하는 사람이다. ≪주례≫ 〈秋官 大行人〉에 따르면 上公은 9명의 介를 늘어세우고, 侯·伯은 7명, 子·男은 5명을 늘어세운다.

5) 弔失國曰唁 : ≪春秋公羊傳≫ 昭公 25년 조 何休의 解詁에 "나라를 잃은 것에 대해 조문하는 것을 '唁', 나라를 위해 죽은 것에 대해 조문하는 것을 '弔'라 한다.〔弔亡國曰唁 弔死國曰弔〕"라는 내용이 보인다.

6) 陽州 : ≪춘추공양전≫ 昭公 25년 조 기사에는 '楊州'로 되어 있다.

7) 菑(치) : ≪춘추공양전≫ 昭公 25년 조 何休의 解詁에 "菑는 에워싼 담장이다. 안팎을 구분하여 威儀를 지키는 것이다.〔菑 周埒垣也 所以分別內外 衛威儀〕"라고 하였다.

8) 一朝 : 北京大本 ≪尙書正義≫ 〈周書 周官〉에는 이 2자가 없다.

9) 侯氏入廟門告聽事 : ≪儀禮≫ 〈覲禮〉에 "〈세 차례의 享禮가 끝나면〉 제후는 이에 廟門 동쪽에서 〈죄를 청하는 의미로〉 오른쪽 어깨를 드러내고 이어서 문 오른쪽으로 들어가 북향하고 서서 죄지은 일을 고한다.〔乃右肉袒于廟門之東 乃入門右 北面立 告聽事〕"라는 내용이 보인다.

10) 祧 : ≪禮記≫ 〈祭法〉 정현의 주에서 ≪의례≫ 〈聘禮〉의 이 구절을 해석하여 "이것은 시조묘를 이른다.〔是謂始祖廟也〕"라고 하였다.

11) 定四年 : 이하의 내용이 ≪春秋左氏傳≫ 定公 4년 조에 보인다.

12) 晉重魯申蔡甲午鄭捷齊潘(반) : ≪춘추좌씨전≫ 定公 4년 조 杜預의 주에 따르면 '重'은 晉 文公 重耳이며, '申'은 魯 僖公, '甲午'는 蔡 莊侯, '捷'은 鄭 文公, '潘'은 齊 昭公의 이름이다. 國姓은 晉·魯·蔡·鄭 모두 周나라 왕실과 동일한 姬姓이고 齊나라만 姜姓이며, 작위는 晉·魯·蔡·齊 모두 侯이고 鄭나라만 伯이다. 진나라는 同姓인데다 당시 회맹을 주관한 맹주였으므로 가장 앞에 두었고, 정나라는 제나라보다 작위가 낮았으나 동성이므로 제나라보다 앞에 두었다.

13) 王官之伯 : 왕이 파견하여 맹약을 주관하게 하는 왕의 老臣으로, 王官伯이라 한다.

14) 親之 : 北京大本 ≪禮記正義≫ 〈文王世子〉에는 '內親'으로 되어 있다.

15) 王族故士虎士 : ≪周禮≫ 〈夏官 司士〉 정현의 주에 따르면 '王族故士'는 왕족 중 새로 士에 선발되어 아직 正爵을 받지 못한 士가 아닌 옛날에 이미 士의 작위를 받은 자로, 늦게 퇴근하여 왕궁에 남아서 宿衛하는 자를 이른다. '虎士'는 ≪주례≫ 〈夏官 序官〉에 따르면 虎賁氏의 하속으로 800명이다. 徒 가운데 勇力이 있는 사람을 선발한다.

16) 太右太僕從者 : ≪주례≫ 〈하관 사사〉 정현의 주에 따르면 '太右'는 여러 車右를 관장하는 司右를 이르며, '太僕從者'는 小臣·祭僕·御僕·隷僕을 이른다.

17) (上)上 : 저본에는 '上上'으로 되어 있으나, 毛本을 근거로 '上'이 중첩된 것을 오류로 본 阮元의 校勘記에 의거하여 한 글자를 衍文으로 처리하였다.(阮元의 校勘記 참조)

18) 賓射 : 천자가 옛 朋友나 제후들과 燕飮의 예를 행한 뒤 이들과 賓·주인이 되어 활쏘기하는 것을 이른다. ≪주례≫ 〈春官 大宗伯〉에 "賓射의 예로 故舊朋友를 친히 한다.〔以賓射之禮 親故舊朋友〕"라는 내용이 보이는데, 정현의 주에 따르면 '故舊朋友'는 왕이 세자로 있을 때 함께 배웠던 자나 제후를 이른다.

19) 〔之賓〕 : 저본에는 '之賓' 2자가 없으나, 北京大本 ≪周禮注疏≫ 〈夏官 射人〉 정현의 주에 의거하여 보충하였다.

20) 諸侯大射 士立於西方東面 : '大射'는 제후들이 큰 제사를 거행하려 할 때 신하들과 활쏘기 대회를 열어서 제사에 참여할 사람을 선발하는 예이다. ≪의례≫ 〈大射〉에 "士는 뜰의 서쪽에서 동향하는데 북쪽을 상위로 하여 선다.〔士西方東面北上〕"라는 내용이 보인다.

21) 詢衆庶之朝 : ≪周禮≫ 〈地官 鄕大夫〉에 "나라에서 뭇 서인들에게 크게 물을 일이 있으면 〈鄕大夫는〉 각각 자기 鄕의 백성들을 인솔하여 朝에 이른다.〔國大詢于衆庶 則各帥其鄕之衆寡而致於朝〕"라는 내용이 보이는데, 정현의 주에 "'大詢'은 나라가 위태로울 때 물으며, 도읍을 옮기는 것에 대해 물으며, 군주를 옹립하는 것에 대해 묻는 것이다.〔大詢者 詢國危 詢國遷 詢立君〕"라고 하였다. '朝'는, ≪주례≫ 〈秋官 小司寇〉의 "外朝의 정사를 관장하여 만민을 오게 해서 묻는다.〔掌外朝之政 以致萬民而詢焉〕"라는 구절 뒤에 백성들에게 물어볼 세 가지 사항으로 國危·國遷·立君을 언급한 것에 근거하면 '왕의 外朝'를 이른다.

22) 燕禮云 : ≪儀禮≫ 〈燕禮〉에 "卿과 大夫가 모두 路門 오른쪽으로 들어와 북향하는데 동쪽을 상위로 한다. 士는 서쪽에 서서 동향하는데 북쪽을 상위로 한다.……아직 正祿을 받지 못하는 士는 노문 안 서쪽에 서서 〈북향하는데〉 동쪽을 상위로 한다.……공이 당에서 내려와 동쪽 계단 동남쪽에 서서 남향하고서 경에게 가까이 오라고 하면, 경이 서향하고서 북쪽을 상위로 하여 서며, 대부에게 가까이 오라고 하

면 대부가 모두 조금 앞으로 나아간다.〔卿大夫皆入門右 北面東上 士立于西方 東面北上……士旅食者立于門西東上……公降立于阼階之東南 南鄕爾卿 卿西面北上 爾大夫 大夫皆少進〕"라는 내용이 보인다.

23) 玉藻云 : ≪禮記≫ 〈玉藻〉에 "군주는 해가 나오면 조회를 보고 물러나 路寢에 가서 정사를 듣는다. 사람을 시켜 대부들이 있는 곳에 가 보게 하여 대부들이 물러간 뒤에 小寢에 가서 朝服을 벗는다.〔君日出而視之 退適路寢聽政 使人視大夫 大夫退然後 適小寢釋服〕"라는 내용이 보인다.

○ 注의 〔諸侯〕에서 〔今亡〕까지

○ 正義曰 : 〈〔諸侯에서 文也까지〕〉 庭實을 廟에서 받는 것은 생성하는 기운이므로 문식하는 것이다. 陽生의 때는 그 기운이 문식하여 펴져서 흩어지므로 〈朝禮와 享禮를〉 두 곳에서 나누어 받는 것이다.

〔秋見曰覲 一受之於廟〕 朝禮와 享禮를 한꺼번에 모두 廟에서 받는 것은 肅殺의 기운이므로 질박하게 하는 것이다. 이러한 陰殺의 때는 그 기운이 질박하여 거두어들이므로 모두 한곳에서 받는 것이다.

〔朝者 位於內朝而序進〕 여기의 '內朝'는 바로 路門 밖의 朝이다. 〈천자의 5門 중 가장 바깥문인〉 皐門 안의 三槐九棘이 있는 外朝와 상대적으로 말하였으므로 '內'라 칭한 것이다. 만약 路寢의 庭朝와 상대적으로 말한다면 또 밖이 된다. 그러므로 ≪禮記≫ 〈文王世子〉에 이르기를 "〈路寢 문밖의〉 外朝에서 조회할 때는 관직에 따라 차례로 한다."라고 한 것이 이것이다. 崔氏가 말하기를 "제후들은 봄과 여름에 조회하러 왔을 때 각각 〈왕이 하사한 수레인〉 命車를 타고 皐門 밖에 이르면 介를 늘어세운다. 천자의 수레는 이때 大門 안에 있는데, 말을 전하는 예가 끝나고 나면 〈천자가〉 수레를 타고 대문을 나와 수레에서 내린다. 만약 조정에 오를 때라면 왕은 단지 公만 맞이하고 여러 侯 이하는 따라서 들어가며 〈왕이〉 다시 별도로 맞이하지 않는다. 〈대문을〉 들어가서 文王의 廟門 앞에 이르면 천자가 도로 朝服을 입고 路門 밖에 선다. 제후들이 다시 조복으로 갈아입고서 폐백을 잡고 應門으로 들어가 예를 행하므로 왕이 宁에서 제후들이 차례로 나아오기를 기다리는 것이다. 이 때문에 '序進'이라 한 것이니, 應門을 들어가서 여러 公은 동향하고 여러 侯는 서향한다는 말이다."라고 하였다. 만약 熊安生의 뜻과 같다면 朝禮에는 맞이하는 법이 없고 오직 享禮에만 제후를 맞이하는 예가 있다. ≪儀禮≫ 〈覲禮〉를 살펴보면 제후들은 墨車를 타고 入朝하는데, 정현이 말하기를 "墨車는 대부의 제도이다. 천자의 나라에 들어갈 때 車服을 〈천자와〉 모두 똑같이 할

수는 없기 때문이다."라고 하였다.

〔覲者 位於廟門外而序入〕〈제후들은〉 하루 전날 廟門 밖에 位次를 받는데, 조회하는 날 아침이 되었을 때 가을과 겨울에는 왕이 나와서 맞이하지 않으니 그 尊卑가 각각 〈잠시 머무는 곳인〉 次 안에 있어서 서로 보지 못하고 있다가 上擯의 나아오라는 말을 듣고 이에 자리에서 차례로 들어가므로 '序入'이라 한 것이다.

〔王南面 立於依宁而受焉〕〈依와 宁〉 두 곳에서 모두 남향한다.

〔夏宗依春 冬遇依秋〕〈봄과 여름, 가을과 겨울은 각각〉 陰陽이 같으므로 각각 따르는 것이다.

〔春秋時齊侯唁魯昭公 以遇禮相見 取易略也〕 이것은 〈사례를〉 인용하여 '宗依朝 遇依覲'을 증명한 것이니, 오직 〈覲禮와 遇禮는 朝와 享을 廟에서〉 모두 받는 것만 다를 뿐 아니라 그 예가 難易와 繁省의 다름이 있다. ≪春秋穀梁傳≫에 이르기를 "나라를 잃은 것에 대해 조문하는 것을 '唁'이라 한다."라고 하였는데, 魯나라 昭公이 季氏를 공격하였다가 이기지 못하여 국경을 나가 망명하였다. 그러므로 ≪春秋≫ 소공 25년 9월에 "소공이 齊나라로 망명하여 〈노나라와 제나라의 국경에 있는 고을인〉 陽州에 머물렀다. 제나라 군주가 野井에서 소공을 조문하였다.〔唁〕"라고 하였으며, ≪春秋公羊傳≫에 이르기를 "〈소공이〉 사람으로 〈안팎을 구분하는〉 담장을 삼고, 수레 덮개〔幦〕로 돗자리를 삼고, 말 안장으로 几를 삼고서 〈제나라 군주를 제후들이 간소하게 만나는 예인〉 遇禮로 만났다."라고 한 것이 이것이다.

六服을 구분하여 服에 따라 조회하면 6년이면 한 바퀴를 돈다는 것이 鄭玄의 뜻이다. ≪書經≫ 〈周書 周官〉에 "6년마다 五服이 한 번 조회한다."라고 하였는데, 孔安國의 傳에 이르기를 "五服이 한 번 조회한다는 것은 侯服・甸服・男服・采服・衛服을 이른다. 6년에 한 번 조회하는 것은 京師에 모이는 것이다."라고 하여 공안국과 정현이 같지 않다. 공안국은 ≪春秋左氏傳≫ 昭公 13년 조의 "〈제후로 하여금〉 해마다 聘問하여 貢賦의 일에 전념하게 하고, 3년마다 조회하여 〈상하의〉 예를 익히게 하고, 6년마다 회합하여 〈천자의〉 위엄을 보이고, 12년마다 맹약하여 〈신의를〉 밝힌 자를 드러낸다."라고 한 것에 대해, 제후가 3년에 한 번 조회하고 6년에 한 번 회합하고 12년에 한 번 맹약하는 것은 바로 周나라의 正朝法이라고 하였다. ≪주례≫ 〈秋官 大行人〉에서 服에 따라 여러 차례 조현하는 것은 바로 제후가 사신을 보내 공물을 바치면서 조현하는 것뿐이다.

覲禮는 廟에서 한다는 것을 〈정현이〉 안 것은, 여기 경문에서 '當依而立'이라 하였고, ≪儀禮≫ 〈覲禮〉에 또 "〈천자가 袞冕服 차림을 하고서〉 斧依를 등지고 선다.〔負斧依〕"라는 구절이 있으며, 제후가 廟門에 들어가 告聽事 하는 것에 대해 정현의 주에 이르기를 "〈'告聽事'는〉 왕에게 자기 나라에서 행한 죄지은 일을 고하는 것이다."라고 하였고, ≪주례≫ 〈秋官 大行人〉에 이르기를 "廟 안에서 폐백을 올리고 〈方物을 바치는〉 享禮를 세 차례 행한다."라고 하였기 때문이다. 文王의 廟에서 행한다는 것을 〈정현이〉 안 것은, ≪의례≫ 〈聘禮〉에 "변변치 않은 先君의 祧"라고 했으니, 분명히 천자가 始祖廟에서 근례를 받음을 알 수 있다.

또 살펴보면 ≪의례≫ 〈근례〉에 "同姓의 제후는 〈묘문 밖 동쪽에서〉 서향하고 異姓의 제후는 〈묘문 밖 서쪽에서〉 동향한다."라고 하였는데, 정현의 주에 "동성과 이성을 구분한 것은 〈享禮를〉 받는 것이 장차 선후가 있을 것이기 때문이다."라고 하였으니, 이것은 〈근례〉의 법이 동성의 제후를 먼저 하고 이성의 제후를 뒤에 하는 것이다. 만약 그렇다면 ≪禮記≫ 〈檀弓 上〉 정현의 주를 살펴보면 "朝覲에는 작위가 같으면 자리도 동일하다."라고 하였으니, 작위가 높으면 먼저 조현하는 것이다. 〈근례〉의 조현과 같지 않은 것은, 두 글은 비록 다르나 그 뜻은 같은 것이다. 즉 작위가 같은 제후들 가운데 나아가서 동성 제후의 조회를 먼저 받는 것이다. 周나라의 회맹 또한 동성의 제후가 예를 먼저 행하였다. 그러므로 魯 定公 4년에 祝佗가 〈鄭나라 땅인〉 踐土에서의 맹약서를 칭하여 "晉나라 重耳, 魯나라 申, 蔡나라 甲午, 鄭나라 捷, 齊나라 潘이다."라고 하였으니, 〈姬姓의〉 정나라가 비록 小國이나 〈姜姓의〉 제나라 앞에 있는 것이다. 그러므로 ≪춘추좌씨전≫ 隱公 11년 조에 이르기를 "周나라의 회맹에는 이성의 제후가 뒤에 예를 행한다."라고 하였다. 만약 나머지 맹약으로 말한다면 나라의 대소를 구분하여 차례를 삼았다. 그러므로 魯 襄公 27년에 있었던 宋나라에서의 회맹 때 晉나라와 楚나라가 먼저 〈희생의 피로〉 歃血하기를 다투어서 초나라 사람이 먼저 삽혈한 것이 이것이다. 반드시 그러함을 아는 것은, 살펴보면 杜預의 ≪春秋釋例≫에 이르기를 "만약 〈왕이 파견한 신하인〉 王官伯이 회맹을 주관하면 이성의 제후가 뒤에 예를 행하나 나머지는 그렇지 않다."라고 하였기 때문이다.

무릇 천자는 3개의 朝가 있다. 첫째는 路門 안에 있는데 '燕朝'라 이른다. 太僕이 관장하므로 ≪주례≫ 〈夏官 大僕〉에 이르기를 "왕이 燕朝를 보게 되면 그 朝位를 바로잡는다."라고 하였으며, ≪예기≫ 〈文王世子〉에 이르기를 "公族이 內朝에서 조회하는 것은 친히 여겨서이다."라고 하였다. 이것은 왕이 宗人과 아름다운 일을 도모하거나 왕이 물러가서 대부를 기다리는 朝이다. 둘째는 路門 밖의 朝로, '治朝'라 이른다. 司士가 관장하므로 ≪주례≫ 〈夏官 司士〉에 이르기를 "朝儀의 자리를 바로잡는다. 왕은 남향하며, 三公은 북향하는데 동쪽을 상위로 하며, 孤는 동향하는데 북쪽을 상위로 하며, 경과 대부는 서향하는데 북쪽을 상위로 하며, 왕족 중 〈왕궁에서 宿衛하는〉 故士와 〈용력을 쓰는〉 虎士는 路門 오른쪽에서 남향하는데 동쪽을 상위로 하며, 太僕과 太右와 太僕의 從者는 路門 왼쪽에서 남향하는데 서쪽을 상위로 한다."라고 하였다. 이것은 매일 조회를 보는 자리이니, 왕이 제후들과 賓射를 행할 때도 治朝의 자리와 동일하다. 그러므로 ≪주례≫ 〈夏官 射人〉에 이르기를 "三公은 북향하고, 孤는 동향하고, 경과 대부는 서향하고, 제후는 朝에 있으면 모두 북향한다."라고 한 것이다. 여기에서 왕족 중 故士와 虎士·太僕·太右를 말하지 않은 것은 글이 다 갖추어지지 않은 것뿐이다. '士'를 말하지 않은 것은, 정현의 주에 이르기를 "이것은 제후들과 행하는 賓射에 士는 참여하지 않는 것이다."라고 하였다. 살펴보면 제후의 大射 때는 士가 〈射宮 뜰의〉 서쪽에 서서 동향하니, 이것은 천자의 大射 때에도 士가 예에 참여한다는 것이다. 셋째는 皐門 안, 庫門 밖을 '外朝'라 이른다. 朝士가 관장하므로 ≪주례≫ 〈秋官 朝士〉에 이르기를 "〈동쪽의〉 왼쪽에는 아홉 그루의 대추나무를 심어 孤·卿·大夫가 자리하게 하고, 〈서쪽의〉 오른쪽에는 아홉 그루의 대추나무를 심어 公·侯·伯·子·男의 제후가 자리하게 하고, 〈남쪽의〉 앞쪽에는 세 그루의 홰나무를 심어 三公이 자리하게 한다."라고 하였다. 이것은 뭇 서인들에게 묻는 朝이다.

무릇 〈路門 밖의〉 治朝에서 三公이 북면하는 것은, 신분이 높은 신하가 왕에게 답하는 뜻으로 한 것이다. 孤와 제후가 동향하는 것은, 이들을 높게 여기므로 賓의 자리를 따르게 한 것이다. 경과 대부가 서향하는 것은, 군주의 신하는 군주에게 통섭되기 때문이다. 士가 문안 서쪽에서 동향하는 것은, 신분이 낮고 천하므로 소원히 한 것이다. 그 밖의 朝에서는 孤와 士가 제후를 피하므로 동쪽에 나아가 서향하여 그 자리를 똑같이 한다. 살펴보면 ≪儀禮≫ 〈燕禮〉에 이르기를, 경은 서향하고, 대부는 북향하고, 士는 문안 서쪽에서 동향한다고 하였으며, ≪의례≫ 〈大射〉에서도 이렇게 한다.

제후에게 路門 밖의 朝가 있음을 아는 것은, 살펴보면 ≪禮記≫ 〈玉藻〉에 이르기를, 군주는 朝服 차림으로 해가 나오면 조회를 보고 물러나 路寢으로 간다고 한 것이 이것이다. 이밖에 〈外朝의〉 뭇 서인들에게 묻는 장소는, 경문에는 비록 글이 없으나 또한 천자와 똑같아야 할 것이다. 그 위치는, 三公과 제후가 없으니 ≪의례≫ 〈연례〉·〈대사〉의 위치와 똑같아야 할 것이다. 만약 그렇다면 ≪周禮≫에서 천자는 射朝(治朝)·外朝·燕朝가 있고, ≪의례≫에서 제후는 燕朝·外朝가 있는 것이다. 射朝는 비록 正朝가 없으나 천자와 똑같아야 할 것이니, 그렇다면 천자와 제후는 모두 3개의 朝가 있는 것이다.

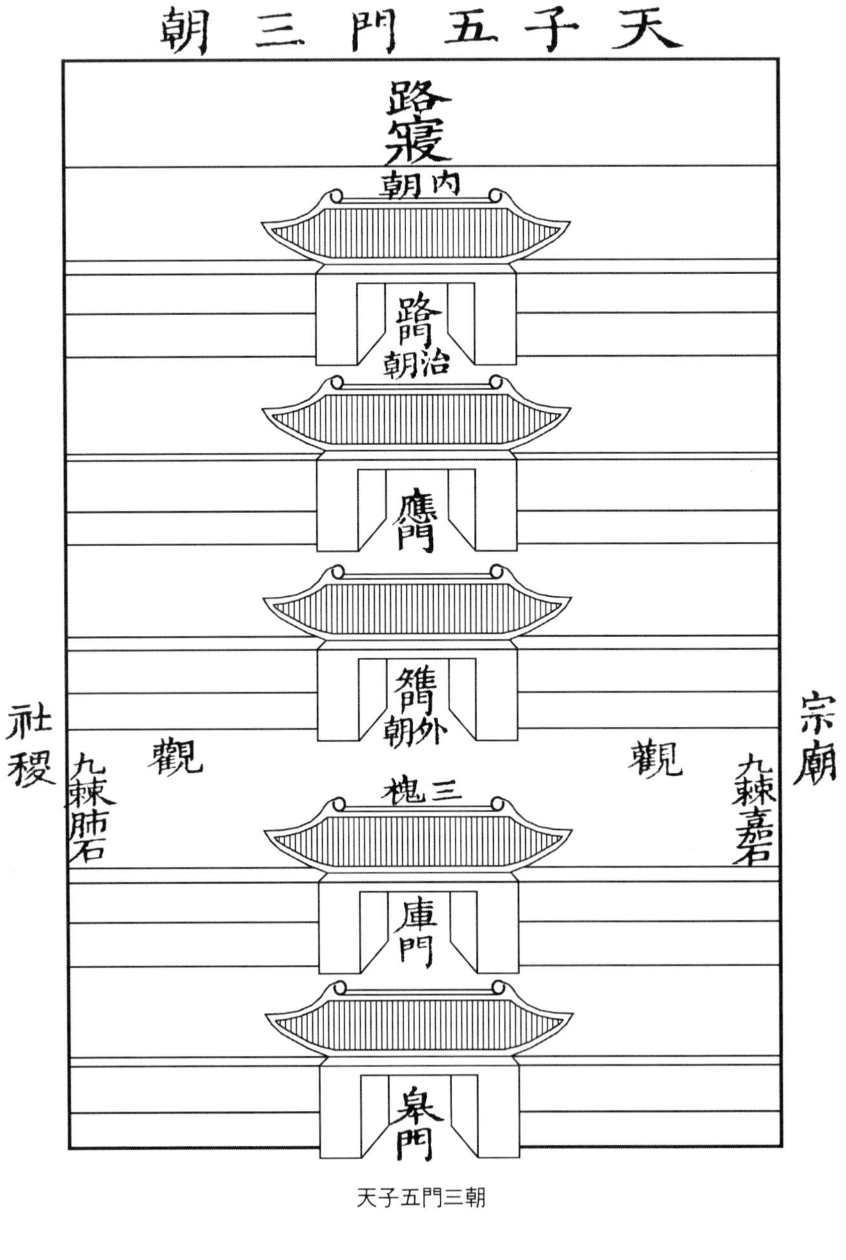

天子五門三朝

02-15-01 諸侯未及期하여 **相見曰遇**라하고 **相見於郤**(극)**地曰會**라하니라 **諸侯使大夫**로 **問於諸侯曰聘**이요 **約信曰誓**요 **涖**(리)**牲曰盟**이라하나니라

제후들이 만나기로 한 기일 전에 서로 만나는 것을 '遇'라 하고, 〈제후들이 만나기로 한 날에〉 국경의 비어 있는 지역에서 서로 만나는 것을 '會'라 한다. 제후가 대부를 보내 다른 나라의 제후에게 문안하는 것을 '聘'이라 하고, 제후가 구두로 약속하는 것을 '誓'라 하고, 제후가 희생 앞에서 맹세하는 것을 '盟'이라 한다.

【注】 **及**은 **至也**요 **郤**은 **間**[1]**也**요 **涖**는 **臨也**라 **坎用牲**하니 **臨而讀其盟書**라 **聘禮今存**이요 **遇會誓盟禮亡**이라 **誓之辭**는 **尚書見有六篇**이라

1) 間 : 육덕명의 音義에서는 음을 '간'이라 하고, 又音으로 '閑'이라 하였다. '간'으로 발음하면 '사이'의 뜻이 되며, '한'으로 발음하면 '틈'의 뜻이 된다. 공영달의 소에서는 '한가하다'의 뜻으로 보았다. 監本·毛本·岳本에는 '閒'으로 되어 있다.(阮元의 校勘記 참조)

'及'은 '이르다'의 뜻이고, '郤'은 '한가하다'의 뜻이고, '涖'는 '임하다'의 뜻이다. 구덩이를 파고 희생을 죽여서 쓰니, 희생에 임하여 그 맹약서를 읽는다. 聘禮는 지금 남아 있고, 遇禮·會禮·誓禮·盟禮는 없어졌다. 誓의 말은 ≪書經≫에 보이는 것이 6편이 있다.

【疏】 '諸侯'至'曰盟'[1]. ○ 正義曰：今若未至前所期之日, 及非所期之地, 而忽相見, 則竝用遇禮相接, 故曰遇也. 所以爾者, 遇禮易(이)略, 旣期未至, 故用簡易(이)禮也. ○ '相見於郤地曰會'者, 此謂及期之禮. 郤, 間(한)也. 旣及期, 又至所期之地, 則其禮閒暇. ○ '諸侯使大夫問於諸侯曰聘'者, 聘, 問也, 謂遣大夫往相存問. ○ '約信曰誓'者, 亦諸侯事也. 約信, 以其不能自和好, 故用言辭共相約束以爲信也. 若用言相約束以相見, 則用誓禮, 故曰誓也. 鄭注司寇云[2] "約, 言語之約束也." ○ '涖牲曰盟'者, 亦諸侯事也. 涖, 臨也, 臨牲者, 盟所用也. 盟者, 殺牲歃血[3], 誓於神也. 若約束而臨牲, 則用盟禮, 故云"涖牲曰盟"也. 然天下太平之時, 則諸侯不得擅相與盟. 唯天子巡守至方嶽[4]之下, 會畢, 然後乃與諸侯相盟, 同好惡(오), 奬王室[5], 以昭事神, 訓民事君. 凡國有疑, 則盟詛其不信者[6], 及殷見曰同[7], 竝用此禮. 後至於五霸[8]之道, 卑於三王[9], 有事而會,

不協而盟[10]. 盟之爲法, 先鑿地爲方坎, 殺牲於坎上, 割牲左耳, 盛以珠盤[11], 又取血, 盛以玉敦(대)[12], 用血爲盟, 書成, 乃歃血而讀書. 知坎血加書[13]者, 案僖二十五年左傳云"坎血加書", 又襄二十六年左傳云"(歃)〔坎〕[14]用牲加書"是也. 知用耳者, 戎右職云 "贊牛耳." 知用左者, 以馘(괵)者用左耳[15]故也. 知珠槃·玉敦者, 戎右職云"以玉敦辟(벽)盟"[16], 又玉府云"則共珠槃·玉敦"[17]. 知口歃血者, 隱七年左傳云, 陳五父及鄭伯盟, "歃如忘"[18], 又襄九年云, 新與楚盟, "口血未乾"是也. 異義云[19] "禮, 約盟不令, 春秋公羊說[20], '古者不盟, 結言而退.' 故穀梁傳云[21] '誥誓不及五帝[22], 盟詛不及三王[23], 交質子不及二伯(괘)[24].' 且盟非禮, 故春秋左氏云[25], 周禮有司盟之官, 殺牲歃血, 所以盟事神明. 又云 '凡國有疑, 盟詛其不信者', 是知於禮得盟. 許君[26]謹案, 從左氏說, 以太平之時, 有盟詛之禮." 鄭氏不駁, 從許愼義也. 盟詛不及三王, 非鄭所用. 然盟牲所用, 許愼據韓詩[27]云 "天子諸侯以牛·豕, 大夫以犬, 庶人以鷄." 又云 "毛詩說[28]君以豕, 臣以犬, 民以鷄. 又左傳云[29] '鄭伯使卒出豭(가), 行(항)出犬·鷄, 以詛射潁[30]考叔者.' 又云[31], 衛伯姬盟孔悝(회)以豭." 鄭云 "詩說及鄭伯皆謂詛小於盟[32]." 周禮戎右職云 "盟則以玉敦(대)辟(벽)盟, 遂役之." 鄭注云 "役之者, 傳敦(대)血授當歃者." 下云 "贊牛耳桃茢(렬)." 又左傳云[33] "孟武伯問於高柴曰, 諸侯盟誰執牛耳." 然則盟者人君以牛, 伯姬盟孔悝以豭, 下人君也. 皇氏以爲春秋時盟乃割心取血, 故定四年(鑪金云)[34] "王割子期之心, 與隨人盟." 杜云"當心前割取血以盟, 示其至心"是也.

1) 諸侯至曰盟 : 惠棟校宋本에는 이 5자가 없다.(阮元의 校勘記 참조)

2) 鄭注司寇云 : 이하의 내용이 ≪周禮≫ 〈秋官司寇 敍官〉의 '司約' 조에 보인다.

3) 歃血 : ≪春秋左氏傳≫ 隱公 7년 孔穎達의 疏에 "歃은 입에 피를 머금는 것을 이른다.〔歃謂口含血也〕"라고 하였다.

4) 方嶽 : 동서남북 사방에 있는 산으로, 東岳의 岱山 또는 泰山, 西岳의 華山, 南岳의 霍山 또는 衡山, 北岳의 恒山 또는 常山을 이른다.(≪書經≫ 〈舜典〉 孔穎達 疏, ≪春秋左氏傳≫ 昭公 4년 杜預 注 참조)

5) 同好惡(오) 奬王室 : ≪춘추좌씨전≫ 襄公 11년 조에, 晉나라를 필두로 제후들이 회합하여 鄭나라를 토벌할 때 정나라의 亳(박) 땅에서 맹약한 내용이 실려 있는데, 여기에도 이 구절이 보인다. '奬'은 杜預의 주에 따르면 '돕다〔助〕'의 뜻이다.

6) 凡國有疑 則盟詛其不信者 : ≪주례≫ 〈秋官 司盟〉에 "무릇 제후국 간에 화합하지 못하여 會同하면 〈司盟은〉 그 맹약서와 의식을 관장하여 북향하고서 밝게 살피는 신에게 고한다. 맹약한 뒤에는 副本을 만든다. 만민 중에 군주의 命을 어긴 자를 함께 미워

하겠다고 맹세하며, 맹약을 어긴 자를 함께 미워하겠다고 맹세하기를 또한 이와 같이 한다.〔凡邦國有疑會同 則掌其盟約之載及其禮儀 北面詔明神 旣盟則貳之 盟萬民之犯命者 詛其不信者 亦如之〕"라는 내용이 보인다. 정현의 주에 따르면 '有疑'는 '화합하지 못하는 것〔不協〕'이며, '明神'은 밝게 살피는 신으로 日月山川을 이르며, '盟詛'는 함께 미워하겠다고 신 앞에 맹세하는 것이다.

7) 殷見曰同 : 사방 六服의 제후들이 四時에 나누어 와서 천자에게 무리로 조회하는 것을 이른다. ≪주례≫ 〈春官 大宗伯〉에 보이는데, 정현의 주에 "'殷'은 〈'무리'의 뜻인〉 '衆'과 같다. 12년에 왕이 순수하지 못하면 六服의 제후들이 모두 〈王城으로 가서〉 조회하는데, 조회하는 예가 끝난 뒤에는 왕이 또한 단을 만들고 제후들을 모아서 정사를 명한다. 이때 명하는 정사는 왕이 순수했을 때와 같다. '殷見'은 사방의 제후들이 四時에 나누어 와서 한 해가 끝날 때면 〈사방의 제후들이〉 두루 조회하게 된다.〔殷猶衆也 十二歲王如不巡守 則六服盡朝 朝禮旣畢 王亦爲壇 合諸侯以命政焉 所命之政 如王巡守 殷見 四方四時分來 歲終則遍〕"라고 하였다. 즉 봄에는 동방 六服의 제후들이 모두 조회하러 오고, 여름에는 남방 육복의 제후들이 모두 오고, 가을에는 서방 육복의 제후들이 모두 오고, 겨울에는 북방 육복의 제후들이 모두 온다는 말이다.

8) 五霸 : 다섯 명의 霸者라는 뜻으로, 다음 네 가지 설이 있다. 첫째는 夏나라 昆吾, 殷나라 大彭과 豕韋, 周나라 齊 桓公과 晉 文公이라는 설로, ≪莊子≫ 〈大宗師〉 成玄英의 소에서 말한 것이다. 둘째는 춘추시대 제 환공·진 문공·宋 襄公·楚 莊王·秦 繆公을 가리킨다는 설로, ≪呂氏春秋≫ 〈仲冬紀 當務〉 高誘의 주에서 말한 것이다. 셋째는 춘추시대 제 환공·진 문공·초 장왕·吳王 闔閭·越王 句踐을 가리킨다는 설로, ≪荀子≫ 〈王霸〉에서 말한 것이다. 넷째는 춘추시대 제 환공·진 문공·송 양공·진 목공·吳王 夫差를 가리킨다는 설로, ≪漢書≫ 〈十二諸侯年表〉 顔師古의 주에서 말한 것이다. 여기에서는 춘추시대 다섯 명의 패자를 가리킨다.

9) 三王 : 夏·商·周 3代 또는 3대의 군주라는 뜻으로, 주로 다음 네 가지 설이 있다. 첫째는 夏나라 禹王, 商나라 湯王, 周나라 武王을 가리킨다는 설이다. ≪春秋穀梁傳≫ 隱公 8년 조 范寧의 주에서 말한 것이다. 둘째는 하나라 우왕, 상나라 탕왕, 주나라 文王을 가리킨다는 설이다. ≪孟子≫ 〈告子 下〉 趙岐의 주에서 말한 것이다. 셋째는 상나라 탕왕, 주나라 문왕, 주나라 무왕을 가리킨다는 설이다. ≪尸子≫에 보인다. 넷째는 주나라 太王·王季·文王을 가리킨다는 설이다. ≪國語≫ 〈周語 下〉 韋昭의 주에서 말한 것이다.

10) 有事而會 不協而盟 : ≪春秋左氏傳≫ 昭公 3년 조에 "옛날 晉나라 文公과 襄公이 제후의 패자였을 때는 힘쓴 일이 제후들을 번거롭게 하지 않아서, 제후들에게 3년마다 빙문하고, 5년마다 조회하고, 일이 있으면 회합하고, 화목하지 못하면 결맹하게 하였다.〔昔文襄之霸也 其務不煩諸侯 令諸侯三歲而聘 五歲而朝 有事而會 不協而盟〕"라는 내용이 보인다.

11) 珠盤 : 옥으로 장식한 盤으로, '盤'은 '槃'과 통한다. 물을 담는 데 사용하는 세숫대야와 비슷한 기물이다.

12) 玉敦(대) : 옥으로 장식한 敦이다. '敦'는 찰기장밥〔黍飯〕이나 메기장밥〔稷飯〕 등을 담는 식기이다. ≪周禮≫ 〈天官 玉府〉 賈公彦의 소에 "여기의 槃과 敦는 응당 나무로 만들었을 것이니, 구슬과 옥을 가지고 장식했을 뿐이다.〔此槃敦應以木爲之 將珠玉爲飾耳〕"라고 하였다.

13) 坎血加書 : ≪춘추좌씨전≫ 僖公 25년 조에 보인다. 杜預의 주에 "땅을 파서 구덩이를 만들고, 맹약에 쓰고 남은 피를 그 구덩이에 묻고서 맹약서를 그 위에 올려놓는 것이다.〔掘地爲坎 以埋盟之餘血 加盟書其上〕"라고 하였다.

14) (歃)〔坎〕 : 저본에는 '歃'으로 되어 있으나, ≪춘추좌씨전≫ 襄公 26년 조 기사에 의거하여 '坎'으로 바로잡았다.

15) 馘(괵)者用左耳 : ≪詩經≫ 〈大雅 皇矣〉 毛亨의 傳에 "馘은 '획득하다'의 뜻이다. 복종하지 않는 자를 죽여서 그 왼쪽 귀를 바치는 것을 '馘'이라 한다.〔馘 獲也 不服者殺而獻其左耳曰馘〕"라고 하였고, ≪춘추좌씨전≫ 僖公 22년 조 공영달의 소에서도 "馘은 적을 죽이고 그 왼쪽 귀를 잘라서 취하는 것이니, 이것으로 戰功을 계산하려는 것이다.〔馘者 殺其人截取其左耳 欲以計功也〕"라고 하였다.

16) 戎右職云以玉敦辟(벽)盟 : ≪주례≫ 〈夏官 戎右〉 정현의 주에 "歃血하려는 자가 먼저 그 피가 담긴 그릇을 들고서 사람들을 대신해 맹약서의 내용을 진술하여 마음을 모두 열게 하는 것이다.〔將歃血者 先執其器 爲衆陳其載辭 使心皆開辟也〕"라고 하였다.

17) 玉府云則共珠槃玉敦 : ≪주례≫ 〈天官 玉府〉에 "만약 제후들을 회합시키면 〈玉府는 맹약에 사용할〉 주반과 옥대를 공급한다.〔若合諸侯 則共珠槃玉敦〕"라는 내용이 보인다.

18) 歃如忘 : ≪春秋左氏傳≫ 隱公 7년 조 杜預의 주에 "뜻이 삽혈에 있지 않은 것이다.〔志不在於歃血〕"라고 하였다.

19) 異義云 : '異義'는 이미 일실된 後漢 許愼의 ≪五經異義≫를 이른다. 이하의 내용이 정현의 ≪駁五經異義補遺≫ 〈盟詛〉에 보인다.

20) 春秋公羊說 : 이하의 내용이 ≪春秋公羊傳≫ 桓公 3년 조에 보인다.

21) 穀梁傳云 : 이하의 내용이 ≪春秋穀梁傳≫ 隱公 8년 조에 보인다.

22) 誥誓不及五帝 : '誥誓'는 군왕이 臣民을 경계시키고 면려하는 말로, ≪춘추곡량전≫ 은공 8년 范寧의 주에 따르면 ≪書經≫의 〈甘誓〉·〈湯誓〉·〈牧誓〉·〈泰誓〉·〈費誓〉·〈秦誓〉의 6誓와 〈湯誥〉·〈大誥〉·〈康誥〉·〈酒誥〉·〈召誥〉·〈洛誥〉·〈康王之誥〉의 7誥와 같은 것이다. '五帝'는 범녕의 주에서 정현의 설을 따라 黃帝(軒轅)·顓頊(高陽)·帝嚳(高辛)·唐堯·虞舜을 이른다고 하였다.

23) 三王 : ≪춘추곡량전≫ 은공 8년 范寧의 주에 따르면 夏·殷·周를 이른다.

24) 二伯(패) : ≪춘추곡량전≫ 은공 8년 范寧의 주에 따르면 齊 桓公과 晉 文公을 이른다.

25) 春秋左氏云 : 이하의 내용이 ≪춘추좌씨전≫에는 보이지 않는다.

26) 君 : 毛本에는 '愼'으로 되어 있다.(阮元의 校勘記 참조)

27) 韓詩 : 前漢 초에 ≪詩經≫을 전한 魯·齊·韓·毛 등 네 학파 중 燕人 韓嬰이 전수한 ≪시경≫을 이른다. ≪內傳≫과 ≪外傳≫이 있었으나, 南宋 이후 ≪내전≫은 망실되었고 현재 ≪韓詩外傳≫이 전한다.

28) 毛詩說 : 이하의 내용이 ≪시경≫ 〈小雅 何人斯〉의 "〈참으로 참람하지 않다면 너는 돼지·개·닭〉 이 세 종류의 짐승을 내어서 너의 이 진심을 맹세해야 하리라.〔出此三物 以詛爾斯〕"라는 구절에 대한 毛亨의 傳에 보인다.

29) 左傳云 : 이하의 내용이 ≪춘추좌씨전≫ 隱公 11년 조에 보인다.

30) 潁 : ≪廣韻≫ '禾' 조에서는 ≪춘추좌씨전≫의 '潁考叔'을 사례로 들어 '潁'이 姓으로도 쓰인다고 하였는데, 완원은 이를 틀렸다고 하였다.(阮元의 校勘記 참조)

31) 又云 : ≪춘추좌씨전≫ 哀公 15년 조에 "孔伯姬가 창을 짚고 앞장서고 태자와 다섯 사람은 갑옷을 입고 수퇘지를 수레에 싣고 뒤따라가서, 孔悝를 측간으로 몰아붙여 맹약을 강요한 뒤 마침내 공회를 겁박하여 臺로 올라갔다.〔孔伯姬杖戈而先 大子與五人介 輿豭從之 迫孔悝於厠 强盟之 遂劫以登臺〕"라는 내용이 보인다.

32) 詛小於盟 : ≪주례≫ 〈春官 詛祝〉 정현의 주에 "盟과 詛는 주로 맹세하는 것으로, 큰 일에는 '盟'이라 하고 작은 일에는 '詛'라 한다.〔盟詛主於要誓 大事曰盟 小事曰詛〕"라고 하였고, 賈公彦의 소에 "盟은 앞으로 올 것을 맹세하는 것이고……詛는 지나간 것을 맹세하는 것이다.〔盟者 盟將來……詛者 詛往過〕"라고 하였다.

33) 左傳云 : 이하의 내용이 ≪춘추좌씨전≫ 哀公 17년 조에 보인다.

34) (鑪金云) : 저본에는 '鑪金云' 3자가 있으나, 阮元의 校勘記에서 浦鏜의 설을 인용하여 衍文으로 본 것에 의거하여 衍文으로 처리하였다. 완원은, '鑪金' 2자는 앞뒤 문맥에 비추어보면 '左傳'이 되어야 하나 글자의 형태와 발음이 모두 무관하니 오류의 원인을 알 수 없다고 하였다. '鑪金'은 楚 昭王의 형인 自期의 家臣으로, ≪춘추좌씨전≫ 定公 4년 조 완원의 교감기에 따르면 '鑪(로)'는 '鑢(려)'가 되어야 한다.(阮元의 校勘記, 楊伯峻의 ≪春秋左傳注≫ 참조)

經의 〔諸侯〕에서 〔曰盟〕까지

○ **正義曰** : 지금 만약 약속한 날이 되기 전이나 약속한 땅이 아닌데 갑자기 만나게 되었다면 모두 **遇禮**로 대하므로 '**遇**'라 한 것이다. 이렇게 하는 이유는 **遇禮**는 간략하기 때문이니, 이미 약속한 날이 아직 이르지 않았으므로 간이한 예를 쓰는 것이다.

○ 〔**相見於**郤**地曰會**〕 이것은 약속한 날이 되었을 때의 예를 이른다. '郤'은 '한가하다'의 뜻이다. 이미 약속한 날이 되었고 또 약속한 땅에 이르렀으니 그 예가 한가한

것이다.

○〔諸侯使大夫問於諸侯曰聘〕'聘'은 '문안하다'의 뜻이니, 대부를 보내어 가서 안부를 묻게 한다는 말이다.

○〔約信曰誓〕또한 제후의 일이다. '約信'은 스스로 화목하고 우호하지 못하므로 언사로 함께 약속하여 신의를 삼는 것이다. 만약 구두로 약속하고서 만나면 誓禮를 쓰므로 '誓'라 한 것이다. ≪周禮≫〈秋官司寇 敍官〉정현의 주에 이르기를 "'約'은 언어로 약속하는 것이다."라고 하였다.

○〔涖牲曰盟〕또한 제후의 일이다. '涖'는 '臨'이니, '臨牲'은 맹약에 사용하는 것이다. '盟'은 희생을 죽여 歃血하고서 神에게 서약하는 것이다. 만약 약속하고서 희생에 임하면 盟禮를 쓰므로 '涖牲曰盟'이라 한 것이다. 그러나 천하가 태평할 때는 제후들이 마음대로 함께 맹약하지 못한다. 오직 천자가 巡守하여 方嶽 아래에 이르면 회합이 다 끝난 뒤에 비로소 제후들과 맹약하여, 好惡를 똑같이 하고 왕실을 도와서 신을 섬길 것을 밝히며 백성을 가르치고 군주를 섬기겠다고 한다. 무릇 제후국 간에 화합하지 못하면 맹약을 어긴 자를 함께 미워하겠다고 맹세하는 경우 및 〈사방 六服의 제후들이 四時에 나누어 와서〉무리로 조회하는 同禮에 모두 이 禮를 쓴다. 후에 〈춘추시대〉五霸의 道에 이르게 되자 〈夏·商·周의〉三王보다 낮아져서 일이 있으면 회합하고 화목하지 못하면 결맹하였다.

결맹하는 법은 〈다음과 같다.〉먼저 땅을 파서 네모진 구덩이를 만들고 구덩이 위에서 희생을 죽인다. 희생의 왼쪽 귀를 잘라서 〈구슬로 장식한〉珠槃에 담고, 또 〈희생의〉피를 취하여 〈옥으로 장식한〉玉敦에 담아 〈희생의〉피를 사용하여 맹세한다. 맹약서가 이루어지면 이에 歃血하고서 맹약서를 읽는다. '坎血加書'를 아는 것은, 살펴보면 ≪春秋左氏傳≫ 僖公 25년 조에 이르기를 "구덩이를 파고 〈맹약에 쓰고 남은 희생의〉피를 묻은 뒤 맹약서를 그 위에 올려둔다."라고 하였고, 또 ≪춘추좌씨전≫ 襄公 26년 조에 이르기를 "구덩이를 파고 희생을 죽여 맹약서를 그 위에 올려놓는다."라고 한 것이 이것이다. 희생의 귀를 사용함을 아는 것은, ≪周禮≫〈夏官 戎右〉에 이르기를 "〈융우는 왕이 희생으로 쓰는〉소의 귀를 잘라 피를 취하는 것을 돕는다.〔贊牛耳〕"라고 하였기 때문이다. 〈희생의〉왼쪽 귀를 사용함을 아는 것은, 적의 귀를 바칠 경우 왼쪽 귀를 사용하기 때문이다. 珠槃과 玉敦를 사용함을 아는 것은, ≪주례≫〈하관 융우〉에 이르기를 "옥대를 사용하여 맹약하는 자의 마음을 연다."라고 하였고, 또

《주례》 〈天官 玉府〉에 이르기를 "〈제후들을 회합시키면 玉府는〉 주반과 옥대를 공급한다."라고 하였기 때문이다. 입으로 삽혈함을 아는 것은, 《춘추좌씨전》 隱公 7년 조에 이르기를, 陳나라의 〈公子〉 五父가 鄭나라 군주와 맹약하였는데 "삽혈할 때 뜻이 맹약에 있지 않은 듯하였다."라고 하였고, 또 襄公 9년 조에 이르기를, 〈鄭나라의 子駟가〉 새로 楚나라와 맹약하려고 하자 〈정나라의 子孔과 子蟜가 말하기를〉 "〈晉나라와 맹약하고서〉 입에 〈희생의〉 피도 아직 마르지 않았다."라고 한 것이 이것이다.

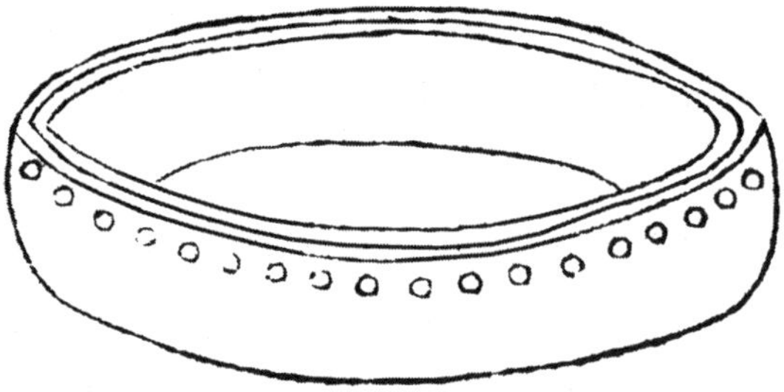

珠槃

敦(대)

許愼의 《五經異義》에 이르기를 "禮에 따르면 맹약을 체결하는 것은 좋은 것이 아니었으니, 《春秋公羊傳》에 이르기를 '옛날에는 〈歃血하여〉 맹약하지 않고 구두로만 약속하고 물러갔다.'라고 하였다. 그러므로 《春秋穀梁傳》에 이르기를 '〈臣民을 경계시키고 면려하는〉 誥誓가 五帝시대에는 없었고, 〈희생을 써서 맹약하는〉 盟詛가 〈夏·殷·周〉 三王시대에는 없었고, 자식을 볼모로 보내는 交質이 〈齊 桓公과 晉 文公의〉 二伯시대에는 없었다.'라고 하였다. 그리고 맹약하는 것은 禮에 맞는 것이 아니었다. 그러므로 《춘추좌씨전》에 이르기를, 《주례》에 司盟의 관직이 있어서 희생을 죽이고 삽혈한 것은 神明을 섬길 것을 맹세하는 것이었다고 하였다. 또 이르기를 '무릇 제후국 간에 화합하지 못하면 맹약을 어긴 자를 함께 미워하겠다고 맹세한다.'라고 하였으니, 여기에서는 禮에 맹세를 할 수 있음을 알 수 있다. 내가 삼가 살펴보건대 《춘추좌씨전》의 설을 따른다면 태평한 시대에 맹약하는 禮가 있었다."라고 하였는데, 정현이 반박하지 않았으니 허신의 뜻을 따른 것이다. 맹약하는 것이 三王의 시대까지 올라가지 않았다는 것은 정현이 채택한 설이 아니다.

그러나 맹약할 때 희생으로 사용한 짐승은, 허신은 ≪韓詩≫에 근거하여 말하기를 "천자와 제후는 소와 돼지를 쓰고, 대부는 개를 쓰고, 서인은 닭을 쓴다."라고 하였고, 또 말하기를 "≪毛詩≫에서는 말하기를, 군주는 돼지를 쓰고, 신하는 개를 쓰고, 백성은 닭을 쓴다고 하였다. 또 ≪춘추좌씨전≫에 이르기를 '鄭나라 군주가 〈100명으로 구성된 부대인〉 卒에게 수퇘지를 내게 하고 〈25명으로 구성된 부대인〉 行에게 개와 닭을 내게 하여 〈潁谷의 封人인〉 潁考叔을 쏘아 죽인 자를 함께 미워할 것을 맹세하게〔詛〕 하였다.'라고 하였고, 또 이르기를 〈衛나라 태자 蒯聵(괴외)의 누이인〉 衛나라 孔伯姬가 〈아들인〉 孔悝와 수퇘지를 써서 맹세하였다고〔盟〕 하였다."라고 하였다. 정현이 말하기를 "≪모시≫의 설과 鄭나라 군주의 사례는 모두 '詛'가 '盟'보다 작은 일에 맹세하는 것임을 이른다."라고 하였다. ≪주례≫ 〈夏官 戎右〉에 이르기를 "맹약하게〔盟〕 되면 〈융우는 희생의 피를 담은〉 玉敦를 잡고 〈맹약하는 말을 진술하여〉 맹약하는 자들의 마음을 열게 한 다음 마침내 役之한다."라고 하였는데, 정현의 주에 이르기를 "'役之'는 옥대에 담긴 희생의 피를 전하여 삽혈해야 할 자들에게 주는 것이다."라고 하였다. ≪주례≫ 〈하관 융우〉의 다음 경문에 이르기를 "〈융우는 희생으로 쓰는〉 소의 귀를 잘라서 피를 취하는 것과 〈귀신이 두려워하는〉 복숭아나무와 〈상서롭지 않은 기운을 쓸어내는〉 빗자루로 闢邪하는 것을 돕는다."라고 하였고, 또 ≪춘추좌씨전≫에 이르기를 "〈魯나라 대부 孟懿子의 아들인〉 孟武伯이 〈공자의 제자인〉 高柴에게 묻기를 '제후들의 맹약〔盟〕에 누가 소의 귀를 잡는가?' 하였다."라고 하였다. 그렇다면 맹약하는 자가 人君일 경우 소를 쓴 것이니, 공백희가 공회와 맹약할 때 수퇘지를 쓴 것은 인군보다 예를 낮춘 것이다. 皇侃은 다음과 같이 말하였다. "춘추시대에는 맹약할 때 바로 심장을 가르고 피를 취하였다. 그러므로 ≪춘추좌씨전≫ 魯定公 4년 조에 이르기를 '楚 昭王이 〈형인〉 子期의 심장을 갈라서 〈피를 취하여〉 隨나라 사람과 맹약하였다.'라고 하였는데, 杜預가 말하기를 '심장 앞을 갈라서 피를 취하여 맹약함으로써 지극한 마음을 보인 것이다.'라고 한 것이 이것이다."

【疏】 ○ 注'及至'至'六篇'. ○ 正義曰：鄭注司盟云 "盟者書其辭於策, 殺牲取血, 坎其牲, 加書於上而埋之, 謂之載書." 云'聘禮今存, 遇·會·誓·盟禮亡. 誓之辭, 尙書見有六篇'者, 一曰甘誓, 夏啓伐有扈(호)氏, 誓群衆. 二曰湯誓, 謂湯伐桀, 誓群臣也. 三曰泰誓, 武王伐紂, 度孟津, 誓勑(칙)士衆之辭也. 四曰牧誓, 武王伐紂於牧野時所作. 五曰

費誓, 徐戎作難, 魯侯伯禽誓群臣, 興兵伐之也. 六曰秦誓, 秦穆公襲鄭, 不從蹇(건)叔之謀, 果敗諸崤(효), 後穆公悔過, 與群臣自誓也.

○ 注의 〔及至〕에서 〔六篇〕까지

○ 正義曰 : ≪周禮≫ 〈秋官 司盟〉 정현의 주에 이르기를 "'盟'은 맹약하는 말을 簡策에 쓰고 희생을 죽여서 피를 취한 다음 그 희생을 구덩이에 넣고 희생 위에 간책을 올려놓고서 묻는 것이니, 이것을 '載書'라고 한다."라고 하였다.

〔聘禮今存 遇會誓盟禮亡 誓之辭 尙書見有六篇〕 첫째는 ≪書經≫ 〈夏書 甘誓〉이니, 夏나라 왕 啓가 有扈氏 나라를 정벌하면서 〈甘 땅에서〉 군중에게 告戒한 것이다. 둘째는 ≪서경≫ 〈商書 湯誓〉이니, 殷나라 湯王이 하나라 桀王을 정벌하면서 신하들에게 고계한 것이다. 셋째는 ≪서경≫ 〈周書 泰誓〉이니, 周나라 武王이 은나라 紂王을 정벌하면서 孟津을 건널 때 〈크게 모인〉 군사들에게 고계하며 신칙한 말이다. 넷째는 ≪서경≫ 〈周書 牧誓〉이니, 주나라 武王이 牧野에서 은나라 紂王을 정벌할 때 지은 것이다. 다섯째는 ≪서경≫ 〈周書 費誓〉이니, 徐戎이 난을 일으키자 魯나라 군주 伯禽이 〈費 땅에서〉 신하들에게 고계하고서 군사를 일으켜 정벌한 내용이다. 여섯째는 ≪서경≫ 〈周書 秦誓〉이니, 秦나라 穆公이 鄭나라를 습격하여 〈大夫인〉 蹇叔의 계책을 따르지 않았다가 결과적으로 崤 땅에서 패하였는데, 후에 목공이 잘못을 뉘우치며 신하들과 스스로 맹세한 것이다.

02-16-01 諸侯見(현)天子曰臣某侯某라하고

제후가 천자를 알현하면 〈擯者가 천자에게 고하기를〉 '臣 某侯某'라고 하고,

【注】 謂嗇夫承命 告天子辭也라 其爲州牧이면 則曰天子之老臣某侯某 奉珪[1]請覲이라하니라

1) 珪 : 惠棟校宋本·宋鑑本·岳本·嘉靖本에는 '圭'로 되어 있다. 考文에 따르면 古本·足利本에도 '圭'로 되어 있다. ≪說文解字≫에서는 '珪'를 土部에 넣고서 "'圭'의 古文이니, 玉에서 의미를 취하였다.〔古文圭 從玉〕"라고 하였다.(阮元의 校勘記, 許愼의 ≪說文解字≫ 참조)

〈末擯인〉 嗇夫가 〈알현하러 온 제후의 末介에게서〉 명을 이어받아 〈다음 擯에게 전하여 上擯이〉 천자에게 고하는 말을 이른다. 만약 州牧이면 "천자의 老臣 某侯某가 珪

를 받들고서 알현을 청합니다."라고 한다.

其與民言엔 自稱[1)]曰寡人이라하고

1) 自稱 : ≪經典釋文≫에는 표제어를 '自謂'로 쓰고, '自稱'으로 되어 있는 판본도 있다고 하였다.

자기 백성과 더불어 말할 때는 '寡人'이라 자칭하고,

【注】謙也니 於臣亦然이라

겸손하게 말한 것이니, 신하에게도 이렇게 한다.

其在凶服하얀 曰適子孤라하나니라

거상 중일 때는 〈擯者가 賓에게 고할 때 자기 나라 제후를 칭하여〉 '適子孤'라 한다.

【注】凶服은 亦謂未除喪이라

'凶服'은 또한 상복을 아직 벗지 않았을 때를 이른다.

臨祭祀하얀 內事曰孝子某侯某라하고 外事曰曾孫某侯某라하고

〈제후가〉 제사를 지내게 되어서는 〈종묘에 제사하는〉 內事일 경우 '孝子 某侯某'라 하고, 〈사직과 산천에 제사하는〉 外事일 경우 '曾孫 某侯某'라 한다.

【注】稱國者는 遠辟(피)天子라

1) 辟(피) : 嘉靖本에는 '避'로 되어 있다. 완원의 교감기에 따르면 '避'는 正字이고, '辟'는 假借字이다.(阮元의 校勘記 참조)

〈첫 번째 某인〉 나라 이름을 칭한 것은 천자를 멀리 피한 것이다.

死曰薨이라하고

〈자기 나라〉 제후의 죽음은 〈사관이 기록할 때〉 '薨'이라 하고,

【注】亦史書策辭라

이것 역시 역사서에 기록한 말이다.

復曰某甫復矣라하나니라

招魂할 때는 "某甫는 돌아오소서."라고 한다.

【注】某甫는 且字라

'某甫'는 字이다.

旣葬하고 見(현)天子曰類見(현)이라하고

〈제후의 세자가 부친의〉 장례를 마친 뒤에 천자를 알현하는 것을 '類見'이라 하고,

【注】代父受國이라 類는 猶象也라 執皮帛하여 象諸侯之禮見也니 其禮亡이라

부친을 대신하여 나라를 받았기 때문이다. '類'는 〈'형상하다'의 뜻인〉 '象'과 같다. 가죽과 비단을 들고 제후의 禮를 형상하여 알현하는 것이니, 그 예는 망실되었다.

言諡曰類라하나니라

〈천자에게 사신을 보내 부친의〉 시호를 청하는 것을 '類'라 한다.

【注】使大夫行하여 象聘問之禮也라 言諡者는 序其行及諡所宜하니 其禮亡이라

대부를 사신으로 보내어 聘問의 예를 형상한 것이다. '言諡'는 부친의 행적과 이에 어울리는 시호를 차례로 기술하는 것이니, 그 예는 망실되었다.

諸侯使人으로 使於諸侯어든 使者自稱曰寡君之老라하나니라

제후가 사람을 시켜 〈다른 나라의〉 제후에게 사신으로 보내면 〈卿이나 上大夫인〉 사신은 〈擯者를 통해〉 '寡君之老'라 자칭한다.

【注】 繫於君以爲尊也니 此謂諸侯之卿과 上大夫라

군주에게 연계시켜 높이는 것이니, 이것은 제후의 卿과 上大夫를 이른다.

【疏】 '諸侯'至'之老'[1]. ○ 正義曰：此一節明諸侯及臣稱謂之法, 各隨文解之. ○'諸侯', 謂五等諸侯見天子, 而擯者將命之辭也. 同得稱臣, 故曰臣也. ○'某侯某'者, 若言"齊侯"·"衛侯", 下"某"是名. 若伯·子·男, 則云曹伯·許男某也.

1) 諸侯至之老：惠棟校宋本에는 이 5자가 없다.(阮元의 校勘記 참조)

經의 〔諸侯〕에서 〔之老〕까지

○ 正義曰：이 절은 제후와 신하에 대해 호칭하는 법을 밝힌 것이니, 각각 글을 따라 풀이하겠다.

○〔諸侯〕 5등 제후가 천자를 알현할 때 擯者가 命을 받드는 말을 이른다. 똑같이 신하를 칭할 수 있으므로 '臣'이라 한 것이다.

○〔某侯某〕〈'某侯'는〉 '齊侯'나 '衛侯'라고 말하는 것과 같으니, 두 번째 '某'는 〈제후의〉 이름이다. 만약 伯·子·男이라면 '曹伯某'나 '許男某'라고 말한다.

【疏】 ○ 注'謂嗇'至'請覲'. ○ 正義曰：'嗇夫承命, 告天子辭也', 此注竝覲禮之文也[1]. 鄭云"嗇夫, 蓋司空屬也[2]. 爲末擯, 承命於侯氏末介, 傳而上, 上擯以告於天子也[3]." 音義隱云"嗇夫主諸侯所齎幣帛·皮·圭之禮, 奉以白於天子也." 云'其爲州牧, 則曰天子之老臣某侯某'者, 若爲州牧, 旣尊, 若來見, 故擯者加此四字也. 前州牧闕此[4], 故鄭補言之也. 云'奉珪請覲', 是鄭意術[5]擯者之辭, 文無所出也.

1) 此注竝覲禮之文也：≪儀禮≫〈覲禮〉에 "嗇夫가 〈알현하러 온 제후에게서〉 명을 이어 받아 천자에게 고한다.〔嗇夫承命 告于天子〕"라는 내용이 보인다.
2) 嗇夫 蓋司空屬也：≪의례≫〈근례〉 賈公彦의 疏에 따르면 嗇夫는 天官·地官·春官·夏官·秋官의 5官에 이 이름이 보이지 않고 冬官은 망실되었으므로 정현이 冬官司空에 속한 관직일 것이라고 추정한 것이다.
3) 爲末擯……上擯以告於天子也：≪의례≫〈근례〉 가공언의 소에 따르면 擯과 介 모두 廟門 밖에 늘어세우는 것으로, 천자의 명을 전하는 擯은 묘문 밖 동쪽에 북쪽을 상위로 하여 上擯을 가장 북쪽에 세우고 末擯을 가장 남쪽에 늘어세우며, 제후의 명을 전하는 介는 묘문 밖 서쪽에 남쪽을 상위로 하여 上介를 가장 남쪽에 세우고 末介를 가장 북쪽에 늘어세운다. ≪周禮≫〈春官 典命〉에 따르면 9命인 上公은 국가·궁실·

수레와 깃발・의복・예의를 모두 9로 의절을 삼으며, 7命인 侯와 伯은 7로, 子와 男은 5로 의절을 삼는다. 또 ≪禮記≫ 〈禮器〉 정현의 주에 "≪주례≫에 따르면 상공은 9介 9牢, 후와 백은 7개 7뢰, 자와 남은 5개 5뢰이다.〔周禮上公九介九牢 侯伯七介七牢 子男五介五牢〕"라고 하였다. 이에 근거하면 擯과 介의 수 역시 上公은 9명, 侯와 伯은 7명, 子와 男은 5명을 늘어세운다.

4) 前州牧闕此 : 02-14-03 정현의 주 및 공영달의 소 참조.

5) 術 : 監本・毛本에는 '述'로 되어 있다. 阮元의 校勘記에 따르면 '術'은 假借字로, 監本 역시 초기에는 '術'로 되어 있었으나 후에 '述'로 고친 것이다. 王力은 두 글자를 同源字로 보았다. ≪說文解字≫를 살펴보면 '術'은 "읍의 길이다.〔邑中道也〕"라고 하였고, '述'은 "'따르다'의 뜻이다.〔循也〕"라고 하였는데, ≪儀禮≫ 〈士喪禮〉 정현의 주에 "고문에는 述이 모두 術로 되어 있다.〔古文述皆作術〕"라고 하였다.(阮元의 校勘記, 王力의 ≪王力古漢語字典≫ 참조)

○ 注의 〔謂嗇〕에서 〔請覲〕까지

○ 正義曰 : 〔嗇夫承命 告天子辭也〕 鄭玄의 이 주는 모두 ≪儀禮≫ 〈覲禮〉의 글이다. 정현이 말하기를 "嗇夫는 冬官司空에 속하는 관직인 듯하다. 末擯이 되어 제후의 末介에게서 명을 이어받아서 이를 〈다음 擯에게〉 전하여 〈차례로〉 올라가 上擯이 천자에게 고한다."라고 하였다. ≪禮記音義隱≫에 이르기를 "嗇夫는 제후가 가지고 온 幣帛・皮・圭의 예를 주관하여 이를 받들어서 천자에게 아뢴다."라고 하였다.

〔其爲州牧 則曰天子之老臣某侯某〕 만약 州牧이면 이미 신분이 높은데도 이처럼 〈천자를〉 알현하러 왔으므로 擯者가 〈'天子之老'〉 이 네 글자를 더하는 것이다. 앞에서 州牧에 대한 호칭을 말할 때 이것을 빠트렸으므로 정현이 보충하여 말한 것이다.

〔奉珪請覲〕 이것은 정현이 생각으로 擯者의 말을 기술한 것이니, 이 글은 출처가 없다.

【疏】 ○'其與民言自稱曰寡人', 此亦自與民言法也. 寡人者, 言己是寡德之人. ○'其在凶服曰適子孤'者, 謂擯者告賓之辭. 知者, 雜記云"相者[1]告曰, 孤某須矣." 但彼文不云適子, 文不備, 此直云"適子孤", 不云名, 亦文不具也. 稱孤稱名者, 皆謂父死未葬之前也, 故雜記云"孤某須矣". 下則云"旣葬, 蒲席", 明"孤某"是未葬也. 凡諸侯在喪之稱, 公羊未葬稱"子某"者, 莊三十二年"子般卒"[2], 襄三十一年"子野卒"[3], 皆是君薨未葬稱"子某"也. 旣葬稱"子"[4], 則文公十八年子惡[5]卒, 經書"子卒"是也. 踰年稱君者, 則僖公十年"里克殺其君卓"[6], 及文公元年"公卽位"[7], 是踰年稱君也, 謂臣子稱君也. 若其君

自稱，猶曰子．故公羊傳文九年“諸侯於其封內三年稱子”是也．案昭十一年，“楚滅蔡，執世子有[8)]”．其時蔡君已死[9)]，其子仍稱世子者，何休云[10)] “稱世子者，不許楚之滅蔡也，猶若君存然，故猶稱世子．” 文十四年九月，“齊商人弑其君舍”[11)]，〔成〕[12)]舍爲君，〔惡(오)〕[13)]商人之弑也．襄二十九年，“吳子使季[14)]札來聘”，先君未踰年[15)]，吳稱子者，賢季子，故錄之．桓十一年，“鄭忽出奔衛”，先君旣葬而尙稱名[16)]者，公羊云 “何以名．伯[17)]・子・男一也，辭無所貶．” 何休云[18)] “直以喪降稱名，無餘罪致貶，凡以王事出會未踰年皆稱子．” 僖九年會於葵(丘)〔丘〕，宋襄公稱子[19)]，僖二十八年會於(踐土)〔溫〕，陳共公稱子[20)]．定四年會召陵，陳懷公稱子[21)]，皆未踰年會王事而稱子也．若未踰年非王事而稱爵者，皆譏耳．成四年“鄭伯伐許”[22)]是也．從上以來，皆公羊之義也．其左氏之義，君薨未葬，未行卽位之禮前稱子某，子般・子野是也．其出會諸侯，未葬之前稱子．故僖九年左氏傳云 “凡在喪，王曰小童，公侯曰子．” 葵(丘)〔丘〕之會，宋襄公稱子，(踐土)〔溫〕之會，陳共公稱子是也．葬，雖未踰年，則稱君，則“晉里克弑其君卓”，“齊商人弑其君舍”是也．文十八年子惡卒，先君葬後稱子者，杜預云[23)] “時史畏襄仲，不敢稱君，故云子也．” 其王事出會則稱爵，成四年“鄭伯伐許”是也．案桓十三年經書衛惠公稱侯[24)]，成(十)三年經書宋公衛侯[25)]，此竝先君未葬而稱爵者．賈・服注譏其不稱子，杜預云[26)] “非禮也．” 僖二十五年“會衛子・莒慶，盟於洮(조)”，時先君已葬[27)]，衛成公猶稱子者，杜預云[28)]，善其成父之志，故上繫於父而稱子，服虔亦云，明不失子道．成十年晉侯伐鄭，時厲公父景公患未薨，而厲公出會稱爵，譏其生代父位不子也．此皆左氏之義．公羊以奚齊僖九年死，卓子十年死，以卓子踰年，故稱君．左氏卓子亦九年死，但赴告在十年，以葬後，故稱君．左氏・公羊二傳不同也．公羊以成四年鄭伯伐許非王事，未踰年而稱爵，譏之也．左氏則以鄭伯伐許爲王事，雖未踰年，得稱爵，當與公羊異．鄭駁異義從公羊義，以鄭伯伐許爲非禮[29)]．及公羊未踰年爲王事，皆稱子，卽宋襄公稱子，陳共公稱子是也．左氏未踰年爲王事，皆稱爵．鄭駁異義引宋襄公稱子，從公羊說，以爲稱子禮也．○‘外事曰曾孫某侯某’，(○)[30)]外事謂社稷山川在封內者也．天子外事言嗣王某，諸侯不得稱嗣侯，但稱曾孫．所以然者，天子尊，謂能繼天德而立也．諸侯無德，不繼嗣爲侯，故不云嗣．但是父祖重孫，故言曾孫也．○‘死曰薨’者，此謂諸侯死而國史策辭也．若異國史書之，則但云卒也．在四夷不言，亦賤，略也．自此以下皆然．

1) 相者：≪禮記≫〈雜記 上〉孔穎達의 疏에 따르면 ‘주인을 도와 명을 전하는 자〔相主人

傳命者〕'로, 擯을 칭하지 않고 相을 칭한 것은 정현의 말처럼 '초상에는 손님을 접대하는 일이 없기〔喪無接賓〕' 때문이다.

2) 子般卒 : ≪春秋≫에 따르면 魯 莊公은 32년(B.C. 662) 8월 5일 계해일에 薨逝하고 이듬해인 魯 閔公 원년(B.C. 661) 6월 7일 신유일에 장례하였으며, 태자인 子般은 魯 莊公 32년 10월 2일 기미일에 卒하였다.

3) 子野卒 : ≪춘추≫에 따르면 魯 襄公은 31년(B.C. 542) 6월 28일 신사일에 홍서하고 이듬해인 동년 10월 21일 계유일에 장례하였으며, 군주로 옹립된 서자인 子野는 동년 9월 11일 계사일에 卒하였다.

4) 旣葬稱子 : ≪춘추≫에 따르면 魯 文公은 18년(B.C. 609) 2월 23일 정축일에 홍서하고 동년 6월 21일 계유일에 장례하였으며, 태자인 子惡은 동년 10월에 卿인 襄仲에 의해 죽임을 당하였다.

5) 子惡 : ≪春秋左氏傳≫ 文公 18년 조 左丘明의 傳에는 '惡'으로 되어 있으나, ≪春秋公羊傳≫ 公羊壽의 傳과 ≪春秋穀梁傳≫ 范寧의 注에는 '子赤'으로 되어 있다.

6) 里克殺其君卓 : ≪춘추좌씨전≫에 따르면 晉 獻公 佹諸는 魯 僖公 9년(B.C. 651) 9월 갑자일에 卒하고, 동년 10월에 대부 荀息이 진 헌공의 아들 卓을 군주로 옹립하고서 헌공을 장례하였으며, 동년 11월에 대부 里克이 탁을 죽였다. 다만 ≪춘추≫에는 희공 10년 조에 "晉나라의 이극이 그 군주 탁과 그 대부 순식을 시해하였다.〔晉里克弑其君卓及其大夫荀息〕"라고 되어 있는데, 楊伯峻은 당시 각국의 曆法이 달라서일 것이라고 추정하였다. 또 양백준에 따르면 노 희공 9년 9월에는 갑자일이 없다. '殺'은 春秋三傳에는 '弑'로 되어 있다. '卓'은 ≪춘추공양전≫ 僖公 10년 조에는 '卓子'로 되어 있다.(楊伯峻의 ≪春秋左傳注≫ 참조)

7) 公卽位 : ≪春秋≫에 따르면 魯 僖公은 33년(B.C. 627) 12월 11일 을사일에 홍서하고 이듬해인 魯 文公 원년(B.C. 626) 4월 26일 정사일에 장례하였으며, 문공은 원년 정월에 즉위하였다.

8) 有 : ≪춘추곡량전≫ 昭公 11년 조 및 ≪史記≫ 〈管蔡世家〉에는 '友'로 되어 있는데, 양백준에 따르면 '有'와 '友'는 옛날에는 同音이어서 통용한 글자이다.(楊伯峻의 ≪春秋左傳注≫ 참조)

9) 其時蔡君已死 : ≪춘추≫에 따르면 蔡 靈公은 魯 昭公 11년(B.C. 531) 4월 7일 정사일에 楚 靈王에 의해 죽임을 당하였으며, 채나라의 세자가 초나라에 잡혀간 것은 동년 11월 20일 정유일이다.

10) 何休云 : ≪춘추공양전≫ 昭公 11년 조 何休의 解詁에는 이하의 내용이 보이지 않는다.

11) 齊商人弑其君舍 : ≪춘추≫에 따르면 齊 昭公은 魯 文公 14년(B.C. 613) 5월 을해일에 卒하였는데, 양백준은 노 문공 5월에는 을해일이 없으니 5월 23일 기해일일 것

이라고 추정하였다. ≪춘추좌씨전≫ 문공 14년 조 杜預의 주에 이르기를, 제 소공이 죽고 아직 해를 넘기지 않았는데도 舍를 '君'으로 칭한 것은 先君을 장례한 뒤에 舍가 이미 즉위하였기 때문이라고 하였다. ≪춘추≫에는 '齊' 뒤에 '公子' 2자가 더 있으며, '弑'가 ≪춘추곡량전≫에는 '殺'로 되어 있다.(楊伯峻의 ≪春秋左傳注≫ 참조)

12) 〔成〕: 저본에는 '成'이 없으나, 盧文弨校本에 의거하여 보충하였다.(阮元의 校勘記 참조)

13) 〔惡(오)〕: 저본에는 '惡'가 없으나, 盧文弨校本에 의거하여 보충하였다.(阮元의 校勘記 참조)

14) 季 : ≪춘추≫ 襄公 29년 조에는 이 글자가 없다.

15) 先君未踰年 : ≪춘추≫에 따르면 魯 襄公 29년(B.C. 544) 여름에 〈吳나라가 越나라를 정벌해서 포로로 잡아온〉 문지기〔閽〕가 오나라 군주 餘祭를 시해하였는데, 동년 가을이 되기 전에 오나라 군주가 노나라에 季札을 보내어 聘問한 것이다. 계찰은 吳王 壽夢의 넷째 아들이다.

16) 先君旣葬而尙稱名 : ≪춘추≫에 따르면 魯 桓公 11년(B.C. 701) 5월 7일 계미일에 鄭 莊公 寤生이 卒하였으며 동년 7월에 장례하였다. 鄭 昭公 忽이 卿인 祭仲(채중)에 의해 군주로 옹립되었으나 동년 9월 13일 정해일에 衛나라로 망명하고, 동년 9월 25일 기해일에 厲公 突이 즉위하였다.

17) 伯 : ≪춘추공양전≫ 桓公 11년 조 기사에는 이 앞에 '春秋' 2자가 있다.

18) 何休云 : ≪춘추공양전≫ 桓公 11년 조 何休의 解詁에는 이하의 내용이 보이지 않는다.

19) 僖九年會於葵(丘)〔丘〕宋襄公稱子 : ≪춘추≫ 僖公 9년(B.C. 651) 조에서 여름에 예전의 맹약을 다지고 우호를 다지기 위해 葵丘에 모인 제후들을 기록할 때, 동년 봄 3월 19일 정축일에 죽은 宋 桓公을 장례하기 전이었는데도 이 모임에 참석한 宋 襄公을 '宋子'라 기록한 것을 이른다. '葵丘'는, 양백준에 따르면 齊地, 晉地, 河南省 蘭考縣 동쪽, 河北省 臨漳縣 서쪽 등 네 가지 설이 있는데, 齊地와 晉地는 오류이며 다른 두 지역은 모두 齊나라 서쪽 지역이다.

'丘'는 저본에는 '丘'로 되어 있으나, 魯나라 孔子의 성명 孔丘의 '丘'를 避諱한 것이므로, 원글자인 '丘'로 돌려놓았다.

20) 僖二十八年會於(踐土)〔溫〕陳共公稱子 : ≪춘추≫ 僖公 28년(B.C. 632) 조에서 겨울에 불복한 衛나라와 許나라를 토죄하기 위해 溫 땅에 모인 제후들을 기록할 때, 동년 6월에 죽은 陳 穆公을 계승한 陳 共公을 '陳子'라 기록한 것을 이른다. '踐土'는 鄭나라 땅 이름이며, '溫'은 원래 周나라 땅으로 뒤에 晉나라 땅이 된 곳이다. 저본에는 '踐土'로 되어 있으나, ≪춘추좌씨전≫ 희공 28년 조 기록에 의거하여 '溫'으로 바로잡았다. 아래 '踐土之會 陳共公稱子'도 동일하다.

陳나라는 동년 5월 16일 계축일에 천토에서 행해진 맹약에는 참석하지 않았다가 동맹국이었던 楚나라가 패전한 것을 보고 두려워서 뒤늦게 모임에 갔을 뿐이며, 이때 참석한 사람은 진 목공이다. 진 공공은 동년 겨울에 溫에서 회합할 때 참석하였다.

21) 定四年會召陵 陳懷公稱子 : ≪춘추≫ 定公 4년(B.C. 506) 조에서 3월에 楚나라를 침공하기 위해 지금의 중국 河南省 郾城縣 동쪽에 있을 것으로 추정되는 召陵에 모인 제후들을 기록할 때, 동년 6월에 陳 惠公을 장례하였는데도 그 이전인 동년 3월 소릉의 모임에 참석한 陳 懷公을 '陳子'라 기록한 것을 이른다.

22) 成四年鄭伯伐許 : ≪춘추≫ 成公 4년(B.C. 587) 조 겨울 기사에 보인다. '鄭伯'은 鄭 襄公의 뒤를 이어 즉위한 鄭 悼公을 이른다. ≪춘추공양전≫ 성공 4년 조 何休의 解詁에 따르면 해를 넘기지도 않았는데 '伯'이라 칭한 것은 정 도공이 군주의 자리를 이룬 것을 좋아하여 친히 許나라를 토벌하러 출정하였으므로 그 악함을 드러낸 것이다. 정 양공은 동년 3월 임신일에 卒하여 동년 여름에 장례하였다. 양백준은 동년 3월에는 임신일이 없으니 실제로는 2월 25일이라 추정하였다.(楊伯峻의 ≪春秋左傳注≫ 참조)

23) 杜預云 : 이하의 내용은 ≪춘추좌씨전≫ 文公 18년(B.C. 609) 조 杜預의 주에 보이지 않는다. 문공 18년 조 "겨울 10월에 子가 卒하였다.〔冬十月 子卒〕"라는 구절에 대하여, 두예의 주에 "先君을 이미 장례하였는데도 '君'을 칭하지 않은 것은, 魯나라 사람들이 시해한 것을 숨기기 위해 아직 임금이 되지 못한 〈태자의〉 신분으로 기록한 것이니, '子'는 상중에 있을 때의 호칭이다.〔先君旣葬 不稱君者 魯人諱弑 以未成君書之 子 在喪之稱〕"라고 하였다.

24) 桓十三年經書衛惠公稱侯 : ≪春秋≫ 桓公 13년(B.C. 699) 2월 3일 기사일에 "齊侯·宋公·衛侯·燕人과 전쟁하였다.〔及齊侯宋公衛侯燕人戰〕"라는 내용이 보인다. '衛侯'는 衛 惠公이다. 부친인 衛 宣公이 魯 환공 12년 11월 18일 병술일에 죽고 환공 13년 2월에는 아직 장례하지 않은 때였으나, 위 혜공이 해를 넘겨서 즉위하였으므로 '侯'라는 작위를 칭한 것이다.

25) 成(十)三年經書宋公衛侯 : '宋公'은 宋 文公의 아들인 共公을 이르며, '衛侯'는 衛 穆公의 아들인 定公을 이른다. 魯 成公 2년(B.C. 589) 8월 27일 임오일에 宋 文公이 죽고 동년 9월 5일 경인일에 衛 穆公이 죽었으며, 이듬해인 魯 成公 3년 1월 28일 신해일에 위 목공을 장례하고 동년 2월 23일 을해일에 송 문공을 장례하였다. ≪춘추≫ 成公 3년 1월 조에 "노 성공이 진후·송공·위후·조백과 회합하여 정나라를 토벌하였다.〔公會晉侯宋公衛侯曹伯伐鄭〕"라는 내용 뒤에 위 목공의 장례 기사가 보인다.

저본에는 '十'이 있으나, ≪춘추≫에 의거하여 衍文으로 처리하였다. 魯 成公 13년은 宋 共公 11년과 衛 定公 11년으로, 송나라와 위나라의 군주가 바뀐 해가 아니다.

26) 杜預云 : ≪춘추좌씨전≫ 桓公 13년 조 杜預의 주에 "衛 宣公을 아직 장례하지 않았는데 衛 惠公이 '侯'라 칭하며 이웃 나라와 만난 것은 예가 아니다.〔衛宣公未葬 惠公稱

侯以接隣國 非禮也〕"라고 하였고, 成公 3년 조 두예의 주에 "宋나라 군주와 衛나라 군주가 先君을 아직 장례하지 않았는데 작위를 칭하며 이웃 나라와 만난 것은 예가 아니다.〔宋衛未葬 而稱爵以接隣國 非禮也〕"라고 하였다.

27) 時先君已葬 : '先君'은 衛 成公의 부친인 衛 文公을 이른다. 위 문공은 魯 僖公 25년(B.C. 635) 4월 19일 계유일에 죽었으며 동년 가을에 장례하였다. 위 성공이 莒慶과 함께 노 희공과 맹약한 것은 위 문공의 장례 뒤인 동년 12월 12일 계해일이다.

28) 杜預云 : ≪춘추좌씨전≫ 僖公 25년 조 두예의 주에 "衛 文公을 이미 장례하였는데도 衛 成公이 작위를 칭하지 않은 것은, 成公이 아버지 文公의 뜻을 잇기 위해 호칭을 낮추어서 未成君의 예를 따랐으므로 '子'라고 기록하여 훌륭하게 여긴 것이다.〔衛文公旣葬 成公不稱爵者 述父之志 降名從未成君 故書子以善之〕"라는 내용이 보인다. 이는 작위를 칭하지 않고 '子'를 칭한 이유를 위 문공이 莒나라와 魯나라의 화해를 주선하려 하였으나 뜻을 이루지 못하고 죽자, 위 성공이 아버지의 뜻을 이어 두 나라를 화해시키려고 이번 회맹을 주선하면서 스스로 상중에 있는 것처럼 명칭을 낮추었다는 말이다.

29) 鄭駁異義從公羊義 以鄭伯伐許爲非禮 : '異義'는 이미 일실된 後漢 許愼의 ≪五經異義≫를 이른다. 정현의 ≪駁五經異義補遺≫ 〈諸侯未踰年出朝會與不出會何稱〉에 "지금 상복을 아직 벗지 않았는데 국경을 나가서 작위를 칭하였으니, 이것은 〈상복을 벗고서도 국경을 나가 孟津에 이르렀을 때 '太子'를 칭했던 효성스러운〉 武王의 뜻과 반대이다.……국경을 나가 천자의 대부와 회합하였으니, 이것은 王事가 아닌데도 '子'를 칭한단 말인가.〔今未除喪而出稱爵 是與武王義反矣……出與天子大夫會 是非王事而稱子耶〕"라는 내용이 보인다.

30) (○) : 저본에는 부호 '○'가 있으나, 본서의 체제에 의거하여 衍文으로 처리하였다.

○〔其與民言自稱曰寡人〕 이것 역시 〈제후가〉 스스로 백성들과 말하는 법이다. '寡人'은 자기가 덕이 부족한 사람이라는 말이다.

○〔其在凶服曰適子孤〕 擯者가 賓에게 고하는 말을 이른다. 이를 아는 것은, ≪禮記≫ 〈雜記 上〉에 이르기를 "〈주인을 도와 명을 전하는〉 相者가 고하기를 '孤某가 기다리고 계십니다.'라고 한다."라고 하였기 때문이다. 다만 〈잡기 상〉에서 '適子'를 말하지 않은 것은 글이 다 갖추어지지 않은 것이며, 여기 〈曲禮 下〉에서 '適子孤'라고만 하고 이름을 말하지 않은 것 또한 글이 다 갖추어지지 않은 것이다. '孤'를 칭하고 이름을 칭한 것은, 모두 부친이 죽고 아직 장례하기 전임을 이른다. 그러므로 〈잡기 상〉에서 '孤某須矣'라 한 것이다. 〈잡기 상〉의 다음 경문에 곧 이르기를 "장례한 뒤에는 〈장례 전의 갈대 돗자리를 바꾸어서〉 부들 돗자리를 사용한다."라고 하였으니, 분명히 孤某는 아

직 장례 전인 것이다.

무릇 제후가 상중에 있을 때의 호칭은 다음과 같다. ≪春秋公羊傳≫에서 아직 장례하기 전에 '子某'를 칭한 경우는, 莊公 32년 조에 "子般이 卒하였다."라 하고, 襄公 31년 조에 "子野가 卒하였다."라고 한 것이 모두 군주가 薨逝하고 아직 장례하기 전에 '子某'라 칭한 것이다. 장례한 뒤에 '子'를 칭한 경우는 魯 文公 18년에 〈문공의 태자인〉 子惡이 卒하였는데 ≪春秋≫ 경문에 '子卒'이라 기록한 것이 이것이다. 해를 넘겨서 군주를 칭한 것은, 魯 僖公 10년에 "〈晉나라 대부〉 里克이 그 군주 卓을 시해하였다.〔里克弑其君卓〕"라고 한 것과 魯 文公 원년에 "공이 즉위하였다.〔公卽位〕"라고 한 것이 바로 해를 넘겨 군주를 칭한 것이니, 臣子가 군주를 칭한 것을 이른다.

만약 군주가 스스로 칭하는 것으로 말하면 여전히 '子'라 칭한다. 그러므로 ≪춘추공양전≫ 文公 9년 조에 "제후는 자기 봉지 내에서 3년의 喪期 동안 '子'라 칭한다."라고 한 것이 이것이다. 살펴보면 ≪춘추≫ 昭公 11년 조에 "楚나라가 蔡나라를 멸하고 채나라의 世子 有를 잡아갔다."라고 하였다. 당시에 채나라 군주는 이미 죽었는데 그 아들을 여전히 '世子'라 칭한 것은, 何休가 말하기를 "'世子'를 칭한 것은 초나라가 채나라를 멸한 것을 인정하지 않은 것이니, 여전히 〈채나라〉 군주가 살아 있는 것과 같으므로 여전히 세자라 칭한 것이다."라고 하였다. ≪춘추≫ 文公 14년 9월 조에 "齊나라 〈公子〉 商人이 그 군주 舍를 시해하였다."라고 하였는데, 舍가 군주가 되는 것이 이루어졌으니 商人이 〈舍를〉 시해한 것을 미워한 것이다. ≪춘추≫ 襄公 29년 조에 "吳子가 季札을 보내 〈우리 魯나라에〉 來聘하였다."라고 하였는데, 先君이 죽고 아직 해를 넘기지 않았는데도 吳나라 군주에게 '子'를 칭한 것은 季子를 어질게 여겼으므로 이를 기록한 것이다. ≪춘추≫ 桓公 11년 조에 "鄭나라 〈군주〉 忽이 衛나라로 망명하였다."라고 하였는데, 선군을 이미 장례하였는데도 〈'子'를 칭하지 않고〉 오히려 이름을 칭한 것은, ≪춘추공양전≫에 이르기를 "왜 이름을 칭하였는가? 〈≪춘추≫에서는〉 伯·子·男을 동일하게 보아 〈모두 '子'를 칭하여서〉 말에 폄하함이 없다."라고 하였고, 何休는 말하기를 "단지 喪으로 인해 예를 낮추어서 이름을 칭한 것이고 폄하를 초래할 남은 죄가 없으니, 무릇 王事로 국경을 나가 회합할 때 해를 넘기지 않았으면 모두 '子'를 칭한다."라고 하였다. 魯 僖公 9년에 〈제후들이 齊나라 서쪽에 있는〉 葵丘에서 회합할 때 宋 襄公에게 '子'를 칭하였고, 희공 28년 〈晉나라의〉 溫 땅에서 회합할 때 陳 共公에게 '子'를 칭하였고, 魯 定公 4년에 召陵에서 회합할 때 陳 懷公에게 '子'를 칭하였으니, 모두 〈선군이 죽고〉 아직 해를 넘기지 않았으나 王事로 회합하였으므로 '子'를 칭한 것이다. 만약 아직 해를 넘기지도 않았고 王事도 아닌데 작위를 칭했다면 모두 기롱한 것일 뿐이다. ≪춘추≫ 成公 4년 조에 "鄭伯이 許를 토벌하였다."라고 한 것이 이것이다. 위에서부터 여기까지는 모두 ≪춘추공양전≫의 뜻이다.

≪春秋左氏傳≫의 뜻은, 군주가 薨逝하고 아직 장례하지 않아서 즉위하는 예를 행하기 전에는 '子某'를 칭한다는 것이니, '子般'·'子野'가 이것이다. 국경을 나가서 제후들과 회합할 때 아직 장례하기 전에는 '子'를 칭한다. 그러므로 ≪춘추좌씨전≫ 僖公 9년 조에 이르기를 "무릇 상중에 있을 때 왕은 '小童'이라 하고 公侯는 '子'라 한다."라고 하였다. 葵丘에서 회합할 때 宋 襄公에게 '子'를 칭하고, 溫 땅에서 회합할 때 陳 共公에게 '子'를 칭한 것이 이것이다. 장례하였다면 비록 해를 넘기지 않았다 하더라도 '君'을 칭하니, '晉里克弑其君卓'과 '齊商人弑其君舍'가 이것이다. 魯 文公 18년에 子惡이 죽었는데 先君을 장례한 뒤인데도 '子'를 칭한 것은, 杜預가 말하기를 "당시 史官이 〈태자 子惡을 시해한〉 襄仲을 두려워하여 감히 '君'을 칭하지 못하였으므로 '子'라 한 것이다."라고 하였다.

王事로 국경을 나가 회합하게 되면 작위를 칭하는 것은, ≪춘추≫ 成公 4년 조에 "鄭伯이 許나라를 토벌하였다."라고 한 것이 이것이다. 살펴보면 ≪춘추≫ 桓公 13년 조 경문에서는 衛 惠公을 〈'衛侯'라 하여〉 '侯'를 칭하여 기록하였고 成公 3년 조 경문에서는 '宋公衛侯'라고 기록하였으니, 이것은 모두 先君을 아직 장례하기 전인데도 작위를 칭한 것이다. 賈逵와 服虔의 주에서는 '子'를 칭하지 않은 것을 기롱하였으며, 杜預는 "禮가 아니다"라고 하였다. ≪춘추≫ 僖公 25년 조에 "〈魯 僖公이〉 衛子 및 〈莒나라의 대부인〉 莒慶과 회합하여 〈魯나라 땅인〉 洮에서 맹약하였다."라고 하였는데, 당시 선군을 이미 장례하였는데도 衛 成公에게 여전히 '子'를 칭한 것은, 두예는 말하기를 '아버지의 뜻을 이룬 것을 훌륭하게 여겼으므로 위로 아버지에게 연계시켜 子를 칭한 것'이라고 하였으며, 복건 또한 말하기를 '자식의 도리를 잃지 않았음을 밝힌 것'이라고 하였다. 魯 成公 10년에 晉侯가 〈제후들과 회합하여〉 鄭나라를 토벌하였는데, 당시 晉 厲公의 부친인 晉 景公이 병을 앓기는 하였으나 아직 훙서하지 않았는데도 진 여공이 국경을 나가 회합할 때 〈'晉侯'라고 하여〉 작위를 칭했으니, 〈부친이〉 살아 있을 때 부친의 작위를 대신한 것을 자식답지 못하다고 기롱한 것이다. 이것은 모두 ≪춘추좌씨전≫의 뜻이다.

≪춘추공양전≫에서는 〈晉 獻公의 아들〉 奚齊가 魯 僖公 9년에 죽고 〈진 헌공의 아들〉 卓子가 노 희공 10년에 죽었으니 탁자가 〈진 헌공이 죽은〉 해를 넘겼으므로 '君'을 칭했다는 것이고, ≪춘추좌씨전≫에서는 탁자도 노 희공 9년에 죽었으나 다만 〈魯나라에〉 부음을 알린 것이 노 희공 10년에 있어서 〈진 헌공을〉 장례한 뒤였으므로 '君'을 칭했다는 것이니, ≪춘추좌씨전≫과 ≪춘추공양전≫이 같지 않은 점이다. ≪춘추공양전≫에서는 魯 成公 4년에 鄭伯이 許나라를 토벌한 것은 王事가 아니며 해를 넘기지도 않았는데 작위를 칭한 것은 기롱한 것이라 하였는데, ≪춘추좌씨전≫에서는 정백이 허나라를 토벌한 것을 왕사로 보아서 비록 해를 넘기지는 않았으나 작위를 칭할 수 있다고 하였으니 ≪춘추공양전≫과 다르다. 정현은 ≪駁五經異義≫에서 ≪춘추공양전≫의 뜻을 따라서 정백이 허나라를 토벌한 것을 禮가 아닌 것으로 보았다. ≪춘추공양전≫에서 〈선군의 죽음이〉 해를 넘기지 않았어도 왕사이면 모두 '子'를 칭한다고 한 것으로 말하면, 즉 宋 襄公이 '子'를 칭한 것과 陳 共公이 '子'를 칭한 것이 이것이다. ≪춘추좌씨전≫에서는 〈선군의 죽음이〉 해를 넘기지 않았어도 왕사이면 모두 작위를 칭한다고 하였다. 정현은 ≪박오경이의≫에서 宋 襄公이 '子'를 칭한 것을 인용하여, ≪춘추공양전≫의 설을 따라서 '子'를 칭하는 것이 禮라고 하였다.

○ 〔外事曰曾孫某侯某〕 '外事'는 封地 내에 있는 社稷과 山川을 이른다. 천자의 外事에는 '嗣王某'라 한다. 제후는 '嗣侯'를 칭하지 못하고 다만 '曾孫'이라 칭한다. 이렇게 하는 이유는, 천자는 존귀하여 능히 하늘의 덕을 계승하여 즉위할 수 있지만, 제후는 덕이 없어 뒤이어 계속해서 侯가 되지 못하므로 '嗣'를 말하지 못하고 다만 부친과 조부의 重孫이므로 '曾孫'이라고 한다는 말이다.

○ 〔死曰薨〕 이것은 제후가 죽으면 나라의 역사서에 기록하는 말이다. 만약 다른 나라의 역사서에 기록한다면 단지 '卒'이라고만 한다. 四夷에 대해 언급하지 않은 것은 또한 신분이 낮으므로 생략한 것이니, 이 이하가 모두 그러하다.

【疏】 ○ 注'亦史書策辭'. ○ 正義曰：上(又)〔文〕[1]云 "天王崩", 書策辭[2], 今諸侯云薨, 故亦史策辭. 若告於諸侯, 則辭當謙退, 故雜記云[3] "赴於諸侯, 曰寡君不祿."

1) (又)〔文〕: 저본에는 '又'로 되어 있으나, 문맥이 통하지 않아 北京大本에 의거하여 '文'으로 바로잡았다.

2) 天王崩 書策辭 : ≪禮記≫ 〈曲禮 下〉에 "〈천자가〉 붕어하면 〈역사서에 기록하기를〉 '천왕께서 붕어하셨다.'라고 쓴다.〔崩曰 天王崩〕"라고 하였는데, 정현의 주에 "역사서에

기록하는 말이다.〔史書策辭〕"라고 하였다. 02-12-04 참조.

3) 雜記云 : ≪예기≫ 〈雜記 上〉에 "군주의 죽음을 다른 나라의 군주에게 부고할 때는 '寡君이 不祿하였기에 감히 執事에게 고합니다.'라고 한다.〔君訃於他國之君曰 寡君不祿 敢告於執事〕"라는 내용이 보인다. '不祿'은 士의 죽음을 표현하는 말로, 士는 녹으로 경작을 대신하는데 지금 죽어서 그 녹을 마치지 못했다는 뜻이다. 02-25-01 참조.

○ 注의 〔亦史書策辭〕

○ 正義曰 : 앞글에 이르기를 '天王崩'은 簡策에 기록한 말이라고 하였는데, 지금 제후의 죽음을 '薨'이라 하였으므로 이것 또한 역사서에 기록한 말인 것이다. 만약 제후에게 고하는 것이라면 말을 마땅히 겸손하게 해야 한다. 그러므로 ≪禮記≫ 〈雜記 上〉에 이르기를 "〈다른 나라의〉 제후에게 '寡君이 不祿하였습니다.'라고 부고한다."라고 하였다.

【疏】 ○ '復曰某甫復矣', 天子復則曰"天子"[1], 諸侯不可復云"諸侯復", 故呼其字, 言"某甫". 故鄭注前文[2], "諸侯呼字"是也. ○ '旣葬, 見天子, 曰類見', (○)[3]此諸侯世子父死葬畢而見於天子禮也. 類, 象也, 言葬後未執玉[4]而執皮帛[5], 以象諸侯見, 故曰類見. 然春秋之義, 三年除喪之後乃見, 而今云"旣葬"者, 謂天子或巡守至竟, 故得見也. 若[6]未葬, 未正君臣, 故雖天子巡守, 亦不見也. ○ '言謚曰類'(○)〔者〕[7], "言謚", 謂將葬, 就君請謚也. 凡謚旣是表德, 故由尊者所裁. 故將[8]葬之前, 親使人請之於天子. 若檀弓云 "其子(戍)〔戌〕[9]請謚於君曰 '日月有時, 將葬矣, 請所以易其名者.'" 是言謚於君也. 而"曰類"者, 王肅云 "請謚於天子, 必以其實爲謚, 類於平生之行也." 何(胤)〔胤〕[10]云 "類其德而稱之, 如'經天緯地曰文'[11]也." 鄭云 "使大夫行, 象[12]聘問之禮也." 今案鄭旨謂吉時遣大夫行, 則曰聘, 今請謚使[13]大夫, 不得曰聘, 而名曰類, 言類象聘而行此禮也. 故云"言謚曰類"也.

1) 天子復則曰天子 : ≪禮記≫ 〈曲禮 下〉에 "〈天子가 崩御하면〉 招魂을 할 때 이르기를 '천자께서는 돌아오소서.'라고 한다.〔復曰 天子復矣〕"라는 내용이 보인다. 02-12-04 참조.

2) 鄭注前文 : 이하의 내용이 ≪예기≫ 〈곡례 하〉 정현의 주에 보인다. 02-12-04 참조.

3) (○) : 저본에는 부호 '○'가 있으나, 본서의 체제에 의거하여 衍文으로 처리하였다.

4) 未執玉 : '玉'은 천자가 제후의 등급에 따라 하사한 命圭를 이른다. ≪周禮≫ 〈冬官考工記 玉人〉 鄭玄의 注에 "命圭는 왕이 명한 圭이다. 朝覲할 때 이를 잡으며, 본국에 있을

때는 이를 지킨다.〔命圭者 王所命之圭也 朝覲執焉 居則守之〕"라고 하였다. ≪儀禮≫ 〈覲禮〉에 제후가 천자를 알현할 때 圭를 받들고 서쪽 계단으로 당에 올라가 바치면 "왕이 玉을 받는다.〔王受之玉〕"라고 하였고, ≪주례≫ 〈春官 大宗伯〉에 "玉으로 여섯 종류의 信物을 만들어서 제후국을 등급 짓는다. 왕은 鎭圭를 잡고, 公은 桓圭를 잡고, 侯는 信圭를 잡고, 伯은 躬圭를 잡고, 子는 穀璧을 잡고, 男은 蒲璧을 잡는다.〔以玉作六瑞 以等邦國 王執鎭圭 公執桓圭 侯執信圭 伯執躬圭 子執穀璧 男執蒲璧〕"라고 하였다. '未執玉'은 監本·毛本에는 '見於王'으로 되어 있는데, 阮元은 이를 오류로 보았으나 뜻은 통한다.(阮元의 校勘記 참조)

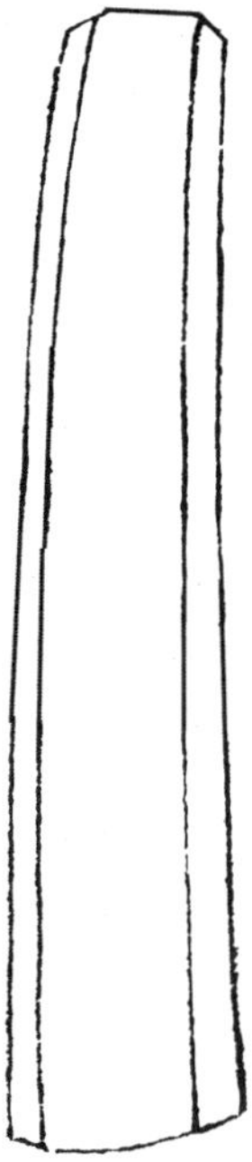
桓圭

信圭

躬圭

穀璧

蒲璧

5) 執皮帛 : 맹약할 때나 조회 등의 大事에 들고 가는 짐승 가죽과 비단 등의 예물을 이른다. ≪주례≫ 〈春官 大宗伯〉에 "짐승으로 여섯 종류의 예물을 삼아서 여러 신하를 등급 짓는다. 孤는 皮帛을 잡고, 卿은 검은 새끼 양을 잡고, 大夫는 기러기를 잡고, 士는 꿩을 잡고, 庶人은 오리를 잡고, 工商은 닭을 잡는다.〔以禽作六摯 以等諸臣 孤執皮帛 卿執羔 大夫執鴈 士執雉 庶人執鶩 工商執鷄〕"라고 하였는데, 정현의 주에 "皮帛은 다섯

필의 비단과 함께 가죽을 庭實로 바쳐서 꾸밈을 삼는 것이다. '皮'는 범 가죽이나 표범 가죽이며, '帛'은 지금의 벽옥색 비단 같은 것이다.〔皮帛者 束帛而表以皮爲之飾 皮 虎豹皮 帛 如今璧色繒也〕"라고 하였다.

6) 也 若 : 閩本·監本·毛本에는 '天子'로 되어 있다. 阮元은 이를 오류로 보았는데, 뜻은 통한다.(阮元의 校勘記 참조)

7) (○)〔者〕: 저본에는 부호 '○'로 되어 있으나, 惠棟校宋本에 의거하여 '者'로 바로잡았다.(阮元의 校勘記 참조)

8) 故將 : 閩本에는 이 2자가 빠져 있고, 監本·毛本에는 '當未'로 되어 있다. 阮元은 이를 오류로 보았는데, 뜻은 통한다.(阮元의 校勘記 참조)

9) (戌)〔戍〕: 저본에는 '戌(술)'로 되어 있으나, ≪禮記≫ 〈檀弓 下〉 阮元의 교감기에 의거하여 '戍(수)'로 바로잡았다. 石經·嘉靖本에는 '戍', 閩本·監本·毛本·岳本·衛氏集說에는 '戌'로 되어 있는데, 浦鏜校本에 '戌'은 '戍'의 오류라고 하였다.(阮元의 校勘記 참조)

10) (肻)〔胤〕: 저본에는 '肻'으로 되어 있으나, 淸 世宗의 성명 愛新覺羅胤禛의 '胤'을 避諱한 것이므로 원글자인 '胤'으로 돌려놓았다.

11) 經天緯地曰文 : ≪逸周書≫ 〈謚法解〉에 "천하를 경영하고 정사를 다스림을 '文'이라 한다.〔經緯天地曰文〕"라는 내용이 보인다.

12) 行 象 : 閩本·監本·毛本에는 '來行'으로 되어 있다. 阮元은 鄭玄의 注와 맞지 않다고 하였는데, 뜻은 통한다.(阮元의 校勘記 참조)

13) 使 : 惠棟校宋本에는 '遣'으로 되어 있다.(阮元의 校勘記 참조)

○〔復曰某甫復矣〕 천자의 招魂에는 '天子'라고 하였으나, 제후는 초혼할 때 '諸侯復'이라 하지 못하므로 그 字를 불러서 '某甫'라고 한다. 그러므로 앞 경문에 대한 정현의 주에 '諸侯呼字'라고 한 것이 이것이다.

○〔旣葬 見天子 曰類見〕 이것은 제후의 세자가 부친이 죽고 장례를 마친 뒤에 천자를 알현하는 禮이다. '類'는 '형상하다'의 뜻이니, 장례한 뒤에 아직 〈왕이 제후에게 하사한〉 命圭를 들지 못하고 〈예물로 바치는〉 짐승의 가죽과 비단을 들고서 제후가 알현하는 것을 형상하므로 '類見'이라고 이른다는 말이다. 그러나 ≪春秋≫의 뜻은 3년만에 상복을 벗은 뒤 비로소 알현하는 것인데 지금 '旣葬'이라 한 것은, 천자가 혹 巡守할 때 본국의 경내에 이른 것을 말하니, 이 때문에 알현할 수 있는 것이다. 만약 아직 장례하지 않았으면 아직 君臣을 바로잡지 못하였으므로 비록 천자가 순수하더라도 알현하지 못한다.

○〔言謚曰類〕 '言謚'는 장례를 앞두고 군주에게 나아가 시호를 청하는 것을 이른다.

무릇 시호는 이미 덕을 표상하는 것이므로 尊者가 헤아려 결정한다. 그러므로 곧 장례하기 전에 직접 사람을 보내 천자에게 청하는 것이다. ≪禮記≫ 〈檀弓 下〉에 이르기를 "〈衛나라 대부 公叔文子의〉 아들 戍가 군주에게 시호를 청하며 말하였다. '날짜가 정해진 때가 있어서 장차 장례하게 되었으니, 이름을 바꾸어줄 것을 청합니다.'"라고 한 것과 같으니, 이것이 군주에게 言謚한 것이다. 그리고 '曰類'라는 것은, 王肅은 "천자에게 시호를 청할 때 반드시 그 실제를 가지고 시호를 지어서 평생의 행적과 유사하게 하기 때문이다."라고 하였고, 何胤은 "그 덕과 유사하게 칭하는 것이니, 예컨대 '천하를 경영하고 정사를 다스림을 「文」이라 한다.'와 같은 것이다."라고 하였고, 정현은 "대부를 보내어 聘問의 예를 형상한 것이다."라고 하였다. 지금 살펴보면 정현의 뜻은, 〈군주가〉 살아 있을 때 대부를 보내면 '聘'이라 하는데 지금 〈사망한 군주의〉 시호를 청하기 위해 대부를 보낼 때는 '聘'이라 하지 못하고 '類'라 이름하는 것은 聘을 유사하게 형상하여 이 예를 행함을 이른다고 말한 것이다. 그러므로 '言謚曰類'라 한 것이다.

【疏】 ○ 注'使大'至'禮亡'. ○ 正義曰:'言象聘問之禮'者, 解經中"類"字, 言比類聘問之禮, 請謚於天子.

○ 注의 〔使大〕에서 〔禮亡〕까지

○ 正義曰:〔言象聘問之禮〕 경문의 '類'를 풀이한 것이니, 聘問하는 禮와 유사하게 하여 천자에게 시호를 청한다는 말이다.

【疏】 ○ '諸侯'至'之老'. 案玉藻云 "上大夫曰下臣, 擯者曰寡君之老, 下大夫自名, 擯者曰寡大夫." 此云"自稱曰寡君之老", 則上大夫擯者傳辭. 及自稱於他國, 亦曰寡君之老. 若[1]於己君, 則玉藻云"下臣某".

1) 若:閩本·監本·毛本·衛氏集說에는 '稱'으로 되어 있다.(阮元의 校勘記 참조)

○〔'諸侯使人'에서 '之老'까지〕 살펴보면 ≪禮記≫ 〈玉藻〉에 이르기를 "上大夫는 〈자칭하기를〉 '下臣'이라 하고 擯者는 〈상대부를〉 '寡君之老'라 하며, 下大夫는 스스로 이름을 칭하고 擯者는 〈하대부를〉 '寡大夫'라 한다."라고 하였는데, 여기에 이르기를 "자칭하기를 寡君之老라 한다."라고 하였으니, 상대부의 擯者가 전하는 말이다. 다른 나라에서 자칭할 때도 '寡君之老'라 한다. 만약 자기 나라 군주에게라면 〈옥조〉에 이르기를 '下臣某'라 한다고 하였다.

02-16-02 天子는 **穆穆**하고 **諸侯**는 **皇皇**하고 **大夫**는 **濟濟**하고 **士**는 **蹌蹌**(창창)[1]하고 **庶人**은 **僬僬**(초초)하나니라

1) 蹌蹌(창창) : 陸德明의 音義에 따르면 '鶬鶬(창창)' 혹은 '鏘鏘(장장)'으로 되어 있는 판본도 있다.

天子는 위의가 많은 모습으로 걷고, 諸侯는 장엄하고 성대한 모습으로 걷고, 大夫는 천천히 절도 있게 걷고, 士는 몸을 펴고서 서둘러 걷지 않고, 庶人은 빠른 걸음으로 걷는다.

【注】 皆行容止之貌也라 聘禮曰 賓入門皇이라하고 又曰 皇且行이라하고 又曰 衆介北面(鏘)鏘(장)焉[1]이라하니 凡行容은 尊者體盤하고 卑者體蹙(축)이라

1) (鏘)鏘(장)焉 : 저본에는 '鏘鏘焉'으로 되어 있으나, ≪儀禮≫ 〈聘禮 記〉에 의거하여 '鏘' 1자를 衍文으로 처리하였다. 惠棟校宋本·宋監本 및 아래 孔穎達의 疏에서 인용한 것도 '鏘鏘焉' 3자가 '蹌焉' 2자로 되어 있다. 다만 阮元은 段玉裁의 설을 인용하여 '鏘鏘'은 ≪說文解字≫에 의거하여 '걸어가는 모습〔行貌〕'의 뜻인 '䠀䠀(장장)'이 되어야 한다고 하였다. '蹌'은 ≪설문해자≫에 따르면 '움직이다〔動也〕'의 뜻이니, '䠀'이 正字이고 '蹌'은 假借字라고 하였다. ≪의례≫ 〈빙례 기〉 鄭玄의 注에 "〈蹌은〉 모습이 펴진 것이다.〔容貌舒揚〕"라고 하였다.(阮元의 校勘記 참조)

모두 걸어갈 때 몸가짐의 모습이다. ≪의례≫ 〈聘禮 記〉에 이르기를 "賓이 〈圭를 잡고〉 廟門을 들어갈 때는 장엄한 모습을 한다."라고 하였고, 또 〈빙례〉에 이르기를 "〈圭를 잡았을 때는〉 장엄하게 걸어간다."라고 하였고, 또 〈빙례〉에 이르기를 "〈賓이 聘享의 예를 행할 때 廟門 서쪽, 西塾의 북쪽에 있는 士인〉 衆介는 북향하고서 여유 있게 펴진 모습을 한다."라고 하였으니, 무릇 걸어갈 때 모습은 尊者는 몸이 여유 있고 卑者는 몸이 촉급하다.

【疏】 '天子'至'僬僬'[1]. ○ 正義曰 : 此一節論天子至庶人行容之貌. 云'天子穆穆'者, 威儀多貌也. 天子尊重, 故行止威儀多也. ○ '諸侯皇皇'者, 自莊盛也. 諸侯不及穆穆, 而猶有莊盛. 鄭注聘禮云 "皇, (皇)〔自〕[2]莊盛也." ○ '大夫濟濟'者, 濟濟, 徐行有節. 大夫降於諸侯, 不得自莊盛, 但徐行而已也. ○ '士蹌蹌'者, 鄭注聘禮云 "容貌舒揚也." 案鄭意則不得濟濟也, 但舒揚而已. ○ '庶人僬僬'者, 卑盡之貌也. 庶人卑賤, 都無容儀, 竝自直行而已. 崔云 "凡形容, 下不得兼上, 上得兼下. 故詩有'濟濟(文)〔辟〕[3]王'·'穆穆魯侯'[4]者, 詩人頌美, 擧盛以言, 非對例也."

1) 天子至僬僬 : 惠棟校宋本에는 이 5자 및 바로 다음에 나오는 부호 '○'가 없다.(阮元의 校勘記 참조)
2) (皇)〔自〕: 저본에는 '皇'으로 되어 있으나, ≪儀禮≫ 〈聘禮 記〉 정현의 주에 의거하여 '自'로 바로잡았다. 惠棟校宋本에도 '自'로 되어 있으며, 山井鼎 또한 '自'로 되어 있는 宋板이 옳다고 하였다.(阮元의 校勘記 참조)
3) (文)〔辟〕: 저본에는 '文'으로 되어 있으나, ≪詩經≫ 〈大雅 棫樸〉에 의거하여 '辟'으로 바로잡았다. 惠棟校宋本·衛氏集說에도 '辟'으로 되어 있는데, 阮元은 이것이 옳다고 하였다.(阮元의 校勘記 참조)
4) 穆穆魯侯 : ≪詩經≫ 〈魯頌 泮水〉에 보인다.

經의 〔天子〕에서 〔僬僬〕까지

○ 正義曰 : 이 절은 天子부터 庶人까지 걸어갈 때의 모습을 논한 것이다.

〔天子穆穆〕 威儀가 많은 모습이다. 천자는 존귀하므로 행동거지에 위의가 많다.

○〔諸侯皇皇〕 스스로 장엄하고 성대한 것이다. 제후는 〈천자의〉 穆穆에는 미치지 못하지만 그래도 장엄함과 성대함이 있다. ≪儀禮≫ 〈聘禮 記〉 鄭玄의 注에 이르기를 "'皇'은 스스로 장엄하고 성대한 것이다."라고 하였다.

○〔大夫濟濟〕 '濟濟'는 천천히 걸으며 절도가 있는 것이다. 대부는 제후보다 낮추어서 스스로 장엄하고 성대하게 하지 못하며 다만 천천히 걸을 뿐이다.

○〔士蹌蹌〕 ≪의례≫ 〈빙례 기〉 정현의 주에 이르기를 "〈'蹌'은〉 용모를 여유 있게 편 것이다."라고 하였다. 살펴보면 정현의 뜻은 〈대부처럼〉 濟濟하지는 못하고 다만 몸을 펴서 걸을 뿐이라는 것이다.

○〔庶人僬僬〕 매우 비천한 모습이다. 서인은 신분이 낮고 천하므로 전혀 위의가 없고 모두 스스로 곧장 걸을 뿐이다. 崔靈恩이 말하기를 "무릇 모습은 아랫사람은 윗사람의 모습을 겸할 수 없으나 윗사람은 아랫사람의 모습을 겸할 수 있다. 그러므로 ≪詩經≫에 '濟濟辟王'과 '穆穆魯侯'의 구절이 있는 것은 시인이 기리고 찬미하여 성대한 모습을 들어 말한 것이고 상대적으로 말한 사례가 아니다."라고 하였다.

【疏】○注'聘禮'至'體蹙'. ○正義曰 : 引聘禮證"皇皇"是容儀也, 此是入門時容也. '又曰, 皇且行'者, 又證行時容也. 然皇是諸侯之容, 聘禮(人)〔是〕[1]臣而云"皇"者, 執玉入廟門得進其容[2)], 亦如其君行禮, 宜已申也. 若在本國, 則濟濟然. 云'又曰衆介北面蹌焉', 亦聘禮文也. 衆介, 士也, 卑故不得進容, 猶蹌蹌而已. 云'凡行容, 尊者體盤, 卑者體蹩', "尊者體盤", "穆穆"·"皇皇", "卑者體蹩", "蹌蹌"·"僬僬"是也.

1) (人)〔是〕: 저본에는 '人'으로 되어 있으나, 阮元의 校勘記에서 惠棟校宋本에 '是'로 되어 있는 것이 옳다고 한 것에 의거하여 '是'로 바로잡았다.(阮元의 校勘記 참조)
2) 進其容 : ≪儀禮≫ 〈士冠禮〉 鄭玄의 注에 "'進容'은 팔을 날개처럼 펴고 나아가서 서두르지 않는 모습이다.〔進容者 行翔而前 鶬焉〕"라고 하였다.

○ 注의 〔聘禮〕에서 〔體蹩〕까지

○ 正義曰 : 〈〔聘禮曰 賓入門皇〕〉 ≪儀禮≫ 〈聘禮 記〉를 인용하여 '皇皇'은 행동거지의 모습임을 증명한 것이니, 이것은 廟門에 들어갈 때의 모습이다.

〔又曰 皇且行〕 또 걸어갈 때의 모습임을 증명한 것이다. 그러나 '皇'은 제후의 모습인데 ≪의례≫ 〈빙례 기〉에서 신하인데도 '皇'을 말한 것은, 玉을 잡고 廟門을 들어갈 때 팔을 날개처럼 펴고서 서두르지 않고 나아갈 수 있어서 또한 군주가 예를 행하는 것처럼 의당 이미 몸을 펴야 한다는 것이다. 만약 본국에서라면 濟濟하게 한다.

〔又曰衆介北面蹌焉〕 또한 ≪의례≫ 〈빙례 기〉의 글이다. '衆介'는 士이니, 신분이 낮으므로 팔을 날개처럼 펴고서 서두르지 않게 가는 모습은 갖출 수 없지만 그래도 몸을 펴고서 서둘러 걷지 않는다.

〔凡行容 尊者體盤 卑者體蹩〕 '尊者體盤'은 '穆穆'과 '皇皇'을 말하고, '卑者體蹩'은 '蹌蹌'과 '僬僬'가 이것이다.

02-16-03 天子之妃를 曰后라하고

천자의 아내를 '后'라 하고,

【注】 后之言은 後也라

'后'라는 말은 '뒤'의 뜻이다.

諸侯曰夫人이라하고

제후의 아내를 '夫人'이라 하고,

【注】夫之言은 扶라

'夫'라는 말은 '부지하다'의 뜻이다.

大夫曰孺人이라하고

대부의 아내를 '孺人'이라 하고,

【注】孺之言은 屬이라

'孺'라는 말은 '친속'의 뜻이다.

士曰婦人이라하고

士의 아내를 '婦人'이라 하고,

【注】婦之言은 服이라

'婦'라는 말은 '따르다'의 뜻이다.

庶人曰妻라하나니라

서인의 아내를 '妻'라 한다.

【注】妻之言은 齊라

'妻'라는 말은 '나란하다'의 뜻이다.

公侯有夫人하며 有世婦하며 有妻하며 有妾하니

〈다섯 등급의 제후 중〉 公과 侯는 〈1명의〉 夫人을 두며, 〈부인이 시집올 때 딸려서 함께 시집 온 조카딸과 여동생 모두 2명의〉 世婦를 두며, 〈부인이 시집올 때 함께 시집 온 同姓 제후국의 左媵과 右媵 및 이들의 조카딸과 여동생 모두 6명의〉 처를 두며, 첩을 두니,

【注】貶於天子也니 無后與嬪하여 去上中이라

천자보다 낮추는 것이니, 后와 嬪을 두지 않아서 최상과 중간을 없앤 것이다.

夫人이 **自稱於天子曰老婦**라하고

〈畿內 제후의 처인〉 夫人은 천자에게 자신을 칭하여 '老婦'라고 한다.

【注】 自稱於天子는 謂畿內諸侯之夫人이 助祭어나 若時事見(현)이라

'自稱於天子'는 畿內 제후의 夫人이 〈后의〉 제사를 돕거나 때에 맞게 해야 할 일로 알현할 때를 이른다.

自稱於諸侯曰寡小君이라하고

〈제후의 夫人은 다른 나라의〉 제후에게 자칭하여 '寡小君'이라 하고,

【注】 謂饗來朝諸侯之時라

〈다른 나라에서〉 찾아온 제후들에게 연향을 베풀어줄 때를 이른다.

自稱於其君曰小童이라하나니 **自世婦以下**는 **自稱曰婢子**라하나니라

〈제후의 夫人은〉 자기 나라 군주에게 자칭하여 '小童'이라 한다. 世婦 이하는 〈남편인 군주에게〉 자칭하여 '婢子'라 한다.

【注】 小童[1]은 若云未成人也라 婢之言은 卑也라 於其君稱此는 以接見(禮)〔體〕[2]敵하니 嫌其當이라

1) 童 : 陸德明의 音義에 따르면 '僮(동)'으로 되어 있는 판본도 있다. 王力에 따르면 '童'과 '僮'은 同源字이다.(王力의 ≪王力古漢語字典≫ 참조)
2) (禮)〔體〕 : 저본에는 '禮'로 되어 있으나, 毛本・岳本・嘉靖本・衛氏集說 및 孔穎達의 疏처럼 '體'로 되어 있는 것이 옳다고 한 阮元의 校勘記에 의거하여 '體'로 바로잡았다.(阮元의 校勘記 참조)

'小童'은 미성년자라고 말하는 것과 같다. '婢'라는 말은 '낮다'의 뜻이다. 〈世婦 이하가〉 군주에게 이렇게 자칭하는 것은, 〈군주를〉 접견할 때 〈잠시〉 지위가 대등해지니 〈夫人에〉 맞먹는다고 혐의할까 해서이다.

子於父母엔 **則自名也**하나니라

자식은 부모 앞에서는 〈자신을 칭할 때 부모가 지어준〉 자기 이름을 부른다.

【注】 名은 父母所爲也라 言子者[1)]는 通男女라

1) 者 : 衛氏集說・考文古本에는 없다.(阮元의 校勘記 참조)

이름은 부모가 지어준 것이다. '子'라고 말한 것은 아들과 딸을 통칭한 것이다.

列國之大夫 入天子之國曰某士라하고

열국의 대부가 천자의 나라에 들어가면 〈擯者가 그 대부를 칭하여〉 '某士'라 하고,

【注】 亦謂諸侯之卿也라 三命以下는 於天子에 爲士라 曰某士者는 如[1)]晉韓起聘於周할새 擯者曰晉士起라

1) 如 : 岳本・嘉靖本・宋監本・衛氏集說에는 '若'으로 되어 있다.

또한 제후의 卿을 이른다. 三命 이하는 천자에게 士가 된다. '曰某士'는 예컨대 晉나라 〈대부〉 韓起가 周나라에 聘問갔을 때 擯者가 '晉士 起'라고 한 것과 같다.

自稱曰陪臣某라하고

〈열국의 대부가 천자의 나라에 들어가서는〉 자칭하여 '陪臣某'라 한다.

【注】 陪는 重也라

'陪'는 '중첩되다'의 뜻이다.

於外曰子라하고

〈열국의 대부가〉 다른 나라에 있을 때는 〈擯者가 그 다른 나라의 대부를 칭하여〉 '子'라 하고,

【注】 子는 有德之稱이니 魯春秋曰 齊高子來盟이라하니라

'子'는 덕을 가진 자의 호칭이니 ≪魯春秋≫에 이르기를 "齊나라 高子가 〈우리 魯나라에〉 와서 맹약하였다."라고 하였다.

於其國曰寡君之老라하고 使者[1]自稱曰某라하나니라

1) 者 : ≪經典釋文≫ 표제어에는 '者'가 없으며, '者'가 있는 판본을 或本으로 소개하였다. 孔穎達의 疏에도 이를 인용한 글에 '者'가 없다.

〈열국의 대부가〉 자기 나라에 있을 때는 〈백성들에게 자칭하여〉 '寡君之老'라 하고, 〈군주의 명을 받아 군주의 사사로운 일로 다른 나라의 제후에게 사신 갔을 때〉 使者는 자칭하여 '某'라 한다.

【注】使는 謂使人於諸侯也라 某는 名也라

'使'는 〈다른 나라의〉 제후에게 사람을 보내는 것을 이른다. '某'는 이름이다.

【疏】'天子'至'曰某'[1]. ○ 正義曰：此一節論天子以下妃妾及臣子稱謂之法, 各隨文解之. ○'天子之妃曰后, 諸侯曰夫人, 大夫曰孺人, 士曰婦人, 庶人曰妻'者, 皆敵其夫, 如王之后, 故以后居前耳. 妃, (邦君之)〔配也. 判〕[2]合配, 王・諸侯以下, 通有妃義, 故以妃字冠之. 以特牲・少牢是大夫・士之禮, 皆云"某妃配某氏"[3], 尊卑通稱也. 白虎通云"后, 君也. 明配至尊, 爲海內小君, 天下尊之, 故繼其王言之而曰王后也." ○'諸侯曰夫人'者, 夫人之名, 唯諸侯得稱, 論語云"邦君之妻, 邦人稱之曰君夫人"是也. ○'大夫曰孺人'者, 孺, 屬也, 言其爲親屬.

1) 天子至曰某 : 惠棟校宋本에는 이 5자가 없다.(阮元의 校勘記 참조)
2) (邦君之)〔配也判〕: 저본에는 '邦君之'로 되어 있으나, 惠棟校宋本에 '配也判'으로 되어 있는 것을 옳다고 본 阮元의 설에 의거하여 '配也判'으로 바로잡았다.(阮元의 校勘記 참조)
3) 皆云某妃配某氏 : 大夫의 吉祭인 ≪儀禮≫ 〈少牢饋食禮〉에 "祝이 〈주인을 대신하여〉 다음과 같이 축원한다. '효손 某가 삼가 양과 돼지와 菹醢와 黍稷으로 皇祖 伯某께 세시의 제사를 올리고, 아울러 某妃를 皇祖 某氏께 배향하오니 부디 흠향하소서.'〔祝祝曰 孝孫某 敢用柔毛剛鬣嘉薦普淖 用薦歲事于皇祖伯某 以某妃配某氏 尙饗〕"라는 내용이 보인다. 士의 길제인 ≪의례≫ 〈特牲饋食禮〉에는 이 구절이 보이지 않으며, 鄭玄의 注에도 "효손 某가 삼가 돼지와 菹醢와 黍稷으로 삼가 皇祖 某子께 제사를 올리오니 부디 흠향하소서.〔孝孫某 敢用剛鬣嘉薦普淖 用薦某事於皇祖某子 尙饗〕"라고 하여 '某妃配某氏'의

구절이 보이지 않는다. 다만 士의 喪禮인 ≪의례≫ 〈士虞禮 記〉에 "〈禫祭를 지내는〉 이 달에 四時의 吉祭를 만나더라도 〈死者보다 먼저 죽은 처를 死者에게〉 배향시키지 못한다.〔是月也吉祭 猶未配〕"라고 하였는데, 정현의 주에 "사시의 제사를 지내는 달이 되면 제사를 지내기는 하나 여전히 某妃를 某氏에게 배향시키지는 않으니, 슬픔을 아직 잊지 못하기 때문이다.〔當四時之祭月則祭 猶未以某妃配某氏 哀未忘也〕"라고 하였다. 평소의 吉祭에는 妻를 배향한다는 것을 알 수 있으며, 그렇다면 祝辭에도 '某妃配某氏'를 쓴다고 추정할 수 있다.

經의 〔天子〕에서 〔曰某〕까지

○ 正義曰 : 이 절은 천자 이하 사람들의 妃妾에 대한 호칭과 臣子의 호칭하는 법을 논한 것이니, 각각 글을 따라 풀이하겠다.

○〔天子之妃曰后 諸侯曰夫人 大夫曰孺人 士曰婦人 庶人曰妻〕 모두 남편과 대등한 것이 마치 왕의 后와 같으므로 '后'를 앞에 둔 것뿐이다. '妃'는 '배필〔配〕'의 뜻이니, 반쪽이 합쳐진 것이 '配'이다. 왕과 제후 이하에 통틀어서 妃의 뜻이 있으므로 '妃' 자를 맨 처음에 둔 것이다. ≪儀禮≫ 〈特牲饋食禮〉와 〈少牢饋食禮〉는 士와 大夫의 예인데 〈祝辭에〉 모두 '某妃配某氏'라 하였으니, 〈'妃'는〉 尊卑에 두루 쓰는 호칭이다. ≪白虎通義≫에 이르기를 "'后'는 '군주'의 뜻이다. 지존의 배필이 되어서 海內의 小君이 되었음을 밝힌 것이니, 천하가 존숭하므로 왕을 이어서 말하기를 '王后'라 한 것이다."라고 하였다.

○〔諸侯曰夫人〕 '夫人'이란 명칭은 오직 제후만이 칭할 수 있으니, ≪論語≫ 〈季氏〉에 이르기를 "군주의 妻를 나라 사람들이 칭하여 '君夫人'이라 한다."라고 한 것이 이것이다.

○〔大夫曰孺人〕 '孺'는 '친속'의 뜻이니, 그가 친속이 된다는 말이다.

【疏】 ○ 注'孺之言屬'也. ○ 正義曰 : 案爾雅云 "孺, 屬也."

○ 注의 〔孺之言屬〕

○ 正義曰 : 살펴보면 ≪爾雅≫ 〈釋言〉에 이르기를 "孺는 친속이다."라고 하였다.

【疏】 ○ '士曰婦人'者, 婦之言, 服也, 服事其夫也. 其"婦"號亦上下通名[1], 故春秋"逆婦姜於齊"[2], 是諸侯亦呼"婦"也. 穀梁傳云 "言[3]婦, 有姑之辭." 言服事舅姑, 知通名也. ○ '庶人曰妻'者, 妻之言, 齊也, 庶人賤, 無別稱, 判合齊體而已. 尊卑如此, 若通而言

之, 則貴賤悉[4)]曰妻. 故詩曰"刑於寡妻", 是天子[5)]曰妻也. 周家大夫妻曰內子, 趙姬"以叔隗(외)爲內子"[6)]是也.

1) 名 : 衛氏集說에는 '稱'으로 되어 있다.(阮元의 校勘記 참조)
2) 春秋逆婦姜於齊 : ≪春秋≫ 文公 4년 조에 보인다.
3) 言 : ≪春秋穀梁傳≫ 文公 4년 조에는 '曰'로 되어 있다.
4) 貴賤悉 : 閩本・監本・毛本・衛氏集說에는 '上下通'으로 되어 있다.(阮元의 校勘記 참조)
5) 天子 : 여기에서는 周 文王을 가리킨다.
6) 趙姬以叔隗(외)爲內子 : ≪春秋左氏傳≫ 僖公 24년 조에 보인다. '趙姬'는 晉나라 대부 趙衰에게 출가한 晉 文公의 딸이다. '叔隗'는 조희보다 먼저 조최의 아내가 된 여자이다. 狄人이 〈赤狄의 부락인〉 廧(장)咎如를 토벌하고 그 두 딸인 叔隗와 季隗를 훗날 진 문공이 된 공자 重耳에게 바치자, 중이가 조최에게 숙외를 아내로 주었다.

○〔士曰婦人〕'婦'라는 말은 '따르다'의 뜻이니, 남편을 따라서 섬긴다는 것이다. '婦'라는 호칭은 또한 상하의 통칭이기도 하다. 그러므로 ≪春秋≫에서 "齊나라에서 婦姜을 맞이해왔다."라고 하였으니, 이것은 제후 역시 '婦'로 부른다는 것이다. ≪春秋穀梁傳≫에 이르기를 "'婦'라 한 것은 시어머니가 있을 때의 말이다."라고 하였다. 시부모를 따라서 섬긴다는 말이니, 〈'婦'가〉 통칭임을 알 수 있다.

○〔庶人曰妻〕'妻'라는 말은 '나란하다'의 뜻이니, 庶人은 천하여 별도의 호칭이 없고 반쪽들이 합하여서 몸을 나란히 할 뿐이다. 尊卑가 이와 같으나, 만약 통틀어서 말한다면 貴賤에 모두 '妻'라 한다. 그러므로 ≪詩經≫ 〈大雅 思齊〉에 이르기를 "寡妻에게 모범이 된다."라고 하였으니, 이것은 천자의 아내를 '妻'라 한 것이다. 周나라에서는 대부의 처를 '內子'라 하였으니, 趙姬가 "叔隗를 內子로 삼았다."라고 한 것이 이것이다.

【疏】 ○'公侯'至'有妾'. ○正義曰 : 獨[1)]言(諸)〔公〕[2)]侯, 擧其上者, 餘從可知也. 旣下於天子, 不得立后, 故以敵體[3)]一人正者爲夫人. ○'有世婦'者, 謂夫人之姪娣. 故公羊云[4)], 夫人無子, 立姪娣子也, 質家先立姪之子, 文家先立娣之子. 左氏亦夫人姪娣貴於二媵(잉)[5)], 則此世婦者, 謂夫人姪娣也, 其數二人. ○'有妻'者, 謂二媵及姪娣也, 凡六人. 〔○〕[6)]'有妾'者, 謂九女之外, 別有其妾. 知者, 以上文云[7)]天子八十一御妻之外, 更有妾. 鄭注云"妾, 賤者, 不入百二十人[8)]數." 故知此妾不在九女之數也.

1) 獨 : 惠棟校宋本・考文引宋板에는 '今'으로 되어 있다.(阮元의 校勘記 참조)
2) (諸)〔公〕: 저본에는 '諸'로 되어 있으나, 考文引宋板・衛氏集說 및 經文에 의거하여

'公'으로 바로잡았다.(阮元의 校勘記 참조)

3) 以敵體 : 閩本·監本·毛本에는 '但得以'로 되어 있다.(阮元의 校勘記 참조)

4) 公羊云 : ≪春秋公羊傳≫ 隱公 원년 조 何休의 解詁에 "禮에 따르면 適夫人에게 자식이 없으면 右媵의 자식을 세우고, 우잉에게 자식이 없으면 左媵의 자식을 세우고, 좌잉에게 자식이 없으면 嫡姪娣의 자식을 세우고, 적질제에게 자식이 없으면 우잉의 姪娣를 세우고, 우잉의 질제에게 자식이 없으면 좌잉의 질제를 세운다. 실질을 숭상하는 사람은 親親하여 먼저 여동생을 세우고, 문식을 숭상하는 사람은 尊尊하여 먼저 조카를 세운다.〔禮 適夫人無子 立右媵 右媵無子 立左媵 左媵無子 立嫡姪娣 嫡姪娣無子 立右媵姪娣 右媵姪娣無子 立左媵姪娣 質家親親 先立娣 文家尊尊 先立姪〕"라는 내용이 보인다. '媵'은 제후의 딸이 시집갈 때 딸려서 함께 시집가는 사람이다. ≪춘추공양전≫ 莊公 19년 조에 따르면 제후가 한 나라에 장가들면 同姓의 두 나라에서 媵을 보내는데, 이때 각각 조카딸과 여동생을 함께 데리고 간다. '羊云'은 閩本·監本·毛本에는 '侯之'로 되어 있다.(阮元의 校勘記 참조)

5) 左氏亦夫人姪娣貴於二媵(잉) : ≪春秋左氏傳≫ 隱公 원년 조에 "魯 惠公의 元妃는 孟子이다. 맹자가 죽자 聲子를 繼室로 삼아 隱公을 낳았다.〔惠公元妃孟子 孟子卒 繼室以聲子生隱公〕"라는 내용이 보이는데, 杜預의 注에 "聲은 시호이니, 孟子의 姪娣이다.〔聲 諡也 蓋孟子之姪娣也〕"라고 하였다. 다만 위 ≪春秋公羊傳≫ 何休의 解詁에 근거하면 좌우의 두 媵이 嫡夫人의 姪娣보다 신분이 높다.

6) 〔○〕 : 저본에는 부호 '○'가 없으나, 본서의 체제에 의거하여 보충하였다.

7) 上文云 : ≪禮記≫ 〈曲禮 下〉에 "천자는 〈1명의〉 后를 두며, 〈3명의〉 夫人을 두며, 〈9명의〉 世婦를 두며, 〈27명의〉 嬪을 두며, 〈81명의〉 妻를 두며, 妾을 둔다.〔天子有后 有夫人 有世婦 有嬪 有妻 有妾〕"라는 내용이 보인다. 02-13-01 참조.

8) 百二十人 : ≪예기≫ 〈曲禮 下〉 鄭玄의 注에 천자는 황후 이하 120명의 여자를 둔다는 내용이 보인다. 02-29-01 참조.

○ 經의 〔公侯〕에서 〔有妾〕까지

○ 正義曰 : 오직 公·侯만 언급한 것은 위에 있는 사람을 거론하면 나머지는 따라서 알 수 있기 때문이다. 이미 천자보다 낮추어서 后를 세울 수 없으므로 대등한 신분의 올바른 한 사람으로 夫人을 삼는 것이다.

○〔有世婦〕 夫人의 조카딸이나 여동생을 이른다. 그러므로 ≪春秋公羊傳≫에 이르기를, 夫人에게 자식이 없으면 〈夫人이 시집올 때 딸려서 함께 시집 온〉 조카딸이나 여동생의 자식을 〈군주로〉 세우는데, 실질을 숭상하는 사람은 먼저 조카딸의 자식을 세우고 문식을 좋아하는 사람은 먼저 여동생의 자식을 세운다고 하였다. ≪春秋左氏

傳≫에서도 夫人의 조카딸과 여동생이 두 媵보다 신분이 높으니, 그렇다면 여기의 '世婦'는 夫人의 조카딸과 여동생을 이르며 그 수는 2명이다.

○〔有妻〕〈左媵과 右媵의〉 두 媵 및 이들의 조카딸과 여동생을 이르니, 모두 6명이다.

○〔有妾〕〈夫人 1명, 世婦 2명, 妻 6명 등〉 9명의 여자 외에 별도로 첩을 둔 것을 이른다. 이를 아는 것은, 앞 경문에서 천자는 81명의 御妻 외에 다시 첩을 둔다고 했기 때문이다. 鄭玄의 注에 이르기를 "妾은 신분이 낮은 자이니, 120명의 숫자에 들어가지 않는다."라고 하였으므로 여기의 '妾'이 9명의 여자 숫자에 들어가지 않음을 안 것이다.

○'夫人'至'婢者'. 〔○〕[1]此"夫人", 謂畿內諸侯之妻也. 其助祭於后, 得接見天子, 故得自稱也, 言老而服事也. 以畿外諸侯夫人無見天子之禮, 此云"自稱於天子", 故注云"畿內諸侯之夫人助祭, 若時事見", 謂若獻繭(견)之屬. ○'自稱於諸侯曰寡小君'者, 此"諸侯"謂他國君也. 古者諸侯相饗, 夫人亦出, 故得自稱也. 知者, 坊記云 "陽侯殺繆(목)侯, 竊其夫人, 故大饗廢夫人之禮." 於此之前, 有夫人饗法, 故注云"謂饗來朝諸侯之時"也. 君之妻曰小君, 而云"寡"者, 亦從君爲謙也. ○'自稱於其君曰小童'者, 小童, 未成人之稱也. 其與夫言, 自謙稱爲小童, 若未成人, 言無知也. ○'自世婦以下, 自稱曰婢子'者, 降於夫人, 故竝自稱婢子, 賤故也. 婢之言卑也, 嚮其夫自稱, 言己卑. 故春秋晉懷嬴(영)謂公曰[2]"寡君使婢子侍執巾櫛(즐)"是也.

1) 〔○〕: 저본에는 부호 '○'가 없으나, 본서의 체제에 의거하여 보충하였다.
2) 春秋晉懷嬴(영)謂公曰 : 이하의 내용이 ≪春秋左氏傳≫ 僖公 22년 조에 보인다. '懷嬴'은 秦 穆公의 딸로, 秦나라에 인질로 와 있던 晉나라 태자 子圉에게 시집갔다. 자어는 뒤에 晉 懷公이 되었는데, 회영이 자어에게 이 말을 할 때는 자어가 아직 군주가 되지 않았을 때이다.

○ 經의 〔夫人〕에서 〔婢者〕까지

○〈〔夫人自稱於天子曰老婦〕〉 여기의 '夫人'은 畿內 제후의 처를 이른다. 后를 도와 제사 지낼 때 천자를 접견할 수 있으므로 자칭할 수 있으니, 〈'老婦'는〉 늙어서도 따라 섬기겠다는 말이다. 畿外 제후의 夫人은 천자를 알현하는 예가 없는데 여기에서 '自稱於天子'라고 하였으므로 정현의 주에서 '畿內諸侯之夫人助祭 若時事見'이라 한 것이니, 누에고치를 바치는 것과 같은 등속을 이른다.

○〔自稱於諸侯曰寡小君〕 여기의 '諸侯'는 다른 나라의 군주를 이른다. 옛날에는 제후들이 서로 宴饗할 때 夫人 또한 나왔으므로 자칭할 수 있는 것이다. 이를 아는 것은, ≪禮記≫ 〈坊記〉에 이르기를 "陽侯가 繆侯를 죽이고 그 夫人을 훔쳤으므로 大饗에 夫人이 참여하는 예를 없앴다."라고 하였으니, 이 이전에는 夫人이 연향에 참여하는 법이 있었으므로 정현의 주에서 '謂饗來朝諸侯之時'라고 한 것이다. 군주의 처를 '小君'이라 하는데 '寡'라 한 것은 또한 군주를 따라 겸손하게 말한 것이다.

○〔自稱於其君曰小童〕 '小童'은 미성년자의 호칭이다. 남편과 말할 때 스스로 '小童'이라 겸칭하는 것은 미성년자와 같아서 아는 것이 없다고 말한 것이다.

○〔自世婦以下 自稱曰婢子〕 夫人에게 낮추므로 모두 婢子를 자칭하는 것이니, 신분이 낮기 때문이다. '婢'라는 말은 '낮다〔卑〕'의 뜻이니, 남편에게 자신을 칭할 때 자기가 낮다고 말하는 것이다. 그러므로 ≪春秋≫에서 晉 懷嬴이 〈남편인〉 晉 懷公에게 말하기를 "〈아버지인〉 寡君께서 婢子로 하여금 수건과 빗을 잡고 모시도록 하였습니다."라고 한 것이 이것이다.

【疏】〔○〕[1]注云'接見(禮)〔體〕敵, 嫌其當'者, 爲其接見之時, 暫有體敵, 嫌若當夫人然也.

1)〔○〕: 저본에는 부호 '○'가 없으나, 본서의 체제에 의거하여 보충하였다.

○ 注의〔接見體敵 嫌其當〕

〈군주를〉 접견할 때 잠시 대등한 신분이 되니 夫人에 맞먹는 것 같음을 혐의해서이다.

【疏】○'列國之大夫, 入天子之國曰某士', (○)[1] 謂擯者辭也. 列國, 五等諸侯也. 天子上士三命, 中士再命, 下士一命, 而五等之臣, 唯公國一孤四命耳. 自卿・大夫從三命而下, 其命等於王之士, 故入天子之國, 則擯者稱爲某國之士也. 故注引春秋襄二十六年"晉韓起聘於周, 擯者曰晉士起"[2], 言晉國之士起以證之也. ○'自稱曰陪臣某[3]', 陪, 重也, 某, 名也. 其君已爲王臣, 己今又爲己君之臣, 故自稱對王曰重臣也. 若襄二十一年, 晉欒(란)盈辭於行人曰"天子陪臣盈"是也. ○'於外曰子'者, 亦擯者辭. 外謂在他國時也. 擯者則稱其姓而曰子, 子是有德之稱. 故注引閔公二年"冬齊高子來盟", 證"於外曰子"也. 高子, 高傒(혜)是也. ○'於其國曰寡君之老'者, 其國, 自國中也. 其君與民言, 自

稱曰寡人, 故此卿若與國中人語, 自稱曰"寡君之老"也. ○ '使者自稱曰某'者, 某, 名也. 若此卿爲使, 在他國與彼君語, 則稱名也. 若與彼臣民言, 則自稱"寡君之老"也.

1) (○) : 저본에는 부호 '○'가 있으나, 본서의 체제에 의거하여 衍文으로 처리하였다.
2) 晉韓起聘於周 擯者曰晉士起 : ≪春秋左氏傳≫ 襄公 26년 조에 "晉나라의 대부 韓宣子가 周나라에 빙문하자, 왕이 사람을 보내 무슨 일로 왔는지 물었다. 한선자가 대답하기를 '晉나라의 士인 저는 〈冢宰의 屬吏인〉 宰旅에게 職貢을 바치고자 온 것이며 다른 일은 없습니다.'라고 하였다.〔晉韓宣子聘于周 王使請事 對曰 晉士起將歸時事於宰旅 無他事矣〕"라는 내용이 보인다.
3) 某 : 毛本에는 이 다음에 '者'가 있다.(阮元의 校勘記 참조)

○〔列國之大夫 入天子之國曰某士〕 擯者의 말을 이른다. '列國'은 5등의 제후이다. 천자의 上士는 3命이고 中士는 2命이고 下士는 1命이며, 5등 제후국의 신하 중 오직 公國의 孤 1인만이 4命이다. 卿과 大夫로부터 3命 이하는 그 命數가 왕의 士와 똑같으므로 천자국에 들어가면 擯者가 '某國의 士'라고 칭하는 것이다. 그러므로 鄭玄의 注에서 ≪春秋左氏傳≫ 襄公 26년 조 기사를 인용하여 '晉韓起聘於周 擯者曰晉士起'라고 한 것이니, '晉나라의 士인 起'를 말하여 증명한 것이다.

○〔自稱曰陪臣某〕 '陪'는 '중첩되다'의 뜻이고, '某'는 이름이다. 자기 나라 군주가 이미 왕의 신하인데 자기가 지금 또 자기 나라 군주의 신하이므로 왕을 대하여 자칭하기를 '重臣'이라 하는 것이다. 예컨대 魯 襄公 21년에 晉나라의 〈대부〉 欒盈이 〈왕의 使者인〉 行人에게 진술하기를 '천자의 陪臣인 盈'이라 한 것이 이것이다.

○〔於外曰子〕 이것 역시 擯者의 말이다. '外'는 다른 나라에 있을 때를 이른다. 擯者는 그 姓을 칭한 뒤에 '子'라 하니, '子'는 덕이 있는 자의 호칭이다. 그러므로 정현의 주에서 ≪春秋≫ 閔公 2년 조의 '冬齊高子來盟'을 인용하여 '於外曰子'를 증명한 것이다. '高子'는 바로 〈齊나라의 卿인〉 高傒이다.

○〔於其國曰寡君之老〕 '其國'은 자기 나라 안이다. 군주가 자기 백성과 말할 때 자칭하기를 '寡人'이라 하므로, 이 卿이 만약 자기 나라 안의 사람들과 말을 하게 되면 자칭하기를 '寡君之老'라 하는 것이다.

○〔使者自稱曰某〕 '某'는 이름이다. 만약 이 卿이 사신이 되어 다른 나라에서 그 나라의 군주와 말을 하게 되면 이름을 칭한다. 만약 그 나라의 臣民과 말을 하게 되면 자칭하기를 '寡君之老'라 한다.

【疏】 ○ 注'使謂'至'名也'. 〔○〕[1]正義曰：知者, 以玉藻云, 上大夫於他國, "擯者曰寡君之老", 下大夫於他國, "擯者曰寡大夫", 皆無稱名之事. 玉藻又云 "大夫私事使, 私人擯則稱名[2]." 注云 "私事使, 謂以君命私行, 非聘也. 若晉韓穿來言汶陽之田[3]." 彼以私事使稱名, 此文"使自稱曰某", 稱名與彼相當, 故知"使謂使人於諸侯也."

1) 〔○〕: 저본에는 부호 '○'가 없으나, 본서의 체제에 의거하여 보충하였다.
2) 私人擯則稱名 : ≪禮記≫ 〈玉藻〉 孔穎達의 疏에 따르면 대부가 자기의 屬臣으로 擯相을 삼으면 비록 上大夫나 下大夫의 擯者라 할지라도 모두 대부의 이름을 칭한다는 말이다. 공적인 일로 하는 정식 聘問이 아니기 때문이다.
3) 晉韓穿來言汶陽之田 : ≪春秋≫ 成公 8년 조에 "晉侯가 韓穿을 보내어 와서 汶水 북쪽의 땅을 齊나라에 돌려주라고 말하였다.〔晉侯使韓穿來言汶陽之田 歸之于齊〕"라는 내용이 보인다.

○ 注의 〔使謂〕에서 〔名也〕까지

○ 正義曰 : 이를 아는 것은, ≪禮記≫ 〈玉藻〉에 이르기를, 上大夫가 다른 나라에 있을 때 "擯者는 '寡君之老'라 한다."라고 하고, 下大夫가 다른 나라에 있을 때 "擯者는 '寡大夫'라 한다."라고 하여 모두 이름을 칭하는 일이 없기 때문이다. 〈옥조〉에 또 이르기를 "대부가 〈군주의〉 사사로운 일로 사신을 가면 私人의 擯은 〈그 사신의〉 이름을 칭한다."라고 하였는데, 정현의 주에 이르기를 "'사사로운 일로 사신을 간다.〔私事使〕'는 것은 군주의 명을 받아 사사로운 일로 가는 것이고 聘問이 아님을 이른다. 예컨대 晉나라 〈대부〉 韓穿이 〈우리 魯나라에〉 와서 汶水 북쪽의 땅에 대해 말한 것과 같다."라고 하였다. 저기 〈옥조〉에서는 사사로운 일로 사신 갔을 때 〈私人의 擯이 사신의〉 이름을 칭한 것이고 여기 〈曲禮〉의 글은 사신 갔을 때 자칭하여 '某'라 한 것이니, 이름을 칭한 것이 〈옥조〉의 내용과 상당하므로 〈鄭玄이〉 '使謂使人於諸侯也'임을 안 것이다.

02-17-01 天子는 不言出이요 諸侯는 不生名이니 君子不親惡이라

천자에 대해서는 '出'을 말하지 않고 제후에 대해서는 살아 있을 때 이름을 말하지 않으니, 군자는 악한 사람을 가까이하지 않기 때문이다.

【注】 天子之言出과 諸侯之生名은 皆有大惡하여 君子所遠이니 出名以絶之라 春秋傳曰 天王이 出居於鄭이라하고 衛侯朔이 入於衛是也라

천자에 대해 '出'을 말하고 제후에 대해 살아 있을 때 이름을 말하는 것은, 모두 大惡이 있어서 군자가 멀리하는 사람이기 때문에 '出'과 이름을 말하여 끊는 것이다. ≪春秋傳≫에 이르기를 "천왕이 나가서〔出〕 鄭나라에 거처하였다."라고 하고, "衛侯 朔이 衛나라로 들어갔다."라고 한 것이 이것이다.

諸侯失地어든 名하며 滅同姓이어든 名하나니라

제후가 封地를 잃으면 이름을 말하고, 同姓의 나라를 멸망시키면 이름을 말한다.

【注】 絶之라

끊는 것이다.

【疏】 '天子'至'姓名'[1]. ○ 正義曰：此一節論天子諸侯有罪, 書出・名之事, 各隨文解之. ○ '天子不言出'者, 天子以天下爲家, 策書不得言出, 所在稱君[2]. ○ '諸侯不生名'者, 諸侯南面之尊, 名者質賤之稱, 諸侯相見, 祗可稱爵, 不可稱名. ○ '君子不親惡'者, 謂策書君子, 謂孔子書經, 若見(현)天子大惡, 書"出"以絶之, 諸侯大惡, 書"名"以絶之. 君子不親比[3]惡人, 故書"出"・"名"以罪之也.

1) 天子至姓名：惠棟校宋本에는 이 5자가 없다.(阮元의 校勘記 참조)
2) 君：浦鏜校本에서는 '居'의 오류라고 하였다.(阮元의 校勘記 참조)
3) 比：閩本・監本・毛本・衛氏集說에는 '此'로 되어 있다.(阮元의 校勘記 참조)

經의 〔天子〕에서 〔姓名〕까지

○ 正義曰：이 절은 천자나 제후에게 죄가 있으면 '出'과 이름을 쓰는 일을 논한 것이니, 각각 글을 따라 풀이하겠다.

○〔天子不言出〕 천자는 천하를 집으로 삼아서 역사서에 '出'을 말할 수 없고, 있는 곳에서 군주를 칭한다.

○〔諸侯不生名〕 제후는 남면하는 존귀함이 있는데 이름은 질박하고 천한 호칭이니, 제후들은 서로 만났을 때 단지 작위를 칭할 수 있을 뿐 이름을 칭하지 못한다.

○〔君子不親惡〕〈'君子'는〉 역사서의 '군자'를 이르니, 孔子가 ≪春秋≫를 쓸 때 만약 천자의 大惡을 드러낼 것 같으면 '出'을 기록하여 끊고, 제후의 大惡을 드러낼 것 같으면 이름을 기록하여 끊은 것을 이른다. 군자는 惡人을 가까이하지 않으므로 '出'과 이

름을 기록하여 치죄하는 것이다.

【疏】○ 注'天〔子〕[1]'至'是也'. ○ 正義曰：案僖二十四年"天王出居於鄭", 公羊云"王者無外, 此其言'出'何. 不能乎母也", 謂不能以孝事於母. 此鄭注天子言"出", 大惡, 用公羊義也. 案春秋莊六年, "衛侯朔入於衛", 朔未爲君之時, 與其母讒構世子伋, 及爲君, 被逐出奔齊,[2] 王立公子黔(검)牟, 朔自齊而入衛, 以逐黔牟.[3] 公羊云 "朔何以名. 絶. 曷爲絶之. 犯命也." 謂犯王命. 鄭注以朔爲大惡, 亦用公羊義也.

1) 〔子〕: 저본에는 '子'가 없으나, 본서의 체제에 의거하여 보충하였다. 毛本에는 '子'가 있다.(阮元의 校勘記 참조)
2) 朔未爲君之時……被逐出奔齊 : 자세한 내용이 ≪春秋左氏傳≫ 桓公 16년 조에 보인다. '伋'은 ≪춘추좌씨전≫에는 '急子'로 되어 있고, ≪史記≫〈衛康叔世家〉, ≪漢書≫〈古今人表〉, ≪新序≫〈節士篇〉, ≪詩經≫〈邶風 新臺〉, ≪시경≫〈邶風 二子乘舟〉의 毛序 등에는 '伋'으로 되어 있다. 楊伯峻에 따르면 '急'과 '伋'은 同音通假字이다. '朔'은 衛 惠公으로, 魯 桓公 13년(B.C. 699)부터 魯 桓公 16년(B.C. 696)까지, 魯 莊公 6년(B.C. 688)부터 魯 莊公 25년(B.C. 669)까지 재위하였다.(楊伯峻의 ≪春秋左傳注≫ 참조)
3) 朔自齊而入衛 以逐黔牟 : 魯 莊公 6년의 일로, 黔牟가 즉위한 지 3년째 되는 해이다.

○ 注의 〔天子〕에서 〔是也〕까지

○ 正義曰 : 살펴보면 ≪春秋≫ 僖公 24년 조에 "天王이 나가서 鄭나라에 거처하였다."라고 하였는데, ≪春秋公羊傳≫에 이르기를 "王은 外地가 없는데 여기에서 '出'을 말한 것은 무엇 때문인가? 어머니와 화목하지 못했기 때문이다."라고 하였으니, 효성으로 어머니를 섬기지 못함을 이른다. 여기 정현의 주에서 천자에 대해 '出'을 말한 것은 大惡 때문이라 하였으니, ≪춘추공양전≫의 뜻을 쓴 것이다. 살펴보면 ≪춘추≫ 莊公 6년 조에 "衛侯 朔이 衛나라로 들어갔다."라고 하였다. 朔(衛 惠公)이 아직 군주가 되지 않았을 때 어머니와 함께 世子 伋을 참소하여 죄를 얽어 만들었는데, 군주가 되자 쫓겨나서 齊나라로 망명하였다. 왕이 공자 黔牟를 〈衛나라의〉 군주로 세우자 朔이 齊나라에서 衛나라로 들어가 검모를 축출하였다. ≪춘추공양전≫에 이르기를 "朔은 왜 이름을 말하였는가? 끊은 것이다. 왜 끊었는가? 命을 어겼기 때문이다."라고 하였으니, 王命을 어긴 것을 이른다. 정현의 주에서 朔을 大惡으로 여겼으니, 또한 ≪춘추공양전≫의 뜻을 쓴 것이다.

【疏】○ '諸侯失地, 名, 滅同姓, 名'. ○ 春秋莊十年"荊[1]敗蔡師於莘, 以蔡侯獻舞歸", 公

羊云 "何以名. 絶. 曷爲絶之. 獲也." 此失地, 名也. 僖二十五年"衛侯燬(훼)滅邢", 公羊云 "何以名. 絶. 曷爲絶之. 滅同姓也." 此滅同姓, 名也. 故鄭總言絶之[2].

1) 荊 : 楚나라의 本號이다. 魯 莊公 때는 모두 '荊'으로 칭하였으며 魯 僖公 원년(B.C. 659)에 와서야 비로소 '楚'를 칭하였다. ≪春秋公羊傳≫에서는 九州의 하나라고 하였다.(楊伯峻의 ≪春秋左傳注≫ 참조)
2) 絶之 : 監本・毛本에는 '之也'로 되어 있다.(阮元의 校勘記 참조)

○〔諸侯失地 名 滅同姓 名〕

○ ≪春秋≫ 莊公 10년 조에 "荊나라가 蔡나라 군대를 〈채나라의〉 莘 땅에서 패배시키고 채나라 군주 獻舞를 데리고 돌아갔다."라고 하였는데, ≪春秋公羊傳≫에 이르기를 "왜 이름을 말하였는가? 끊은 것이다. 왜 끊었는가? 〈적에게〉 잡혔기 때문이다."라고 하였다. 이것은 封地를 잃어버려서 이름을 드러낸 것이다. ≪춘추≫ 僖公 25년 조에 "衛侯 燬가 邢나라를 멸하였다."라고 하였는데, ≪춘추공양전≫에 이르기를 "왜 이름을 말하였는가? 끊은 것이다. 왜 끊었는가? 同姓의 나라를 멸망시켰기 때문이다."라고 하였다. 이것은 同姓의 나라를 멸망시켜서 이름을 드러낸 것이다. 그러므로 정현이 통틀어서 '絶之'라고 말한 것이다.

02-17-02 爲人臣之禮는 不顯諫이니

신하 된 자의 예는 군주의 잘못을 드러내어 간하지 않으니,

【注】 爲奪美也라 顯은 明也니 謂明言其君惡하여 不幾微라

〈군주의〉 아름다움을 빼앗는 것이기 때문이다. '顯'은 '밝히다'의 뜻이니, 그 군주의 惡을 드러내놓고 말하여서 은미하게 하지 않음을 이른다.

三諫而不聽이어시든 則逃之니라

〈의리로 만난 관계이므로〉 세 번 간하여도 〈군주가〉 듣지 않으면 떠난다.

【注】 逃는 去也니 君臣有義則合하고 無義則離라

'逃'는 '떠나다'의 뜻이니, 군신 간에 의리가 있으면 합하고 의리가 없으면 떠난다.

【疏】'爲人'至'逃之'[1]. ○正義曰：案莊二十四年, "曹羈[2]出奔陳". 公羊傳云 "戎將侵曹, 曹羈諫曰 '戎衆以無義, 君請勿自敵也[3].' 曹伯曰 '不可.' 三諫不從, 遂去之." 何休云"諫有五, 一曰諷諫"者, 案定十二年公羊傳云 "孔子以季氏之强謂季孫曰 '家不藏甲, 邑無百雉之城[4].' 季孫聞之, 墮(휴)費邑." 是諷諫也. 何休又云 "二曰順諫, 曹羈是也." 卽上諫曹君, 無以戎敵, 三諫不從, 遂出奔陳. 所謂以道事君, 不可則止[5], 此是順諫也. 何休又云 "三曰直諫, 子家駒是也." 案昭二十五年公羊傳云 "昭公將弑[6]季氏, 子家駒諫曰 '諸侯僭於天子, 大夫僭於諸侯久矣.'" 是不辟(피)君僭而言之, 是直諫也. 何休又云 "四曰爭諫, 子反請歸是也." 案宣十五年公羊云, 楚莊王圍宋, 子反・華元乘堙(인)相對語. 華元謂子反云 "易子而食之, 析骸而炊之." 子反謂華元 "吾軍有七日之糧." 子反勸楚王赦宋而歸, 楚王不可. 子反頻諫不聽, 乃引師去, 楚王亦歸, 是爭諫也. 何休又云 "五曰贛(당)[7]諫, 百里子・蹇叔子是也." 案僖三十三年公羊云, 秦穆公將襲鄭, 百里子與蹇叔子諫. 穆公不從, 百里子・蹇叔子從其子而哭之, 是贛諫也. 凡諫, 諷諫爲上, 贛諫爲下. 事君雖主諫爭, 亦當依微納進善言耳, 不得顯然明言君惡以奪君之美也. ○'三諫不聽, 則逃之'者, 聽, 猶從也, 逃, 猶去也. 君臣有離合之義, 有義則合, 無義則離. 若三諫不聽[8], 則待放[9]而去也.

1) 爲人至逃之：惠棟校宋本에는 이 5자가 없다.(阮元의 校勘記 참조)

2) 曹羈：≪春秋公羊傳≫ 莊公 24년 조에서는 曹나라의 대부로 보았고, ≪春秋左氏傳≫ 杜預의 주에서는 曹나라의 세자로 추정하였다.

3) 君請勿自敵也：≪춘추공양전≫ 莊公 24년 조 何休의 解詁에 "예에 따르면 군대가 대등하면 싸우고 대등하지 않으면 지키는데, 군주의 군사는 적으니 지키는 것만 못하며, 또 신하를 사신으로 보내라는 것이다.〔禮 兵敵則戰 不敵則守 君師少 不如守 且使臣下往〕"라는 내용이 보인다.

4) 家不藏甲 邑無百雉之城：≪史記≫ 〈孔子世家〉에, 魯 定公 13년(B.C. 497) 여름에 孔子가 정공에게 "신하는 무기를 비축하지 말게 하며 대부는 100雉의 성을 쌓지 못하게 해야 합니다.〔臣無藏甲 大夫毋百雉之城〕"라고 하자, 정공이 三家의 식읍의 성을 허물려고 하였다. 이에 叔孫氏가 먼저 식읍인 郈(후)의 성을 허물었고 이어서 계손씨가 식읍인 費의 성을 허물려고 하였다는 내용이 보인다. 이와 관련하여 ≪禮記≫ 〈坊記〉에 "〈경대부의〉 도성은 100雉를 넘어서는 안 된다.〔都城不過百雉〕"라고 하고, ≪春秋左氏傳≫ 隱公 원년 조에 "〈國都 이외의〉 도성이 100雉를 넘는 것은 나라의 해가 된다.〔都城過百雉 國之害也〕"라고 하였다. '雉'는 성벽의 면적을 계산하는 단위로, ≪예기≫ 〈방기〉 정현의 주에 따르면 길이 3丈, 높이 1丈을 이른다.

5) 以道事君 不可則止 : ≪論語≫ 〈先進〉에 "이른바 '大臣'이란 올바른 道로 군주를 섬기다가 안 되면 그만두는 것이다.〔所謂大臣者 以道事君 不可則止〕"라는 내용이 보인다.
6) 弑 : ≪經典釋文≫에는 '殺'로 되어 있는데, 음을 '弑'라고 하였다. 阮元의 교감기에 따르면 漢石經과 ≪春秋公羊傳≫에는 모두 '試'로 되어 있는데, '한 번 시도해보다'의 뜻으로 '弑'는 상하에 두루 사용할 수 있는 어휘이다.(北京大本 ≪春秋公羊傳注疏≫ 교감기 참조)
7) 贑(당) : 毛本에는 〈'어리석다'의 뜻인〉 '戇(당)'으로 되어 있다. 이하도 동일하다.(阮元의 校勘記 참조)
8) 聽 : 惠棟校宋本·衛氏集說에는 '從'으로 되어 있다.(阮元의 校勘記 참조)
9) 待放 : 신하가 죄를 짓거나 벼슬에서 물러나는 등의 이유로 추방을 기다리는 것을 이른다. ≪春秋公羊傳≫ 宣公 원년 조에 "옛날에 대부 이상은 3년 동안 待放한다.〔古者大夫已去 三年待放〕"라는 내용이 보이는데, 何休의 주에 "옛날에 형벌은 대부에까지 올라가지 않았다.……형벌하면 賢者를 잘못 형벌할까 우려되기 때문이다. 죽은 자는 다시 살릴 수 없고 형벌한 것은 다시 이어붙일 수 없으므로 죄를 지으면 추방할 뿐이니, 이는 현자를 존중하는 방법이다. '三年'은 옛날에 의심스러운 옥사는 3년 뒤에 결단하기 때문이다."라고 하였다. 또 漢나라 王逸의 ≪楚辭章句≫ 〈東方朔七諫序〉에 "옛날에 신하가 세 번 간하여도 군주가 따르지 않으면 신하는 물러나 待放한다.〔古者 人臣三諫不從 退而待放〕"라는 내용이 보인다.

經의 〔爲人〕에서 〔逃之〕까지

○ 正義曰 : 살펴보면 ≪春秋≫ 莊公 24년 조에 "曹羈가 陳나라로 망명하였다."라고 하였는데, ≪春秋公羊傳≫에 이르기를 "戎이 장차 曹나라를 침공하려 하자 조기가 간하기를 '戎은 군사가 많고 의리가 없으니 군주께서는 스스로 대적하지 마소서.'라고 하였는데, 조나라 군주가 '그럴 수 없다.'라고 하였다. 세 번 간하였으나 〈군주가〉 따르지 않자 마침내 떠났다."라고 하였다.

何休가 말하기를 "간언에는 다섯 가지가 있다. 첫째는 諷諫이다."라고 한 것은, 살펴보면 ≪춘추공양전≫ 定公 12년 조에 이르기를 "孔子가 季氏의 강성함을 가지고 季孫에게 말하기를 '집에는 무기를 비축하지 말게 하며 고을에는 100雉의 城을 쌓지 못하게 해야 합니다.'라고 하자, 계손이 듣고서 〈계씨의 식읍인〉 費邑의 성벽을 허물었다."라고 하였으니, 이것이 諷諫이다.

하휴가 또 말하기를 "둘째는 順諫이니, 曹羈의 사례가 이것이다."라고 하였다. 즉 앞에서 曹나라 군주에게 간언하여 戎을 대적하지 말라고 하였는데 세 번 간하여도 〈군주가〉 따르지 않자 마침내 陳나라로 망명한 것이다. 이른바 '올바른 道로 군주를 섬기다가 안 되면 그만둔다'는 것이니, 이것이 바로 順諫이다.

하휴가 또 말하기를 "셋째는 直諫이니, 〈魯나라 대부 仲孫氏의 일족인〉 子家駒의 사례가 이것이다."라고 하였다. 살펴보면 ≪춘추공양전≫ 昭公 25년 조에 이르기를 "魯나라 昭公이 季氏를 죽이려고 하자, 자가구가 간하기를 '제후가 천자에게 참람하고 대부가 제후에게 참람한 지 오래되었습니다.'라고 하였다."라고 하였다. 이것은 군주의 참람함을 피하지 않고 말한 것이니, 이것이 直諫이다.

하휴가 또 말하기를 "넷째는 爭諫이니, 子反이 돌아가기를 청한 것이 이것이다."라고 하였다. 살펴보면 ≪춘추공양전≫ 宣公 15년 조에 이르기를, 楚나라 莊王이 宋나라를 포위하자, 〈초나라의 司馬인〉 子反과 〈송나라의 대부〉 華元이 〈각각〉 土山에 올라가 서로 마주보고서 대화를 나누었다. 화원이 자반에게 "자식을 양식과 바꾸어서 먹고 해골을 쪼개어서 밥을 짓는다."라고 하자, 자반이 화원에게 "우리 군대에 7일 간의 양식이 있다."라고 하였다. 자반이 초나라 장왕에게 송나라의 포위를 풀고 돌아갈 것을 권하였으나 초나라 장왕이 안 된다고 하였다. 자반이 여러 번 간하여도 들어주지 않자 마침내 군대를 이끌고 떠났는데 초나라 장왕 역시 돌아갔으니, 이것이 爭諫이다.

하휴가 또 말하기를 "다섯째는 贛諫이니, 〈秦나라의 대부인〉 百里子와 蹇叔子의 사례가 이것이다."라고 하였다. 살펴보면 ≪춘추공양전≫ 僖公 33년 조에 이르기를, 秦나라 穆公이 장차 鄭나라를 습격하려 하자 백리자와 건숙자가 간하였다. 목공이 따르지 않자 백리자와 건숙자가 〈출정하는〉 자기 아들들을 따라가며 곡하였으니, 이것이 贛諫이다.

무릇 간언은 諷諫이 가장 좋고 贛諫이 가장 좋지 않다. 군주를 섬길 때 비록 간쟁을 주로 하나 또한 의당 은미하게 善言을 올릴 뿐, 드러내놓고 군주의 惡을 분명히 말하여 군주의 아름다움을 빼앗아서는 안 된다.

○〔三諫不聽 則逃之〕'聽'은 〈'따르다'의 뜻인〉 '從'과 같다. '逃'는 〈'떠나가다'의 뜻인〉 '去'와 같다. 군신 간에는 離合의 의리가 있으니, 의리가 있으면 합하고 의리가 없으면 떠난다. 만약 세 번 간하여도 들어주지 않으면 待放하였다가 떠난다.

02-17-03 子之事親也는 三諫而不聽이어시든 則號泣而隨之니라

자식이 부모를 섬길 때는 〈타고난 관계이므로〉 세 번 간하여도 〈부모가〉 듣지 않으면 울부짖으며 따라간다.

【注】至親無去하니 志在感動之라

至親은 떠나는 이치가 없으니, 뜻이 감동시키는 데 있다.

【疏】'子之'至'隨之'[1). ○ 正義曰：父子天然, 理不可逃. 雖不從, 則當號泣而隨之, 冀有悟而改之. 然論語云"事父母, 幾諫." 此不云者, 以其略耳. 檀弓云[2)] "事親無犯." 相互耳. 又云[3)] "事君有犯." 故此論其微. 檀弓言"事親無犯", 此論其犯, 亦互言耳. 故注云"至親無去, 志在感動之."

1) 子之至隨之：惠棟校宋本에는 이 5자가 없다.(阮元의 校勘記 참조)
2) 檀弓云：≪禮記≫ 〈檀弓 上〉에 "부모를 섬기되 은미하게 간함은 있고 면전에서 직간함은 없다.〔事親 有隱而無犯〕"라는 내용이 보인다.
3) 又云：≪예기≫ 〈단궁 상〉에 "군주를 섬기되 면전에서 직간함은 있고 은미하게 간함은 없다.〔事君 有犯而無隱〕"라는 내용이 보인다.

經의 〔子之〕에서 〔隨之〕까지

○ 正義曰：父子는 타고난 관계이니 이치상 떠날 수 없다. 비록 〈부모가〉 따라주지 않는다 해도 〈자식은〉 마땅히 울부짖으며 따라가서 〈부모가〉 깨닫고 고칠 것을 바라야 한다. 그러나 ≪論語≫ 〈里仁〉에 이르기를 "부모를 섬기되 은미하게 간해야 한다."라고 하였는데 여기에서 말하지 않은 것은, 생략한 것뿐이다. ≪禮記≫ 〈檀弓 上〉에 이르기를 "부모를 섬김에 면전에서 직간함은 없다."라고 하였으니, 互文일 뿐이다. 또 〈단궁 상〉에 이르기를 "군주를 섬김에 면전에서 직간함이 있다."라고 하였으므로 여기에서 그 은미함을 논한 것이다. 〈단궁 상〉에서는 "부모를 섬김에 면전에서 직간함은 없다."라 하고 여기에서는 그 면전에서 직간함을 논하였으니, 또한 互文일 뿐이다. 그러므로 정현의 주에서 '至親無去 志在感動之'라고 한 것이다.

02-18-01 君이 有疾하사 飮藥이어시든 臣이 先嘗之하며 親이 有疾하사 飮藥이어시든 子先嘗之니

군주가 병이 들어 약을 마셔야 하면 신하가 먼저 맛을 보며, 부모가 병이 들어 약을 마셔야 하면 자식이 먼저 맛을 보니,

【注】嘗度(탁)其所堪이라

맛을 보아 〈이 약을〉 감당할 수 있을지 헤아리는 것이다.

醫不三世어든 不服其藥이니라

의원이 3代를 계승하지 않았으면 그 약을 복용하지 않는다.

【注】愼物齊也라

약물의 조제를 신중히 하는 것이다.

【疏】'君有疾飮藥'至'醫不三世, 不服其藥'[1]. ○ 正義曰：凡人病疾, 蓋以筋血不調, 故服藥以治之. 其藥不愼於物, 必無其徵, 故宜戒之, 擇其父子相承至三世也. 是愼物調齊也. 又說云, "三世"者, 一曰黃帝針灸, 二曰神農本草, 三曰素女脉訣, 又云夫子脉訣. 若不習此三世之書, 不得服食其藥. 然鄭云"愼物齊也", 則非謂本草·針經·脉訣. 於理不當, 其義非也.

1) 君有疾飮藥至醫不三世不服其藥：惠棟校宋本에는 이 14자가 없다.(阮元의 校勘記 참조)

經의 〔君有疾飮藥〕에서 〔醫不三世 不服其藥〕까지

○ 正義曰：무릇 사람이 병이 나는 것은 筋血이 조화를 이루지 못해서이므로 약을 복용하여 치료한다. 그런데 약물의 조제를 신중히 하지 않으면 그 약은 필시 효과가 없을 것이므로 경계하여 부자가 전승해서 3代에 이른 사람을 가려야 한다. 이것이 약물의 조제를 신중히 하는 것이다. 또 일설에 이르기를, '三世'는 첫째 ≪黃帝針灸≫, 둘째 ≪神農本草≫, 셋째 ≪素女脉訣≫이라 하고, 또 ≪夫子脉訣≫이라고도 한다. 만약 이 3世의 서적을 익히지 않았으면 그 약을 복용해서는 안 된다는 것이다. 그러나 鄭玄이 '愼物齊也'라 하였으니, ≪신농본초≫·≪黃帝針經≫·≪소녀맥결≫을 말한 것이 아니다. 이치에 마땅하지 않으니 그 뜻이 틀렸다.

02-18-02 儗人호되 必於其倫이니라

사람을 비견할 때는 반드시 그와 동등한 사람과 비견해야 한다.

【注】儗는 猶比也요 倫은 猶類也라 比大夫엔 當於大夫요 比士엔 當於士니 不以其類면 則有所褻(설)이라

'儗'는 〈'비견하다'의 뜻인〉 '比'와 같다. '倫'은 〈'동류'의 뜻인〉 '類'와 같다. 대부를 비견할 때는 대부와 비견하고 士를 비견할 때는 士와 비견해야 하니, 동류를 가지고 하지 않으면 설만함이 있게 된다.

【疏】'儗人'至'其倫'. ○ ("儗人必於其倫". ○)[1]正義曰：儗, 比也. 倫, 匹類也. 凡欲比方於人, 當以類相竝, 不得以貴比賤, 則爲不敬也.

1) (儗人必於其倫○)：저본에는 '儗人必於其倫○'이 있으나, 惠棟校宋本에 의거하여 衍文으로 처리하였다.(阮元의 校勘記 참조)

經의 〔儗人〕에서 〔其倫〕까지

○ 正義曰：'儗'는 '비견하다'의 뜻이다. '倫'은 '짝이 되는 동류'의 뜻이다. 무릇 사람을 비견하고자 하면 마땅히 동류를 나란히 두고 비견해야 하며 귀한 자를 천한 자에게 비견해서는 안 되니, 이렇게 하면 불경함이 된다.

02-19-01 問天子之年이어든 對曰호되 聞之호니 始服衣若干尺矣라하며

〈먼 지방의 다른 지역 사람이 와서 조정의 신하에게 새로 즉위한 어린〉 천자의 나이를 물으면 "들으니, 이제 비로소 약간 척의 옷을 입으신다고 합니다."라고 대답하며,

【注】旣不敢言年하고 又不敢斥至尊所能이라

이미 감히 나이를 말하지 못할 뿐 아니라 또 감히 지존이 할 수 있는 것을 직접 가리켜서 말하지 못하기 때문이다.

問國君之年이어든 長曰能從宗廟社稷之事矣라하고 幼曰未能從宗廟社稷之事也라하며 問大夫之子어든 長曰能御矣라하고 幼曰未能御也라하며 問士之子어든 長曰能典謁矣라하고 幼曰未能典謁也라하며 問庶人之子어든 長曰能負薪矣라하고 幼曰未能負薪也라하니라

〈다른 나라 사람이 와서 신하에게 새로 즉위한 어린〉 군주의 나이를 물으면, 〈15세 이상으로〉 장성했으면 "종묘사직의 일에 종사하실 수 있습니다."라고 하고, 어리면 "아직 종묘사직의 일에 종사하실 수 없습니다."라고 대답한다.

〈다른 나라 사람이 와서 대부의 신하에게〉 대부의 자식에 대해 물으면, 〈20세 이상으로〉 장성했으면 "〈조상 대대로 주관해 온 일을〉 주관할 수 있습니다."라고 하고, 어리면 "아직 주관할 수 없습니다."라고 대답한다.

〈다른 나라 사람이 와서 士의 하속 관리에게〉 士의 자식에 대해 물으면, 장성했으면 "손님을 맞이하여 청하는 일을 맡을 수 있습니다."라고 하고, 어리면 "아직 손님을 맞이하여 청하는 일을 맡을 수 없습니다."라고 대답한다.

〈동료나 다른 나라 사람이 동료인 府·史에게 부·사의 등속인〉 서인의 자식에 대해 물으면, 장성했으면 "섶을 질 수 있습니다."라고 하고, 어리면 "아직 섶을 질 수 없습니다."라고 대답한다.

【注】皆言其能이면 **則長幼可知**라 **御**는 **猶主也**라 **書曰**[1] **越乃御事**라하니 **謂主事者**라 **謁**은 **請也**니 **謂能擯贊出入**하여 **以事請告也**라 **禮**에 **四十**에 **强而仕**하고 **五十**에 **命爲大夫**[2]라하니라

1) 書曰 : ≪書經≫ 〈周書 大誥〉에 "왕이 말하였다. '아! 너희 여러 나라의 군주와 너희 일을 다스리는 신하들에게 크게 고하노라.'〔王曰 嗚呼 肆哉爾庶邦君 越爾御事〕"라는 내용이 보인다. ≪詩經≫ 〈大雅 思齊〉 孔穎達의 疏에 "〈鄭玄의 注에서 인용한〉 '越乃御事'는 ≪서경≫ 〈대고〉의 글이다. 당시 주공이 동쪽으로 정벌하려고 할 때 일을 다스리는 신하들에게 고한 것이다.〔越乃御事 大誥文 時周公將東征 誥於治事之臣也〕"라고 하였다. '爾'와 '乃'는 모두 '너'라는 뜻을 가진 글자이다.

2) 禮……命爲大夫 : ≪禮記≫ 〈曲禮 上〉에 "40세가 된 것을 '强'이라 하니 벼슬을 한다. 50세가 된 것을 '艾'라 하니 국가의 정무에 종사한다.〔四十曰强 而仕 五十曰艾 服官政〕"라고 하였으며, ≪예기≫ 〈內則〉에 "50세에는 대부가 되어 국가의 정무에 종사한다.〔五十命爲大夫 服官政〕"라고 하였다.

모두 그 할 수 있는 바를 말하면 長幼를 알 수 있기 때문이다. '御'는 〈'주관하다'의 뜻인〉 '主'와 같다. ≪書經≫ 〈周書 大誥〉에 이르기를 '너희 일을 다스리는 신하〔越乃御事〕'라고 하였으니, 일을 주관하는 자를 이른다. '謁'은 '청하다'의 뜻이니, 능히 禮를 도와서 나가고 들며 〈손님을 맞이하여〉 무슨 일인지 청할 수 있음을 이른다. 禮에 따르

면 40세에는 〈智慮와 氣力이〉 강하니 벼슬을 하고, 50세에는 명을 받아 대부가 된다.

【疏】'問天'至'負薪也'[1]. ○ 正義曰：此謂幼少新立之王, 或有遠方異域人來, 不知王年大小, 問朝廷之臣. ○ '對曰, 聞之, 始服衣若干尺矣'者, 臣爲答之, 必有法則. 禮, "齒路馬有誅[2]." 而至尊體貴, 故臣不可輕言君年, 及形長短與才技所堪, 故依違而對也. 但云"聞之", 謙不敢言見也. 云"始服衣若干尺", 旣不敢指斥, 即云"服衣若干尺", 謂或五尺, 或六尺, 隨長短而言之也. 幼則衣短, 長則衣長, 問者聞之, 則知王之長幼也. 古者謂數爲若干, 故儀禮鄕射・大射數射筭[3]云"若干純"・"若干奇"[4], 若, 如也, 干, 求也. 言事本不定, 常如此求之也, 故云若干也. ○ '問國君之年'者, 亦謂幼少新立爲君, 而他人問其臣也. ○ '長曰能從宗廟社稷之事矣, 幼曰未能從宗廟社稷之事也', 不言"聞之"及"衣", 而言所能主國者, 辟(피)天子也. 國保宗廟社稷, 故以所保答之也. 人君十五有養子之禮[5], 長則能主國. 聞其能主國, 則知十五以上爲長也, 若聞未能主國, 則知十四以下是爲幼也. ○ '問大夫之子'者, 亦他國人問此大夫之子長幼於大夫之臣也. 天子諸侯, 繼世象賢[6], 其年不定, 故問其年, 而大夫五十乃爵[7], 故不問大夫而問其子. ○ '長曰能御矣, 幼曰未能御也', 御謂主事也. 官有世功[8], 子學父業, 故有御事之因也, 擧其所能, 則長幼可知也. 大夫子卑, 長幼當以二十爲限也[9]. ○ '問士之子'者, 亦謂他國人來問此士之屬吏也. 四十强而仕, 故問其子也. ○ '長曰能典謁矣, 幼曰未能典謁也', 謁, 請也. 士之子年數, 長則言能主賓客告請之事, 幼則言未能也. 士賤無臣, 但以子自典告也. ○ '問庶人之子'者, 庶人謂府史[10]之屬, 亦有同僚或他國人問其同僚府史. 熊氏云 "庶人年無長幼, 亦問其子者, 順上大夫・士而言之." ○ '長曰能負薪矣, 幼曰未能負薪也'者, 少儀云 "問士之子長幼, 長則曰能耕矣, 幼則曰能負薪・未能負薪." 謂士祿薄, 子猶以能農事爲業也. 與此不同者, 亦當有田無田之異. 此所言之士者, 是有田者, 故子免耕負薪而典謁.

1) 問天至負薪也：惠棟校宋本에는 이 6자가 없다.(阮元의 校勘記 참조)
2) 齒路馬有誅：≪禮記≫ 〈曲禮 上〉에 보인다. 01-40-02 참조. '路馬'는 군주의 말이다.
3) 筭：毛本에는 '算'으로 되어 있는데, 阮元에 따르면 '筭'이 正字이다. ≪說文解字≫에 따르면 '算'은 '셈하다〔數〕'의 뜻이고, '筭'은 '셈하는 기물〔爲算之器〕'의 뜻이다.(阮元의 校勘記 참조)
4) 儀禮鄕射大射數射筭云 若干純若干奇：≪儀禮≫ 〈鄕射禮〉와 〈大射〉에 "만약 오른쪽의 上射가 더 잘 쏘았으면 '右射가 〈왼쪽의 下射인〉 左射보다 낫습니다.'라고 한다.〔若右

勝則曰右賢於左〕"라는 내용이 보이는데, 〈향사례〉 鄭玄의 注에 "만약 오른쪽의 상사가 더 잘 쏘았으면 〈적중한 것을 산가지로 세는 釋獲者가〉 고하기를 '우사가 좌사보다 若干純·若干奇가 낫습니다.'라고 한다.〔假如右勝 告曰右賢於左若干純若干奇〕"라고 하였다. '純'은 정현의 주에 따르면 '全'과 같은 뜻으로, 음양을 짝지었다는 의미에서 산가지 2개, 즉 한 쌍을 이른다. 釋獲者는 산가지를 셀 때 1純씩 취하여 왼손에 들고 있다가 10純이 되면 바닥에 내려놓는다. '奇'는 '하나'의 뜻이다. 賈公彦의 疏에 따르면 산가지가 2개이면 純이 되므로 '若干奇'의 '若干'은 衍文이다.

5) 人君十五有養子之禮 : ≪春秋左氏傳≫ 襄公 9년 조에 "군주는 15세에 자식을 낳으니, 관례를 행하고서 자식을 낳는 것이 예에 맞다.〔國君十五而生子 冠而生子 禮也〕"라는 내용이 보인다.

6) 繼世象賢 : 자식이 대를 이어서 선대의 훌륭한 덕을 본받았다는 말이다. ≪儀禮≫ 〈士冠禮 記〉에 "대를 이어서 제후로 세우는 것은 선대의 훌륭한 덕을 본받았기 때문이다.〔繼世以立諸侯 象賢也〕"라는 내용이 보이는데, 정현의 주에 "'象'은 '본받다'의 뜻이니, 자손이 되어 능히 선조의 훌륭한 덕을 본받았으므로 세대를 잇게 하는 것이다.〔象 法也 爲子孫能法先祖之賢 故使之繼世也〕"라고 하였다.

7) 大夫五十乃爵 : ≪禮記≫ 〈郊特牲〉에 "대부의 관례는 없고 대부의 혼례는 있다. 옛날에는 50세가 된 뒤에야 작위를 받았으니 어떻게 대부의 관례가 있겠는가.〔無大夫冠禮而有其昏禮 古者五十而後爵 何大夫冠禮之有〕"라는 내용이 보인다.

8) 官有世功 : ≪춘추좌씨전≫ 隱公 8년 조에 "관직을 맡아 대대로 공로가 있으면 〈후손은〉 그 관직을 성씨로 삼으며 〈선조의〉 봉읍을 성씨로 삼기도 한다.〔官有世功 則有官族 邑亦如之〕"라는 내용이 보인다.

9) 長幼當以二十爲限也 : ≪예기≫ 〈曲禮 上〉에 "사람이 태어나 10세가 된 것을 '幼'라 하니 학업을 익힌다. 20세가 된 것을 '弱'이라 하니 관례를 행한다.〔人生十年曰幼 學 二十曰弱 冠〕"라는 내용이 보인다. 01-08-01 참조.

10) 府史 : 작위가 없는 하급 관리이다. 01-38-01 '府史' 주 참조.

經의 〔問天〕에서 〔負薪也〕까지

○ **正義曰** : 이것은 어린 나이로 새로 즉위한 왕에 대해 혹 먼 지방의 다른 지역 사람이 와서 왕의 나이가 얼마인지를 알지 못하여 조정의 신하에 묻는 것을 이른다.

○ 〔**對曰 聞之 始服衣若干尺矣**〕 신하가 대답하는 데에는 반드시 법칙이 있다. **禮**에 "〈말의 힘을 살피기 위해 군주의 말인〉 **路馬**의 나이를 세어보면 처벌한다."라고 하였는데, 지존은 귀한 몸이므로 신하가 군주의 나이나 키의 크고 작음, 할 수 있는 재주를 가볍게 말할 수 없으므로 머뭇거리며 대답하는 것이다. 다만 '**聞之**'라 한 것은, 겸양하여

감히 보았다고 말하지 못하는 것이다. '始服衣若干尺'이라고 한 것은, 이미 감히 직접 가리키지 못하기에 곧 '服衣若干尺'이라 한 것이니, 5尺이나 6尺이라고 키의 크고 작음에 따라서 말하는 것을 이른다. 어리면 옷이 짧고 장성하면 옷이 기니, 물어본 자가 이를 들으면 왕의 長幼를 알 수 있다. 옛날에는 '세는 것〔數〕'을 '若干'이라 하였다. 그러므로 ≪儀禮≫ 〈鄕射禮〉와 〈大射〉에서 활을 쏘아 적중시킨 산가지〔算〕를 셀 때 '若干純' 또는 '若干奇'라 하였으니, '若'은 '～처럼'의 뜻이고 '干'은 '구하다'의 뜻이다. 일이 본래 정해지지 않아서 항상 이처럼 구한다는 말이니, 이 때문에 '若干'이라고 한 것이다.

○〔問國君之年〕 이것 또한 어린 나이로 새로 즉위하여 군주가 되었는데 다른 사람이 그 신하에게 묻는 것을 이른다.

○〔長曰能從宗廟社稷之事矣 幼曰未能從宗廟社稷之事也〕 '聞之'와 '衣'를 말하지 않고 나라를 주관할 수 있다는 것으로 말한 것은, 천자를 피한 것이다. 나라는 종묘사직을 보존하므로 보존하는 바로 대답한 것이다. 人君은 15세면 자식을 기르는 예가 있으니, 장성하면 나라를 주관할 수 있다. 나라를 주관할 수 있다는 말을 들으면 15세 이상이니 장성했음을 알 수 있고, 만약 아직 나라를 주관할 수 없다는 말을 들으면 14세 이하이니 바로 어리다는 것을 알 수 있다.

○〔問大夫之子〕 이것 또한 다른 나라 사람이 이 大夫 자식의 長幼를 대부의 신하에게 묻는 것이다. 천자와 제후는 대를 이어서 선대의 훌륭한 덕을 본받아 나이가 일정하지 않으므로 그 나이를 묻지만, 대부는 50세가 되어야 비로소 작위를 받으므로 대부의 장유를 묻지 않고 대부 자식의 장유를 묻는 것이다.

○〔長曰能御矣 幼曰未能御也〕 '御'는 일을 주관함을 이른다. 관직에 대대로 공로가 있으면 자식이 아버지의 일을 배우므로 일을 주관하는 것을 이어받게 되니, 할 수 있음을 말하면 長幼를 알 수 있다. 대부의 자식은 신분이 낮으니 장유를 마땅히 20세로 기준 삼아야 한다.

○〔問士之子〕 이것 또한 다른 나라 사람이 와서 이 士의 屬吏에게 묻는 것을 이른다. 40세에는 〈智慮와 氣力이〉 강하니 벼슬을 하므로 그 자식의 장유를 묻는 것이다.

○〔長曰能典謁矣 幼曰未能典謁也〕 '謁'은 '청하다'의 뜻이다. 士의 자식의 나이는, 장성했으면 손님을 맞이하여 청하는 일을 주관할 수 있다고 말하며, 어리면 할 수 없다고 말한다. 士는 신분이 낮아서 신하가 없으므로 단지 자식에게 직접 고하는 일을 맡게 한다.

○〔問庶人之子〕 '庶人'은 〈재화의 收藏을 관장하는 하급 관리인〉 府나 〈문서를 관장

하는 하급 관리인〉 史의 등속을 이르니, 또한 동료나 다른 나라 사람이 그 동료의 府·史에게 묻는 것이다. 熊安生이 말하기를 "서인은 나이에 長幼가 없는데 마찬가지로 그 자식의 장유를 묻는 것은 上大夫와 士를 따라서 말한 것이다."라고 하였다.

○〔長曰能負薪矣 幼曰未能負薪也〕≪禮記≫ 〈少儀〉에 이르기를 "士의 자식의 長幼를 묻거든 장성했으면 밭을 갈 수 있다고 하며, 어리면 섶을 질 수 있다거나 섶을 질 수 없다고 한다."라고 하였으니, 士는 봉록이 박하여 자식이 여전히 농사를 지을 수 있는 것으로 생업을 삼음을 이른다. 여기와 같지 않은 점은, 또한 토지가 있느냐 토지가 없느냐의 차이이다. 여기 〈曲禮〉에서 말하는 士는 바로 토지가 있는 자이다. 그러므로 자식이 밭을 가는 것과 섶을 지는 것을 하지 않고, 손님을 맞이하여 청하는 일을 주관하는 것이다.

【疏】 ○ 注'書曰 越乃御事, 謂主事者'. ○ 正義曰 : 引大誥證御事是大夫禮. '四十强而仕, 五十命爲大夫', 曲禮文. 引之, 釋所以不問大夫·士·庶人之身, 而問其子之義也. 以大夫·士其年旣定, 故不假問其年, 而問其子也.

○ 注의〔書曰 越乃御事 謂主事者〕

○ 正義曰 : ≪書經≫ 〈周書 大誥〉를 인용하여 '御事'는 바로 大夫의 禮임을 증명한 것이다.

〔四十强而仕 五十命爲大夫〕≪禮記≫ 〈曲禮 上〉의 글이다. 이를 인용한 것은, 大夫·士·庶人 자신에 대해 묻지 않고 그들의 자식에 대해 묻는 뜻을 해석한 것이다. 대부와 士는 그 나이가 이미 정해졌으므로 그들의 나이는 물을 필요가 없어서 그들의 자식에 대해 묻는 것이다.

02-20-01 問國君之富어든 **數地以對**하며 **山澤之所出**로하고 **問大夫之富**어든 **曰有宰食力**하여 **祭器衣服**을 **不假**라하고 **問士之富**어든 **以車數**로 **對**하고 **問庶人之富**어든 **數畜**(휵)**以對**니라

〈다른 나라 사람이〉 군주의 부유함을 물으면 토지의 크기를 헤아려 대답하고 산과 못에서 나오는 것을 가지고 대답하며, 〈대부의 가신에게〉 대부의 부유함을 물으면 "〈采地가 있어〉 邑宰가 있고 백성들에게서 세금을 거두어 먹으므로 祭器

와 祭服을 빌리지 않습니다."라고 대답하며, 〈士의 하속 관리에게〉 士의 부유함을 물으면 수레의 수를 가지고 대답하며, 서인의 부유함을 물으면 기르는 가축의 수를 헤아려 대답한다.

【注】 皆在其所制以多少對라 宰는 邑士也라 食力은 謂民之賦稅라

모두 관할하는 바에 대해 그 多少를 가지고 대답한다. '宰'는 고을의 士이다. '食力'은 백성의 賦稅를 이른다.

【疏】 '問國'至'以對'[1]. ○ 正義曰：謂問諸侯之臣, 求知其君封內土地所出也. 云"富"者, 非問其多金帛, 正是問最所優饒者也. 不問天子者, 率土之物, 莫非王有, 天下共見, 故不須問, 而諸侯止一國, 故致問也. ○ '數地以對'者, 數土地廣狹對之也. 〔○〕[2]'山澤之所出'者, 又以魚鹽蜃蛤金銀錫石[3]之屬, 隨有而對也. 晉文公謂楚成王曰"羽毛齒革, 君地生焉"[4]是也. ○ '問大夫之富'者, 亦他國人問其臣也. ○ '曰有宰食力'者, 答之也. 宰, 邑宰也. 有宰, 明有采地, 卽"公山弗擾(요)爲季氏宰"[5]是也. 食力謂食下民賦稅之力也. ○ '祭器衣服不假'者, 謂四命大夫也[6]. 衣服, 祭服也. 若四命大夫, 得自造祭器衣服, 故云"不假". 若三命以下, 有田者造而不備, 則假借也. ○ '問士之富, 以車數對'者, 士有地不多, 亦無邑宰, 故其屬吏但以其車數對也. 上士三命, 則得賜車馬也, 副車隨命[7]. 中士乘棧車[8], 無副車也. ○ '問庶人之富, 數畜以對'者, 謂鷄·豚之屬. 閭師云 "凡庶民, 不畜者祭無牲, 不耕者祭無盛[9], 不樹者無椁, 不蠶者不帛, 不績者不衰(최)." 故以畜數對. 鄭注周禮云 "始養〔之〕[10]曰畜, 將用之曰牲." 引春秋云[11] "卜日曰牲."

1) 問國至以對：惠棟校宋本에는 이 5자가 없다.(阮元의 校勘記 참조)
2) 〔○〕：저본에는 부호 '○'가 없으나, 본서의 체제에 의거하여 보충하였다.
3) 魚鹽蜃蛤金銀錫石：각 지역에서 나오는 생산물은 ≪周禮≫ 〈夏官 職方氏〉에 자세히 보인다.
4) 羽毛齒革 君地生焉：≪春秋左氏傳≫ 僖公 23년 조에 보인다.
5) 公山弗擾(요)爲季氏宰：≪論語≫ 〈陽貨〉에 "공산불요가 〈季氏의 식읍인〉 費邑을 가지고 반란을 일으키고서 孔子를 불렀다.〔公山弗擾以費畔召〕"라는 내용이 보이는데, 何晏의 集解에 "공산불요가 季氏의 邑宰가 되어 陽虎와 함께 季桓子를 사로잡고서 공자를 불렀다.〔弗擾爲季氏宰 與陽虎共執季桓子而召孔子〕"라고 하였다.
6) 謂四命大夫也：≪주례≫ 〈春官 大宗伯〉에 "〈열국의 士이고 왕의 下士인〉 1命은 직임

을 받고, 〈열국의 大夫이고 왕의 中士인〉 2命은 祭服을 받고, 〈열국의 卿이고 왕의 上士인〉 3命은 직위를 받고, 〈公國의 孤이고 왕의 下大夫인〉 4命은 祭器를 받고, 〈왕의 하대부로 王畿 밖에 나가 있는〉 5命은 〈2백 리 이하의〉 땅을 하사받고, 6命은 〈자체적으로 신하를 둘 수 있는〉 식읍을 하사받고, 7命은 나라를 하사받고, 8命은 牧이 되고, 9命은 伯이 된다.〔壹命受職 再命受服 三命受位 四命受器 五命賜則 六命賜官 七命賜國 八命作牧 九命作伯〕"라는 내용이 보인다.

7) 副車隨命 : ≪주례≫ 〈春官 典命〉에 따르면 수레의 수는 모두 命의 수를 따른다. ≪禮記≫ 〈少儀〉 정현의 주에 "≪주례≫에 따르면 貳車는 公은 9대, 侯·伯은 7대, 子·男은 5대, 卿·大夫는 각각 그 命의 수대로 한다.〔周禮貳車 公九乘 侯伯七乘 子男五乘 卿大夫各如其命之數〕"라는 내용이 보인다. '副車'는 ≪예기≫ 〈소의〉 정현의 주에 따르면 조회나 제사 지낼 때 타는 貳車와 전쟁이나 사냥할 때 타는 佐車를 모두 副車라고 한다.

8) 中士乘棧車 : ≪주례≫ 〈春官 巾車〉에 "士는 棧車를 탄다.〔士乘棧車〕"라고 하였는데, 정현의 주에 "棧車는 짐승 가죽으로 수레 몸체를 장식하지 않고 칠만 한 수레이다.〔棧車不革鞔而漆之〕"라고 하였다.

9) 盛 : ≪주례≫ 〈地官 閭師〉 정현의 주에 따르면 '찰기장〔黍〕'과 '메기장〔稷〕'을 이른다.

10) 〔之〕 : 저본에는 '之'가 없으나, ≪주례≫ 〈天官 庖人〉 정현의 주에 의거하여 보충하였다.

11) 引春秋云 : 이하의 내용이 ≪주례≫ 〈天官 庖人〉 정현의 주에 보인다. 이와 관련하여 ≪春秋左氏傳≫ 僖公 31년 조에 "소는 날짜를 점쳐서 정한 뒤에는 '牲'이라 한다.〔牛卜日曰牲〕"라는 내용이 보인다.

經의 〔問國〕에서 〔以對〕까지

○ 正義曰 : 제후의 신하에게 물어서 그 군주의 봉지 내 토지에서 나오는 것을 알기를 구함을 이른다. '富'라 한 것은, 금과 비단이 많은가를 물은 것이 아니라 바로 가장 풍부한 것을 물은 것이다. 천자의 부유함을 묻지 않은 것은 온 땅의 물건이 왕의 소유 아님이 없다는 것을 천하가 다 같이 알므로 물을 필요가 없어서이니, 제후는 단지 하나의 나라이므로 물어보는 것이다.

○ 〔數地以對〕 토지의 크기를 헤아려서 대답하는 것이다.

○ 〔山澤之所出〕 또 물고기·소금·무명조개·대합조개·금·은·주석·돌의 등속을 있는 것에 따라서 대답하는 것이다. 晉나라 文公이 楚나라 成王에게 "새의 깃털과 짐승의 털·이빨·가죽은 임금님의 땅에서 생산됩니다."라고 한 것이 이것이다.

○ 〔問大夫之富〕 이것 또한 다른 나라 사람이 그 신하에게 묻는 것이다.

○ 〔曰 有宰食力〕 답하는 것이다. '宰'는 邑宰이다. 宰가 있다면 분명히 采地가 있는 것이니, 즉 "公山弗擾가 季氏의 宰가 되었다."라고 한 것이 이것이다. '食力'은 백성이

내는 賦稅의 힘으로 먹는 것을 이른다.

○〔祭器衣服不假〕 4命인 대부를 이른다. '衣服'은 祭服이다. 만약 4命인 대부라면 자체적으로 제기와 제복을 만들 수 있으므로 '不假'라 한 것이다. 만약 3命 이하라면 田地가 있는 경우에는 만들기는 하나 다 갖추지는 않으니, 그렇다면 빌려야 한다.

○〔問士之富 以車數對〕 士는 토지를 가진 자가 많지 않고 邑宰도 없으므로 그 屬吏가 단지 수레의 수로만 대답하는 것이다. 上士인 3命이라면 車馬를 하사받을 수 있으며 副車는 命의 수에 따른다. 〈2命인〉 中士는 棧車를 타며 副車가 없다.

○〔問庶人之富 數畜以對〕 닭과 돼지의 등속을 이른다. ≪주례≫ 〈地官 閭師〉에 이르기를 "무릇 백성들은 가축을 기르지 않는 자는 제사에 희생을 쓰지 못하며, 경작하지 않는 자는 제사에 찰기장〔黍〕과 메기장〔稷〕을 쓰지 못하며, 〈五畝의 택지에 뽕나무 등의〉 나무를 심지 않는 자는 〈장례에 널만 쓸 수 있고〉 덧널을 쓰지 못하며, 누에를 기르지 않는 자는 비단옷을 입지 못하며, 길쌈을 하지 않는 자는 상복을 입지 못한다."라고 하였다. 그러므로 기르는 가축의 수로 대답하는 것이다. ≪주례≫ 〈天官 庖人〉 鄭玄의 注에 이르기를 "처음 기르는 것을 '畜'이라 하고, 장차 사용하고자 하는 것을 '牲'이라 한다."라고 하였고, ≪春秋左氏傳≫을 인용하여 "날짜를 점쳐서 정한 뒤에는 '牲'이라 한다."라고 하였다.

02-21-01 天子는 祭天地하며 祭四方하며 祭山川하며 祭五祀호되 歲徧하고 諸侯는 方祀하며 祭山川하며 祭五祀호되 歲徧하고 大夫는 祭五祀호되 歲徧하고 士는 祭其先이니라

천자는 천지에 제사 지내며 사방에 제사 지내며 산천에 제사 지내며 五祀에 제사 지내되 매년 두루 다 제사 지낸다. 제후는 〈천지와 五方의 신에게 제사 지내지 못하고〉 해당 방위의 신에게만 제사 지내며 〈경내의〉 산천에 제사 지내며 오사에 제사 지내되 매년 두루 다 제사 지낸다. 대부는 오사에 제사 지내되 매년 두루 다 제사 지낸다. 士는 자기 선조에게만 제사 지낸다.

【注】 祭四方은 謂祭五官之神於四郊也니 句芒在東하고 祝融과 后土在南하고 蓐(욕)收在西하고 (玄)〔玄〕[1]冥在北이라 詩云 來方禋(인)祀라하니 方祀者는 各祭其方之官而已라 五

祀는 戶와 竈(조)와 中霤(류)와 門과 行也니 此蓋殷時制也라 祭法曰 天子立七祀하고 諸侯立五祀하고 大夫立三祀하고 士立二祀라하니 謂周制也라

1) (𤣥)〔玄〕: 저본에는 '𤣥'으로 되어 있으나, 清 聖祖의 성명 愛新覺羅玄燁의 '玄'을 避諱한 것이므로, 원글자인 '玄'으로 돌려놓았다.

'祭四方'은 五行을 맡아 다스리는 관원의 神에게 四郊에서 제사 지내는 것을 이르니, 句芒은 동방에 있고, 祝融과 后土는 남방에 있고, 蓐收는 서방에 있고, 玄冥은 북방에 있다. ≪詩經≫ 〈小雅 大田〉에 이르기를 "사방의 신을 불러 이르게 해서 정결히 제사 지낸다."라고 하였으니, '方祀'는 각각 그 방위를 주관하는 신에게 제사할 뿐이다. '五祀'는 室의 戶와 부뚜막〔竈〕과 室의 중앙〔中霤〕과 門과 길〔行〕에 제사하는 것이니, 이것은 殷나라 때의 제도인 듯하다. ≪禮記≫ 〈祭法〉에 이르기를, 천자는 〈司命・中霤・國門・國行・泰厲・戶・竈의〉 七祀를 세우고, 제후는 〈司命・中霤・國門・國行・公厲의〉 5祀를 세우고, 대부는 〈族厲・門・行의〉 3祀를 세우고, 士는 〈門・行의〉 2祀를 세운다고 하였으니, 周나라 제도를 이른다.

【疏】'天子'至'其先'[1]. ○正義曰：此一節論天子以下祭祀尊卑不同, 竝論神有廢置之事, 各隨文解之. ○'天子祭天地'者, 祭天謂四時迎氣, 祭五天帝於四郊, 各以當方人帝配之. 月令春曰"其帝太皞(호)", 夏曰"其帝炎帝", 季夏曰"其帝黃帝", 秋曰"其帝少皞", 冬曰"其帝顓頊(전욱)", 明爲配天及告朔[2]而言之. 其雩祭亦然, 故月令(孟)〔仲〕[3]夏云, 大雩帝, 爲命祀百辟卿士[4]. 旣云"祀百辟卿士", 明五方人帝, 天子亦雩祀之. 其夏正郊感生之帝[5], 周以后稷配之, 其於明堂總享五帝, 以文王・武王配之. 故孝經說[6]云"后稷爲天地之主, 文王爲五帝之宗"是也. 周人祭明堂時, 又兼以武王配之. 故祭法云"周人宗武王"[7]是也[8]. 知方(岳)〔丘〕[9]之神是崑崙者, 案地統書括地象[10]云 "地中央曰崑崙." 又云 "其東南方五千里曰神州." 以此言之, 崑崙在西北, 別統四方九州, 其神州者, 是崑崙東南一州耳. 於一州中更(갱)分爲九州, 則禹貢之九州[11]是也. 其配地之神, 孝經緯旣云后稷爲天地之主, 則后稷配天南郊, 又配地北郊. 則周人以嚳(곡)配圓丘[12], 亦當配方澤[13]也. ○'祭山川'者, 周禮 "兆[14]五帝於四郊, 四望・四類[15]亦如之也." ○'祭五祀'者, 春祭戶, 夏祭竈(조), 季夏祭中霤, 秋祭門, 冬祭行也. ○'歲徧'者, 謂五方之帝・迎氣[16]・雩祀・明堂及郊, 雖有重者, 諸神總徧, 故云"歲徧". ○'諸侯方祀'者, 諸侯旣不得祭天地, 又不得總祭五方之神, 唯祀當方, 故云"方祀". ○'祭山川'者,

(王制)〔祭法〕云[17]"在其地則祭之, 亡(망)[18]其地則不祭"是也. ○'大夫祭五祀'者, 大夫不得方祀及山川, 直祭五祀而已. ○'士祭其先', 不云"歲徧"者, 以士祭先祖, 歲有四時, 更(갱)無餘神故也. '天子祭天地'者, 天地有覆載大功, 天子王有四海, 故得總祭天地以報其功. 其天有六, 祭之一歲有九. 昊天上帝, 冬至祭之, 一也. 蒼帝靈威仰, 立春之日祭之於東郊, 二也. 赤帝赤熛(표)怒, 立夏之日祭之於南郊, 三也. 黃帝含樞紐, 季夏六月土王之日, 亦祭之於南郊, 四也. 白帝白招拒, 立秋之日祭之於西郊, 五也. 黑帝汁光紀, 立冬之日祭之於北郊, 六也. 王者各稟五帝之精氣而王天下, 於夏正之月祭於南郊, 七也. 四月龍星見(현)而雩[19], 總祭五帝於南郊, 八也. 季秋大饗[20]五帝於明堂, 九也. 地神有二, 歲有二祭. 夏至之日祭崑崙之神於方澤, 一也. 夏正之月祭神州地祇(기)於北郊, 二也. 或云建申之月祭之, 與郊天相對. 冬至祭昊天上帝者, 春秋緯云"紫微爲天帝, 北極(輝)〔耀〕[21]魄寶"是也. 其配之人, 以帝嚳配之, 故祭法云"周人禘嚳"是也. 其五帝則春秋緯文耀鉤云 "蒼帝曰靈威仰, 赤帝曰赤熛怒, 黃帝曰含樞紐, 白帝曰白招拒, 黑帝曰汁光紀."

1) 天子至其先 : 惠棟校宋本에는 이 5자가 없다.(阮元의 校勘記 참조)

2) 告朔 : 천자가 매년 12월 초하루에 제후들에게 다음 해의 曆書를 반포하는 것을 이른다. ≪周禮≫ 〈春官 大史〉에 "제후국에 告朔을 반포한다.〔頒告朔于邦國〕"라는 내용이 보이는데, 鄭玄의 注에 "천자가 제후들에게 〈이듬해 12개월의〉 초하루와 정령을 반포하면 제후들은 이를 祖廟에 보관하였다가 매달 초하루가 되면 조묘에 조회하여 고하고 이를 받아 행한다.〔天子頒朔于諸侯 諸侯藏之祖廟 至朔 朝于廟 告而受行之〕"라고 하였다.

3) (孟)〔仲〕 : 저본에는 '孟'으로 되어 있으나, ≪禮記≫ 〈月令〉에 의거하여 '仲'으로 바로잡았다.

4) 大雩帝 爲命祀百辟卿士 : ≪예기≫ 〈월령〉에 "〈천자는 南郊에서〉 上帝에게 크게 기우제를 지내되 〈작은 북 이하 19가지 악기를 사용하여〉 성대한 음악을 쓴다. 이에 〈畿內 제후의〉 여러 고을에 명하여 〈옛날의〉 여러 제후와 卿士로서 백성에게 유익함이 있었던 〈句龍이나 后稷 같은〉 자에게 기우제를 지내 곡식이 잘 영글기를 기원하게 한다.〔大雩帝 用盛樂 乃命百縣 雩祀百辟卿士有益於民者 以祈穀實〕"라는 내용이 보인다.

5) 夏正郊感生之帝 : '夏正'은 '夏曆 正月'의 줄인 말로, 夏나라 역법을 가리킨다. 夏나라에서는 正月을 歲首로 삼고, 商나라에서는 夏曆 12월을 세수로 삼고, 周나라에서는 夏曆 11월을 세수로 삼았다. '感生之帝'는 太微垣 五方의 天帝 중 천자의 선조를 감응시켜 태어나게 한 五帝, 즉 東方蒼帝 靈威仰, 西方白帝 白招拒, 北方黑帝 汁光紀, 南方赤帝 赤熛怒, 中央黃帝 含樞紐를 이른다. 제사 지낼 때 동방창제에게는 太昊, 서방백

제에게는 少昊, 북방흑제에게는 顓頊, 남방적제에게는 炎帝, 중앙황제에게는 黃帝를 배향한다.

6) 孝經說 : ≪孝經≫의 緯書인 ≪孝經緯≫를 이른다. 鄭玄의 손자 鄭小同의 ≪鄭志≫에, 禮注에 대한 張逸의 물음에 대하여 정현이 "주석을 달 때는 당시 法禁 중에 있을 때였는데 궁중 도서를 인용한다고 혐의할까 하여 인용한 도참설들은 모두 '說'이라 하였다.〔當爲注時 時在文網中 嫌引秘書 故諸所牽圖讖皆謂之說〕"라고 대답한 내용이 보인다.

7) 周人宗武王 : ≪禮記≫ 〈祭法〉에 "周나라 사람은 帝嚳에게 禘祭를 지내고 后稷에게 郊祭를 지냈으며, 文王에게 祖祭를 지내고 武王에게 宗祭를 지냈다.〔周人禘嚳而郊稷 祖文王而宗武王〕"라는 내용이 보인다. 정현의 주에 따르면 禘·郊·祖·宗은 "제사할 때 배향하는 것〔祭祀以配食〕"을 이른다. 즉 圜丘(원구)에서 昊天에 제사하는 禘祭에는 제곡을 배향하고, 南郊에서 上帝에게 제사하는 郊祭에는 후직을 배향하고, 明堂에서 五帝와 五神에게 제사하는 祖祭와 宗祭에는 문왕과 무왕을 배향한다는 말이다.

8) 也 : 浦鏜은 이 뒤에 '祭地者謂祭崑崙之神及神州地祇也' 15자가 脫文되었다고 하였다. "땅에 제사 지낸다는 것은 崑崙의 신과 神州의 地祇(지기)에게 제사 지내는 것을 이른다."라는 뜻이다.(阮元의 校勘記 참조)

9) (岳)〔丘〕 : 저본에는 '岳'으로 되어 있으나, 앞뒤 문맥에 의거하여 '丘'로 바로잡았다. 北京大本 교감기에서도 孫志祖의 설을 인용하여 '丘'가 되어야 한다고 하였다. '方丘'는 地祇(기)에게 제사하는 壇이다.

10) 地統書括地象 : '地統書'는 夏나라 禹王이 받았다는 서책으로, 朱彝尊의 ≪經義考≫ 권264 〈毖緯〉 '河圖括地象' 조에 따르면 '括地象'이라고도 한다. '括地象'은 ≪河圖緯≫의 일종으로, ≪河圖括地象≫이라고도 한다.

11) 禹貢之九州 : ≪書經≫ 〈夏書 禹貢〉에 보이는 9州는 冀州·兗州·靑州·徐州·揚州·荊州·豫州·梁州·雍州이다. ≪爾雅≫ 〈釋地〉에는 幽州·營州가 있고 靑州·梁州가 없으며, ≪周禮≫ 〈夏官 職方氏〉에는 幽州·竝州가 있고 徐州·梁州가 없다.

12) 圓丘 : 冬至에 天神에게 제사 지내는 圓形의 제단이다. ≪주례≫ 〈春官 大司樂〉에 "동지에 땅 위의 圜丘에서 연주한다.〔冬日至 於地上之圜丘奏之〕"라는 내용이 보인다.

13) 方澤 : 夏至에 地祇(기)에게 제사 지내는 方形의 단으로, 方丘라고도 한다. ≪주례≫ 〈春官 大司樂〉에 "하지에 연못 안의 方丘에서 연주한다.〔夏日至 於澤中之方丘奏之〕"라는 내용이 보인다.

14) 兆 : ≪주례≫ 〈春官 小宗伯〉 정현의 주에 "兆는 단을 만드는 영역이다.〔兆爲壇之營域〕"라고 하였다.

15) 四望四類 : '四望'은 ≪주례≫ 〈春官 小宗伯〉 정현의 주에 따르면 五岳·四鎭·四瀆으로, '望'은 멀리서 바라보며 지내는 제사 이름이다. '五岳'은 ≪주례≫ 〈春官 大宗伯〉 정현의 주에 따르면 東岳 泰山, 南岳 衡山, 西岳 華山, 北岳 恒山, 中岳 嵩山이

다. '四鎭'은 네 鎭山으로, ≪주례≫ 〈春官 大司樂≫ 정현의 주에 따르면 楊州 會稽山, 靑州 沂山, 幽州 醫無閭, 冀州 霍山이다. '四瀆'은 ≪爾雅≫ 〈釋水〉에 따르면 長江, 黃河, 淮河, 濟水이다. '四類'는 ≪주례≫ 〈춘관 소종백〉 정현의 주에 따르면 日月星辰으로, '類'는 운행에 일정함이 없으므로 기운이 비슷한 것으로 位를 만들어 지내는 제사 이름이다. 日에 제사하는 단은 東郊에 만들고, 月과 風師에 제사하는 단은 西郊에, 文昌星의 다섯 번째 별과 네 번째 별인 司中·司命에 제사하는 단은 南郊에, 雨師에 제사하는 단은 北郊에 만든다.

16) 迎氣 : 사계절을 영접하는 제사를 지내 풍년을 기원하는 것을 이른다. 立春에 靑帝, 立夏에 赤帝, 立秋 18일 전에 黃帝, 立秋에 白帝, 立冬에 黑帝에게 제사 지냈다.

17) (王制)〔祭法〕云 : 저본에는 '王制'로 되어 있으나, 이하의 내용이 ≪禮記≫ 〈祭法〉에 보이는 것에 의거하여 '祭法'으로 바로잡았다. 〈왕제〉에는 "제후는 자기 봉지 안에 있는 명산대천에 제사하고, 천자와 제후는 자기 경내의 후사가 없는 옛 왕조의 시조에게 제사한다.〔諸侯祭名山大川之在其地者 天子諸侯祭因國之在其地而無主後者〕"라는 내용이 보인다. 정현의 주에 따르면 예컨대 魯나라 군주는 泰山에 제사하고 晉나라 군주는 黃河에 제사하는 것을 이른다.

18) 亡(망) : 陸德明의 音義에서는 음을 '망'이라 하였으며, '무' 음을 일설로 소개하고 있다. '망'일 경우 '없어지다', '잃다'의 뜻이 되며, '무'일 경우 '없다'의 뜻이 된다.

19) 龍星見(현)而雩 : '龍星'은 恒星 28宿(수) 중 角·亢·氐·房·心·尾·箕로 이루어진 東方蒼龍 7宿를 이른다. ≪春秋左氏傳≫ 桓公 5년 조에 "龍星이 나타나면 雩祭를 지낸다.〔龍見而雩〕"라는 구절이 보이는데, 杜預의 주에 따르면 夏曆 4월에 창룡 7수의 별자리가 황혼에 東方에 나타나면 만물이 비로소 무성해지는데, 비를 기다려 성대해지므로 하늘에 제사하여 百穀을 위해 단비를 기원하는 것이다.

20) 大饗 : ≪禮記≫ 〈月令〉에 정현의 주에 따르면 '五帝에게 두루 제사 지내는 것〔遍祭五帝〕'을 이른다.

21) (輝)〔耀〕 : 저본에는 '輝(휘)'로 되어 있으나, 閩本·監本·毛本에 의거하여 '耀(요)'로 바로잡았다. 耀魄寶는 北極五星 중 가장 존귀한 별인 天帝星이다. ≪星經≫ 및 각종 역사서의 天文志나 禮樂志에 '耀'로 되어 있다.(阮元의 校勘記 참조)

經의 〔天子〕에서 〔其先〕까지

○ 正義曰 : 이 절은 천자 이하의 제사가 尊卑에 따라 같지 않음을 논하고, 아울러 神에 대한 제사를 廢置한 일이 있음을 논한 것이니, 각각 글을 따라 풀이하겠다.

○〔天子祭天地〕'祭天'은 四時에 기운을 맞이하여 다섯 天帝에게 사방 교외에서 제사 지내고 각각 해당 방위의 人帝를 배향하는 것을 이른다. ≪禮記≫ 〈月令〉 봄 조에 이르기를 "그 帝는 太皞이다." 하고, 여름 조에 이르기를 "그 帝는 炎帝이다." 하고, 季

夏 조에 이르기를 "그 帝는 黃帝이다." 하고, 가을 조에 이르기를 "그 帝는 少皞이다." 하고, 겨울 조에 이르기를 "그 帝는 顓頊이다." 하였으니, 분명히 하늘에 배향하는 것과 告朔 때문에 말한 것이다. 雩祭 또한 이러하다. 그러므로 ≪예기≫ 〈월령〉 仲夏 조에 이르기를, 〈천자가 南郊에서〉 上帝에게 크게 기우제를 지낼 때 〈畿內 제후의 여러 고을에〉 명을 내려 〈백성에게 유익함이 있었던 句龍이나 后稷 같은 옛날의〉 여러 제후와 卿士에게 기우제를 지내게 한다고 한 것이다. 이미 '여러 제후와 경사에게 기우제를 지낸다'고 했다면 五方의 人帝에게도 천자가 기우제를 지낸 것이 분명하다. 夏曆 정월에 感生帝에게 郊祭를 지낼 때 周나라에서는 후직을 배향하였고, 明堂에서 五帝에게 모두 제향을 드릴 때 文王과 武王을 배향하였다. 그러므로 ≪孝經說≫에 이르기를 "후직은 천지의 주인이 되고 문왕은 오제의 종주가 된다."라고 한 것이 이것이다. 주나라 사람은 명당에서 제사 지낼 때 또 겸하여 무왕을 배향하였다. 그러므로 ≪예기≫ 〈祭法〉에 이르기를 "주나라 사람은 宗祭를 지낼 때 무왕을 배향하였다."라고 한 것이 이것이다. 方丘의 神이 崑崙임을 안 것은, 살펴보면 ≪地統書括地象≫에 이르기를 "땅의 중앙을 崑崙이라 한다."라고 하였고, 또 이르기를 "그 동남쪽 사방 5천리를 神州라 한다."라고 하였다. 이것을 가지고 말하면 곤륜은 서북쪽에 있으며 별도로 사방의 9주를 통할하니, 신주는 곤륜 동남쪽에 있는 하나의 州일 뿐이다. 하나의 州인 신주 안에서 다시 9주로 나누는데, 바로 ≪書經≫ 〈夏書 禹貢〉의 '九州'가 이것이다. 땅에 배향하는 神은, ≪孝經緯≫에서 이미 후직이 천지의 주인이라고 하였으니, 후직을 南郊에서 하늘에 배향하고 또 北郊에서 땅에 배향하는 것이다. 그렇다면 周나라 사람은 제곡을 圜丘에서 배향했으니, 또한 方澤에서도 배향했을 것이다.

○〔祭山川〕 ≪周禮≫ 〈春官 小宗伯〉에 "四郊에 五帝에게 제사 지낼 단을 만들 영역을 정하고, 〈사방의 名山大川에 지내는〉 네 望祭와 〈日月星辰에 지내는〉 네 類祭에 대해서도 이렇게 한다."라고 하였다.

○〔祭五祀〕 봄에는 〈室의〉 戶에 제사 지내고, 여름에는 부뚜막〔竈〕에 제사 지내고, 季夏에는 〈室의 중앙인〉 中霤에 제사 지내고, 가을에는 門에 제사 지내고, 겨울에는 길〔行〕에 제사 지낸다.

○〔歲徧〕 五方의 天帝에게 제사 지내고, 〈사계절의 기운을 맞이하는〉 迎氣와 〈비를 기원하는〉 雩祭를 지내고, 明堂과 四郊에서 제사 지내는 것을 이르는데, 비록 중복되어도 여러 신에게 모두 두루 지내므로 '歲徧'이라 한 것이다.

○〔諸侯方祀〕 제후는 이미 천지에 제사 지낼 수 없고 또 五方의 神에게 모두 제사를 지내지도 못하며 오직 해당 방위의 신에게만 제사 지내므로 '方祀'라 한다.

○〔祭山川〕 ≪禮記≫ 〈祭法〉에 이르기를 "〈제후는〉 자기 봉지 내에 있으면 제사 지내고, 봉지를 잃으면 제사 지내지 않는다."라고 한 것이 이것이다.

○〔大夫祭五祀〕 대부는 方祀와 산천에 제사 지내지 못하고 단지 〈戶・竈・中霤・門・行의〉 五祀에만 제사 지낼 뿐이다.

○〔士祭其先〕 '歲徧'이라 하지 않은 것은, 士는 선조에게 제사 지내는데 한 해에 四時의 제사가 있을 뿐 다시 더 지내는 남은 神이 없기 때문이다.

〔天子祭天地〕 천지는 덮어주고 실어주는 큰 공이 있고, 천자는 四海를 통치하여 소유한다. 그러므로 천지에 모두 제사 지내어 그 공에 보답할 수 있다. 天帝는 여섯이며 제사 지내는 것은 1년에 아홉 차례이다. 昊天 上帝에게 冬至에 제사 지내는 것이 첫 번째이다. 蒼帝 靈威仰에게 立春의 날에 東郊에서 제사 지내는 것이 두 번째이다. 赤帝 赤熛怒에게 立夏의 날에 南郊에서 제사 지내는 것이 세 번째이다. 黃帝 含樞紐에게 季夏 6월의 土 기운이 왕성한 날에 또한 남교에서 제사 지내는 것이 네 번째이다. 白帝 白招拒에게 立秋의 날에 西郊에서 제사 지내는 것이 다섯 번째이다. 黑帝 汁光紀에게 立冬의 날에 北郊에서 제사 지내는 것이 여섯 번째이다. 王者는 각각 五帝의 정기를 받아서 천하를 통치하니 〈오제에게〉 夏曆 정월에 南郊에서 제사 지내는 것이 일곱 번째이다. 4월에 龍星이 〈황혼에 동방에〉 나타나면 雩祭를 지내는데, 오제에게 남교에서 총괄하여 제사 지내는 것이 여덟 번째이다. 季秋에 오제에게 明堂에서 두루 제사 지내는 것이 아홉 번째이다.

地神은 둘이며 1년에 두 차례의 제사가 있다. 夏至의 날에 崑崙의 신에게 方澤에서 제사 지내는 것이 첫 번째이다. 夏曆 정월에 神州의 地祇에게 北郊에서 제사 지내는 것이 두 번째이다. 혹자는 말하기를 〈地祇에게는 하력 7월인〉 建申의 달에 제사하여 天神에게 〈동짓달인 하력 11월에〉 郊祭를 지내는 것과 짝이 되게 하는 것이라고 하였다.

冬至에 昊天 上帝에게 제사 지내는 것은, ≪春秋緯≫에 이르기를 "紫微宮의 天帝와 北極의 耀魄寶에게 제사 지내는 것이다."라고 한 것이 이것이다. 이때 배향하는 사람은 帝嚳을 배향하므로 ≪禮記≫ 〈祭法〉에 이르기를 "周나라 사람은 제곡에게 禘祭를 지냈다."라고 한 것이 이것이다. 五帝는, ≪춘추위≫ 〈文耀鉤〉에 이르기를 "蒼帝는 靈威仰, 赤帝는 赤熛怒, 黃帝는 含樞紐, 白帝는 白招拒, 黑帝는 汁光紀이다."라고 하였다.

【疏】 ○ 注'祭四'至'制也'. ○ 正義曰：此經直言"祭四方", 知非祭五天帝於四方者, 以上云"祭天地", 則五帝在其中矣, 故知非天帝也. 案宗伯云 "疈辜(벽고)祭四方百物." 知此(方祀)〔四方〕[1]非四方百物者, 以此文在山川・五祀之上, 與大宗伯"血祭社稷・五祀・五嶽", 五祀在五嶽之上, 此四方亦在山川之上, 故知是五官之神. 云'祝融・后土在南'者, 鄭意以爲黎兼爲后土[2], 土位在南方, 故知"祝融・后土在南". 引詩云"來方禋祀"者, 是小雅大田之詩, 以刺幽王之無道, 追論成王之時太平, 時和年豐, 至秋報祭, 招來四方之神, 禋絜祭祀. 引之者, 證四方之義也. 云'五祀, 戶・竈・中霤・門・行'者, 此月令文. 大宗伯五祀以爲五官[3]者, 以其在五嶽之上, 此五祀在山川之下, 又與大夫同祭, 故知是戶・竈等. 云'此蓋殷時制也'者, 以天子・諸侯・大夫同云"祭五祀", 旣無差等[4], 故疑殷時制也. 案王制云 "大夫祭五祀." 文與此同, 而鄭云 "五祀謂司命也・中霤也・門也・行也・厲也." 與此不同者, 王制之文, 上云"天子祭天地, 諸侯祭社稷, 大夫祭五祀", 旣有尊卑等級, 疑是周禮, 故引祭法五祀以解之, 與此不同. 是有地大夫祭五祀, 無地大夫祭三祀.

1) (方祀)〔四方〕: 저본에는 '方祀'로 되어 있으나, 정현의 주에서 '祭四方謂祭五官之神於四郊也'라고 한 것과, 바로 다음에 나오는 공영달의 소에 '此四方亦在山川之上故知是五官之神'이라고 한 것에 의거하여 '四方'으로 바로잡았다.

2) 黎兼爲后土 : ≪禮記≫ 〈月令〉에 "〈季夏의 달에〉 그 신은 后土이다.〔其神后土〕"라는 구절에 대한 정현의 주에 "后土는 또한 전욱씨의 아들 黎이다. 〈祝融의 관직을 맡고 있는데〉 겸하여서 〈후토인〉 土官이 되었다.〔后土 亦顓頊氏之子曰黎 兼爲土官〕"라는 내용이 보인다. 공영달의 소에 따르면 共工氏의 아들 句龍이 원래 后土였는데 나중에 토지신인 社가 되자 후토의 관직이 비게 되었으므로 黎가 후토의 관직도 겸한 것이다. ≪春秋左氏傳≫ 昭公 29년 조에는 '黎'가 '犁'로 되어 있다.

3) 大宗伯五祀以爲五官 : '五祀'는 木正 句芒, 火正 祝融, 金正 蓐收, 水正 玄冥, 土正 后土의 五官에게 제사 지내는 것을 이른다. 이들은 모두 옛날에 오행을 잘 다스렸으므로 신으로 높여 제사하는 것이다. ≪周禮≫ 〈春官 大宗伯〉에 "〈희생을 죽여서 피를 취해 제사하는〉 血祭로 社稷・五祀・五嶽에 제사 지낸다.〔以血祭祭社稷五祀五嶽〕"라는 내용이 보이는데, 정현의 주에 "여기의 '五祀'는 四郊에서 제사 지내는 五官의 신이다.〔此五祀者 五官之神在四郊〕"라고 하였다.

4) 差等 : 惠棟校宋本에는 '等差'로 되어 있다.(阮元의 校勘記 참조)

○ 注의 〔祭四〕에서 〔制也〕까지

○ 正義曰 : 〈〔祭四方謂祭五官之神於四郊也〕〉 여기 경문에서 단지 '祭四方'이라고만 하였는데 〈정현이〉 다섯 天帝에게 사방에서 제사 지내는 것이 아님을 안 것은, 바로

앞 경문에서 '祭天地'라 하였으니 五帝는 그 안에 들어 있으므로 천제가 아님을 안 것이다. 살펴보면 《周禮》 〈春官 大宗伯〉에 이르기를 "牲體를 쪼개어서 四方의 온갖 小臣에게 제사 지낸다."라고 하였다. 그런데 여기의 '四方'은 〈《주례》처럼〉 사방의 온갖 소신에게 제사 지내는 것이 아님을 〈정현이〉 안 것은, 이 구절이 '山川'과 '五祀'의 앞에 있어서, 《주례》 〈춘관 태종백〉의 "社稷·五祀·五嶽에 血祭를 지낸다."라는 구절에서 '五祀'가 '五嶽'의 앞에 있는 것과 비견할 수 있으니, 여기의 '四方' 또한 '山川'의 앞에 있으므로 이것이 '五官之神'임을 안 것이다.

〔祝融后土在南〕 정현의 뜻은 〈祝融의 관직을 맡은 顓頊氏의 아들〉 黎가 관직을 겸하여 后土가 되었는데, 土의 자리는 남방에 있으므로 '祝融后土在南'임을 안 것이다.

〔詩云 來方禋祀〕 이것은 《詩經》 〈小雅 大田〉의 시이니, 周 幽王의 無道함을 풍자하고, 周 成王의 때에 태평하여 四時가 화순하고 오곡이 풍년 드니 가을에 報祭를 지낼 때 사방의 신을 불러 이르게 해서 정결하게 제사 지냄을 뒤쫓아 논한 것이다. 이 시를 인용한 것은 '四方'의 뜻을 입증한 것이다.

〔五祀 戶竈中霤門行〕 이것은 《禮記》 〈月令〉의 글이다. 《주례》 〈춘관 대종백〉에서 '五祀'를 五官으로 여긴 것은, 〈'五祀'가〉 《주례》에서는 '五嶽'의 앞에 있는데 여기에서는 '五祀'가 '山川' 다음에 있고 또 대부와 똑같이 지내는 제사이므로 바로 戶·竈 등임을 안 것이다.

〔此蓋殷時制也〕 천자·제후·대부에게 똑같이 '祭五祀'라 하여 이미 차등이 없으므로 殷나라 때의 제도라고 의심한 것이다. 살펴보면 《禮記》 〈王制〉에 이르기를 "대부는 五祀에 제사 지낸다."라고 하여 글이 여기와 똑같은데도 정현은 "五祀는 司命·中霤·門·行·厲를 이른다."라고 하였다. 여기의 〈'五祀'에 대한〉 주와 똑같지 않은 것은, 〈왕제〉의 글은 이 앞에 "천자는 천지에 제사 지내고, 제후는 사직에 제사 지내고, 대부는 五祀에 제사 지낸다."라고 하여 이미 존비의 등급이 있으니 周나라의 예로 의심하였다. 그러므로 《예기》 〈祭法〉의 '五祀'를 인용하여 풀이함으로써 여기와 같지 않은 것이다. 이것은 采地가 있는 대부가 五祀에 제사 지내는 것이고, 채지가 없는 대부는 三祀에 제사 지낸다.

02-22-01 凡祭는 有其廢之어든 莫敢擧[1)]也하며 有其擧之어든 莫敢廢也하며

1) 擧 : 《禮記》 〈王制〉 鄭玄의 注에 따르면 '제사 지내다'의 뜻인 '祭'와 같다.

무릇 제사는 폐했으면 감히 다시 지내지 못하며, 제사 지냈으면 감히 폐하지 못한다.

【注】爲其瀆神也라 廢擧는 謂若殷廢農祀棄하니 後不可復(부)廢棄祀農也라 後有德者繼之는 不嫌也라

신을 모독하는 것이기 때문이다. '廢'와 '擧'는 殷나라에서 農의 제사를 폐하고 棄의 제사를 지낸 것과 같은 경우를 이르니, 이후에는 다시 棄의 제사를 폐하고 農의 제사를 지내지 못한다. 이후에 덕이 있는 자가 계승하는 것은 혐의하지 않는다.

非其所祭而祭之를 名曰淫祀니 淫祀는 無福이니라

제사할 대상이 아닌 대상에게 제사 지내는 것을 '淫祀'라 하니, 음사는 〈神이 흠향하지 않으므로〉 복이 없다.

【注】妄祭[1]는 神不饗이라

1) 妄祭 : 陸德明의 音義에 따르면 '無福'으로 되어 있는 판본도 있다.

망령되이 지내는 제사는 신이 흠향하지 않는다.

【疏】'凡祭'至'無福'. ○ 正義曰 : 此明祭有常典, 不可輒擅廢興. 如殷時廢柱祀棄, 則後人不得復擧柱而祭之也. ○ '有其擧之, 莫敢廢也'者, 若已擧棄祀之, 後人不得復廢棄也.

經의 〔凡祭〕에서 〔無福〕까지

○ 正義曰 : 이것은 제사에 일정한 법이 있어서 마음대로 폐했다 일으켰다 할 수 없음을 밝힌 것이다. 예컨대 殷나라 때 柱의 제사를 폐하고 棄의 제사를 지냈으면 後人이 다시 柱를 들어 제사 지내지 못한다.

○〔有其擧之 莫敢廢也〕 만약 이미 棄에게 제사 지냈으면 後人이 다시 棄의 제사를 폐하지 못한다.

【疏】○ 注'爲其'至'嫌也'. ○ 正義曰 : 農卽柱也, 有農功, 故曰農也. 棄卽后稷也, 爲稷官, 故曰稷也. 尙書云"棄, 黎民阻飢, 汝后稷"是也. 云'後有德者繼之, 不嫌也'者, 鄭恐人疑之, 昔以擧柱, 何意廢柱祀稷乎. 故此解之者, 若後有德者繼之, 則不在今所言之例也.

○ 注의 〔爲其〕에서 〔嫌也〕까지

○ 正義曰 : '農'은 즉 柱이니, 농사에 공이 있으므로 '農'이라 하였다. '棄'는 즉 后稷이니, 稷官이 되었으므로 '稷'이라 하였다. ≪書經≫ 〈虞書 舜典〉에 이르기를 "棄야, 〈지난날 홍수가 나서〉 백성들이 굶주림에 시달릴 때 너는 君長으로 稷官을 맡았었다."라고 한 것이 이것이다.

〔後有德者繼之 不嫌也〕 정현은 사람들이 의심하여, 옛날에는 柱에게 제사 지냈는데 무슨 뜻으로 柱의 제사를 폐하고 稷의 제사를 지내느냐고 할까 우려하였다. 그러므로 이렇게 풀이한 것이니, 만약 그 후에 덕을 가진 자가 계승한다면 지금 말한 例에 들지 않는다는 것이다.

02-23-01 天子는 以犧牛하고 諸侯는 以肥牛하고 大夫는 以索(색)牛하고 士는 以羊豕니라

천자는 〈털 색깔이 순수한〉 소를 희생으로 사용하고, 제후는 〈滌宮에서 기른〉 살진 소를 사용하고, 〈천자의〉 대부는 구하여 얻어온 소를 사용하고, 〈천자의〉 士는 양과 돼지를 사용한다.

【注】 犧는 純[1]毛也라 肥는 養於滌(척)[2]也라 索은 求得而用之라

1) 純 : ≪經典釋文≫에는 표제어가 '牷(전)'으로 되어 있고 '純'이 一本으로 소개되어 있다. 考文引古本에도 '牷'으로 되어 있다.(阮元의 校勘記 참조)

2) 滌(척) : 陸德明의 音義에 따르면 '희생을 기르는 관청〔作養牲官〕'이다. ≪春秋公羊傳≫ 宣公 3년 조 何休의 解詁에 "'滌'은 궁 이름이니, 皇天大帝에게 쓸 〈牛・羊・豕〉 세 종류의 희생을 기르는 곳이다. '滌'이라 말한 것은 깨끗이 씻은 듯 정결하다는 뜻을 취한 것이다.〔滌 宮名 養帝牲三牢之處也 謂之滌者 取其蕩滌潔淸〕"라는 내용이 보인다.

'犧'는 털 색깔이 순수한 것이다. '肥'는 滌宮에서 기른 것이다. '索'은 구하여 얻어서 사용하는 것이다.

【疏】 '天子'至'羊豕'. ○ 正義曰 : 此"天子以犧牛, 諸侯以肥牛, 大夫以索牛", 皆上得兼下, 下不得僭上. 故左傳云[1] "聖王先成民而後致力於神, 故奉牲以告曰, 博碩肥腯(돌)." 是天子亦得以肥也. 又公羊云 "帝牲必在滌三月, 稷牛惟具. 稷有災故, 臨時得別求

之."[2] 是天子諸侯得有索牛也. ○'大夫以索牛, 士以羊豕'者, 天子大夫·士也. 若諸侯大夫卽用少牢, 士則用特牲. 其喪祭, 大夫亦得用牛, 士亦用羊豕. 故雜記云"上大夫之虞也, 少牢, 卒哭成事[3]·附[4]皆大(태)牢, 下大夫之虞也, 特牲, 卒哭成事·附皆少牢"是也. 據此諸侯不得用犧牛. 祭義云 "天子諸侯必有養獸之官." 下云 "犧牷祭牲[5], 必於是取之." 諸侯有犧牲大(태)牢者, 諸侯對卿大夫, 亦得云"犧", 若對天子則稱"肥"耳. 其大夫牲體完全, 亦有犧牲之稱, 故上云大夫"犧賦爲次"[6], 但不毛色純耳.

1) 左傳云 : 이하의 내용이 ≪春秋左氏傳≫ 桓公 6년 조에 보인다.

2) 公羊云……臨時得別求之 : ≪春秋公羊傳≫ 宣公 3년 조에 "帝에게 쓸 희생이 不吉하면 稷에게 쓸 희생을 끌어와 점을 친다. 帝에게 쓸 희생은 滌宮에서 3개월 동안 기른다. 〈이때 배향하는〉 稷에게 쓸 희생은 오직 〈몸이 재해를 입은 것 없이〉 온전하게 다 갖추어졌는가만 본다.〔帝牲不吉 則扳稷牲而卜之 帝牲在于滌三月 於稷者 唯具是視〕"라는 내용이 보이는데, 何休의 解詁에 "'不吉'은 재해가 있는 것이다. 먼저 帝에게 쓸 희생을 점쳐 기르다가 재해가 있으면 다시 稷에게 쓸 희생을 끌어와 점쳐서 帝에게 쓸 희생으로 삼아 기른다. 모두 두 차례만 점쳐야 하며 다시 불길하면 더는 郊祭를 지내지 않는다.〔不吉者 有災 先卜帝牲養之 有災 更引稷牲卜之 以爲天牲 養之 凡當二卜爾 復不吉 不復郊〕"라고 하였다. '稷有災故 臨時得別求之'의 내용이 보이지 않는다. '帝'는 하휴의 해고에 따르면 北辰 안에서 天地의 五帝와 群神을 모두 거느리는 皇天大帝를 이른다.

3) 卒哭成事 : '卒哭'은 虞祭를 마친 뒤의 제사 이름으로, 아침저녁으로 슬프면 곡을 하는 無時之哭을 그친다는 말이다. 이후에는 朝夕哭만 한다. ≪禮記≫ 〈雜記 下〉 孔穎達의 疏에 "卒哭을 成事라 한 것은, 成事는 吉事를 이루었다는 뜻이다.〔卒哭謂之成事 成事成吉事也〕"라는 내용이 보인다.

4) 附 : 監本·毛本에는 '祔'로 되어 있다. 이하도 동일하다.(阮元의 校勘記 참조)

5) 犧牷祭牲 : ≪예기≫ 〈祭義〉 공영달의 소에 "犧는 털 색깔이 순수한 것이니 천자의 희생을 이르고, '牷'은 온전하다는 뜻이니 제후의 희생을 이른다.〔犧 純色 謂天子牲也 牷完也 謂諸侯牲也〕"라는 내용이 보인다.

6) 大夫犧賦爲次 : ≪예기≫ 〈曲禮 下〉에 "무릇 대부가 처음으로 家를 만드는 것은, 〈선조를 섬기는 데 필요한〉 제기를 가장 먼저 장만하고, 〈고을 백성에게 세금으로 제사에 쓸 희생을 내게 하는〉 犧賦를 그다음에 장만하고, 〈자신을 봉양하는〉 식기를 맨 나중에 장만한다.〔凡家造 祭器爲先 犧賦爲次 養器爲後〕"라는 내용이 보인다. 02-08-01 經文 참조.

經의 〔天子〕에서 〔羊豕〕까지

○ 正義曰 : 여기의 '天子以犧牛 諸侯以肥牛 大夫以索牛'는, 모두 윗사람은 아랫사람의 희생을 겸하여 쓸 수 있으나 아랫사람은 윗사람의 희생을 참람하게 쓸 수 없다.

그러므로 ≪春秋左氏傳≫에 이르기를 "聖王은 먼저 백성의 생활을 이루어 준 뒤에 神을 섬기는 제사에 힘을 다한다. 그러므로 희생을 올리며 고하기를 '살지고 크다〔博碩肥腯〕'라고 한다."라고 한 것이니, 이것은 천자 또한 肥牛를 쓸 수 있다는 것이다. 또 ≪春秋公羊傳≫에 이르기를 "皇天大帝에게 쓸 희생은 반드시 滌宮에서 3개월 동안 기르며, 后稷에게 쓸 희생 소는 오직 〈몸이 재해를 입은 것 없이〉 온전히 다 갖추어졌는가만 본다. 후직에게 쓸 희생이 재해를 입으면 임시 별도로 구할 수 있다."라고 하였으니, 이것은 천자와 제후가 索牛를 가질 수 있는 것이다.

○〔大夫以索牛 士以羊豕〕 천자의 대부와 士이다. 만약 제후의 대부라면 곧 〈희생으로 소·양 두 종류의〉 少牢를 쓰고, 제후의 士라면 〈희생으로 돼지 한 종류의〉 特牲을 쓴다. 그러나 喪祭에는 〈제후의〉 대부 또한 소를 쓸 수 있고 〈제후의〉 士 역시 양과 돼지를 쓸 수 있다. 그러므로 ≪禮記≫ 〈雜記 下〉에 이르기를 "上大夫의 虞祭에는 少牢를 쓰고 卒哭成事와 祔祭에는 모두 〈희생으로 소·양·돼지 세 종류의〉 太牢를 쓰며, 下大夫의 우제에는 特牲을 쓰고 졸곡성사와 부제에는 모두 소뢰를 쓴다."라고 한 것이 이것이다. 여기 〈곡례 하〉 경문에 근거하면 제후는 〈털 색깔이 순수한〉 犧牛를 쓸 수 없다. ≪예기≫ 〈祭義〉에 이르기를 "천자와 제후는 반드시 짐승을 기르는 관원을 둔다."라고 하였고, 그 아래 경문에 이르기를 "제사에 쓸 희생으로 〈천자의 제사에 쓰는 털 빛깔이 순수한〉 犧와 〈제후의 제사에 쓰는 몸이 온전히 다 갖추어진〉 牷을 반드시 여기에서 취하였다."라고 하였다. 제후는 희생으로 太牢를 쓰는 경우가 있는데, 제후는 卿大夫와 상대적으로 말하여 또한 '犧'라 말할 수 있으나 천자와 상대적으로 말한다면 '肥'라 칭할 뿐이다. 대부는 희생으로 몸이 온전한 것을 쓰는데, 또한 '희생'을 칭함이 있으므로 앞 경문에서 대부는 "〈고을 백성에게 세금으로 제사에 쓸 희생을 내게 하는〉 犧賦를 그다음에 장만한다."라고 한 것이니, 다만 털 색깔이 순색이 아닐 뿐이다.

【疏】 ○ 注'肥, 養於滌也'. ○ 正義曰：案楚語觀射父(석보)云[1), 大者牛羊, 必在滌三月, 小者犬豕, 不過十日. 然者卽此大夫索牛·士羊豕, 旣不在滌三月, 當十日以上, 但不知其日數耳.

1) 楚語觀射父(석보)云：이와 관련하여 ≪國語≫ 〈楚語 下〉에 "楚 昭王이 말하였다. '〈희생으로 쓰는〉 芻豢(추환)은 얼마나 기르는 것이 적합한가?' 觀射父가 대답하였다. '遠은 3개월을 넘지 않도록 하며, 近은 10일을 넘지 않도록 합니다.'〔王曰 芻豢幾何 對曰 遠不過三月 近不過浹日〕"라는 내용이 보이는데, 韋昭의 주에 "풀을 먹는 것을 '芻'라 하

고, 곡식을 먹는 것을 '豢'이라 한다. '遠'은 세 희생을 이르며, '近'은 닭과 오리의 등속을 이른다. '浹日'은 10일이다.〔草食曰芻 穀食曰豢 遠謂三牲 近謂鷄鶩之屬 浹日 十日也〕" 라고 하였다. 孫志祖의 교감기에 따르면 이것은 〈초어 하〉의 내용을 개략적으로 말한 것이고 그 본문이 아니며, 의미 또한 위소의 주와 조금 다르다. '觀射父'는 楚나라의 大夫이다. ≪禮記正義≫ 〈大學〉 육덕명의 음의에 따르면 '射'은 음이 '석〔食亦反〕' 또는 '사〔食夜反〕'이며, '父'는 음이 '甫'이다.(北京大本 ≪禮記正義≫ 校勘記 참조)

○ 注의 〔肥 養於滌也〕

○ 正義曰 : 살펴보면 ≪國語≫ 〈楚語 下〉에 〈楚나라의 대부〉 觀射父가 말하기를, 큰 것은 소와 양으로 반드시 滌宮에서 3개월 동안 길러야 하며, 작은 것은 개와 돼지로 10일을 넘어서는 안 된다고 하였다. 그렇다면 바로 여기 대부의 '索牛'와 士의 '羊豕'는 이미 滌宮에서 3개월 동안 있지 않았으니 마땅히 10일 이상이 되어야 한다. 다만 그 날수를 알지 못할 뿐이다.

02-23-02 支子는 不祭니 祭必告于宗子니라

支子는 제사를 지내지 못하니, 〈宗子가 질병 등의 사유로 제사를 지낼 수 없어 지자가 대신〉 제사를 지낼 경우에는 반드시 종자에게 알려야 한다.

【注】 不敢自專이니 謂宗子有故하여 支子當攝而祭者也라 五宗[1]皆然이라

1) 五宗 : 宗法에 따르면 시조를 계승한 後人을 '大宗', 高祖·曾祖·祖·父를 계승한 후인을 '小宗'이라 한다. 大宗 하나와 小宗 넷을 합쳐 '五宗'이라 한다.(後漢 班固의 ≪白虎通義≫ 卷下 〈德論 下 宗族〉 참조)

감히 자기 마음대로 하지 못하니, 宗子가 일이 있어서 支子가 대신 제사를 지내야 할 경우를 이른다. 五宗이 모두 그러하다.

【疏】 '支子'至'宗子'. ○ 正義曰 : 支子, 庶子也. 祖·禰(녜)廟在適子之家, 而庶子賤, 不敢輒祭之也. 若濫祭, 亦是淫祀. ○ '祭必告於宗子'者, 支子雖不得祭, 若宗子有疾, 不堪當祭, 則庶子代攝可也. 猶宜告宗子然後祭, 故鄭云"不敢自專".

經의 〔支子〕에서 〔宗子〕까지

○ 正義曰 : '支子'는 庶子이다. 祖廟와 禰廟가 適子의 집에 있으니, 서자는 신분이 낮

아서 감히 곧바로 제사 지내지 못한다. 만약 함부로 제사 지낸다면 또한 淫祀이다.

○〔祭必告於宗子〕 支子는 비록 제사를 지내지 못하나, 만약 종자에게 질병이 있어 제사를 감당하지 못하면 서자가 대신 지내는 것이 가능하다. 그러나 여전히 종자에게 알리고 난 뒤에 제사를 지내야 하므로 정현이 '不敢自專'이라 한 것이다.

02-24-01 凡祭宗廟之禮는 **牛曰一元大**[1]**武**요 **豕曰剛鬣**(렵)이요 **豚曰腯**(돌)[2] **肥**요 **羊曰柔毛**요 **鷄曰翰音**이요 **犬曰羹獻**이요 **雉曰疏趾**요 **兔曰明視**요 **脯曰尹祭**요 **稾魚曰商祭**요 **鮮魚曰脡祭**요 **水曰淸滌**이요 **酒曰淸酌**이요 **黍曰薌合**이요 **粱曰薌萁**[3]요 **稷曰明粢**[4]요 **稻曰嘉蔬**[5]요 **韭曰豐本**이요 **鹽曰鹹**[6]**鹺**(함차)요 **玉曰嘉玉**이요 **幣曰量幣**라하나니라

1) 大 : 陸德明의 音義에서는 음을 본음인 '대'라 하고, 一音을 '泰'라 하였다.

2) 腯(돌) : 육덕명의 음의에 "或本에는 '豚'으로 되어 있다.〔本或作豚〕"라고 하였는데, 阮元의 校勘記에 따르면 '豚'이 되어야 하며, 鄭玄 注 '腯亦肥也'의 '腯'도 동일하다. 완원은 盧文弨의 교감기를 인용하여, 정현의 주에 '春秋傳作腯'로 되어 있다는 것은 經文이 '腯'로 되어 있지 않음이 분명하기 때문이라고 하였다. 다만 孔穎達 疏의 '腯'은 언급하지 않았으므로 통일성을 위해 경문과 정현 주의 '腯'을 '豚'으로 고치지 않았다. (阮元의 校勘記 참조)

3) 薌萁 : ≪周禮≫ 〈春官 大祝〉 정현의 주에는 '香萁'로 되어 있으며, '萁'는 육덕명의 음의에 따르면 又本에는 '箕'로 되어 있다.

4) 稷曰明粢 : 육덕명의 음의에 "〈'明粢'는〉 一本에는 '明粱'으로 되어 있다. 古本에는 〈'稷曰明粢'〉 이 구절이 없다.〔一本作明粱 古本無此句〕"라고 하였고, ≪儀禮≫ 〈士虞禮 記〉 정현의 주에 "'明齊'는 새로 길은 물이다.……혹자는 마땅히 '明視'가 되어야 한다고 하는데, 兎腊을 이른다. 今文에는 '明粢'로 되어 있는데, '粢'는 稷이다. 모두 차서에 맞지 않는다.〔明齊 新水也……或曰當爲明視 謂兎腊也 今文曰明粢 粢 稷也 皆非其次〕"라고 하였다. 완원은, 정현이 '明視'에 대해서는 ≪禮記≫ 〈曲禮 下〉의 '兎曰明視' 구절을 의식하였기 때문에 곧바로 '謂兎腊也'라고 하였으나, '明粢'에 대해서는 ≪예기≫ 〈곡례 하〉의 '稷曰明粢' 구절을 의식하지 않았기 때문에 ≪爾雅≫ 〈釋草〉의 '粢稷' 구절을 근거로 '今文曰明粢'를 틀렸다고 판단한 것이라고 하였다. 완원은 이를 근거로, 정현이 ≪예기≫ 〈곡례 하〉에 주를 낼 때는 실제로 '稷曰明粢' 구절이 없었는데, 晉宋 이후에 사람들이 ≪의례≫ 〈사우례 기〉의 정현 주를 잘못 읽고 덧붙인 것일 수도 있다고 추정하였다. (阮元의 校勘記 참조)

5) 嘉蔬：≪經典釋文≫에는 표제어가 '嘉疏'로 되어 있고, 又本에 '蔬'로 되어 있다고 하였다. ≪주례≫ 〈春官 大祝〉 정현의 주에도 '稻曰嘉疏'라 하여 '疏'로 되어 있다.(阮元의 校勘記 참조)

6) 鹹：육덕명의 음의에 따르면 又本에는 '醎(함)'으로 되어 있다.

무릇 종묘에 제사 지내는 예에서는, 소를 '一元大武'라 칭하고, 큰 돼지를 '剛鬣'이라 칭하고, 새끼 돼지를 '腯肥'라 칭하고, 양을 '柔毛'라 칭하고, 닭을 '翰音'이라 칭하고, 개를 '羹獻'이라 칭하고, 꿩을 '疏趾'라 칭하고, 토끼를 '明視'라 칭하고, 포를 '尹祭'라 칭하고, 마른 어물을 '商祭'라 칭하고, 신선한 어물을 '脡祭'라 칭하고, 물을 '淸滌'이라 칭하고, 술을 '淸酌'이라 칭하고, 찰기장을 '薌合'이라 하고, 차조를 '薌萁'라 칭하고, 메기장을 '明粢'라 칭하고, 벼를 '嘉蔬'라 칭하고, 부추를 '豐本'이라 칭하고, 소금을 '鹹鹺'라 칭하고, 옥을 '嘉玉'이라 칭하고, 폐백을 '量幣'라 칭한다.

【注】號牲物者는 異於人用也라 元은 頭也라 武는 迹也라 腯은 亦肥也라 春秋傳作腯(돌)[1]하니 腯은 充貌也라 翰은 猶長也[2]라 羹獻은 食人之餘也라 尹은 正也라 商은 猶量也라 脡은 直也라 萁는 辭也라 嘉는 善也라 稻는 菰(고)蔬[3]之屬也라 豐은 茂也라 大鹹曰鹺니 今河東云이라 幣는 帛也라

1) 春秋傳作腯(돌)：≪春秋左氏傳≫ 桓公 6년 조에 "희생을 바치며 고하기를 '크고 실하다'라고 한다.〔奉牲以告曰 博碩肥腯〕"라는 내용이 보인다.

2) 翰猶長也：閩本・監本・毛本・衛氏集說에는 '猶長'이 '長聲'으로 되어 있다. ≪經典釋文≫ 표제어에는 '翰長'으로 되어 있고, ≪通典≫에서도 '翰長也'로 인용하여 '猶'가 없다.(阮元의 校勘記 참조)

3) 菰(고)蔬：'菰'는 '줄'로, 볏과의 여러해살이풀이다. 陸德明의 音義에 따르면 又本에는 '苽(고)'로 되어 있다. 王力은 '菰'와 '苽'는 같은 글자이며 '瓜'와 통용한다고 하였다. '蔬'는 쌀알〔米粒〕이다. ≪莊子≫ 〈天道〉 육덕명의 음의에 "'蔬'는 '糈(서)'로 읽으니, '糈'는 곡물이다.〔蔬 讀曰糈 糈 粒也〕"라고 하였다.(王力의 ≪王力古漢語字典≫ 참조)

제사에 쓰는 희생과 물건을 부를 때는 사람이 쓰는 것과 호칭을 달리한다. '元'은 '머리'의 뜻이다. '武'는 '발자국'의 뜻이다. '腯'은 또한 '살지다〔肥〕'의 뜻이다. ≪春秋左氏傳≫에는 '腯'로 되어 있으니, '腯'은 실하고 건장한 모습이다. '翰'은 〈'길다'의 뜻인〉 '長'과 같다. '羹獻'은 사람이 남긴 음식을 먹는 것이다. '尹'은 '반듯하다'의 뜻이다. '商'

은 〈'헤아리다'의 뜻인〉 '量'과 같다. '脡'은 '곧다'의 뜻이다. '萁'는 어조사이다. '嘉'는 '좋다'의 뜻이다. '稻'는 줄〔菰〕이나 쌀알〔蔬〕의 등속이다. '豐'은 '무성하다'의 뜻이다. 매우 짠 것을 '鹺'라 하니, 지금 河東의 말이다. '幣'는 비단이다.

【疏】'凡祭'至'量幣'[1]. ○ 正義曰：此一節論祭廟牲幣告神之法. ○ '凡祭'者, 爲貴賤悉然. ○ '牛曰一元大武'者, 元, 頭也, 武, 迹也. 牛若肥則脚大, 脚大則迹痕大, 故云"一元大武"也. ○ '豕曰剛鬣'者, 豕肥則毛鬣剛大也[2]. 王云 "剛鬣, 言肥(犬)〔大〕[3]也." 〔○〕[4]'豚曰腯肥'者, 腯卽充滿貌也. ○ '羊曰柔毛'者, 若羊肥則毛細而柔弱, 故王云 "柔毛, 言肥澤也." ○ '鷄曰翰音'者, 翰, 長也, 鷄肥則其鳴聲長也. ○ '犬曰羹獻'者, 人將所食羹餘以與犬, 犬得食之肥, 肥可以獻祭於鬼神, 故曰"羹獻"也. ○ '雉曰疏趾'者, 趾, 足也, 雉肥則兩足開張, 趾相去疏也. 音義隱云 "雉之肥則足疏." 故王云 "足間疏也." ○ '兎曰明視'者, 兎肥則目開而視明也. 故王云 "目精明, 皆肥貌也." 然自牛至兎, 凡有八物, 唯有牛云"一頭", 而豕以下不云數者, 皆從其所用而言數也, 則竝宜云若干也. 鷄・雉爲膳及腊[5], 則不數也. ○ '脯曰尹祭'者, 尹, 正也. 裁截方正而用之祭, 一通云正, 謂自作之也. 脯自作, 則知肉之所用也. 論語云 "沽酒市脯不食." 言其不正也. ○ '槀魚曰商祭'者, 槀, 乾也, 商, 量也. 祭用乾魚, 量度(탁)燥濕[6]得中而用之也. ○ '鮮魚曰脡祭'者, 脡, 直也. 祭有鮮魚, 必須鮮者, 煮熟則脡直, 若餒(뇌)則敗碎不直. ○ '水曰淸滌'者, 古祭用水當酒, 謂之(玄)〔玄〕[7]酒也, 而云"淸滌", 言其甚淸皎絜也. 樂記云 "尙(玄)〔玄〕酒"是也. ○ '酒曰淸酌'者, 酌, 斟酌也, 言此酒甚淸澈, 可斟酌. 當爲三酒[8], 未必爲五齊[9]. 〔○〕[10]'黍曰薌合'者, 夫穀秫(출)者曰黍, 秫旣軟而相合, 氣息又香, 故曰"薌合"也. ○ '粱曰薌萁'者, 粱謂白粱・黃粱也, 萁, 語助也. ○ '稷曰明粢'者, 稷, 粟也, 明, 白也. 言此祭祀明白粢也. 鄭注甸師云 "粢, 稷也." 爾雅云 "粢, 稷也." 注 "今江東人呼粟爲粢." 隋祕書監王劭勘晉宋古本, 皆無"稷曰明粢"一句, 立八疑十二證, 以爲無此一句爲是. 今尙書云 "黍稷非馨(형)." 詩云 "我黍與與, 我稷翼翼, 爲酒爲食, 以享以祀." 然則黍稷爲五穀之主, 是粢盛之貴. 黍旣別有異號, 稷何因獨無美名. 爾雅又以粢爲稷, 此又云"稷曰明粢", 正與爾雅相合. 又士虞禮云 "明齊溲酒." 鄭注云 "或曰明齊當爲明視, 謂兎腊也. 今文曰明粢, 粢, 稷也. 皆非其次[11]也." 如鄭言云"皆非其次", 由曲禮有明粢之文, 故注儀禮云 "非其次." 王劭旣背爾雅之說, 又不見鄭(玄)〔玄〕之言, 苟信錯書, 妄生同異, 改亂經籍, 深可哀哉.

1) 凡祭至量幣 : 惠棟校宋本에는 이 5자가 없다.(阮元의 校勘記 참조)
2) 豕肥則毛鬣剛大也 : ≪春秋左氏傳≫ 昭公 7년 조에 "〈楚王이 魯 昭公을 대접할 때〉 長鬣者에게 禮를 돕게 하였다.〔使長鬣者相〕"라고 하였고, ≪說文解字≫에서는 "〈'儠(렵)'은〉 크고 강하여 헌걸찬 것이다.……≪춘추좌씨전≫에 이르기를 '長儠者가 도왔다.' 하였다.〔長壯儠儠也……春秋傳曰 長儠者相之〕"라고 하였다. 孫志祖는, 孔穎達이 '剛鬣'을 '肥大'의 뜻으로 풀이한 王肅의 설을 인용한 것은 '鬣'을 '儠'의 뜻으로 본 것이 아닐까 추정하였다.(北京大本 ≪禮記正義≫ 校勘記 참조)
3) (犬)〔大〕 : 저본에는 '犬'으로 되어 있으나, 문맥이 통하지 않아 北京大本에 의거하여 '大'로 바로잡았다.
4) 〔○〕 : 저본에는 부호 '○'가 없으나, 본서의 체제에 의거하여 보충하였다.
5) 鷄雉爲膳及腊 : ≪周禮≫ 〈天官 膳夫〉에 "왕에게 보내는 음식은, 밥은 〈稌(稻)・黍・稷・粱・麥・瓜(苽)〉 6종의 곡물을 쓰고, 膳은 〈馬・牛・羊・豕・犬・鷄〉 6종의 희생을 쓴다.〔凡王之饋 食用六穀 膳用六牲〕"라는 내용이 보이는데, 鄭玄의 注에 따르면 '膳'은 牲肉이다. 또 ≪春秋穀梁傳≫ 莊公 24년 조에 "남자의 예물은 새끼 양과 기러기와 말린 꿩이다.〔男子之贄 羔鴈雉腒〕"라는 내용이 보이는데, 范寧의 주에 따르면 '腒'는 腊으로, 말린 꿩〔乾雉〕이다.
6) 滋 : 閩本・監本・毛本・衛氏集說에는 '濕'으로 되어 있다.(阮元의 校勘記 참조)
7) (玄)〔玄〕 : 저본에는 '玄'으로 되어 있으나, 淸 聖祖의 성명 愛新覺羅玄燁의 '玄'을 避諱한 것이므로, 원글자인 '玄'으로 돌려놓았다.
8) 三酒 : 事酒・昔酒・淸酒를 이른다. ≪주례≫ 〈天官 酒正〉 정현의 주에 따르면, '事酒'는 일이 있어서 새로 빚은 술이며, '昔酒'는 오랫동안 숙성시킨 술이며, '淸酒'는 겨울에 빚어 여름이 될 무렵 이루어지는 맑은 술이다.
9) 五齊 : 淸濁에 따라 泛齊・醴齊・盎齊・緹(제)齊・沈齊의 다섯 등급으로 분류한 제사에 사용하는 술을 이른다. ≪주례≫ 〈天官 酒正〉 정현의 주에 따르면, '泛齊'는 거품이 위에 둥둥 떠 있는 탁주이며, '醴齊'는 찌꺼기가 같이 뒤섞여 있는 단술이며, '盎齊'는 푸른빛을 띤 흰 빛깔의 白酒이며, '緹齊'는 붉은 빛깔의 紅酒이며, '沈齊'는 완성되었을 때 찌꺼기가 아래로 가라앉아 있는 청주이다.
10) 〔○〕 : 저본에는 부호 '○'가 없으나, 본서의 체제에 의거하여 보충하였다.
11) 皆非其次 : ≪儀禮≫ 〈士虞禮 記〉 賈公彦의 疏에 이르기를, 經文의 '敢用絜牲剛鬣香合嘉薦普淖明齊溲酒'라는 구절에서 만약 '明齊'를 '明視'로 본다면 兎腊의 뜻이니 응당 絜牲剛鬣의 희생 다음에 나와야 하며, '稷'으로 본다면 '普淖'에 이미 黍稷이 들어 있으니 굳이 다시 稷을 언급할 필요가 없다고 하였다. 정현의 주에 따르면 '嘉薦'은 菹・醢이며, '普淖'는 黍・稷이다.

經의 〔凡祭〕에서 〔量幣〕까지

○ 正義曰 : 이 절은 廟에서 제사할 때 희생과 폐백을 神에게 고하는 법을 논한 것이다.

○〔凡祭〕 귀천이 모두 그러하다는 것이다.

○〔牛曰一元大武〕 '元'은 '머리'의 뜻이고, '武'는 '발자국'의 뜻이다. 소가 살지면 발이 크니, 발이 크면 발자국이 크므로 '一元大武'라고 한 것이다.

○〔豕曰剛鬣〕 돼지가 살지면 갈기가 강하고 크다. 王肅이 말하기를 "'剛鬣'은 살지고 크다는 말이다."라고 하였다.

○〔豚曰腯肥〕 '腯'은 즉 가득찬 모습이다.

○〔羊曰柔毛〕 만약 양이 살지면 털이 가늘고 부드러우므로 왕숙이 말하기를 "'柔毛'는 살지고 윤기나는 것을 말한다."라고 하였다.

○〔鷄曰翰音〕 '翰'은 '길다'의 뜻이니, 닭이 살지면 울음소리가 길다.

○〔犬曰羹獻〕 사람이 먹고 남은 국을 개에게 주면 개가 이를 얻어 먹고 살지는데, 개가 살지면 귀신에게 바쳐서 제사 지낼 수 있으므로 '羹獻'이라 한 것이다.

○〔雉曰疏趾〕 '趾'는 '발'의 뜻이니, 꿩이 살지면 두 발이 벌어져서 발가락이 서로 벌어진다. ≪禮記音義隱≫에 이르기를 "꿩이 살지면 발이 벌어진다."라고 하였다. 그러므로 왕숙이 말하기를 "발가락 사이가 벌어지는 것이다."라고 하였다.

○〔兎曰明視〕 토끼가 살지면 눈이 열려서 시야가 밝아진다. 그러므로 왕숙이 말하기를 "눈이 밝게 빛나는 것은 모두 살진 모습이다."라고 하였다. 그러나 소부터 토끼까지 모두 여덟 종류의 동물이 있는데 오직 소에 대해서만 '한 마리'를 말하고 돼지 이하에 대해서는 수를 말하지 않은 것은, 모두 그 쓰는 바를 따라 수를 말한다면 모두 '若干'이라 말해야 한다. 닭과 꿩은 牲肉과 腊을 만드니 수를 세지 않는다.

○〔脯曰尹祭〕 '尹'은 '반듯하다〔正〕'의 뜻이다. 네모반듯하게 잘라서 제사에 사용하므로 통틀어서 '반듯하다' 한 것이니, 스스로 만드는 것을 이른다. 脯를 스스로 만든다면 고기가 쓰일 곳을 아는 것이다. ≪論語≫ 〈鄕黨〉에 이르기를 "孔子는 사 온 술과 포를 먹지 않았다."라고 하였는데, 반듯하지 않음을 말한다.

○〔槀魚曰商祭〕 '槀'는 '마르다'의 뜻이고, '商'은 '헤아리다'의 뜻이다. 제사에 말린 어물을 사용할 때 건조가 알맞게 되었는지 헤아려서 사용한다.

○〔鮮魚曰脡祭〕 '脡'은 '곧다'의 뜻이다. 제사에 鮮魚를 쓸 경우가 있을 때 반드시 신선한 것을 쓰는 이유는, 선어는 푹 익히면 형태가 곧으나 만약 상했으면 살이 부서져

서 곧지 않기 때문이다.

○〔水曰淸滌〕 옛날에는 제사에 물로 술을 대신하였는데 이를 '玄酒'라 한다. '淸滌'이라 한 것은 매우 맑고 깨끗하다는 말이다. ≪禮記≫ 〈樂記〉에 이르기를 "〈선왕에게 大饗하는 禮는〉 玄酒를 숭상한다."라고 한 것이 이것이다.

○〔酒曰淸酌〕 '酌'은 '술을 따르다'의 뜻이니, 이 술이 매우 맑아서 따라서 마실 만하다는 말이다. 마땅히 三酒가 되어야 하며 반드시 五齊인 것은 아니다.

○〔黍曰薌合〕 찰기가 있는 곡식을 '黍'라 하니, 찰기가 있으면 부드러워서 잘 뭉치고 냄새가 또 향기로우므로 '薌合'이라 한 것이다.

○〔粱曰薌萁〕 '粱'은 白粱과 黃粱을 이른다. '萁'는 어조사이다.

○〔稷曰明粢〕 '稷'은 粟이며 '明'은 '밝다'의 뜻이니, 이 제사에 粢가 밝다는 말이다. ≪周禮≫ 〈天官 甸師〉 鄭玄의 注에 이르기를 "粢는 稷이다."라고 하였고, ≪爾雅≫ 〈釋草〉에 이르기를 "粢는 稷이다."라고 하였는데, 郭璞의 주에 "지금 江東 사람들은 粟을 粢라 부른다."라고 하였다. 隋나라 祕書監 王劭는 晉宋의 古本을 교감했는데 모두 '稷曰明粢' 구절이 없다며 8가지 의심스러운 점에 12가지 증거를 내세워서 이 구절이 없는 것이 옳다고 하였다. 그러나 今文 ≪書經≫ 〈周書 君陳〉에 이르기를 "黍稷이 향기로운 것이 아니다.〔黍稷非馨〕"라고 하였고, ≪詩經≫ 〈小雅 楚茨〉에 이르기를 "나의 黍가 무성하고 나의 稷이 무성하니, 술을 빚고 밥을 지어서 제향 드리고 제사 지낸다.〔我黍與與 我稷翼翼 爲酒爲食 以享以祀〕"라고 하였다. 그렇다면 黍稷은 五穀의 주인이니, 이것은 제기에 담는 곡식 중에 귀한 것이다. 黍가 이미 별도로 〈薌合이라는〉 이칭이 있다면 稷은 무슨 이유로 홀로 미칭이 없겠는가. ≪이아≫에서는 또 '粢'를 稷으로 보았는데 여기에서 또 '稷曰明粢'라 하여 ≪이아≫와 꼭 들어맞는다. 또 ≪儀禮≫ 〈士虞禮 記〉에 이르기를 '새로 길은 물로 빚은 술〔明齊溲酒〕'이라 하였는데, 정현의 주에 이르기를 "혹자는 '明齊'는 마땅히 '明視'가 되어야 한다고 하는데, 〈'明視'가 된다면〉 兎腊을 이르게 된다. 今文에는 '明粢'로 되어 있는데, '粢'는 稷이다. 모두 차서에 맞지 않는다."라고 하였다. 정현의 말처럼 '모두 차서에 맞지 않는 것'은 ≪禮記≫ 〈曲禮〉에 '明粢'의 글이 있기 때문이다. 그러므로 〈정현이〉 ≪의례≫의 주에서 "차서에 맞지 않는다."라고 한 것이다. 왕소는 이미 ≪이아≫의 설을 버리고 또 정현의 말도 보지 않았으니, 만약 〈왕소의〉 잘못된 책을 믿는다면 제멋대로 이견을 내어서 經籍을 마구 고칠 것이니 매우 슬픈 일이다.

【疏】○ 注'號牲'至'(幣)帛〔也〕[1)]'. ○ 正義曰："元, 頭也", 案釋(古)〔詁〕[2)]文 "元, 首[3)]." 首則頭也. "武, 迹也[4)]", 釋訓文. "春秋傳作腯"者, 桓六年左傳云"博碩肥腯"是也. 云"羹獻, 食人之餘也"者, 周禮槀人云"掌豢(환)祭祀之犬"是也. "尹, 正也", "嘉, 善也", 釋言文. 此等諸號, 若一祭竝有, 則擧其大者牲牢・酒齊而言, 不應諸事皆道. 故少牢禮稱"敢用柔毛・剛鬣・嘉薦・普淖"是也. 或唯有鷄犬, 或唯魚兎及水酒韭鹽之祭, 則各擧其美號, 故此經備載其名. 必知然者, 案士虞禮祝辭云"尹祭", 鄭注云 "尹[5)], 脯也. 大夫・士祭無云'脯'者, 今不言牲號[6)]而云'尹祭', 亦記者誤矣." 如鄭此言, 明單用脯者稱尹祭. 以此推之, 餘亦可知也.

1) (幣)帛〔也〕: 저본에는 '幣帛'으로 되어 있으나, 문장의 마지막 두 글자를 기록하는 본서의 체제에 의거하여 '幣'를 삭제하고 '帛也'로 바로잡았다.
2) (古)〔詁〕: 저본에는 '古'로 되어 있으나, '釋詁'는 ≪爾雅≫의 편명이므로 이에 의거하여 '詁'로 바로잡았다. 閩本・監本・毛本에는 '詁'로 되어 있다.(阮元의 校勘記 참조)
3) 元 首 : ≪이아≫ 〈釋詁〉에 "元・良은 '머리'의 뜻이다.〔元良 首也〕"라는 내용이 보인다.
4) 武 迹也 : ≪이아≫ 〈釋訓〉에 "≪詩經≫ 〈大雅 生民〉의 '履帝武敏'에서, '武'는 '발자국'의 뜻이고, '敏'은 '엄지'의 뜻이다.〔履帝武敏 武 迹也 敏 拇也〕"라는 내용이 보인다.
5) 尹 : 考文引宋板에는 이 뒤에 '祭'가 있다.(阮元의 校勘記 참조)
6) 牲號 : 제사에 사용하는 희생을 지칭하는 이름을 이른다. 예컨대 소를 一元大武, 돼지를 剛鬣, 양을 柔毛, 닭을 翰音이라 부르는 것과 같은 유이다.

○ 注의 〔號牲〕에서 〔帛也〕까지

○ 正義曰 : '元 頭也'는, 살펴보면 ≪爾雅≫ 〈釋詁〉의 글에 "'元'은 首이다."라고 하였으니, '首'는 頭이다. '武 迹也'는 ≪이아≫ 〈釋訓〉의 글이다. '春秋傳作腯'은, ≪春秋左氏傳≫ 桓公 6년 조에 '博碩肥腯'이라 한 것이 이것이다. '羹獻 食人之餘也'는, ≪周禮≫ 〈地官 槀人〉에 이르기를 "제사에 쓸 개를 기르는 것을 관장한다."라고 한 것이 이것이다. '尹 正也'와 '嘉 善也'는 ≪이아≫ 〈釋言〉의 글이다.

이들 여러 호칭은, 만약 하나의 제사에 모두 있으면 그 큰 것인 희생과 술을 들어서 말하고 여러 일을 모두 말해서는 안 된다. 그러므로 ≪儀禮≫ 〈少牢饋食禮〉에서 '감히 柔毛・剛鬣・嘉薦・普淖를 써서'라고 칭한 것이 이것이다. 혹 닭과 개만 있거나, 혹 물고기・토끼 및 물・술・부추・소금만으로 제사 지낸다면 각각 그 미칭을 거론하므로 여기 경문에서 그 이름을 다 갖추어 실은 것이다. 반드시 그러함을 아는 것은, 살펴보면 ≪의례≫ 〈士虞禮〉 祝辭에 '尹祭'라고 한 것에 대해, 정현의 주에 이르기를 "'尹'은 脯이다. 대부와 士의 제사에 '脯'를 말한 것이 없는데 지금 牲號를 말하지 않고 '尹祭'라 한 것은 또한 기록한 자의 잘못이다."라고 하였다. 정현의 이 말대로라면 단독으로 脯만 사용할 경우에는 '尹祭'라 칭하는 것이 분명하다. 이것으로 미루어보면 나머지 또한 알 수 있다.

02-25-01 天子死曰崩이요 諸侯曰薨이요 大夫曰卒이요 士曰不祿이요 庶人曰死요

천자가 죽으면 '崩'이라 하고, 제후가 죽으면 '薨'이라 하고, 대부가 죽으면 '卒'이라 하고, 士가 죽으면 '不祿'이라 하고, 서인이 죽으면 '死'라 한다.

【注】異死名者는 爲人褻其無知하여 若猶不同然也라 自上顚[1]壞曰崩이라 薨은 顚壞之聲이라 卒은 終也라 不祿은 不終其祿이라 死之言은 澌(시)也니 精神澌盡也라

1) 顚 : ≪經典釋文≫에는 표제어가 '傎(전)'으로 되어 있으며, ≪說文解字≫에는 '傎'이 없다.(阮元의 校勘記 참조)

죽음의 명칭을 달리하는 것은, 〈죽은 사람이〉 알지 못한다고 사람들이 설만히 여길까 하여 여전히 똑같지 않은 것처럼 하는 것이다. 위에서부터 무너져내리는 것을 '崩'이라 한다. '薨'은 무너지는 소리이다. '卒'은 '마치다'의 뜻이다. '不祿'은 그 녹을 마치지 않았다는 것이다. '死'라는 말은 '다하다'의 뜻이니, 정신이 다하였다는 것이다.

在牀曰尸요

시신이 평상에 있으면 '尸'라 하고,

【注】尸는 陳也니 言形體在라

'尸'는 '벌여 있다'의 뜻이니, 형체만 남아 있다는 말이다.

在棺曰柩라하며

널에 있으면 '柩'라 한다.

【注】柩之言은 究也라

'柩'라는 말은 〈襲斂 등 초상에 관한 일이〉 '다 끝나다'의 뜻이다.

【疏】'天子'至'曰柩'[1]. ○ 正義曰：此一節論死後稱謂尊卑不同之事, 各隨文解之. 但生時尊卑著見可識, 而死蔭爲野土, 嫌若可棄而稱輕褻之, 故爲制尊卑之名, 則明其猶有貴賤之異也. ○'崩'者, 墜壞之名, 譬若天形墜壓然, 則四海必覩. 古之王者登假(하)[2]也, 則率土咸知, 故曰崩. ○'諸侯曰薨'者, 薨者, 崩之餘聲也. 而詩云"蟲飛薨薨", 是聲也. 諸侯卑, 死不得效崩之形, 但如崩後之餘聲[3], 遠劣於形壓, 諸侯之死, 知者亦局也. ○'大夫曰卒'者, 卒, 畢竟也. 大夫是有德之位, 仕能至此, 亦能畢了平生, 故曰卒也. ○'士曰不祿'者, 士祿以代耕, 而今遂死, 是不終其祿. ○'庶人曰死'者, 死者, 澌(시)也, 澌是消盡無餘之目. 庶人極賤, 生無令譽, 死絶餘芳, 精氣一去, 身名俱盡, 故曰死. 今俗呼盡爲澌, 卽舊語有存者也. 云崩・薨異號, 至葬同者, 以臣子藏其君父, 安厝(조)貴賤同也. ○'在(床)〔牀〕[4]曰尸'者, 尸, 陳也. 古人病困氣未絶之時, 下置在地, 氣絶之後, 更(갱)還牀上. 所以如此者, 凡人初生在地, 旣病將死, 故下復其初生, 冀脫得死重生也. 若其不生, 復(부)反本床. 旣未殯斂, 陳列在牀, 故曰尸也. 白虎通云[5]"失氣亡神, 形體獨陳"是也, 言形體在也. ○'在棺曰柩'者, 柩, 究也. 三日不生, 斂之在棺, 死事究竟於此也. 白虎通云[6] "柩, 究也, 久也, 不復(부)變色[7]." 然尸・柩亦通名也. 案曾子問云 "如小斂, 則子免(문)[8]而從柩." 此謂小斂, 擧尸在爲柩也. 春秋左氏傳[9] "贈死不及尸." 是呼未葬之柩爲尸.

1) 天子至曰柩：惠棟校宋本에는 이 5자가 없다.(阮元의 校勘記 참조)

2) 登假(하)：≪禮記≫ 〈曲禮 下〉에 "〈사신을 보내 각 제후국에 천자의〉 초상을 부고할 때는 '天王登假'라 한다.〔告喪曰 天王登假〕"라고 하였는데, 鄭玄의 注에 "'登'은 '올라가다'의 뜻이고 '假'는 '이미'의 뜻이니, 이미 위로 올라갔다는 것은 신선이 되어 떠났다고 말하는 것과 같다.〔登 上也 假 已也 上已者 若僊去云耳〕"라고 하였다. 02-12-05 참조.

3) 餘聲：考文引宋板・衛氏集說에는 이 뒤에 '聲' 1자가 또 있다.(阮元의 校勘記 참조)

4) (床)〔牀〕：저본에는 '床'으로 되어 있으나, 經文에 의거하여 '牀'으로 바로잡았다.

5) 白虎通云：이하의 내용이 ≪白虎通義≫ 卷下 〈德論下 崩薨〉에 보인다.

6) 白虎通云：≪백호통의≫ 권하 〈덕론하 붕훙〉에 "'柩'라는 말은 '다 끝나다', '오래가다'의 뜻이니, 다시는 드러나지 않는다는 것이다.〔柩之爲言 究也久也 不復章也〕"라는 내용이 보인다. 참고로 後漢 劉熙의 ≪釋名≫에는 "'柩'는 '다하다'의 뜻이니, 장례에 관해 몸에 딸린 제도가 모두 구비되었다는 것이다.〔柩 究也 送終隨身之制皆究備也〕"라고 하였다. 前漢 孔鮒의 ≪小爾雅≫에 "빈 널을 '櫬'이라 하고, 시신이 들어 있는 널을 '柩'라 한다.〔空棺謂之櫬 有尸謂之柩〕"라는 내용이 보인다.

7) 色：惠棟校宋本에는 '也'로 되어 있다.(阮元의 校勘記 참조)

8) 免(문) : 喪服의 하나로, 冠을 벗고 머리를 묶은 뒤 천으로 머리를 두르는 것이다. ≪禮記≫ 〈檀弓 上〉 陸德明의 음의에 "너비 1촌의 천을 목 가운데서 앞으로 오게 하여 이마에서 교차한 뒤 또 뒤쪽으로 돌려서 상투를 감는다.〔以布廣一寸 從項中而前 交於額上 又却向後 繞於髻〕"라고 하였다.

9) 春秋左氏傳 : 이하의 내용이 ≪春秋左氏傳≫ 隱公 원년 조에 보인다.

經의 〔天子〕에서 〔曰柩〕까지

○ 正義曰 : 이 절은 죽은 뒤의 호칭이 尊卑에 따라 같지 않은 일을 논한 것이니, 각각 글을 따라 풀이하겠다. 다만 살아 있을 때는 존비가 드러나서 알 수 있으나, 죽어 음지에서 들의 흙이 되면 마치 버려도 될 것처럼 여겨서 가볍게 설만히 호칭할까 염려되므로 존비의 명칭을 만든 것이니, 여전히 귀천의 다름이 있음을 밝힌 것이다.

○ 〔崩〕 무너지는 것을 이름한 것이다. 마치 하늘의 모습이 무너져내려 짓누르는 것 같다고 비유한 것이니, 이렇게 되면 천하 사람들이 반드시 보게 된다. 옛날의 왕은 죽으면 온 세상이 모두 알았으므로 '崩'이라 한다.

○ 〔諸侯曰薨〕 '薨'은 무너지고 난 뒤의 남은 소리이다. ≪詩經≫ 〈齊風 鷄鳴〉에 이르기를 "벌레가 날아 薨薨거린다."라고 하였으니, 바로 소리이다. 제후는 〈왕보다〉 신분이 낮아서 죽으면 〈하늘의〉 무너지는 모습을 본뜨지 못하고 다만 무너지고 난 뒤의 남은 소리와 같아서 〈그 소리가 하늘이 무너져서〉 짓누르는 모습보다 훨씬 못하니, 제후의 죽음은 아는 자가 또한 한정되기 때문이다.

○ 〔大夫曰卒〕 '卒'은 모두 마쳤다는 것이다. 대부는 덕이 있는 자의 자리인데 벼슬이 능히 여기까지 이르러서 또한 평생을 마칠 수 있었으므로 '卒'이라 한다.

○ 〔士曰不祿〕 士는 녹으로 경작을 대신하는데 지금 마침내 죽었다면 이것은 그 녹을 마치지 못한 것이다.

○ 〔庶人曰死〕 '死'는 '澌'의 뜻이니, '澌'는 다 없어져서 남음이 없음을 지칭한 것이다. 서인은 지극히 천하여 살아 있을 때는 아름다운 명예가 없고 죽으면 남은 德이 끊겨서, 정기가 한 번 떠나면 몸과 이름이 모두 다 사라지므로 '死'라고 한다. 지금 세속에서 '盡'을 '澌'라고 부르는데, 바로 옛말이 남아 있는 것이다. 〈죽음에 대해서는〉 '崩'·'薨'이라 하여 호칭을 달리 하나 〈'尸'나 '柩'와 같이〉 장례에 이르러서는 똑같은 것은, 臣子가 君父를 장례할 때 安葬하는 것은 귀천이 똑같기 때문이다.

○ 〔在牀曰尸〕 '尸'는 '벌여 있다'의 뜻이다. 옛사람은 병이 들어 위독하면 숨이 아직 끊어지지 않았을 때 〈이 사람을〉 바닥에 내려놓았다가 숨이 끊어진 뒤에 다시 침상

위로 되돌려놓는다. 이렇게 하는 이유는, 무릇 사람은 처음 바닥에서 태어나는데 이미 병이 들어 곧 죽게 되었으므로, 〈바닥에〉 내려놓아 처음 태어났을 때로 되돌려서 혹시라도 죽음에서 다시 살아날 수 있기를 바라는 것이다. 만약 살아나지 않으면 다시 본래의 침상으로 되돌린다. 이미 殯과 斂을 아직 하지 않고 침상에 벌여 있으므로 '尸'라 한다. ≪白虎通義≫에 이르기를 "숨이 멈추고 혼이 나가서 형체만 홀로 벌여 있는 것이다."라고 한 것이 이것이니, 형체만 남아 있다는 말이다.

○〔在棺曰柩〕'柩'는 '다 끝나다'의 뜻이다. 사흘이 되어도 살아나지 않으면 염을 하여 널에 넣으니 〈殯斂 등〉 초상에 관한 일이 여기에서 다 끝나게 된다. ≪백호통의≫에 이르기를 "柩는 '다 끝나다', '오래가다'의 뜻이니, 다시는 변색하지 않는다는 것이다."라고 하였다. 그러나 '尸'와 '柩'는 또한 통칭하기도 한다. 살펴보면 ≪禮記≫ 〈曾子問〉에 이르기를 "만일 소렴을 했으면 〈상주인〉 아들이 免을 하고 柩를 뒤따른다."라고 하였는데, 이것은 소렴에 '尸'가 있음을 들어서 '柩'로 삼은 것을 이른다. ≪春秋左氏傳≫에 "죽은 자에게 예물을 주되 尸에 미치지 못하였다."라고 하였는데, 이것은 아직 장례하기 전의 '柩'를 '尸'로 부른 것이다.

02-25-02 羽鳥曰降이요 四足曰漬(지)라하나니라

날아다니는 짐승인 새가 죽은 것을 '降'이라 하고, 네 발로 다니는 짐승이 죽은 것을 '漬'라 한다.

【注】 異於人也라 降은 落也라 漬는 謂相瀸汙(첨오)而死也라 春秋傳曰 大災者는 何오 大漬也라하니라

〈짐승의 죽음에 대한 호칭을〉 사람과 달리하는 것이다. '降'은 '떨어지다'의 뜻이다. '漬'는 서로 전염되어 죽음을 이른다. ≪春秋公羊傳≫에 이르기를 "'大災'란 무엇인가? 大漬이다."라고 하였다.

【疏】 '羽鳥'至'曰漬'. ○〔正義曰〕[1] : 鳥獸死, 異名也. 降, 落也. 羽鳥飛翔之物, 今云其降落, 是知死也. ○'四足曰漬'者, 牛馬之屬也. 若一箇死, 則餘者更相染漬而死. 今云其漬, 則知死也, 異於人耳.

1)〔正義曰〕: 저본에는 '正義曰' 3자가 없으나, 저본의 체제에 의거하여 보충하였다.

經의 〔羽鳥〕에서 〔曰漬〕까지

○ 正義曰 : 조수의 죽음에 이름을 달리하는 것이다.

〈〔羽鳥曰降〕〉 '降'은 '떨어지다'의 뜻이다. '羽鳥'는 나는 동물인데 지금 '떨어졌다'고 말했다면 이것은 죽은 것임을 알 수 있다.

○ 〔四足曰漬〕 소나 말의 등속이다. 만약 한 마리가 죽으면 나머지 것들도 서로 전염되어 죽는다. 지금 '漬'라고 말했다면 죽은 것을 알 수 있으니, 〈죽음에 대한 호칭이〉 사람과 다를 뿐이다.

【疏】 〔○〕[1]'春秋傳曰 大災者何 大漬也'. ○ 公羊莊二十年, "夏, 齊大災. 大災者何. 大瘠也. 大瘠者何. 痢(려)也." 注云 "痢者, 民疾疫也." 然此云"漬", 彼云"瘠", 字異而意同(也者)〔者也〕[2].

1) 〔○〕 : 저본에는 부호 '○'가 없으나, 저본의 체제에 의거하여 보충하였다. 아래도 같다.
2) (也者)〔者也〕 : 저본에는 '也者'로 되어 있으나, 앞뒤 문맥에 맞지 않아 閩本·監本·毛本에 의거하여 '者也'로 바로잡았다. 惠棟校宋本에는 '者'가 없다.(阮元의 校勘記 참조)

○ 注의 〔春秋傳曰 大災者何 大漬也〕

○ ≪春秋公羊傳≫ 莊公 20년 조에 "여름에 齊나라에 大災가 발생하였다. '大災'는 무엇인가? 大瘠이다. '大瘠'은 무엇인가? 痢이다."라고 하였는데, 何休의 解詁에 이르기를 "'痢'는 백성들이 역병에 걸린 것이다."라고 하였다. 그러나 여기 경문에서는 '漬'라 하고 ≪춘추공양전≫에서는 '瘠'이라 하였는데, 글자는 다르나 뜻은 똑같은 것이다.

02-25-03 死寇曰兵이요

〈아버지나 할아버지가〉 적의 침입을 막다가 전사한 것을 '兵'이라 한다.

【注】 異於凡人하여 當饗祿其後라

평범한 사람들과 달리하여 마땅히 그 후손에게 녹을 누리게 해야 한다.

祭王父曰皇祖考요 王母曰皇祖妣요 父曰皇考요 母曰皇妣요 夫曰皇辟(벽)이라하나니라

조부에게 제사 지낼 때는 '皇祖考'라 하고, 조모에게 제사 지낼 때는 '皇祖妣'라 하고, 부친에게 제사 지낼 때는 '皇考'라 하고, 모친에게 제사 지낼 때는 '皇妣'라

하고, 남편에게 제사 지낼 때는 '皇辟'이라 한다.

【注】 更設稱號하여 尊神異於人也라 皇은 君也요 考는 成也니 言其德行之成也라 妣之言은 媲(비)也니 媲於考也라 辟은 法也니 妻所取法也라

다시 호칭을 마련하여 神으로 높여 사람과 달리 표현하는 것이다. '皇'은 '군주'의 뜻이고, '考'는 '이루다'의 뜻이니, 덕행이 이루어진 것을 말한다. '妣'라는 말은 '배필'의 뜻이니, 부친에게 배필이 된다는 것이다. '辟'은 '법'의 뜻이니, 〈남편은〉 아내가 법을 취하는 사람이라는 것이다.

【疏】 '死寇'至'皇辟'. ○〔正義曰〕[1] : '死寇曰兵', (○)[2]謂父祖死君之寇, 而子孫爲名也, 言人能爲國家捍難禦侮, 爲寇所殺者, 謂爲兵. 兵, 器仗之名, 言其爲器仗之用也. 故君恒祿恤其子孫, 異於凡人也. 故鄭云"當饗祿其後", "春饗孤子"[3]是也. ○'祭王'至'皇辟'. ○此更爲神設尊號, 亦廣其義也. ○王父, 祖父也. 皇, 君也. 考, 成也. 此言祖有君德已成之也. ○'王母曰皇祖妣'者, 王母, 祖母也. 妣, 媲也, 言得媲匹於祖也. ○'父曰皇考, 母曰皇妣'者, 義如上祖父母也. ○'夫曰皇辟'者, 辟, 法也, 夫是妻所取法如君, 故言君法也.

1) 〔正義曰〕: 저본에는 '正義曰' 3자가 없으나, 저본의 체제에 의거하여 보충하였다.
2) (○) : 저본에는 부호 '○'가 있으나, 저본의 체제에 의거하여 衍文으로 처리하였다.
3) 春饗孤子 : ≪禮記≫ 〈郊特牲〉에 보인다.

經의 〔死寇〕에서 〔皇辟〕까지

○ 正義曰 : 〔死寇曰兵〕 부친과 조부가 군주의 적에게 죽으면 자손이 〈부친과 조부의 죽음을 '兵'으로〉 이름하는 것을 이르니, 사람이 능히 국가를 위하여 난리를 막고 침입을 막다가 적에게 죽임을 당한 것을 '兵'이 되었다고 이른다는 말이다. '兵'은 병장기를 이름한 것이니, 병장기로 쓰였다는 말이다. 그러므로 군주가 항상 그 자손에게 녹을 주고 긍휼히 여겨서 평범한 사람들과 달리하는 것이다. 그러므로 정현이 '當饗祿其後'라 한 것이니, "봄에는 孤子에게 연향을 베푼다."라는 것이 이것이다.

○ 〔祭王〕에서 〔皇辟〕까지

○ 이것은 다시 神을 위하여 존호를 마련한 것이니, 또한 그 뜻을 넓힌 것이다.

○ 〈〔祭王父曰皇祖考〕〉 '王父'는 조부이다. '皇'은 '군주'의 뜻이다. '考'는 '이루어지다'의 뜻이다. 이것은 조부가 군주의 덕을 이미 이루었다는 말이다.

○〔王母曰皇祖妣〕'王母'는 조모이다. '妣'는 '배필'의 뜻이니, 조부에게 배필이 될 수 있었다는 말이다.

○〔父曰皇考 母曰皇妣〕 뜻이 앞의 조부・조모와 같다.

○〔夫曰皇辟〕'辟'은 법이니, 남편은 아내가 법을 취하는 군주와 같은 사람이므로 '君法'이라 말한 것이다.

【疏】 ○ 注'皇君'至'法也'. ○ 正義曰："皇, 君也"・"考, 成也"・"辟, 法也", 皆釋(古)〔詁〕文也[1].

1) 皆釋(古)〔詁〕文也：≪爾雅≫ 〈釋詁〉에 "林・烝・天・帝・皇・王・后・辟・公・侯는 '군주'의 뜻이다.〔林烝天帝皇王后辟公侯 君也〕", "功・績・質・登・平・明・考・就는 '이루다'의 뜻이다.〔功績質登平明考就 成也〕", "柯・憲・刑・範・辟・律・矩・則은 '법'의 뜻이다.〔柯憲刑範辟律矩則 法也〕"라는 내용이 보인다. 저본에는 '古'로 되어 있으나, '釋詁'는 ≪爾雅≫의 편명이므로 이에 의거하여 '詁'로 바로잡았다.

○ 注의 〔皇君〕에서 〔法也〕까지

○ 正義曰：'皇君也', '考成也', '辟法也'는 모두 ≪爾雅≫ 〈釋詁〉의 글이다.

02-25-04 生曰父曰母曰妻요 死曰考曰妣曰嬪이요

살아서는 〈부친을〉 '父', 〈모친을〉 '母', 〈아내를〉 '妻'라 하고, 죽어서는 〈부친을〉 '考', 〈모친을〉 '妣', 〈아내를〉 '嬪'이라 한다.

【注】 嬪은 婦人有法度者之稱也라 周禮에 九嬪掌婦學之法하여 教九御婦德婦言婦容婦功이라하니라

'嬪'은 婦人 중에 법도가 있는 자의 호칭이다. ≪周禮≫ 〈天官 九嬪〉에 "九嬪은 부인의 학습에 관한 법을 관장하여 九御에게 부인의 덕, 부인의 말씨, 부인의 모습, 부인의 일을 가르친다."라고 하였다.

【疏】 '生曰'至'曰嬪'. ○〔正義曰〕[1]：生時所稱也, 不言祖及夫者, 以生號無別稱也. ○ '死曰考曰妣曰嬪'者, 嬪, 婦人有法度之名也. 前是宗廟之祭, 加其尊稱, 故父母竝曰皇也. 此謂非祭時所稱也.

1)〔正義曰〕: 저본에는 '正義曰' 3자가 없으나, 저본의 체제에 의거하여 보충하였다.

經의 〔生曰〕에서 〔曰嬪〕까지

○ 正義曰 : 〈〔生曰父曰母曰妻〕〉 살아 있을 때의 호칭이니, 조부와 남편을 말하지 않은 것은 살아 있을 때 부르는 별도의 호칭이 없기 때문이다.

○〔死曰考曰妣曰嬪〕 '嬪'은 婦人 중에 법도가 있는 자의 이름이다. 앞에서는 종묘의 제사이므로 존칭을 더한 것이니, 이 때문에 부친과 모친에게 모두 '皇'이라 한 것이다. 여기서는 제사 때 호칭하는 것이 아님을 이른다.

【疏】○ 注'嬪婦'至'婦功'. ○ 正義曰 : '周禮九嬪掌婦學之法, 教九御'者, 此證嬪有德之名, 周禮以九嬪教宮內之婦人學四德也. 謂"九御"者, 自(世婦)〔九嬪〕[1]以下, 九九而御者也. 嬪所教, 不教后・夫人及世婦, 唯教九御而已. 云'婦德・婦言・婦容・婦功'者, 此九嬪所教之事也. "婦德"謂貞順也, "婦言"謂辭令也, "婦容"謂婉娩也, "婦功"謂絲枲(시)也. ○ 此生死異稱, 出爾雅文[2], 言其別於生時耳. 若通而言之, 亦通也. 尙書云"大傷其[3]考心", 又云"聰聽祖考之彝訓", 倉頡篇云"考妣延年", 又云"嬪于虞", 詩大明云"曰嬪于京", 周禮[4]九嬪之官, 竝非生死異稱矣.

1) (世婦)〔九嬪〕: 저본에는 '世婦'로 되어 있으나, ≪周禮≫ 〈天官 九嬪〉 鄭玄의 注에 의거하여 '九嬪'으로 바로잡았다. 정현의 주에 따르면 燕寢에서 왕을 모실 때 后가 1일 밤, 3夫人이 1일 밤, 九嬪 9人이 1일 밤, 世婦 27인이 3일 밤, 女御 81인이 9일 밤을 모셔서 15일이면 끝나는데, 달의 형상을 따라서 초하루부터 15일까지는 신분이 낮은 女御부터 시작하고, 보름인 15일부터는 신분이 높은 后부터 시작한다. 02-13-01 공영달 소 참조.
2) 出爾雅文 : ≪爾雅≫ 〈釋親〉에 "부친은 '考', 모친은 '妣'라 한다.〔父爲考 母爲妣〕"라는 내용이 보인다.
3) 其 : 監本・毛本・衛氏集說에는 '厥'로 되어 있다.(阮元의 校勘記 참조)
4) 周禮 : ≪爾雅≫ 〈釋親〉 정현의 주에는 이 뒤에 '有'가 있다.

○ 注의 〔嬪婦〕에서 〔婦功〕까지

○ 正義曰 : 〔周禮九嬪掌婦學之法 教九御〕 이것은 嬪이 덕을 가진 자의 이름임을 증명한 것이니, ≪周禮≫에서 九嬪은 궁궐 안의 부인에게 네 가지 덕을 학습하도록 가르치기 때문이다. '九御'라 이른 것은, 구빈 이하는 〈왕의 침소에서〉 9인마다 1일 밤을 모시는 자이기 때문이다. 구빈이 가르치는 대상은 后・夫人・世婦를 가르치지 않고 오직 九御만 가르칠 뿐이다.

〔婦德婦言婦容婦功〕 이것은 九嬪이 가르치는 일이다. '婦德'은 정순함을 이르며, '婦言'은 언사를 이르며, '婦容'은 유순함을 이르며, '婦功'은 고치를 켜 실을 뽑고 삼에서 실을 잣는 것을 이른다.

○ 이렇게 살아 있을 때와 죽은 뒤의 호칭을 달리하는 것은 ≪爾雅≫의 글에서 나온 것이니, 살아 있을 때와 구별됨을 말한 것뿐이다. 만약 통틀어서 말한다면 또한 통용한다. ≪書經≫ 〈周書 康誥〉에 이르기를 "考의 마음을 크게 상하게 한다."라고 하였고, 또 ≪서경≫ 〈周書 酒誥〉에 이르기를 "祖考의 떳떳한 가르침을 잘 듣는다."라고 하였으며, ≪倉頡篇≫에 이르기를 "考妣가 수명을 연장한다."라고 하였고, 또 ≪서경≫ 〈虞書 堯典〉에 이르기를 "〈요임금은 두 딸을〉 虞舜의 嬪이 되게 하였다."라고 하였으며, ≪詩經≫ 〈大雅 大明〉에 이르기를 "〈太任이 殷商에서 周나라로 시집와서〉 주나라 서울에서 嬪이 되었다."라고 하였고, ≪주례≫에 九嬪의 관직이 있으니, 결코 살아 있을 때와 죽은 뒤의 호칭을 달리한 것이 아니다.

02-25-05 壽考曰卒이요 短折曰不祿이라하나니라

〈德을 가지고서도 벼슬하지 않은 사람이〉 오래 살다가 죽은 것을 〈大夫의 호칭을 따라서〉 '卒'이라 하고, 젊어서 단명하여 죽은 것을 〈士의 호칭을 따라서〉 '不祿'이라 한다.

【注】 (祿)[1]謂有德行하여 任爲大夫士而不爲者니 老而死하면 從大夫之稱하고 少而死하면 從士之稱이라

1) (祿) : 저본에는 '祿'이 있으나, 앞뒤 문맥에 의거하여 衍文으로 처리하였다. 浦鏜의 교감기에서도 이를 衍字로 보았으며, 衛氏集說에도 '祿'이 없다.(阮元의 校勘記 참조)

덕행이 있어서 대부나 士가 될 만하지만 하지 않은 자를 이르니, 늙어서 죽으면 대부의 호칭을 따르고 젊어서 죽으면 士의 호칭을 따른다.

【疏】 '壽考'至'不祿'. ○ 此竝是有德未經仕而死者之稱也. 壽考, 老也. 短折, 少也. 若有德不仕, 老而死者, 從大夫之稱, 故曰卒也. 若少而死者, 則從士之稱, 故曰不祿.

經의 〔壽考〕에서 〔不祿〕까지

○ 이것은 모두 덕을 가지고서도 벼슬하지 않고 죽은 사람의 호칭이다. '壽考'는 늙

은 것이다. '短折'은 젊은 것이다. 만약 덕을 가지고서도 벼슬하지 않고 늙어서 죽은 자가 있다면 대부의 호칭을 따르므로 '卒'이라 하고, 만약 젊어서 죽었다면 士의 호칭을 따르므로 '不祿'이라 한다.

【疏】 ○ 注'有德'至'之稱'. ○ 正義曰：鄭知"有德行任爲大夫士而不爲者", 若實是大夫士, 前文已顯[1], 今更別云卒與不祿, 同大夫士之稱, 故知堪爲大夫士而不爲者. 檀弓云"君子曰終, 小人曰死." 與此不同者, 此據年之老者從大夫之稱, 少者從士之稱, 檀弓不據年之老少, 但據君子取終其成功[2], 小人精神盡澌(시)[3], 與此別也.

1) 前文已顯：02-25-01에 보인다.
2) 君子取終其成功：≪禮記≫〈文王世子〉鄭玄의 注에 "군자의 죽음을 '終'이라 하니, 공을 이룸을 마쳤다는 것이다.〔君子曰終 終其成功〕"라는 내용이 보인다.
3) 小人精神盡澌(시)：02-25-01 정현의 주 참조.

○ 注의 〔有德〕에서 〔之稱〕까지

○ 正義曰：鄭玄이 '有德行 任爲大夫士而不爲者'임을 안 것은, 만약 실제로 대부·士라면 앞의 글에 이미 드러났는데 지금 다시 별도로 '卒'과 '不祿'을 말하여서 대부·士의 호칭과 똑같으므로 대부·士가 될 만하지만 하지 않은 자임을 안 것이다. ≪禮記≫〈檀弓 上〉에 이르기를 "군자의 죽음을 '終'이라 하고, 소인의 죽음을 '死'라 한다."라고 하였다. 여기와 같지 않은 것은, 여기서는 나이가 많은 자는 대부의 호칭을 따르고 나이가 적은 자는 士의 호칭을 따른다는 것에 의거한 것이고, 〈단궁 상〉은 나이의 많고 적음에 의거하지 않고 단지 군자는 그 功을 이룸을 마치고 소인은 정신이 다 없어지는 것에서만 뜻을 취한 것에 의거하여 여기와 구별한 것이다.

02-26-01 天子를 視호댄 不上於袷(겁)하며 不下於帶하고

〈천자의 신하가〉 천자를 볼 때는 〈시선이 朝服이나 祭服의〉 曲領보다 올라가지 않고 허리띠보다 내려가지 않으며,

【注】 袷은 交領也니 天子至尊하여 臣視之에 目不過此라

'袷'은 〈가슴 앞에서 겹치는〉 曲領이니, 천자는 지존이어서 신하가 〈천자를〉 볼 때 눈이 이곳을 넘어가서는 안 된다.

國君엔 **綏**(타)**視**하고

〈제후국 군주의 신하가〉 군주를 볼 때는 〈曲領의 위쪽 얼굴 아래를 보아〉 시선을 내려서 보며,

【注】 視國君彌高라 綏는 讀爲妥하니 妥視는 謂視上於袷이라

군주를 볼 때는 〈천자를 볼 때보다〉 더 높이 본다. '綏'는 '妥'로 읽으니, '妥視'는 曲領보다 위를 봄을 이른다.

大夫엔 **衡視**하고

〈대부의 신하가〉 대부를 볼 때는 〈대부의 얼굴을 보아〉 수평으로 보며,

【注】 視大夫에 又彌高也라 衡은 平也니 平視는 謂視面也라

대부를 볼 때는 〈군주를 볼 때보다〉 또 더 높이 본다. '衡'은 '평평하다〔平〕'의 뜻이니, '平視'는 얼굴을 봄을 이른다.

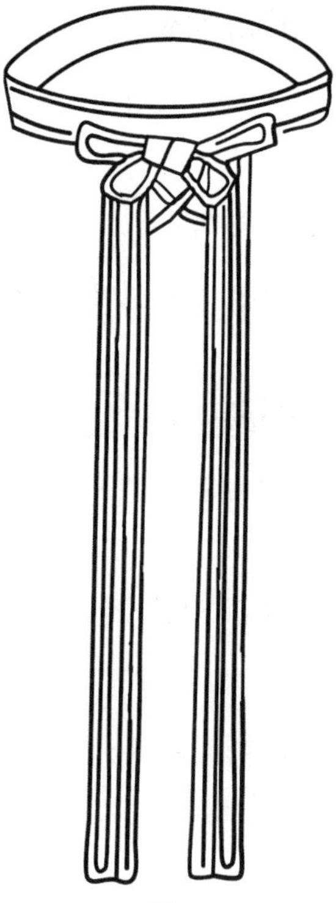

帶

士엔 **視五步**니라

〈士의 하속이〉 士를 볼 때는 〈좌우로〉 5步 안쪽을 본다.

【注】 士視에 得旁遊目五步之中也라 視大夫以上엔 上下遊目不得旁이라

士를 볼 때는 5步 안쪽으로는 눈을 옆으로 놀릴 수 있다. 대부 이상을 볼 때는 눈을 위아래로 놀리며 옆으로는 놀릴 수 없다.

凡視를 **上於面則敖**하고

무릇 시선을 상대방의 얼굴보다 높이 하면 오만하게 보이고,

【注】 敖則仰이라

오만하면 시선을 올린다.

下於帶則憂하고

〈시선을〉 허리띠보다 낮게 하면 근심이 있는 것처럼 보이고,

【注】 憂則低라

근심이 있으면 시선을 낮춘다.

傾則姦이니라

〈시선을〉 비스듬히 기울이면 간사하게 보인다.

【注】 辟[1]頭旁視는 心不正也라 傾은 或爲側이라

1) 辟 : 陸德明의 音義에 따르면 음은 '必亦反'이며, '僻(벽)'으로 되어 있는 판본도 있다.

머리를 비스듬히 하여 옆으로 보는 것은 마음이 바르지 않은 것이다. '傾'은 或本에는 '側'으로 되어 있다.

【疏】 '天子'至'則姦'[1]. ○ 正義曰 : 此一節論天子以下, 其臣視君[2], 尊卑有異之事. ○ '天子視不上於袷'者, 袷謂朝祭服之曲領也. 天子至尊, 臣之所視, 不得上過於袷, 過袷則慢, 供奉至尊, 須承候顔色. 又不得下過於帶, 若下過於帶, 則似有憂戚, 不供其事. ○ '國君綏視'者, 國君, 諸侯也. 妥, 下也. 若臣視君, 目不得取看[3]於面, 當視面下袷上. 旣卑[4], 稍得上視也. 庾氏云 "妥, 頹下之貌. 前執器, 以心爲平, 故以下爲妥[5], 此視以面爲平, 故妥下於面, 則上於袷也." ○ '大夫衡視'者, 衡, 平也. 人相看, 以面爲平, 若大夫之臣視大夫, 平看其面也, 故前云"綏視", 形大夫爲言. 〔○〕[6]'士視五步'者, 若視大夫以上, 唯直瞻上下, 竝不得旁視. 若士之屬吏視士, 亦不得高面下帶, 而得旁視左右五步也. ○ '凡視上於面則敖'者, 此解所以觀視有界限之義也. 視人過高則是敖慢, 定十五年[7], "邾子執玉高, 其容仰", "高仰, 驕也." ○ '下於帶則憂'者, 若視過下則似有憂, 有憂, 頭低垂, 定十五年, "魯公受玉卑, 其容俯", "卑俯, 替也". 又昭十一年秋[8], 會於厥憖(은)[9], 單(선)子視不登帶是也. ○ '傾則姦'者, 傾, 欹側也. 若視尊者而欹側旁視, 流目東西, 則似有姦惡之意也.

1) 天子至則姦 : 惠棟校宋本에는 이 5자가 없다.(阮元의 校勘記 참조)

2) 君 : 자신이 모시고 있는 大夫 이상의 주인을 이른다. ≪儀禮≫ 〈喪服〉 鄭玄의 注에 “천자・제후・경・대부로 토지를 소유한 자를 모두 ‘君’이라 한다.〔天子諸侯及卿大夫有地者 皆曰君〕”라고 하였고, 賈公彦의 疏에 “士는 신하가 없으니 땅이 있더라도 君을 칭하지 못한다.〔士無臣 雖有地 不得君稱〕”라고 하였다. 그러나 ‘士視五步’라는 經文과 ‘其臣視君’이라는 孔穎達의 疏에 근거하면 여기서는 ‘주인’을 지칭하는 일반적인 호칭으로 보아야 할 듯하다.

3) 取看 : 閩本・惠棟校宋本・衛氏集說에는 ‘平看’, 監本・毛本에는 ‘平視’로 되어 있다.(阮元의 校勘記 참조)

4) 卑 : 毛本에는 ‘畢’로 되어 있다.(阮元의 校勘記 참조)

5) 執器……故以下爲妥 : ≪禮記≫ 〈曲禮 下〉에 “천자의 기물을 들 때는 심장보다 높게 한다.〔執天子之器則上衡〕”라는 내용이 보이는데, 정현의 주에 “여기의 ‘衡’은 심장과 나란히 하는 것을 이른다.〔此衡謂與心平〕”라고 하였다. 02-01-02 참조.

6) 〔○〕 : 저본에는 부호 ‘○’가 없으나, 본서의 체제에 의거하여 보충하였다.

7) 定十五年 : 이하의 내용이 ≪春秋左氏傳≫ 定公 15년(B.C. 495) 조에 보인다. 邾 隱公이 魯나라에 朝見왔을 때, 주 은공은 玉器를 높이 들어서 얼굴이 들리고 魯 定公은 옥기를 받을 때 낮게 받아서 얼굴이 숙여졌다. 이 모습을 본 子貢이 주 은공은 교만하니 화란이 일어날 것이고 노 정공은 태만하니 질병에 걸려 주 은공보다 먼저 사망할 것이라고 평하였는데, 그해 여름에 노 정공이 훙서하고, 魯 哀公 7년(B.C. 488)에 주 은공이 훙서하였다.

8) 昭十一年秋 : 이하의 내용이 ≪춘추좌씨전≫ 昭公 11년(B.C. 531) 조에 보인다. 單成公이 晉나라 대부 韓宣子를 만났을 때 시선을 낮추고 말을 느리게 하자, 이 모습을 본 晉나라 대부 叔向이 선 성공은 시선이 허리띠까지 올라오지 않았으니 몸을 지킬 원기가 없는 것이어서 머지않아 죽을 것이라고 평하였는데, 그해 겨울에 선 성공이 훙서하였다.

9) 厥憖(은) : ≪춘추좌씨전≫ 昭公 11년 조에는 ‘戚’으로 되어 있다. 楊伯峻은 이에 대해, 單 成公이 厥憖의 회합에 늦게 감으로 인해 戚에 이르러서야 비로소 만나게 된 것이라고 추정하였다. ‘厥憖’은 高士奇의 ≪地名考略≫에 따르면 衛나라 땅이며, ‘戚’은 衛나라 고을 이름이다.(楊伯峻의 ≪春秋左傳注≫ 참조)

經의 〔天子〕에서 〔則姦〕까지

○ **正義曰** : 이 절은 천자 이하에 대해 그 신하가 君을 볼 때 존비에 따라 차이가 나는 일을 논한 것이다.

○ **〔天子視不上於袷〕** ‘袷’은 朝服과 祭服의 曲領을 이른다. 천자는 지존이어서 신하가 보는 것이 袷보다 위로 넘어가서는 안 된다. 〈시선이〉 袷을 넘어가면 오만해 보이

는데 지존을 받들어 모실 때는 안색을 살펴야 하기 때문이다. 또 허리띠보다 아래로 넘어가서는 안 된다. 만약 허리띠보다 아래로 넘어가면 근심이 있어서 일을 잘 수행하지 못하는 것 같기 때문이다.

○〔國君綏視〕'國君'은 제후이다. '妥'는 '낮추다'의 뜻이다. 만약 신하가 군주를 본다면 눈으로 얼굴을 똑바로 볼 수 없고 마땅히 얼굴 아래 袷의 위를 보아야 한다. 이미 〈천자보다〉 신분이 낮으니 〈천자를 볼 때보다〉 조금 위로 볼 수 있는 것이다. 庾蔚之가 말하기를 "'妥'는 아래로 낮추는 모습이다. 앞에서는 그릇을 들 때 심장을 나란한 위치로 삼았으므로 그 아래를 '妥'로 삼았고, 여기서는 시선이 얼굴을 나란한 위치로 삼았으므로 妥가 얼굴보다 아래인 것이니, 그렇다면 袷보다는 위인 것이다."라고 하였다.

○〔大夫衡視〕'衡'은 '나란하다'의 뜻이다. 사람들이 서로 볼 때 얼굴을 나란한 위치로 삼으니, 만약 대부의 신하가 대부를 본다면 그 얼굴을 나란히 본다. 그러므로 앞에서 〈군주를 볼 때〉 '綏視'라 한 것이니, 대부와 비교하여 말한 것이다.

○〔士視五步〕만약 대부 이상의 사람을 본다면 오직 곧바로 위아래를 볼 뿐이고 결코 옆으로 보아서는 안 된다. 만약 士의 屬吏가 士를 본다면 또한 얼굴보다 높게 허리띠보다 아래로 보아서는 안 되지만 옆으로 좌우 5步를 볼 수 있다.

○〔凡視上於面則敖〕이것은 쳐다볼 때 왜 한계를 두었는지 의미를 풀이한 것이다. 사람을 볼 때 지나치게 높으면 이것은 오만한 것이니, 魯 定公 15년에 이르기를 "邾나라 군주가 玉器를 높이 잡아서 그 얼굴이 위로 향했는데……〈옥기를 잡은 자세가〉 높아서 얼굴이 위로 향한 것은 교만한 것이었다."라고 하였다.

○〔下於帶則憂〕만약 시선이 지나치게 낮으면 근심이 있는 것 같으니, 근심이 있으면 머리를 아래로 숙인다. 노 정공 15년에 이르기를 "魯나라 군주가 옥기를 낮게 받아서 그 얼굴이 아래로 숙여졌는데……자세가 낮아서 얼굴을 숙이는 것은 태만한 것이었다."라고 하였다. 또 魯 昭公 11년 가을에 〈제후들이〉 厥慭에서 회합할 때 單나라 군주의 시선이 허리띠까지 올라오지 않았다는 것이 이것이다.

○〔傾則姦〕'傾'은 '비스듬히 기울다'의 뜻이다. 만약 尊者를 보는데 비스듬히 옆으로 보아서 눈을 좌우로 굴리면 간악한 뜻이 있는 것처럼 보인다.

02-27-01 君命을 大夫與士肄(이)니

군주가 명한 것을 대부와 士는 익혀야 하니,

【注】肄[1]는 習也라 君有命이면 大夫則與士展習其事하니 謂欲有所發爲也라

1) 肄 : ≪經典釋文≫에 따르면 一本에는 '肆'로 되어 있는데, '肆'는 '肄'와 똑같이 음이 '以二反'이며 '익히다'의 뜻이다. 저본에 보이는 陸德明의 音義에는 이와 반대로 '肆'가 제시되어 있고, '肄'를 又本의 글자로 제시하고 있다. 王力은 이 두 글자는 통용자라고 하였다.(王力의 ≪王力古漢語字典≫ 참조)

'肄'는 '익히다'의 뜻이다. 군주가 명을 내리면 대부는 士와 함께 그 일을 익히니, 발하여 하는 바가 있고자 함을 이른다.

在官言官하고 在府言府하고 在庫言庫하고 在朝言朝니

〈군주가 명한 일이 板圖와 文書가 있는〉 官에 있을 때는 官에 있는 일을 익히고 논의하며, 〈재화를 보관하는 장소인〉 府에 있을 때는 부에 있는 일을 익히고 논의하며, 〈거마와 兵甲을 보관하는 장소인〉 庫에 있을 때는 고에 있는 일을 익히고 논의하며, 〈군신이 모여 정사를 논의하는 장소인〉 조정에 있을 때는 조정에 있는 일을 익히고 논의한다.

【注】唯君命所在하여 就展習之也라 官은 謂板圖[1]文書之處라 府는 謂寶藏貨賄(회)[2]之處也라 庫는 謂車馬兵甲之處也라 朝는 謂君臣謀政事之處也라

1) 板圖 : 궁중 관리들의 명부와 궁중 안의 관청 그림이다. ≪周禮≫ 〈天官 內宰〉 정현의 주에 "'版'은 궁중의 〈문을 지키는 것을 관장하는〉 閽人과 〈內人의 금령을 관장하는〉 寺人(시인)의 등속 및 이들의 자제를 기록한 명부이다. '圖'는 왕·后·세자의 궁중 관리들이 있는 관부의 형상이다.〔版爲宮中閽寺之屬及其子弟錄籍也 圖 王及后世子之宮中吏官府之形象也〕"라는 내용이 보인다. '板'은 監本·毛本·岳本에는 '版'으로 되어 있으며, 공영달의 소도 동일하다.(阮元의 校勘記 참조)

2) 貨賄(회) : ≪주례≫ 〈天官 大宰〉 정현의 주에 따르면 金玉을 '貨', 布帛을 '賄'라 한다.

오직 군주의 명이 있는 곳에 나아가 익히는 것이다. '官'은 版圖와 문서가 있는 곳을 이른다. '府'는 金玉과 布帛을 보관하는 곳을 이른다. '庫'는 車馬와 兵甲이 있는 곳을 이른다. '朝'는 군주와 신하가 정사를 도모하는 곳을 이른다.

朝言은 不及犬馬니라

조정에서 말할 때는 〈미천한〉 개와 말에 대해 언급하지 않는다.

【注】非公議也라

公議가 아니기 때문이다.

輟朝而顧는 不有異事면 必有異慮니

조정의 논의를 멈추고 〈갑자기〉 돌아보는 것은 다른 일이 있지 않으면 반드시 다른 생각이 있는 것이다.

【注】心不正하여 志不在君이라 輟은 猶止也라

마음이 바르지 못하여 뜻이 군주에게 있지 않은 것이다. '輟'은 '멈추다'의 뜻인 '止'와 같다.

故로 輟朝而顧를 君子謂之固라하니라

그러므로 조정의 논의를 멈추고 〈갑자기〉 돌아보는 것을 군자는 '〈禮를 몰라〉 고루하다'고 이른다.

【注】固는 謂不達於禮也라

'固'는 예에 통달하지 못함을 이른다.

在朝言禮하며 問禮어든 對以禮니라

조정에 있을 때는 禮를 말하며, 예를 물으면 예를 가지고 대답한다.

【注】於朝廷言에 無所不用禮라

조정에서 말할 때 禮를 쓰지 않는 곳이 없다.

【疏】'君命'至'以禮'. ○正義曰：此一節論臣事君, 所在皆當謹習其事, 各隨文解之. ○'君命', 謂君有教命, 有所營爲也. 其大夫則與士先習學所爲之事, 備擬君之所使. ○'在官言官'者, 此是君命所使之事, 言猶議也. 若君命之在官, 則臣當展習言議在官之事. ○ '在府言府'者, 命之在府, 亦當習議在府之事也. ○ '在庫言庫'者, 命之在庫, 亦隨而習議在庫之事也. ○ '在朝言朝'者, 命之在朝, 亦隨而習議在朝之事也.

經의 〔君命〕에서 〔以禮〕까지

○ 正義曰 : 이 절은 신하가 군주를 섬길 때 〈자기가〉 있는 곳에서 모두 〈맡은〉 일을 삼가 익혀야 함을 논한 것이니, 각각 글을 따라 풀이하겠다.

○ 〔君命〕 군주가 敎命을 내려서 행하도록 한 것이 있음을 이른다. 대부는 士와 함께 할 일을 먼저 익혀서 군주가 시킬 것에 대비한다.

○ 〔在官言官〕 이것은 군주가 명하여 시킨 일이니, '言'은 〈'논의하다'의 뜻인〉 '議'와 같다. 만약 군주가 관청에 있으라고 명하였으면 신하는 관청에 있는 일을 익히고 논의해야 한다.

○ 〔在府言府〕 〈군주가〉 府에 있으라고 명하였으면 또한 府에 있는 일을 익히고 논의해야 한다.

○ 〔在庫言庫〕 〈군주가〉 庫에 있으라고 명하였으면 또한 따라서 庫에 있는 일을 익히고 논의한다.

○ 〔在朝言朝〕 〈군주가〉 朝에 있으라고 명하였으면 또한 따라서 조정에 있는 일을 익히고 논의한다.

【疏】 ○ 注'唯君'至'處也'. ○ 正義曰 : 知"官謂板圖文書"者, 與"府"相對. 周禮內府之屬皆主財貨, 故知"官謂板圖文書", 故周禮八法治官府[1].

1) 周禮八法治官府 : ≪周禮≫ 〈天官 大宰〉에 "여덟 가지 법으로 관부를 다스린다.〔以八法治官府〕"라고 한 뒤 여덟 가지 법을 언급하고 있다. 첫째는 官屬으로 속관에 관한 규정이며, 둘째는 官職으로 관리의 직무에 관한 규정이며, 셋째는 官聯으로 관직 간의 함께 처리할 일에 관한 규정이며, 넷째는 官常으로 관직의 본연의 임무에 관한 규정이며, 다섯째는 官成으로 관부의 舊例에 관한 규정이며, 여섯째는 官法으로 관원이 준수해야 할 법에 관한 규정이며, 일곱째는 官刑으로 관리의 처벌에 관한 규정이며, 여덟째는 官計로 관리의 평가에 대한 규정이다.

○ 注의 〔唯君〕에서 〔處也〕까지

○ 正義曰 : '官謂板圖文書'임을 아는 것은 '府'와 짝을 지어 말했기 때문이다. ≪周禮≫ 〈天官 內府〉에 속한 관직은 모두 재화를 주관하므로 '官謂板圖文書'임을 안 것이니, 그러므로 ≪주례≫에서 八法으로 官府를 다스린 것이다.

【疏】○'朝言'至'以禮'. ○ 此以下明"在朝言朝"之事, 朝既如此, 則官及府·庫可知也. 朝是謀於政教之處也, 不宜私褻辯論以及犬馬也. ○'輟朝而顧, 不有異事, 必有異慮'者, 輟, 止也. 異事, 非常之事. 異慮, 非常之慮也. 臣於朝矜莊儼恪, 視不流目. 若忽止朝而迴顧, 此若非見異事, 則心有異慮也, 此由不先習也. ○'故輟朝而顧, 君子謂之固'者, 固, 陋也. 若身無異事, 心無異慮, 忽止朝而顧, 君子謂此爲固陋不達禮意也. 魯哀公答孔子云"寡人固, 不固"[1]是也. 固謂不達禮也. ○'在朝言禮, 問禮, 對以禮'者, 朝事既重, 謀政不輕, 殷勤誡之, 言及問對, 則宜每事稱禮也. 故鄭注"於朝廷言, 無所不用禮." 故論語云[2], 孔子謂顏回曰"非禮勿動, 非禮勿言, 非禮勿視, 非禮勿聽"是也.

1) 寡人固 不固 : ≪禮記≫ 〈哀公問〉에 "과인이 고루하기 때문이다. 이 때문이 아니라면 어떻게 〈정중하게 물어보아서〉 이런 말을 들을 수 있겠는가.〔寡人固 不固 焉得聞此言也〕"라는 내용이 보인다. 孔穎達의 疏에 따르면 첫 번째 '固'는 '애공이 고루하다〔彼固〕'의 뜻이고, 두 번째 '固'는 '이유〔故〕'이다.

2) 論語云 : 이하의 내용이 ≪論語≫ 〈顏淵〉에 보이는데, 〈안연〉에는 '非禮勿視 非禮勿聽 非禮勿言 非禮勿動'으로 되어 있어 저본과 순서가 다르다.

○〔朝言〕에서 〔以禮〕까지

○ 이 이하는 '在朝言朝'의 일을 밝힌 것이니, 朝가 이미 이와 같다면 官·府·庫를 알 수 있다. '朝'는 政教를 도모하는 곳이니 사사롭고 설만하게 논변하여 개나 말까지 언급해서는 안 된다.

○〔輟朝而顧 不有異事 必有異慮〕'輟'은 '멈추다'의 뜻이다. '異事'는 예사롭지 않은 일이다. '異慮'는 예사롭지 않은 생각이다. 신하는 조정에서 엄숙하고 삼가야 하며 눈을 이리저리 돌려서는 안 된다. 만약 갑자기 조정의 논의를 멈추고 돌아본다면 이것은 다른 일을 본 것이 아니라면 마음에 다른 생각이 있는 것이니, 이것은 먼저 익히지 않았기 때문이다.

○〔故輟朝而顧 君子謂之固〕'固'는 '고루하다'의 뜻이다. 만약 몸에 다른 일이 없고 마음에 다른 생각이 없는데 갑자기 조정의 논의를 멈추고 돌아본다면, 군자는 이를 일러 고루하여 禮의 뜻을 통달하지 못했다고 한다. 魯 哀公이 孔子에게 답하기를 "과인이 고루하기 때문이다. 이 때문이 아니라면"이라고 한 것이 이것이다. '固'는 예에 통달하지 못함을 이른다.

○〔在朝言禮 問禮 對以禮〕조정의 일이 이미 중하고 정사를 도모하는 것이 가볍지

않으니, 절실히 경계하여 말을 하거나 묻고 답하게 되면 의당 매사에 禮를 칭해야 한다. 그러므로 정현의 주에 '於朝廷言 無所不用禮'라 한 것이다. 그러므로 ≪論語≫ 〈顔淵〉에 이르기를, 공자가 顔回에게 일러 말하기를 "예가 아니면 행동하지 말며, 예가 아니면 말하지 말며, 예가 아니면 보지 말며, 예가 아니면 듣지 말라."라고 한 것이 이것이다.

02-27-02 大饗엔 不問卜하며

〈五帝에게〉 두루 제사 지낼 때는 〈어느 한 帝를 주장하여〉 점을 쳐서 묻지 않으며,

【注】 祭五帝於明堂에 莫適卜也라 郊特牲曰 郊血이요 大饗腥이라하니라

明堂에서 五帝에게 제사 지낼 때는 〈어느 한 帝를〉 주장하여 점을 치지 않는다. ≪禮記≫ 〈郊特牲〉에 이르기를 "郊祭에는 희생의 피를 올리고, 大饗에는 생고기를 올린다."라고 하였다.

不饒富니라

〈법에 따라 구비만 할 뿐 禮를 넘을 정도로〉 풍성하게 구비하지 않는다.

【注】 富之言은 備也니 備而已요 勿多於禮也라

'富'라는 말은 '구비하다'의 뜻이니, 구비만 할 뿐 예보다 더 많이 해서는 안 된다.

【疏】 '大饗'至'饒富'[1). ○ 正義曰 : 此大饗總祭五帝, 其神非一. 若卜其牲日, 五帝總卜而已, 不得每帝問卜. 若其一一問卜, 神有多種, 恐吉凶不同, 故鄭云"莫適卜", 總一卜而已[2). ○ '不饒富'者, 富之言備也. 雖曰大饗諸帝, 配以文武, 然禮數有常, 取備而已, 不得以其大饗, 豐饒其物, 使之過禮. 此經直云"大饗", 鄭知"祭五帝於明堂"者, 以其(上)〔下〕[3)文云"不問卜", 又與月令季秋"大饗帝"[4)同, 諸帝皆在, 不得每帝問卜. 若其祫(협)之大饗, 則周禮宗伯享大鬼皆卜[5), 不得云不問卜, 知非大祫也. 鄭引郊特牲云"郊血, 大饗腥"者, 取"大饗"二字以證此"大饗"之文, 其實彼"大饗"文在郊下, 謂祫祭也. 然此祭五帝莫適卜, 而雩總祭五帝, 得每帝問卜[6)者, 以雩祭爲百穀祈雨, 非一帝之功, 故每

帝適卜. 至於大饗之時, 歲功總畢, 配以文武, 祭報其功, 不須每帝皆卜, 故唯一卜而已.

1) 大饗至饒富 : 惠棟校宋本에는 이 5자가 없다.(阮元의 校勘記 참조)
2) 總一卜而已 : ≪禮記≫ 〈表記〉 孔穎達의 疏에서는 "오직 9월에 명당에서 五帝에게 大享을 지낼 때만은 점을 칠 필요가 없다. 그러므로 ≪예기≫ 〈曲禮 下〉의 '大饗不問卜'에 대해 鄭玄이 '莫適卜'이라 한 것이다. 총괄하여 오제에게 제향을 지낼 때 어느 帝를 주장하여 점을 쳐야 할지 알지 못하므로 점을 치지 않는 것이다.〔惟九月大享帝於明堂 不用卜也 故曲禮下篇云 大饗不問卜 鄭云莫適卜也 以其總饗五帝 不知主何帝而卜之 故不卜矣〕"라고 하여, 점을 치지 않는다고 하였다. ≪周禮≫ 〈天官 大宰〉 賈公彦의 疏에서도 정현의 이 주에 대해 "〈오제에게 제사 지낼 때〉 저 명당에서는 점을 치지 않는다.〔彼明堂不卜〕"라고 말하고 있다. '五帝'는 02-21-01 '夏正郊感生之帝' 역주 참조.
3) (上)〔下〕 : 저본에는 '上'으로 되어 있으나, 앞뒤 문맥에 맞지 않아 '下'로 바로잡았다. ≪예기≫ 전체에 '不問卜'이라는 구절은 이곳에만 보인다.
4) 月令季秋大饗帝 : ≪예기≫ 〈月令〉에 "〈季秋의〉 이달에 帝에게 大饗을 지낸다.〔是月也大饗帝〕"라는 구절에 대한 정현의 주에 "'大饗'이라 말한 것은 오제에게 두루 제사 지내는 것이다. ≪예기≫ 〈곡례 하〉에 이르기를 '大饗不問卜'이라 하였으니, 이것을 이른다.〔言大饗者 遍祭五帝也 曲禮曰大饗不問卜 謂此也〕"라는 내용이 보인다.
5) 周禮宗伯享大鬼皆卜 : ≪주례≫ 〈春官 大宗伯〉에 "무릇 大神에게 제사 지내고, 大鬼에게 제향하고, 大示(기)에게 제사 지낼 때 집사를 인솔하여 날짜를 점친다.〔凡祀大神 享大鬼 祭大示 帥執事而卜日〕"라는 내용이 보인다.
6) 雩總祭五帝 得每帝問卜 : 4월에 龍星이 나타나면 雩祭를 지내는데, 五帝에게 南郊에서 총괄하여 제사 지내는 것을 이른다. 02-21-01 공영달의 소 중 '天子祭天地' 조 참조.

經의 〔大饗〕에서 〔饒富〕까지

○ 正義曰 : 여기의 '大饗'은 五帝에게 총괄하여 제사 지내는 것이니 그 神이 하나가 아니다. 만약 희생과 날짜를 점친다면 五帝를 총괄하여 점칠 뿐이며 매 帝에 대해 점을 칠 수 없다. 만약 일일이 점을 친다면 신이 다양하니 길흉이 같지 않을 수 있으므로 정현이 '莫適卜'이라 한 것이니, 총괄하여 한 번 점을 칠 뿐이다.

○ 〔不饒富〕 '富'라는 말은 '구비하다'의 뜻이다. 비록 여러 帝에게 두루 제사 지내고 文王과 武王을 배향한다고는 하나, 禮數는 일정한 법이 있어서 구비함을 취할 뿐 大饗이라 하여 祭物을 풍성하게 해서 예를 넘게 하지는 못한다. 여기 경문에서 단지 '大饗'이라고만 하였는데 정현이 '祭五帝於明堂'임을 안 것은, 바로 다음 경문에 '不問卜'이라 하였고, 또 ≪禮記≫ 〈月令〉 '季秋' 조의 '大饗帝'와 똑같이 여러 帝가 모두 있으니 매 帝에 대해 점을 칠 수 없기 때문이다. 만약 祫祭의 大饗이라면 ≪周禮≫ 〈春官 大宗伯〉에서

大鬼에게 제사 지낼 때 모두 점을 쳤으니 '不問卜'이라 할 수 없으므로 大祫이 아님을 안 것이다. 정현이 ≪예기≫ 〈郊特牲〉의 '郊血 大饗腥'을 인용한 것은, '大饗' 두 글자를 취하여 여기 '大饗'의 글을 증명한 것이니, 실제로는 〈교특생〉에서 '大饗'의 구절이 '郊' 다음에 있으니 祫祭를 이른다. 그러나 여기의 五帝에게 제사 지낼 때는 '어느 한 帝를 주장하여 점을 침이 없고〔莫適卜〕' 雩祭에 五帝에게 총괄하여 제사 지낼 때는 매 帝에 대해 점을 쳐서 물을 수 있는 것은, 雩祭는 百穀을 위하여 비를 기원하는 것이어서 어느 한 帝의 공이 아니므로 매 帝에게 '주장하여 점을 치는〔適卜〕' 것이다. 大饗을 지낼 때로 말하면, 한 해의 공이 모두 끝나서 文王과 武王을 배향하여 그 공에 보답하는 제사를 지내는 것이니, 매 帝에게 모두 점을 칠 필요가 없으므로 오직 한 번만 점을 칠 뿐이다.

02-28-01 凡摯(지)[1]는 **天子**는 **鬯**(창)이요 **諸侯**는 **圭**요 **卿**은 **羔**요 **大夫**는 **鴈**이요 **士**는 **雉**요 **庶人之摯**는 **匹**(목)이니 **童子**는 **委摯而退**니라

1) 摯(지) : 陸德明의 音義에 따르면 又本에는 '贄(지)'로 되어 있으며, 뜻은 동일하다. 王力에 따르면 이 두 글자는 음과 뜻이 모두 비슷한 同源字로, 古籍에서 늘 통용한 글자이다. ≪說文解字≫에는 '贄'가 보이지 않는다.(王力의 ≪王力古漢語字典≫ 참조)

무릇 〈공경을 표하기 위해 사용하는〉 예물은, 천자는 〈검은 찰기장에 울금향을 넣어 빚은〉 鬯酒이고, 제후는 命圭이고, 경은 검은 새끼 양이고, 대부는 기러기이고, 士는 꿩이고, 서인의 예물은 집오리이니, 동자는 〈감히 성인과 예를 대등하게 행할 수 없으므로〉 예물을 바닥에 놓고 물러나 피한다.

【注】摯之言은 **至也**라 **天子無客禮**하니 **以鬯爲摯者**는 **所以唯用告神爲至也**라 **童子委摯而退**는 **不與成人爲禮也**라 **說者以匹爲鶩**(목)이라

'摯'라는 말은 '이르다'의 뜻이다. 천자는 손님을 접대하는 예가 없으니, 鬯酒로 예물을 삼는 것은 오직 이것으로 〈손님이〉 이르렀음을 神에게 고하기 위한 것이다. '童子委摯而退'는 成人과 禮를 행하지 못하기 때문이다. 해설하는 자들은 '匹'을 '鶩'으로 여긴다.

野外軍中엔 **無摯**하니 **以纓拾**(습)**矢可也**니라

야외의 군대 안에서는 〈들고 갈〉 예물이 없으니, 말의 뱃대끈〔纓〕과 활팔찌〔拾〕

와 화살을 〈예물로〉 사용해도 된다.

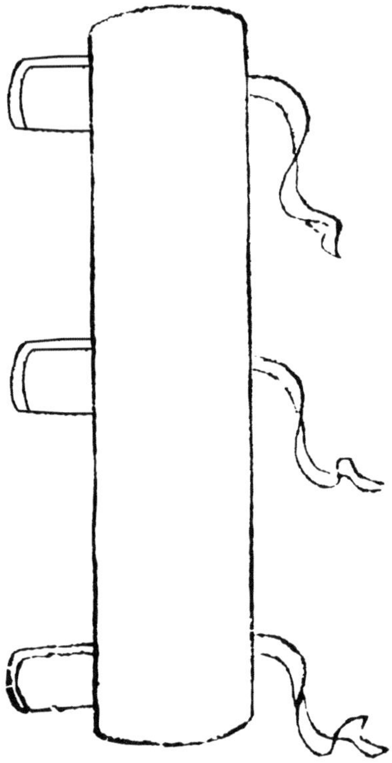

拾(활팔찌)

【注】非爲禮之處니 用時物하여 相禮而已라 纓은 馬繁纓(반영)[1]也라 拾은 謂射韝(구)[2]라

1) 繁纓(반영) : ≪經典釋文≫ 표제어에는 '繁'이 '樊(번)'으로 되어 있고, '繁'은 又本으로 소개하고 있다.(阮元의 校勘記 참조)

2) 射韝(구) : 활쏘기할 때 왼팔에 착용하는 활팔찌이다. ≪說文解字≫ '韝'에 대한 段玉裁의 주에 "射韝는 ≪詩經≫의 '拾', ≪儀禮≫ 〈鄕射禮〉의 '遂', ≪禮記≫ 〈內則〉의 '捍'과 같은 것이다.……무릇 활쏘기로 인해 왼쪽 팔에 착용하는 것을 '射韝'라 이르고, 활쏘기를 위해서가 아니라 양팔에 모두 착용하여 일하기에 편리하게 한 것을 '韝'라 이른다.〔射韝者 詩之拾 禮經之遂 內則之捍也……凡因射箸左臂謂之射韝 非射而兩臂皆箸之以便於事謂之韝〕"라는 내용이 보인다.

예를 행하는 곳이 아니므로 당시의 물건을 사용하여 서로 예를 차릴 뿐이다. '纓'은 말의 뱃대끈이다. '拾'은 활팔찌이다.

婦人之摯는 椇榛脯脩棗栗이니라

〈혼인할 때 시부모를 알현하는〉 부인의 예물은, 호깨나무 열매, 개암, 포, 생강과 계피를 첨가한 포〔脩〕, 대추, 밤이다.

【注】婦人無外事[1]하니 見(현)以羞物也라 椇와 榛[2]은 木名이라 椇는 枳〔椇〕[3]也니 有實하니 今邳郯(비담)[4]之東食之라 榛은 實似栗而小라

1) 婦人無外事 : ≪儀禮≫ 〈士昏禮 記〉의 "〈신랑이 신부의 어머니인〉 主婦를 알현한다. 주부가 寢門의 왼쪽 문짝을 닫고 그 안쪽에 선다.〔見主婦 主婦闔扉立于其內〕"라는 구절에 대한 정현의 주에 "'闔扉'는 부인은 집 밖의 일이 없기 때문이다.〔闔扉者 婦人無外事〕"라고 하였는데, 賈公彦의 소에 "〈정현의 주에서〉 '闔扉者 婦人無外事'라고 한 것은, 부인은 전송하고 맞이할 때 문을 나가지 않아서 형제를 만나도 문지방을 넘지 않

으니, 이것이 '無外事'이다.〔云閫扉者 婦人無外事者 婦人送迎 不出門 見兄弟不踰閾 是無外事也〕"라고 하였다.

2) 榛 : 陸德明의 音義에 따르면 古本에는 '亲'으로 되어 있으며, 가래나무〔梓〕와 비슷하고 열매는 작은 밤〔小栗〕처럼 생겼다.

3) 枳〔椇〕: 저본에는 '椇'가 없으나, ≪經典釋文≫의 표제어 및 ≪禮記≫〈內則〉 정현의 주에 모두 '枳椇'로 되어 있는 것에 의거하여 보충하였다. 盧文弨에 따르면 足利古本에도 '枳椇'로 되어 있다.(阮元의 校勘記 참조)

4) 邳郯(비담) : '邳'는 지금의 중국 江蘇省 邳縣 경내에 있던 옛 지명이다. ≪春秋左氏傳≫ 定公 원년 조 杜預의 주에 "邳는 下邳縣이다.〔邳 下邳縣〕"라고 하였고, 楊伯峻은 "邳는 지금의 강소성 동북쪽 邳城鎭이니, 바로 邳縣의 옛 治所이다.〔邳 今江蘇省邳縣東北邳城鎭卽邳縣舊治〕"라고 하였다. '郯'은 少皞의 후손이 살았던 옛 나라 이름으로, 전국시대 초기에 越나라에 멸망 당하였다. ≪춘추좌씨전≫ 宣公 4년 조 양백준의 주에 따르면 古城이 지금의 중국 山東省 郯城縣 서남쪽 20리에 있었을 것으로 추정된다.(楊伯峻의 ≪春秋左傳注≫ 참조)

婦人은 外事가 없으므로 〈오직 시집가서 見舅姑禮 때만 시부모를〉 알현하면서 물건을 올리는 것이다. '椇'와 '榛'은 나무 이름이다. '椇'는 호깨나무이니, 열매가 있어서 지금 邳와 郯의 동쪽 지역에서 먹는다. '榛'은 열매가 밤과 비슷한데 작다.

【疏】'凡摯'至'棗栗'[1). ○ 正義曰 : "天子鬯"者, 釀黑黍爲酒, 其氣芬芳調暢, 故因謂爲鬯也. 天子無客禮, 必用鬯爲摯者, 天子弔臨適諸侯, 必舍其祖廟[2), 旣至諸侯祖廟, 仍以鬯禮於廟神, 以表天子之至, 故鄭注鬯人[3)亦然也. ○ '諸侯圭'者, 謂公・侯・伯也. 公・侯・伯用圭, 子・男用璧[4), 以朝王及相朝聘, 表於至也. 此唯云圭, 不言璧者, 略可知也. ○ '卿羔'者, 鄭注宗伯云 "羔, 小羊, 取其群而不失類也." 白虎通云[5) "羔, 取其群而不黨[6), 卿職在盡忠率下不黨也." 周禮云[7) "公之孤以皮帛. 若諸侯適子被王命者, 各下其君一等, 公之子如侯・伯執圭, 侯伯之子如子・男執璧, 子・男之子命與未命者, 皆以皮帛繼子男也." ○ '大夫鴈'者, 鄭注宗伯云 "鴈, 取其候時而行也." 白虎通云[8) "鴈, 取飛則[9)行列也. 大夫職在奉命適四方, 動則當以正道事君也." ○ '士雉'者, 雉, 取性耿介, 唯敵是赴. 士始升朝, 宜爲赴敵, 故用雉也. 羔・鴈生執, 雉則死持, 亦表見危致命[10), 書云"二生一死"[11)是也. 故鄭注宗伯云 "雉, 取其守介而死, 不失其節也." 然白虎通云[12) "雉, 取其不可誘之以食, 撓之(則)〔以〕[13)威, 死不可畜(휵)也. 士行威介, 守節死義, 不當移. 士摯, 冬雉夏腒也[14)." ○ '庶人之摯匹'者, 匹, 鶩也. 野鴨曰鳧(부),

家鴨曰鶩. 鶩不能飛騰, 如庶人但守耕稼而已. 故鄭注宗伯云 "鶩取其不飛遷." 爾雅釋鳥云 "舒鳧, 〔鶩〕[15]." 郭景純云[16] "鶩音木." 舍人及李巡云[17] "鳧, 野鴨名. 鶩, 家鴨名." 某氏云 "在野舒〔翼〕[18]飛遠者爲鳧[19]." ○ '童子委摯而退'者, 童子見(현)先生, 或尋朋友, 旣未成人, 不敢與主人相授受拜伉之儀, 但奠委其摯於地而自退辟之. 然童子之摯, 悉用束脩也, 故論語云孔子"自行束脩以上, 吾未嘗無誨焉", 是謂童子也. 然凡用牲爲摯, 主人皆食之. 故司士云 "掌擯士者膳其摯." 鄭司農云 "王食其所執羔・鴈之摯." (玄)〔玄〕謂膳者入於王之膳人[20].

1) 凡摯至棗栗 : 惠棟校宋本에는 이 5자가 없다.(阮元의 校勘記 참조)
2) 天子弔臨適諸侯 必舍其祖廟 : ≪禮記≫ 〈禮運〉에 "천자가 제후에게 갔을 때 반드시 그 제후의 祖廟에 머문다.〔天子適諸侯 必舍其祖廟〕"라는 내용이 보인다.
3) 鄭注鬯人 : ≪周禮≫ 〈春官 鬯人〉에 "무릇 왕이 〈신하에게〉 조문을 가면 〈鬯人은〉 介에게 창주를 공급한다.〔凡王弔臨 共介鬯〕"라는 내용이 보이는데, 정현의 주에 "왕은 지존이니 介가 이를 들고 바쳐서 귀신에게 예를 올리는 것일 듯하다. ≪禮記≫ 〈曲禮下〉에 이르기를 '〈천자가 巡狩 가서〉 제후에게 임하여 〈祝을 시켜 그 나라 산천의 귀신과 예전에 제후나 卿士였던〉 귀신에게 고할 때는 「有天王某甫」라고 한다.'라고 하였다. 이것은 왕이 사방에 가서 제후의 조묘에 머물 때 祝이 그 신에게 고하는 말이니, 介가 이때 창주를 올린다.〔王至尊 介爲執致之 以禮於鬼神與 檀弓曰 臨諸侯 畛於鬼神 曰有天王某父 此王適四方 舍諸侯祖廟 祝告其神之辭 介於是進鬯〕"라고 하였다. ≪주례≫ 정현 주의 '檀弓曰'은 오류이므로 '曲禮'로 바로잡아 번역하였다. 02-12-03 참조.
4) 公侯伯用圭 子男用璧 : ≪주례≫ 〈春官 大宗伯〉에 따르면 王은 鎭圭, 公은 桓圭, 侯는 信圭, 伯은 躬圭, 子는 穀璧, 男은 蒲璧을 잡는다. 02-01-05 孔穎達 疏, 02-16-01 '未執玉' 역주 참조. 惠棟校宋本・衛氏集說에는 '子男' 뒤에 '則'이 있다.(阮元의 校勘記 참조)
5) 白虎通云 : ≪白虎通義≫ 〈德論下 文質〉에 "卿이 새끼 양을 예물로 삼는 것은 무리를 지으면서도 편당하지 않는 뜻을 취한 것이니, 卿의 직분은 충성을 다하고 아랫사람을 통솔하며 아첨하거나 편당하지 않는 데에 있다.〔卿以羔者 取其群不黨 卿職在盡忠率下不阿黨也〕"라는 내용이 보인다.
6) 群而不黨 : ≪論語≫ 〈衛靈公〉에 "군자는 씩씩하지만 다투지 않으며, 무리를 지으면서도 편당하지 않는다.〔君子矜而不爭 群而不黨〕"라는 내용이 보인다.
7) 周禮云 : ≪주례≫ 〈春官 典命〉에 "무릇 제후의 적자가 천자에게 명을 받아 그 군주를 대신하면 그 군주에 대한 예보다 1등급을 낮추며, 명을 받지 못했으면 가죽과 비단을 들고 子・男에 이어 예를 행한다. 公의 孤는 4命이니, 〈예물로〉 가죽과 비단을 잡고 소국의 군주에 비견한다.〔凡諸侯之適子誓於天子 攝其君則下其君之禮一等 未誓則以皮帛繼

子男 公之孤四命 以皮帛眡小國之君〕"라는 내용이 보인다. 鄭玄의 注에 "'誓'는 '命'과 같다.……공의 아들은 侯·伯의 예와 같이 하여 圭를 잡고, 侯·伯의 아들은 子·男의 예와 같이 하여 璧을 잡고, 子·男의 아들과 〈공·후·백·자·남의 아들로〉 명을 받지 못한 자는 모두 소국의 군주 다음이 되어 가죽과 비단을 잡고서 조회한다.〔誓猶命也……公之子如侯伯而執圭 侯伯之子如子男而執璧 子男之子與未誓者 皆次小國之君 執皮帛而朝會焉〕"라고 하였다.

8) 白虎通云 : ≪백호통의≫ 〈德論下 文質〉에 "대부가 기러기를 예물로 삼는 것은 날아갈 때 행렬을 이루는 뜻을 취한 것이다. 대부의 직책은 명을 받들고 사방에 가는 데에 있으니, 동작을 능히 스스로 바르게 하여 군주를 섬겨야 한다.〔大夫以鴈爲贄者 取其飛成行列 大夫職在以奉命之適四方 動作當能自正以事君也〕"라는 내용이 보인다.

9) 則 : 閩本·監本·毛本에는 '有'로 되어 있다.(阮元의 校勘記 참조)

10) 見危致命 : ≪논어≫ 〈子張〉에 "士는 〈군주의〉 危難을 보면 목숨을 바쳐서 구원한다.〔士見危致命〕"라는 내용이 보인다.

11) 書云二生一死 : ≪書經≫ 〈虞書 舜典〉에 "마침내 동방의 군주를 접견하여……다섯 가지 禮 및 다섯 가지 玉器, 세 종류의 비단, 살아 있는 예물 두 종류와 죽어 있는 예물 한 종류를 바치는 예를 닦는다.〔肆覲東后……修五禮五玉三帛二生一死贄〕"라는 내용이 보인다. 孔安國의 傳에 따르면 '五禮'는 吉禮·凶禮·軍禮·賓禮·嘉禮를 이르며, '五玉'은 5등 제후가 드는 玉器를 이르며, '三帛'은 제후의 세자가 드는 纁帛, 公의 孤가 드는 玄帛, 부용국의 군주가 드는 黃帛을 이르며, '二生'은 卿이 드는 새끼양과 대부가 드는 기러기를 이르며, '一死'는 士가 드는 꿩을 이른다.

12) 白虎通云 : ≪白虎通義≫ 〈德論下 文質〉에 "士가 꿩을 예물로 삼는 것은, 음식으로 유혹할 수 없고 위엄으로 두렵게 할 수 없어서 반드시 죽여야 하며 산 채로는 기를 수 없는 뜻을 취한 것이니, 士는 강직함을 행하여 절개를 지키고 의리에 목숨을 바쳐서 옮겨가서는 안 된다.……士는 겨울에는 꿩을 쓰고 여름에는 포를 쓴다.〔士以雉爲贄者 取其不可誘之以食 懾之以威 必死不可生畜 士行威 守節死義 不當移轉也……士冬以雉 夏以脯也〕"라는 내용이 보인다.

13) (則)〔以〕 : 저본에는 '則'으로 되어 있으나, 앞뒤 문맥이 통하지 않아 ≪백호통의≫에 의거하여 '以'로 바로잡았다.

14) 士摯 冬雉夏腒也 : ≪儀禮≫ 〈士相見禮〉에 "士가 서로 만나는 예는, 예물로 겨울에는 꿩을 쓰고 여름에는 腒를 쓴다.〔士相見之禮 摯 冬用雉 夏用腒〕"라는 내용이 보인다. 정현의 주에 "여름에 腒를 쓰는 것은 부패하여 냄새날 것에 대비한 것이다.〔夏用腒 備腐臭也〕"라고 하였다. ≪周禮≫ 〈天官 庖人〉 정현의 주에 따르면 '腒'는 말린 꿩〔干雉〕이다.

15) 〔鶩〕 : 저본에는 '鶩'이 없으나, ≪爾雅≫ 〈釋鳥〉에 의거하여 보충하였다. '舒鳧'는 鶩의 이칭이다.

16) 郭景純云 : 이하의 내용은 ≪이아≫ 〈석조〉 郭璞의 주에 보이지 않고, 陸德明의 音義에 보인다. '景純'은 곽박의 字이다.

17) 舍人及李巡云 : 이하의 내용이 ≪이아≫ 〈석조〉 邢昺의 소에 後漢 靈帝 때의 환관인 李巡의 설로 인용되어 있다. '舍人'은 ≪玉篇≫을 편찬한 남조 梁나라의 顧野王을 가리킨다. 일찍이 東宮通事舍人을 지냈다.

18) 〔翼〕 : 저본에는 없으나, ≪이아≫ 〈석조〉 '舒鴈鵝'에 대한 邢昺의 소에 의거하여 보충하였다. 형병의 소에 "鵝는 일명 舒鴈이다.……某氏가 말하기를 '들에서 날개를 펴고 멀리 날아가는 것이 鵝이다.'라고 하였다.〔鵝 一名舒鴈……某氏云 在野舒翼飛遠者爲鵝〕"라는 내용이 보인다.

19) 鳧 : ≪이아≫ 〈석조〉 '舒鴈鵝'에 대한 邢昺의 소에는 '鵝'로 되어 있다.

20) 鄭司農云……(玄)〔玄〕謂膳者入於王之膳人 : ≪주례≫ 〈夏官 司士〉에 보인다. '膳人'은 ≪주례≫에 보이는 '膳夫'를 이른다. ≪주례≫ 〈天官 膳夫〉에 "선부는 왕의 밥과 酒漿과 牲肉과 진미를 관장한다.〔膳夫掌王之食飮膳羞〕"라는 내용이 보인다.

經의 〔凡摯〕에서 〔棗栗〕까지

○ 正義曰 : '天子鬯'은 검은 찰기장〔黑黍〕을 빚어 술을 만들면 그 향기로운 냄새가 퍼져나가므로 인하여 '鬯'이라 이르게 된 것이다. 천자는 손님을 접대하는 예가 없는데 반드시 鬯酒로 예물을 삼는 것은, 천자가 조문하기 위해 제후에게 가면 반드시 그 제후의 祖廟에 머무는데, 이미 제후의 조묘에 이르렀으면 이어서 창주로 조묘의 신에게 예를 올려 천자가 이르렀음을 나타내기 때문이다. 그러므로 ≪周禮≫ 〈春官 鬯人〉 정현의 주에서도 또한 이렇게 말하였다.

○ 〔諸侯圭〕 公·侯·伯을 이른다. 公·侯·伯은 圭를 사용하고 子·男은 璧을 사용하여, 왕에게 조회하거나 서로 朝聘할 때 〈자신이〉 이르렀음을 나타낸다. 여기에서 오직 '圭'만 말하고 '璧'을 말하지 않은 것은 생략해도 알 수 있기 때문이다.

○ 〔卿羔〕 ≪주례≫ 〈춘관 대종백〉 정현의 주에 이르기를 "'羔'는 새끼 양이니, 무리를 지어서 동류를 잃지 않는 뜻을 취한 것이다."라고 하였고, ≪백호통의≫에 이르기를 "'羔'는 무리를 지으면서도 편당하지 않는 뜻을 취한 것이니, 卿의 직분은 충성을 다하고 아랫사람을 통솔하며 편당하지 않는 데에 있다."라고 하였다. ≪주례≫ 〈春官 典命〉에 이르기를 "公의 孤는 〈예물로〉 가죽과 비단을 사용한다. 만약 제후의 適子가 왕명을 받았으면 각각 그 군주보다 1등급을 낮추어서, 公의 아들은 侯·伯의 예와 같이 하여 圭를 잡고, 侯·伯의 아들은 子·男의 예와 같이 하여 璧을 잡고, 子·男의 아들로 命을 받은 자와 〈공·후·백·자·남의 아들로〉 命을 받지 못한 자는 모두 가죽

과 비단을 잡고서 子・男에 이어 예를 행한다."라고 하였다.

○〔大夫鴈〕 ≪주례≫ 〈春官 大宗伯〉 정현의 주에 이르기를 "'鴈'은 때를 기다려서 가는 뜻을 취한 것이다."라고 하였고, ≪白虎通義≫에 이르기를 "'鴈'은 날아가면 행렬을 이루는 뜻을 취한 것이다. 대부의 직책은 명을 받들고 사방에 가는 데에 있으니, 움직이게 되면 마땅히 올바른 도로 군주를 섬겨야 한다."라고 하였다.

○〔士雉〕 '雉'는 성질이 강직하여 오직 적에게만 달려가는 뜻을 취한 것이다. 士는 처음 조정에 나왔으니 의당 적에게 달려가야 하므로 꿩을 쓰는 것이다. 새끼 양과 기러기는 살아 있는 것을 들지만 꿩은 죽은 것을 드는 것은, 또한 〈군주의〉 危難을 보면 목숨을 바쳐 구원함을 나타낸 것이니, ≪書經≫ 〈虞書 舜典〉에 '살아 있는 예물 두 종류와 죽어 있는 예물 하나'라고 말한 것이 이것이다. 그러므로 ≪주례≫ 〈춘관 대종백〉 정현의 주에 이르기를 "'雉'는 절개를 지키고 죽어서 절의를 잃지 않는 뜻을 취한 것이다."라고 하였다. 그러나 ≪백호통의≫에 이르기를 "'雉'는 음식으로 유혹할 수 없고 위엄으로 흔들 수 없어서 죽어도 기를 수 없는 뜻을 취한 것이니, 士는 강직함을 행하여 절개를 지키고 의리에 목숨을 바쳐서 옮겨가서는 안 된다. 士의 예물은, 겨울에는 꿩을 쓰고 여름에는 말린 꿩을 쓴다."라고 하였다.

○〔庶人之摯匹〕 '匹'은 鶩이다. 들오리를 '鳧'라 하고, 집오리를 '鶩'이라 한다. 鶩은 날아오르지 못하여 마치 庶人이 단지 농사를 지킬 뿐인 것과 같다. 그러므로 ≪주례≫ 〈춘관 대종백〉 정현의 주에 이르기를 "'鶩'은 날아서 옮겨가지 않는 뜻을 취한 것이다."라고 하였다. ≪爾雅≫ 〈釋鳥〉에 이르기를 "舒鳧는 鶩이다."라고 하였는데, 郭璞이 말하기를 "鶩은 음이 '木'이다."라고 하였다. 顧野王과 李巡은 말하기를 "'鳧'는 들오리를 이름한 것이고, '鶩'은 집오리를 이름한 것이다."라고 하였고, 某氏는 말하기를 "들에서 날개를 펴고 멀리 날아가는 것이 鳧이다."라고 하였다.

○〔童子委摯而退〕 동자는 선생을 뵙거나 붕우를 찾아갔을 때 이미 아직 成人이 아니니 감히 주인과 주고받으며 동등하게 절하는 의식을 하지 못하고, 다만 예물을 바닥에 내려놓고서 스스로 물러가 피할 뿐이다. 그러나 동자의 예물은 모두 10개의 脯를 쓰므로 ≪論語≫ 〈述而〉에 이르기를, 공자는 "〈능히 예를 행할 줄 알아서〉 脯 10개 이상의 〈작은〉 예물을 가지고 〈배우러〉 온 자에게는 내 일찍이 가르쳐주지 않은 적이 없었다."라고 한 것이니, 이것은 동자를 이른다. 그러나 무릇 희생으로 예물을 삼은 것은 주인이 모두 먹는다. 그러므로 ≪주례≫ 〈夏官 司士〉에 이르기를 "〈처음으로 士가 되어 왕을 알현하는〉 士를 인도하는 擯이 될 경우 士가 바치는 예물을 膳하는 것을

관장한다."라고 하였는데, 鄭衆이 말하기를 "왕은 士가 들고 온 새끼 양이나 기러기의 예물을 먹는다."라고 하였다. 정현은 말하기를 "'膳'은 왕의 膳人에게 들이는 것이다." 라고 하였다.

【疏】 ○ 注'摯之'至'至也'. ○ 正義曰：鄭知然者, 以上文云[1]"天子臨諸侯, 畛於鬼神". 又鬯人云 "供介鬯." 是天子於諸侯有告神之義.

1) 上文云：02-12-03 경문 참조.

○ 注의 〔摯之〕에서 〔至也〕까지

○ 正義曰：정현이 그러함을 아는 것은, 앞의 경문에 이르기를 "천자가 〈巡守 가서〉 제후에게 임하여 〈祝을 시켜서 그 나라 산천의 귀신과 예전에 제후나 卿士였던〉 귀신에게 고한다."라고 하였고, 또 ≪周禮≫ 〈鬯人〉에 이르기를 "〈창인은〉 介에게 鬯酒를 공급한다."라고 하였으니, 이것은 천자가 제후에 대해 神에게 고하는 의리가 있는 것이다.

【疏】 ○'野外軍中無摯, 以纓拾失可也', (○)[1]謂人在野外軍旅之中, 或應相見而無物可持爲摯者, 則不以舊禮, 當隨時所用. 纓謂馬繁纓(반영), 卽馬鞅也. 拾, 射韝也. 矢猶箭也. 軍在野無物, 故用此爲摯可也. 不直云"軍中", 而云"野外"者, 若軍在都邑中, 則宜依舊禮, 不可用軍物也. 云若非軍中而在野外, 亦曰[2]時物, 或纓・拾之徒, 隨所有也. 擧一隅耳, 觸類而長之, 則若土地無正幣, 則時物皆可也. ○'婦人之摯, 椇・榛・脯・脩・棗・栗', (○)[3]婦人無外事, 唯初嫁用摯, 以見(현)舅姑, 故用此六物爲摯也. 椇, 卽今之白石李也, 形如珊瑚(산호), 味甛(첨)美. 榛, 似栗而小也. 脯, 搏肉無骨而曝之. 脩, 取肉鍛治而加薑桂, 乾之如脯者. 所以用此六物者, 椇, 訓法也, 榛, 訓至也, 脯, 始也, 脩, 治也, 棗, 早也, 栗, 肅也. 婦人有法, 始至, 脩身早起, 肅敬也. 故后・夫人以下, 皆以棗・栗爲摯, 取其早起戰栗自正也. 必知以名爲義者, 案莊二十四年左傳云 "女贄不過榛・栗・棗・脩, 以告虔也." 見榛是虔義之名, 明諸物皆取名爲義. 案昏禮婦見(현)舅以棗・栗, 見(현)姑以腶脩. 其榛・椇所用無文.

1) (○)：저본에는 부호 '○'가 있으나, 본서의 체제에 의거하여 衍文으로 처리하였다.
2) 曰：惠棟校宋本・衛氏集說에는 '申'으로 되어 있다.(阮元의 校勘記 참조)
3) (○)：저본에는 부호 '○'가 있으나, 본서의 체제에 의거하여 衍文으로 처리하였다.

○〔野外軍中無摯 以纓拾矢可也〕 사람이 야외의 군대 안에 있을 때 혹 만나야 하는데 들고서 예물로 삼을 만한 물건이 없을 경우에는 舊禮를 쓰지 않고 당시 사용하는 것을 따라서 써야 한다. '纓'은 말의 繁纓이니, 즉 말의 뱃대끈이다. '拾'은 활팔찌이다. '矢'는 〈'화살'의 뜻인〉 '箭'과 같다. 군대가 들에 있을 때는 〈예물로 삼을 만한〉 물건이 없으므로 이것으로 예물을 삼아도 된다. 곧바로 '軍中'이라 하지 않고 '野外'라고 한 것은, 만약 군대가 都邑 안에 있다면 마땅히 舊禮를 따라야 하며 군대의 물건을 사용해서는 안 되기 때문이다. '만약 군대 안이 아니고 야외에 있다면'이라고 말한다 해도 또한 '時物'이라 하여 혹 뱃대끈이나 활팔찌의 부류를 있는 대로 따라서 쓴다. 이는 일부를 거론한 것일 뿐 부류에 따라 미루어 확대할 수 있으니, 만약 토지에 正幣가 없다면 時物이 모두 가능하다.

○〔婦人之摯 椇榛脯脩棗栗〕 婦人은 外事가 없어서 오직 처음 시집갔을 때만 예물을 들고 시부모를 알현하므로 이 여섯 가지 물건으로 예물을 삼는 것이다. '椇'는 즉 지금의 호깨나무이니, 모양은 산호와 같고 맛은 달콤하다. '榛'은 밤과 비슷한데 크기가 작다. '脯'는 뼈 없는 고기를 두드려서 햇볕에 말린 것이다. '脩'는 고기를 취해 두드려서 다룬 뒤 생강과 계피를 첨가하여 포처럼 말린 것이다. 이 여섯 가지 물건을 쓰는 이유는, '椇'는 '법도'의 뜻으로 해석하고, '榛'은 '이르다'의 뜻으로 해석하고, '脯'는 '처음'의 뜻이고, '脩'는 '다스리다'의 뜻이고, '棗'는 '일찍'의 뜻이고, '栗'은 '엄숙하다'의 뜻으로 해석하기 때문이다. 婦人은 법도가 있어서 처음 〈시댁에〉 이르러서는 몸을 다스려 일찍 일어나서 〈시부모를〉 엄숙하게 공경한다. 그러므로 后・夫人 이하가 모두 대추와 밤으로 예물을 삼으니, 일찍 일어나 두려워하며 스스로 바르게 하는 뜻을 취한 것이다. 반드시 이름으로 뜻을 삼은 것임을 안 것은, 살펴보면 ≪春秋左氏傳≫ 莊公 24년 조에 이르기를 "여자의 예물은 榛・栗・棗・脩로 정성을 표하는 것에 지나지 않는다."라고 하였다. '榛'을 '정성〔虔〕'의 뜻을 가진 이름으로 본 것이니, 여러 물건이 모두 이름을 취하여 뜻을 삼은 것이 분명하다. 살펴보면 ≪儀禮≫ 〈士昏禮〉에서 棗・栗을 들고서 시아버지를 뵙고 腶脩를 들고서 시어머니를 뵈며, 榛과 椇는 사용하는 곳에 대해서는 글이 없다.

02-29-01 納女於天子曰備百姓이요 於國君曰備酒漿이요 於大夫曰備埽灑(소쇄)라하나니라

천자에게 딸을 바칠 때는 〈신부의 집에서 사람을 보내〉 "〈황후 이하 120인의〉 백성의 수를 갖추어 채울 뿐입니다."라고 하고, 군주에게 바칠 때는 "술과 음료를 만드는 사람을 갖추어 채울 뿐입니다."라고 하고, 대부에게 바칠 때는 "청소하고 물 뿌리는 사람을 갖추어 채울 뿐입니다."라고 한다.

【注】 納女는 猶致女[1)]也라 壻不親迎이면 則女之家遣人致之하니 此其辭也라 姓之言은 生也니 天子皇后以下百二十人[2)]은 廣子姓也라 酒漿과 埽灑는 (賤)[3)]婦[4)]人之職이라

1) 致女 : 군주가 딸을 출가시킨 뒤에 대부를 보내 聘問하는 의식의 일종이다. ≪春秋≫ 成公 9년 조 杜預의 주에 "딸이 출가한 지 3개월이 되면 또 대부를 따라서 보내 빙문하게 하는 것을 '致女'라 이르니, 부인이 되는 예를 이루게 된 것을 치하하고 혼인의 우호를 돈독히 하기 위한 것이다.〔女嫁三月 又使大夫隨加聘問 謂之致女 所以致成婦禮 篤婚姻之好〕"라고 하였다.

2) 皇后以下百二十人 : ≪禮記≫ 〈曲禮 下〉에 "천자는 〈1명의〉 后를 두며, 〈3명의〉 夫人을 두며, 〈9명의〉 世婦를 두며, 〈27명의〉 嬪을 두며, 〈81명의〉 妻를 두며, 妾을 둔다.〔天子有后 有夫人 有世婦 有嬪 有妻 有妾〕"라는 내용이 보인다. 02-13-01 참조.

3) (賤) : 저본에는 '賤'이 있으나, 考文引宋板에 '賤'이 없는 것을 옳게 본 阮元의 校勘記에 의거하여 衍文으로 처리하였다.

4) 婦 : 陸德明은 音義에서 又本에는 '婦'가 없다고 하였다.

'納女'는 〈'딸을 바치다'의 뜻인〉 '致女'와 같다. 신랑이 親迎하지 않았으면 신부의 집에서 〈딸이 출가한 지 3개월이 되었을 때〉 사람을 보내 바치니, 이것은 그때의 말이다. '姓'이란 말은 '낳다'의 뜻이니, 천자가 황후 이하 120명을 두는 것은 자손을 넓히기 위한 것이다. '酒漿'과 '埽灑'는 부인의 직임이다.

【疏】 '納女'至'埽灑'. ○正義曰 : 納猶致也. 致者, 壻不親迎, 則女之家三月廟見, 使人致之而爲此辭. 姓, 生也. 言致此女備王之后妃以下百二十人, 以生廣子孫, 故云〔百〕[1)]姓也. ○'於國君曰備酒漿'者, 致女於諸侯也. 酒漿是婦人之職也, 故送女而持此爲辭, 轉卑, 不敢言百姓也. 詩云"無非無儀, 唯酒食是議"是也. ○'於大夫曰備埽灑', 彌賤也, 不敢同諸侯, 故不得言"酒漿"也. 唯及大夫, 不及士者, 士卑故也. (諸侯)〔大夫〕[2)]功成[3)], 得備八妾, 重國廣嗣也.

1)〔百〕: 저본에는 '百'이 없으나, 惠棟校宋本과 衛氏集說에 의거하여 보충하였다.(阮元

의 校勘記 참조)

2) (諸侯)〔大夫〕: 저본에는 '諸侯'로 되어 있으나, ≪白虎通義≫〈德論下 嫁娶〉, ≪三禮圖≫ 권1〈天子至庶人寢室配偶〉, ≪儀禮經傳通解≫ 권2〈家禮 昏義〉 등에 의거하여 '大夫'로 바로잡았다.

3) 成 : ≪백호통의≫·≪삼례도≫·≪의례경전통해≫에는 이 뒤에 모두 '受封'이 있다.

經의 〔納女〕에서 〔埽灑〕까지

○ 正義曰 : '納'은 〈'바치다'의 뜻인〉 '致'와 같다. '致'는 신랑이 親迎하지 않으면 신부의 집에서 3개월이 되어 廟에 알현할 때 사람을 보내 이 말을 하게 한다. '姓'은 '낳다'의 뜻이다. 이 딸을 왕의 后妃 이하 120인을 갖추도록 바쳐서 자손을 낳아 넓히도록 한다는 말이니, 이 때문에 '百姓'이라 한 것이다.

○ 〔於國君曰備酒漿〕 딸을 제후에게 바치는 것이다. '酒漿'은 부인의 직임이므로 딸을 보내면서 이것을 가지고서 말을 삼은 것이니, 〈천자보다〉 신분이 더욱 낮아서 감히 '百姓'이라 말하지 못한다. ≪詩經≫〈小雅 斯干〉에 이르기를 "잘못함도 없고 잘함도 없기에 오직 술과 밥만을 의논한다."라고 한 것이 이것이다.

○ 〔於大夫曰備埽灑〕〈천자보다〉 신분이 더욱 낮으니 감히 제후와 똑같이 하지 못하므로 '酒漿'을 말할 수 없다. 오직 대부까지만 언급하고 士를 언급하지 않은 것은, 士는 신분이 낮기 때문이다. 대부는 공이 이루어지면 〈封地를 받아〉 8妾을 구비할 수 있으니, 나라를 중히 하고 후사를 넓히는 것이다.

【疏】 ○ 注'納女'至'之職'. ○ 正義曰 : 成九年, "夏, 季孫行父(보)如宋致女". 此云"納女", 故云"納女, 猶致女"也. 知壻不親迎, 嫁女之家 使人致女者, 以成九年, "二月, 伯姬歸於宋", 時宋公不親迎, 故魯季孫行父如宋致女是也. 而天子亦有親迎以否者, 異義云[1] "禮戴說天子親迎[2]. 左氏說天子不親迎, 使上卿迎之[3]. 諸侯亦不親迎, 使上大夫迎." 鄭駁異義云 "文王迎大姒(태사), 親迎於渭." 又引孔子答哀公 "合二姓之好, 以繼先聖之後, 以爲天地宗廟社稷之主, 冕而親迎, 君何謂已重乎." 此天子諸侯有親迎也. 若不親迎, 則宜致女, 云"備百姓"也.

1) 異義云 : '異義'는 이미 일실된 後漢 許愼의 ≪五經異義≫를 이른다. 이하의 내용이 鄭玄의 ≪駁五經異義≫〈娶皆當親迎〉에 보인다.

2) 禮戴說天子親迎 : ≪大戴禮記≫〈哀公問於孔子〉에 "大昏은 이미 〈공경이〉 지극히 큰 예이니, 冕服을 입고 친영하는 것은 〈신부를〉 친애하는 것이다.〔大昏旣至 冕而親迎 親

之也]"라는 내용이 보인다. 이 내용이 ≪禮記≫ 〈哀公問〉에도 보이는데, 孔穎達의 疏에 따르면 '大昏'은 천자와 제후의 혼인을 이른다.

3) 左氏說天子不親迎 使上卿迎之 : ≪春秋左氏傳≫ 襄公 15년 조에 "〈卿이 아닌 천자의〉 官師가 〈周 왕실의 卿士인〉 單靖公을 따라 齊나라로 가서 왕후를 맞이하였다. 〈主婚國인 우리 魯나라에〉 卿이 오지 않았으니 예에 맞지 않았다.[官師從單靖公逆王后于齊 卿不行 非禮也]"라는 내용이 보인다. 杜預의 주에 "천자는 친영하지 않고 上卿을 보내 맞이하고 同姓國의 제후로 하여금 〈그 혼사를〉 주관하게 한다. 그러므로 '卿不行 非禮'라고 한 것이다.[天子不親昏 使上卿逆而公監之 故曰卿不行 非禮]"라고 하였다.

○ 注의 [納女]에서 [之職]까지

○ 正義曰 : ≪春秋≫ 成公 9년 조에 "여름에 〈魯나라의 대부〉 季孫行父가 宋나라에 가서 致女하였다."라고 하였는데, 여기에서 '納女'라 하였으므로 '納女 猶致女'라고 한 것이다. 신랑이 친영하지 않았으면 딸을 시집보낸 집에서 사람을 보내 致女한 것임을 〈정현이〉 안 것은, ≪춘추≫ 성공 9년 조에 "2월에 伯姬가 송나라로 시집갔다."라고 하였으니, 당시 송나라 군주가 친영하지 않았으므로 노나라의 계손행보가 송나라에 가서 致女한 것이 이것이다. 천자 또한 친영이 있는지의 여부에 대해서는, ≪五經異義≫에 이르기를 "≪大戴禮≫에서는 천자가 친영한다고 말한다. ≪春秋左氏傳≫에서는 천자가 친영하지 않고 上卿을 보내 맞이해오게 하며 제후 또한 친영하지 않아서 상대부를 보내 맞이해오게 한다고 말한다."라고 하였는데, 정현의 ≪駁五經異義≫에 이르기를 "文王은 太姒를 맞이하여 渭水 가에서 친영하였다."라고 하였다. 또 〈정현은〉 공자가 魯 哀公에게 답한 것을 인용하여 "두 姓의 우호를 합하여 先聖의 뒤를 이어서 천지와 종묘와 사직의 주인이 되는 것입니다. 冕服을 입고 친영하는 것을 군주께서는 어찌 너무 중하다고 말씀하십니까?"라고 하였으니, 이것은 천자와 제후에게 친영이 있는 것이다. 만약 친영하지 않는다면 의당 致女하며 '備百姓'이라고 말해야 한다.

禮記注疏 제6권

제3편 檀弓 上

禮記 鄭氏 注 孔穎達 疏

【疏】 正義曰：案鄭目錄云"名曰檀弓者，以其記人善於禮，故著姓名以顯之．姓檀名弓，今山陽[1]有檀氏．此於別錄屬通論．"此檀弓在六國[2]之時，知者，以仲梁子是六國時人，此篇載仲梁子，故知也．案子游譏司寇惠子廢適立庶[3]，又檀弓亦譏仲子舍適孫而立庶子．其事同，不以子游名篇，而以檀弓爲首者，子游是孔門習禮之人，未足可嘉，檀弓非是門徒，而能達禮，故善之，以爲篇目．

1) 山陽：漢나라 때 檀氏의 주요 집거지 중 하나로, 지금 중국 陝西省 동남부에 있었다.
2) 六國：戰國시대에 函谷關 동쪽에 있던 齊·楚·燕·韓·趙·魏의 여섯 나라를 가리킨다. 여기서는 전국시대를 이른다.
3) 子游譏司寇惠子廢適立庶：≪禮記≫ 〈檀弓 上〉 아래 경문에 보인다. 03-54-01 참조.

正義曰：살펴보면 鄭玄의 ≪目錄≫에 이르기를 "'檀弓'이라고 편의 이름을 붙인 것은 단궁이 禮에 뛰어난 것을 기록하였으므로 성명을 드러내어 밝힌 것이다. 姓은 檀이고 이름은 弓이니, 지금 山陽에 檀氏가 있다. 이 편은 劉向의 ≪別錄≫에서는 通論에 속한다."라고 하였다. 이 〈단궁〉은 六國 때에 있었으니 이를 아는 것은, 仲梁子는 육국 때의 사람인데 이 편에 중량자가 실려 있으므로 아는 것이다. 살펴보면 子游는 司寇인 惠子가 적자를 폐하고 서자를 세운 것을 기롱하였고, 또 단궁 역시 仲子가 적손을 버리고 서자를 세운 것을 기롱하였다. 그 일이 동일한데도 '子游'로 편의 이름을 붙이지 않고 '檀弓'으로 머리를 삼은 것은, 자유는 공자의 문하에서 예를 익힌 사람이니 가상할 것이 없지만, 단궁은 문도가 아닌데도 예에 통달하였으므로 훌륭하게 여겨서 편의 제목을 삼은 것이다.

03-01-01 公儀仲子之喪에 檀弓이 免(문)焉이러니

公儀仲子의 喪에 檀弓이 免을 하였는데,

【注】故爲非禮하여 以非仲子也라 禮에 朋友皆在他邦이면 乃袒免(문)[1]이라

1) 袒免(문) : 왼쪽 소매를 벗어서 왼쪽 팔을 노출하고, 冠을 벗어서 머리를 묶은 뒤 너비 1寸 되는 布로 목 아래에서부터 올라와 앞쪽 이마에서 교차하였다가 또 뒤쪽으로 상투에 둘러서 슬픔을 표시하는 것이다. ≪儀禮≫ 〈喪服 記〉 鄭玄의 注에 따르면 袒을 할 때는 冠을 벗고 대신 免을 한다.

고의로 禮에 맞지 않는 행동을 하여 仲子를 비난한 것이다. 예에 따르면 붕우가 모두 타국에 있으면 이에 袒免을 한다.

仲子舍其孫而立其子한대

공의중자가 적손을 버리고 〈후계자로〉 서자를 세우자,

【注】此其所立非也라 公儀는 蓋魯同姓이라 周禮에 適子死하면 立適孫爲後라

이것은 세운 대상이 틀린 것이다. '公儀'는 아마도 魯나라와 同姓인 듯하다. 周나라 예에 적자가 죽으면 적손을 세워 후사로 삼는다.

檀弓이 曰호되 何居(기)오 我未之前聞也로라하고

단궁이 "무슨 이치인가? 나는 이전에 〈이런 예를〉 듣지 못하였다."라고 하고,

【注】居[1]는 讀爲[2]姬姓之姬니 齊魯之間語助也라 前은 猶故也라

1) 居 : 어조사일 경우 ≪廣韻≫에 따르면 음이 '居之切'이다. ≪新字典≫과 ≪註解千字文≫ 重刊本에도 음이 '긔'로 되어 있다.
2) 爲 : 考文引古本·足利本에는 '如'로 되어 있다.(阮元의 校勘記 참조)

'居'는 姬姓의 '姬'로 읽으니, 齊·魯 사이에서 어조사로 쓴다. '前'은 〈'예전에'의 뜻인〉 '故'와 같다.

趨而就子服伯子於門右하여 曰호되 仲子舍其孫而立其子는 何也오

〈서쪽 계단 아래 손님의 자리를 떠나 주인 형제의 자리로〉 빨리 걸어가 문 오른쪽에 있는 子服伯子에게 나아가서 물었다. "중자가 적손을 버리고 〈후계자로〉 서자를 세운 것은 무슨 禮인가?"

【注】 去賓位하여 就主人兄弟之賢者而問之라 子服伯子는 蓋仲孫蔑之(玄)〔玄〕[1]孫子服景伯이니 蔑은 魯大夫라

1) (玄)〔玄〕: 저본에는 '玄'으로 되어 있으나, 淸 聖祖의 성명 愛新覺羅玄燁의 '玄'을 避諱한 것이므로, 원글자인 '玄'으로 돌려놓았다.

賓의 자리를 떠나 주인 형제 중 賢者에게 나아가 물은 것이다. '子服伯子'는 아마도 仲孫蔑의 현손인 子服景伯인 듯하니, 蔑은 魯나라의 대부이다.

伯子曰호되 仲子亦猶行古之道也로다 昔者에 文王이 舍伯邑考而立武王하시며 微子[1]舍其孫腯(돈)而立衍也하니 夫仲子亦猶行古之道也로다

1) 微子 : 周代 宋나라의 시조로, 이름은 啓이다. 지금의 山東省 梁山 서북쪽에 있던 微에 봉해졌다. 周公이 周나라 成王의 명을 받들어 殷나라 紂王의 아들 武庚을 주벌한 뒤 微子에게 은나라 유민을 통솔하여 선조의 제사를 받들도록 하고 宋나라에 봉하였다. 은나라 帝乙에게는 세 아들이 있었는데, 첫째 微子啓와 둘째 微子衍은 서자이고, 셋째 帝辛은 은나라 마지막 왕인 紂王으로 적자이다.

자복백자가 대답하였다. "仲子는 〈周나라의 文王과 宋나라의 시조인 微子처럼〉 또한 오히려 옛 도를 행한 것이다. 옛날에 문왕은 〈장자인〉 伯邑考를 버리고 〈후계자로 차자인〉 武王을 세웠으며 미자는 적손인 腯을 버리고 〈아우인〉 衍을 세웠으니, 저 중자는 또한 오히려 옛 도를 행한 것이다."

【注】 伯子爲親者隱耳니 立子는 非也라 文〔王〕[1]之立武王은 權也요 微子適子死에 立其弟衍은 殷禮也라

1) 〔王〕: 저본에는 '王'이 없으나, 惠棟校宋本·宋監本·岳本·嘉靖本·考文引古本·足利本에 의거하여 보충하였다.(阮元의 校勘記 참조)

子服伯子는 친척을 위해 숨긴 것뿐이니, 〈적손이 아닌〉 서자를 세우는 것은 틀린 것

이다. 文王이 〈후계자로〉 武王을 세운 것은 權道이고, 微子가 적자가 죽었을 때 〈후계자로〉 아우 衍을 세운 것은 殷나라의 禮이다.

子游[1]問諸孔子한대 孔子曰하사되 否라 立孫이니라

1) 子游 : 공자의 제자이다. 姓은 言, 이름은 偃, 字는 子游이다. 춘추시대 吳나라 사람으로, 공자보다 45세 적다.

子游가 孔子에게 묻자, 공자께서 말씀하시기를 "아니다. 적손을 세워야 한다."라고 하셨다.

【注】據周禮라

周나라의 禮에 근거한 것이다.

【疏】'公儀'至'立孫'. 〔○〕[1] 正義曰 : 此一節論仲子廢適立庶, 爲檀弓所譏之事. 公儀仲子而[2]身今喪亡, 檀弓與之爲友, 又非處他邦, 爲之著免(문), 故爲重服, 譏其失禮. 所以譏者, 仲子適子旣死, 舍其適孫而立其庶子. 檀弓居在賓位, 而言曰"何居(기)", 居是語辭, 言仲子舍適孫立庶子, 是何道理乎. "我未之前聞", 前猶故也, 言我未聞故昔有此事. 旣言之後, 乃從賓位, 趨而就子服伯子於門右, 問之曰 "仲子舍其適孫而立庶子, 是何禮也." 伯子爲仲子隱諱, 乃言曰 "仲子雖生周世, 猶上行古之道也." 言"亦"者, 餘人[3]有行古之道, 仲子亦如餘人, 故云"亦"也. 卽引文王・微子之事, 爲古之道也. 更繼之云"仲子亦猶行古之道", 與文王・微子無異. 子游以此爲疑, 問諸孔子. 孔子以仲子周人, 當從周禮, 不得立庶子, 當立孫也.

1) 〔○〕: 저본에는 부호 '○'가 없으나, 본서의 체제에 의거하여 보충하였다.
2) 而 : 考文引宋板에는 없다.(阮元의 校勘記 참조)
3) 餘人 : '후대' 또는 '후예'의 뜻이다.

經의 〔公儀〕에서 〔立孫〕까지

○ 正義曰 : 이 절은 公儀仲子가 적손을 폐하고 서자를 후계자로 세웠다가 檀弓에게 기롱당한 일을 논한 것이다. 공의중자가 지금 죽자, 단궁은 중자와 벗이었고 또 다른 나라에 사는 것이 아니었는데도 중자를 위해 免을 착용하여 고의로 무거운 服을 입음으로써 예를 잃음을 기롱하였다. 기롱한 이유는, 중자가 적자가 죽은 뒤에 적손을 버

리고 서자를 세웠기 때문이다. 단궁은 賓의 자리에 처하여 '何居'라고 하였는데, '居'는 어조사이니, 중자가 적손을 버리고 서자를 세운 것은 이것이 무슨 이치냐고 말한 것이다. '我未之前聞'은, '前'은 〈'예전에'의 뜻인〉 '故'와 같으니, 나는 예전에 이런 일이 있었다는 말을 들은 적이 없다는 말이다. 말을 한 뒤에 마침내 賓의 자리에서 빨리 걸어가 문 오른쪽으로 子服伯子에게 나아가 묻기를 "중자가 적손을 버리고 서자를 세운 것은 이것이 무슨 禮인가?"라고 하였다. 자복백자는 중자를 위해 숨겨서 마침내 말하기를 "중자는 비록 周나라 시대에 살았지만 오히려 위로 옛 도를 행한 것이다."라고 하였다.

〈'仲子亦猶行古之道也'에서〉 '亦'을 말한 것은, 餘人이 옛 도를 행함이 있는데 중자 또한 餘人처럼 했으므로 '亦'이라고 한 것이다. 즉 文王과 微子의 일을 인용하여 옛 도를 행했다는 것이다. 다시 뒤이어 '〈夫〉仲子亦猶行古之道'라고 하였으니, 문왕·미자와 다름이 없다는 것이다. 子游가 이것을 의심하여 孔子에게 묻자, 공자는 '중자는 주나라 사람이니 마땅히 주나라의 예를 따라야 하므로 서자를 세워서는 안 되고 적손을 세워야 한다.'고 하였다.

【疏】○ 注'禮朋友'至'袒免'. ○ 正義曰：知者, 喪服記云[1] "若他邦來, 還家而無主, 猶爲之免(문)." 故鄭注云[2]"歸有主人乃已", 明無主猶袒免也. 若朋友俱在家, 則弔服加麻. 加麻者, 素弁上加緦之環絰.[3] 若一在一否亦然. 知者, 以云"皆在他邦, 乃袒免", 明不皆在者則否.

1) 喪服記云：≪儀禮≫ 〈喪服 記〉에 "붕우가 모두 타국에 있으면 〈이들 중 한 사람이 죽었을 경우〉 袒免을 하고 〈喪을 주관하되, 죽은 붕우의 靈柩가 본국으로〉 돌아가면 〈단문을〉 그만둔다.〔朋友皆在他邦 袒免 歸則已〕"라는 내용이 보인다.

2) 鄭注云：≪의례≫ 〈상복 記〉 정현의 주에 "'已'는 〈'그만둔다'의 뜻인〉 '止'와 같다. 돌아갔는데 상주가 있으면 그만둔다.〔已 猶止也 歸有主則止也〕"라고 하였다.

3) 加麻者 素弁上加緦之環絰：≪의례≫ 〈상복 記〉에 "붕우를 위하여 緦麻服에 사용하는 首絰과 腰絰을 두른다.〔朋友 麻〕"라는 내용이 보이는데, 정현의 주에 "그 옷은 조복이다.〔其服 弔服也〕"라고 하였다. 또 ≪周禮≫ 〈春官 司服〉에 "무릇 〈왕이 제후나 신하들을〉 조문할 때는 素弁에 首絰을 두르고 弔服을 입는다.〔凡弔事 弁絰服〕"라는 내용이 보이는데, 정현의 주에 "弁絰은 爵弁과 같으나 흰색으로 하고 그 위에 環絰을 두르는 것이다.〔弁絰者 如爵弁而素 加環絰〕"라고 하였다. '爵弁'은 붉으면서 약간 검은 색을 띤 布로 만든 冠으로, 모양은 冕과 유사하나 冕의 앞뒤로 드리우는 술〔旒〕이 없다.

○ 注의 〔禮朋友〕에서 〔袒免〕까지

○ 正義曰 : 이를 아는 것은, ≪儀禮≫ 〈喪服 記〉에 이르기를 "만약 타국에서 와서 집에 돌아갔는데 喪主가 없으면 여전히 그를 위하여 免을 한다."라고 하였다. 그러므로 정현의 주에 이르기를 "돌아가서 주인이 있으면 이에 〈袒免을〉 그만둔다."라고 하고 하였으니, 상주가 없으면 여전히 단문함을 밝힌 것이다. 만약 朋友가 모두 집에 있으면 弔服을 입고 加麻를 한다. '加麻'는 素弁 위에 緦麻의 環絰을 두르는 것이다. 만약 한 사람은 〈타국에〉 있고 한 사람은 〈타국에〉 있지 않으면 마찬가지로 이렇게 한다. 이를 아는 것은, '皆在他邦 乃袒免'이라고 하였으니, 모두 〈타국에〉 있는 경우가 아니면 그렇게 하지 않음을 밝힌 것이다.

緦麻服

【疏】 ○ 注'公儀蓋魯同姓'. ○ 正義曰 : 知者, 案史記魯相公儀休[1], 此云子服伯子是魯人, 故疑魯同姓也. 知同姓者, 以春秋有公鳥・公若・公儀[2], 同稱公, 故知同姓也.

1) 史記魯相公儀休 : ≪史記≫ 권119 〈循吏列傳〉에 "公儀休란 자는 魯나라의 박사이다. 뛰어난 재능과 학문으로 노나라의 재상이 되었다.〔公儀休者 魯博士也 以高弟爲魯相〕"라는 내용이 보인다. 공의휴는 魯 穆公 때의 재상으로, 公儀는 성이고 休가 이름이다.

2) 春秋有公鳥公若公儀 : '公鳥'는 魯나라의 종실인 季公鳥로, 平子의 庶叔父이다. '公若'은 季公若 즉 季公亥로, 公鳥의 아우이다. '公儀'는 ≪春秋≫에 보이지 않는다.

○ 注의 〔公儀蓋魯同姓〕

○ 正義曰 : 이를 안 것은, 살펴보면 ≪史記≫에 魯나라의 재상 公儀休가 있는데 여기에서 子服伯子가 노나라 사람이라고 하였으므로 노나라와 同姓이 아닐까 의심한 것이다. 동성임을 안 것은, ≪春秋≫에 公鳥・公若・公儀가 있어 똑같이 公을 칭하므로 동성임을 안 것이다.

【疏】 ○ 注'去賓'至'大夫'. 〔○〕[1] 正義曰：案賓位之法[2], 隨主人而變. 小斂之前, 主人未忍在主位, 有事在西階下, 則賓亦入門西, 弔於西階下. 故士喪禮, 君使人襚, 主人拜送, 拜賓, 卽位西階下, 東面[3]. 鄭云 "未忍卽[4]主人位也." 小斂之後, 尸則出堂廉[5], 然後有飾主人位, 則在阼階下西面, 賓弔者入門東, 於東階下弔也. 故士喪禮, 小斂訖, 故士擧, 男女奉尸, 侇於堂. 主人降自西階, 卽位踊, 襲絰于序東[6]. 鄭云 "卽位踊, 東方位也." 則衆主人不接賓, 發初在東耳. 而檀弓之來者, 當在小斂之前, 初于西階行譏弔, 而主人未覺, 後乃趨嚮門右問伯子焉. 必知小斂前者, 以仲子初喪卽正適庶之位故也. 未小斂而著免(문)者, 故爲非禮之弔, 亦異常也. 然則子游之弔惠子[7], 是小斂後也. 故服衰(최)而在門東. 故鄭云"大夫家臣, 位在賓後", 又云"在門內北面". 云'子服伯子, 蓋仲孫蔑之(玄)〔玄〕孫子服景伯'者, 案世本[8], 獻子[9]蔑生孝伯, 孝伯生惠伯, 惠伯生昭伯, 昭伯生景伯. 云"蓋"者, 彼云子服景伯, 此云子服伯子, 不同, 故云"蓋". 景是諡, 伯是字也.

1) 〔○〕: 저본에는 부호 '○'가 없으나, 본서의 체제에 의거하여 보충하였다.

2) 法 : 監本・毛本・衛氏集說에는 '位'로 되어 있는데, 阮元은 이를 오류로 보았다.(阮元의 校勘記 참조)

3) 君使人襚……東面 : ≪儀禮≫ 〈士喪禮〉에 "군주가 使者를 시켜 襚를 보낸다.……襚者가 室 안으로 들어가 시신 위에 옷을 올려놓고 나온다. 주인이 앞에서와 같이 절하여 전송한다.……마침내 賓에게 절하는데, 대부가 있으면 한 사람씩 일일이 한 번씩 절한다. 이때 주인은 서쪽 계단 아래의 자리로 나아가 동향하는데, 〈哭과 절만 할 뿐〉 成踊은 하지 않는다.〔君使人襚……襚者入 衣尸出 主人拜送如初……遂拜賓 有大夫則特拜之 卽位於西階下 東面 不踊〕"라는 내용이 보인다. 정현의 주에 따르면 '襚'는 '보내다〔遺〕'의 뜻으로, "옷과 이불을 〈죽은 자에게 보내는 것을〉 '襚'라 한다.〔衣被曰襚〕"라고 하였다. '成踊'은 정현의 주에 따르면 '踊을 세 번씩 세 차례 하는 것〔三者三〕'이다.

4) 卽 : ≪의례≫ 〈사상례〉 정현의 주에는 '在'로 되어 있다.

5) 堂廉 : ≪禮記≫ 〈喪大記〉 孔穎達의 疏에 따르면 '당의 남쪽 가장자리, 모서리 위〔謂堂基南畔 廉稜之上〕'를 이른다.

6) 小斂訖……襲絰于序東 : ≪의례≫ 〈사상례〉에 "士가 시신을 〈좌우에서〉 들고 〈주인들과 부인들인〉 남녀는 시신〈의 머리와 발〉을 받쳐 들고 당〈의 소렴상〉으로 옮겨 모셔온 뒤에 夷衾으로 덮는다.……주인이 시신의 발쪽〈인 북쪽〉으로 돌아 나와 서쪽 계단으로 〈당을〉 내려간다. 衆主人이 〈주인을 따라 내려와〉 동쪽으로 가서 〈동쪽 계단 아래 자기〉 자리로 간다.……〈주인이 동쪽 계단 아래〉 자리에 나아가 〈서향하고〉 踊

을 한 뒤, 東序의 동쪽에서 首絰과 腰絰을 착용하고 〈동쪽 계단 아래 서향하는〉 자리로 돌아간다.〔士擧 男女奉尸 侇于堂 幠用夷衾……主人出于足 降自西階 衆主人東卽位……卽位踊 襲絰于序東 復位〕"라는 내용이 보인다. 여기의 '士'는 정현의 주에 따르면 '아직 正祿을 얻지 못한 자로, 이른바 庶人으로서 관직에 있는 자〔未得正祿 所謂庶人在官者〕'이다. 즉 이미 관직에 임명되었으나 아직 正爵과 正祿을 얻지 못하여, 그 지위가 서인보다는 조금 높지만 서인이나 마찬가지인 士이다. '衆主人'은 정현의 주에 따르면 '여러 형제들〔庶昆弟〕'이다. 즉 주인의 형제들로, 죽은 자의 여러 아들이다.

7) 子游之弔惠子 : ≪禮記≫ 〈檀弓 上〉 경문에 보인다. 03-54-01 참조.

8) 世本 : 通史類의 古書로 이미 일실되었다. 모두 15편이다. ≪漢書≫ 권30 〈藝文志〉 "世本十五篇"에 대한 顔師古의 주에 "옛 사관이 황제 이후 춘추시대 제후와 대부까지 기록한 것이다.〔古史官記黃帝以來訖春秋時諸侯大夫〕"라고 하였다.

9) 獻子 : 魯나라의 執政大臣 孟獻子(?~B.C. 554)를 가리킨다. 姓은 姬, 氏는 孟孫, 이름은 蔑, 시호는 獻이다. 仲孫蔑이라고도 한다. 선조인 公子 慶父가 魯 閔公을 시해한 뒤 후손이 이를 피휘하기 위해 仲孫氏를 孟孫氏로 고쳤다. 魯 桓公의 후손인 三桓 중 하나이다.

○ 注의 〔去賓〕에서 〔大夫〕까지

○ 正義曰 : 살펴보면 賓의 자리를 정하는 법은 주인의 자리를 따라서 변한다. 小斂 전에는 주인은 차마 주인의 자리에 있지 못하여 일이 있으면 서쪽 계단 아래에 있으니, 賓 역시 문 서쪽으로 들어가 서쪽 계단 아래에서 조문한다. 그러므로 ≪儀禮≫ 〈士喪禮〉에서 군주가 사람을 시켜 襚를 보내면 주인이 절하여 전송하는데, 賓에게 절할 때 서쪽 계단 아래의 자리로 나아가 동향한다. 정현이 말하기를 "차마 주인의 자리에 나아가지 못하는 것이다."라고 하였다. 소렴 후에 시신은 堂廉으로 나오는데 그런 뒤에 주인의 자리를 꾸미니, 〈주인이〉 동쪽 계단 아래에서 서향하면 조문 온 賓이 문 동쪽으로 들어와 동쪽 계단 아래에서 조문한다. 그러므로 ≪의례≫ 〈사상례〉에서 소렴이 끝났으므로 士가 시신을 〈좌우에서〉 들고 남녀는 시신〈의 머리와 발〉을 받쳐 들고서 당〈의 소렴상〉으로 옮겨 모셔오면, 주인이 서쪽 계단으로 〈당을〉 내려가 '〈동쪽 계단 아래 자기〉 자리로 가서 踊을 한 뒤〔卽位踊〕' 東序의 동쪽에서 首絰과 腰絰을 착용하는 것이다. 정현이 말하기를 "卽位踊은 東方의 자리이다."라고 하였으니, 그렇다면 衆主人은 賓을 만나지 않고 처음부터 동쪽에 있었을 뿐이다.

그러나 檀弓이 온 것은 마땅히 소렴 전에 있었을 것이니, 처음에 〈賓의 자리인〉 서쪽 계단으로 가서 기롱하는 조문을 행했는데도 주인이 깨닫지 못하자, 그 뒤에 마침내 문 오른쪽으로 빨리 걸어가서 子服伯子에게 물어본 것이다. 반드시 소렴 전임을 아는 것은, 公儀仲子의 초상은 바로 적자와 서자의 자리를 바로잡는 때이기 때문이다. 아직 소렴을 하지 않았는데도 免을 착용한 것은 고의로 예에 맞지 않는 조문을 행한 것이니, 또한 평상시와 달리 한 것이다. 그렇다면 子游가 〈司寇인〉 惠子의 초상에 조문한 것은 바로 소렴 후이므로 상복을 입고 문 동쪽에 있었던 것이다. 그러므로 정현이 말하기를 "대부의 家臣은 자리가 賓의 뒤에 있다."라고 하고, 또 말하기를 "문 안에서 북향하는 곳이다."라고 한 것이다.

〔子服伯子 蓋仲孫蔑之玄孫子服景伯〕≪世本≫을 살펴보면 孟獻子 蔑은 孝伯을 낳고, 효백은 惠伯을 낳고, 혜백은 昭伯을 낳고, 소백은 景伯을 낳았다. '蓋'라고 한 것은, ≪세본≫에서는 子服景伯이라 하고 여기서는 子服伯子라고 하여 똑같지 않으므로 '蓋'라고 한 것이다. '景'은 시호이고, '伯'은 字이다.

【疏】 ○ 注'文王之立武王, 權也'. ○ 正義曰：案文王在殷之世, 殷禮, 自得舍伯邑考而立武王. 而言權者, 殷禮, 若適子死, 得立弟也, 今伯邑考見(현)在而立武王, 故云"權"也. 故中候云[1] "發行誅紂, 且(弘)〔弘〕道[2]也, 是七百年之基驗也."

1) 中候云：'中候'는 漢代 讖緯書의 일종인 ≪尙書中候≫ 18편을 이른다. 주로 ≪尙書≫의 문체를 모방하여 하늘이 고대 제왕에게 주는 상서로운 징조를 기술함으로써 해당 왕조와 제왕이 천명에 부합함을 증명하였다. ≪隋書≫ 〈經籍志〉에 '≪상서중후≫ 5권〔尙書中候五卷〕'으로 저록되어 있으며, 原注에 "정현이 주를 달았다. 梁나라 때 8권본이 있었으며 금본은 잔결본이다.〔鄭玄注 梁有八卷 今殘缺〕"라고 하였다. 明나라 孫瑴(각)의 ≪古微書≫ 〈尙書中候〉에 '中候云' 이하의 내용이 보인다.

2) (引)〔弘〕道：'弘'은 저본에는 '引'으로 되어 있으나, 淸 高宗의 성명 愛新覺羅弘曆의 '弘'을 避諱한 것이므로, 원글자인 '弘'으로 돌려놓았다. ≪論語≫ 〈衛靈公〉에 "사람이 도를 넓히는 것이요 도가 사람을 넓히는 것이 아니다.〔人能弘道 非道弘人〕"라는 내용이 보인다.

○ 注의 〔文王之立武王 權也〕

○ 正義曰：살펴보면 文王은 殷나라 시대에 살았으니, 은나라 禮에 따르면 본래 〈장자인〉 伯邑考를 버리고 〈후계자로 차자인〉 武王을 세울 수 있었다. 그런데도 '權'이라 말한 것은, 은나라 예에 만약 적자가 죽으면 아우를 세울 수 있었는데, 지금 백읍고는 현재 살아 있는데도 무왕을 세웠으므로 '權'이라 한 것이다. 그러므로 ≪尙書中候≫에

이르기를 "〈周 武王〉 發이 〈은나라의 마지막 왕인〉 紂에게 주벌을 행하여 장차 도를 넓히고자 하였으니, 이는 〈周나라〉 7백 년 터전의 징조였다."라고 한 것이다.

03-02-01 事親호되 有隱而無犯하며

부모를 섬기되 〈부모의 잘못을 드러내지 않아서〉 숨김은 있고 면전에서 직간함은 없으며,

【注】 隱은 謂不稱揚其過失也요 無犯은 不犯顔而諫이니 論語曰 事父母호되 幾諫이라하니라

'隱'은 그 잘못을 거론하여 드러내지 않음을 이르고, '無犯'은 면전에서 직간하지 않는 것이니, ≪論語≫ 〈里仁〉에 이르기를 "부모를 섬기되 은미하게 간한다."라고 하였다.

左右就養호되 無方하며

좌우로 나아가 봉양하되 〈좌우에서 모시는 자리를〉 일정하게 두지 않으며,

【注】 左右는 謂扶持之요 方은 猶常也니 子則然하여 無常人이라

'左右'는 시중드는 것을 이르고, '方'은 〈'항상'의 뜻인〉 '常'과 같으니, 자식은 〈부모를〉 이렇게 모셔서 〈다른 사람을 시켜 부모의 곁에〉 항상 모시게 하는 사람이 없다.

服勤至死하며 致喪三年하고

〈일을 가리지 않고〉 수고로운 일에 종사하여 〈중단할 때가 없이〉 죽을 때까지 모시며, 〈돌아가신 뒤에는 상복에 걸맞도록〉 슬픔을 지극히 하여 3년 동안 거상한다.

【注】 勤은 勞辱之事也요 致는 謂戚容稱其服也라 凡此는 以恩爲制라

'勤'은 수고로운 일이고, '致'는 슬픈 모습이 상복에 걸맞는 것을 이른다. 무릇 이것은 은혜를 기준으로 제도를 삼은 것이다.

事君호되 有犯而無隱하며

군주를 섬기되 면전에서 직간함은 있고 〈군주의 잘못을 드러내지 않아서〉 숨김은 없으며,

【注】既諫에 人有問其國政者하면 可以語其得失이니 若齊晏子爲晉叔向言之라

이미 간한 뒤에 다른 사람이 그 나라의 국정을 물으면 잘잘못을 말할 수 있다. 예를 들면 齊나라 晏子가 晉나라 叔向을 위해 말한 것과 같다.

左右就養호되 有方하며

좌우로 나아가 봉양하되 〈좌우에서 모시는 자리를〉 일정하게 두며,

【注】不可侵官이라

〈다른 관원의〉 관직을 침범해서는 안 되기 때문이다.

服勤至死하며 方喪三年하고

〈일을 가리지 않고〉 수고로운 일에 종사하여 〈중단할 때가 없이〉 죽을 때까지 섬기며, 喪을 부모의 삼년상에 비견한다.

【注】方喪은 資於事父라 凡此는 以義爲制라

'方喪'은 부모를 섬기는 喪禮를 취하여 〈군주의 상례를〉 치른다는 것이다. 무릇 이것은 의리를 기준으로 제도를 삼은 것이다.

事師호되 無犯無隱하며 左右就養호되 無方하며 服勤至死하며 心喪三年이니라

스승을 섬기되 면전에서 간함도 없고 〈스승의 잘못을 드러내지 않아서〉 숨김도 없으며, 좌우로 나아가 봉양하되 항상 모시게 하는 사람이 없으며, 부지런히 일하여 죽음에 이르며, 心喪 삼년을 한다.

【注】心喪은 戚容如父而無服也라 凡此는 以恩義之間爲制라

'心喪'은 슬퍼하는 모습이 부모의 喪과 같으나 상복이 없는 것이다. 무릇 이것은 〈부모의〉 은혜와 〈군주에 대한〉 의리 사이를 기준으로 제도를 삼은 것이다.

【疏】'事親'至'三年'. ○ 正義曰：此一節論事親・事君及事師之法, 臣子著服之義, 各依文解之.

經의 〔事親〕에서 〔三年〕까지

○ 正義曰：이 절은 부모를 섬기는 법, 군주를 섬기는 법, 스승을 섬기는 법 및 신하와 자식이 상복을 입는 뜻을 논하였으니, 각각 글을 따라 풀이하겠다.

【疏】 ○ 注'無犯'至'幾諫'. ○ 正義曰：據親有尋常之過, 故無犯. 若有大惡, 亦當犯顔. 故孝經云"父有爭子, 則身不陷於不義"是也. 論語曰 "事父母幾諫." 是尋常之諫也.

○ 注의 〔無犯〕에서 〔幾諫〕까지

○ 正義曰：부모에게 平常의 허물이 있는 것에 근거하였으므로 면전에서 간함이 없는 것이다. 그러나 大惡이 있으면 또한 면전에서 간해야 한다. 그러므로 ≪孝經≫ 〈諫爭章〉에 이르기를 "부모에게 간쟁하는 자식이 있으면 몸이 불의에 빠지지 않는다."라고 한 것이 이것이다. ≪論語≫ 〈里仁〉에 이르기를 "부모를 섬기되 은미하게 간해야 한다."라고 하였는데, 이것은 평상의 간언이다.

【疏】 ○ 注'左右'至'常人'. ○ 正義曰：凡言"左右"者, 據僕從之臣, 故立有左右僕從之官位. 此"左右"言"扶持之", 謂子在親左相・右相而奉持之. 云"子則然, 無常人", 然猶如是也. 但是子則須如是, 或左右奉持, 不常遣一人在左, 一人在右, 故云"無常人".

○ 注의 〔左右〕에서 〔常人〕까지

○ 正義曰：일반적으로 '左右'라고 말하는 것은 시중드는 신하에 근거하므로 서 있을 때 좌우의 시중드는 관원의 자리가 있다. 그런데 여기의 '左右'는 〈정현의 주에서〉 '扶持之'라고 하였으니, 자식이 부모에게 있어 左相・右相이 되어 받들어 모시는 것을 이른다. '子則然 無常人'이라 한 것은, '然'은 〈'이와 같다'의 뜻인〉 '如是'와 같다. 다만 이것은 자식이라면 모름지기 이와 같이 해서 혹은 왼쪽에서 혹은 오른쪽에서 받들어 모셔야 하며, 항상 한 사람은 왼쪽에, 다른 한 사람은 오른쪽에 있게 하는 것은 아니므로 '無常人'이라 한 것이다.

【疏】 ○ 注'勤勞'至'爲制'. ○ 正義曰：言'服勤'者, 謂服持勤苦勞辱之事. (故)[1]云'致謂戚容稱其服也'者, 致之言至也, 謂哀情至極而居喪禮, 故云"致謂戚容稱其服也". 上曲禮云

"五十不致毁"[2], 與此同. 云'凡此以恩爲制'者, 凡上三事對下君與師, 故云"以恩爲制".

1) (故) : 저본에는 '故'가 있으나, 앞뒤 문맥에 맞지 않아 惠棟校宋本에 의거하여 衍文으로 처리하였다.(阮元의 校勘記 참조)

2) 上曲禮云五十不致毁 : 01-31-01 참조.

○ 注의 〔勤勞〕에서 〔爲制〕까지

○ 正義曰 : 〔服勤〕 수고하고 애쓰는 일에 종사하여 모시는 것을 이른다.

〔致謂戚容稱其服也〕 '致'라는 말은 '지극하다〔至〕'의 뜻이니, 슬픈 마음이 지극한 상태로 喪禮에 처하므로 '致謂戚容稱其服也'라고 한 것이다. 앞에서 ≪禮記≫ 〈曲禮 上〉에 이르기를 "〈거상할 때〉 50세에는 지극히 수척해지도록 하지는 않는다.〔五十不致毁〕"라고 하였는데, 여기의 '致'와 동일하다.

〔凡此以恩爲制〕 무릇 앞의 세 가지 일은 다음에 나오는 군주・스승과 상대적으로 말한 것이므로 '以恩爲制'라고 한 것이다.

【疏】 ○ 注'旣諫'至'言之'. ○ 正義曰 : 知旣諫而後, 人有問其國政, 可以語其得失者, 昭三年左傳云"晏子謂景公曰'小人近市, 朝夕得所求.' 景公曰'子近市, 何貴何賤.' 於是景公繁於刑, 有鬻(육)踊[1]者. 故對曰'踊貴屨賤.'" 諫景公重刑. 後及其聘晉, 與叔向言齊國之政將歸陳氏, 景公厚斂焉, 陳氏厚施焉[2]. 是旣諫得言君之過. 若其未諫而言君過, 則不可. 故昭三年, 子大(태)叔[3]如晉, 張趯(적)與子大叔言云"火星中而寒暑退, 此其極也, 能無退乎." 未曾諫君, 輒言君德之退[4], 故傳云"張趯有知, 其由[5]在君子之後乎", 是其被譏也. 魯昭公取同姓[6], 孔子不仕昭公, 旣先諫. 所以論語稱孔子爲昭公諱而稱"(丘)〔丘〕也過"[7]者, 聖人含(弘)〔弘〕勸獎, 擧過歸己, 非實事也. 若史策書, 理則不一. 若其良史, 直筆不隱君過, 董狐書趙盾(돈)弑君[8]及丹楹刻桷[9]之屬是也. 若忠順臣, 則諱君親之惡者, 春秋辟(피)諱皆是, 故僖元年左傳云"諱國惡, 禮也."

1) 踊 : 刖刑을 당한 사람이 신는 특수 제작된 신발이다. '刖刑'은 고대 肉刑의 일종으로, 발을 자르는 형벌이다. '刖足' 또는 '剕(비)'라고도 한다.

2) 後及其聘晉……陳氏厚施焉 : ≪史記≫ 권32 〈齊太公世家〉에 따르면, 魯 昭公 3년(B.C. 539)에 齊나라의 대신 晏嬰이 晉나라에 사신 가서 晉나라의 대부 叔向과 사적으로 얘기를 나눌 때 "제나라의 정권은 결국 田氏에게 돌아갈 것이다. 전씨가 비록 큰 덕은 없으나 공공의 권력을 사사로이 행사하며 백성들에게 은혜를 베풀어 백성들이 좋아한다.〔齊政卒歸田氏 田氏雖無大德 以公權私 有德於民 民愛之〕"라고 하였다. 또 ≪春

秋左氏傳≫ 昭公 26년(B.C. 516) 조 기사에, 齊 景公과 안영이 路寢에 앉아서 대화할 때 경공이 이 아름다운 집을 장차 덕이 있는 자가 소유할 것이라고 하자, 안영은 陳氏가 차지할 것이라고 하면서 "임금님께서는 세금을 많이 걷고 진씨는 은혜를 후하게 베푸니 백성의 마음이 그에게 돌아갔습니다.〔公厚斂焉 陳氏厚施焉 民歸之矣〕"라고 하였다는 내용이 보인다. ≪사기≫ 권46 〈田敬仲完世家〉에 따르면, 陳氏는 춘추시대 陳 厲公의 아들 陳完이 齊나라로 망명해 와 田氏로 바꾸었다. 이후 후손이 대대로 제나라의 卿이 되었다가 B.C. 404년에 田和가 姜氏의 제나라를 찬탈하였는데, 이전의 제나라를 呂齊 또는 姜齊라 부르는 것에 상대하여 이후를 田齊라 한다.

3) 子大(태)叔 : 춘추시대 鄭나라의 正卿인 遊吉을 이른다. 자는 子大叔으로, 世叔으로 불리기도 한다. 鄭 定公 8년(B.C. 522)에 子產을 대신하여 정나라의 執政이 되었다.

4) 火星中而寒暑退……輒言君德之退 : ≪춘추좌씨전≫ 昭公 3년 조에 "張趯이 말하기를 '……비유하면 大火星과 같습니다. 대화성이 중천에 뜨면 추위와 더위가 물러가는데, 이것은 극에 이르렀기 때문입니다. 어찌 물러가지 않을 수 있겠습니까. 晉나라는 장차 제후를 잃을 것이니, 제후가 번거로운 일을 하기를 구하여도 될 수 없을 것입니다.'라고 하였다. 두 대부가 물러가자 자태숙이 다른 사람에게 말하기를 '장적은 지혜가 있으니, 그도 오히려 군자의 대열에 끼게 될 것이다.'라고 하였다.〔張趯曰……譬如火焉 火中 寒暑乃退 此其極也 能無退乎 晉將失諸侯 諸侯求煩不獲 二大夫退 子大叔告人曰 張趯有知 其猶在君子之後乎〕"라는 내용이 보인다. '大火星'은 恒星 28宿(수) 중 蒼龍七宿의 다섯 번째 별자리인 心宿를 이른다. 세 개의 별로 이루어져 있다.

5) 由 : 惠棟校宋本・閩本・監本・毛本 및 ≪춘추좌씨전≫ 昭公 3년 조 傳에는 '猶'로 되어 있다. '由'와 '猶'는 통용자이다.(阮元의 校勘記 참조)

6) 魯昭公取同姓 : 魯나라와 吳나라는 모두 姬姓이었는데, 魯 昭公이 오나라 여자에게 장가들었다. 禮에 따르면 同姓을 취하지 않으므로 소공은 동성임을 숨기기 위해 '吳孟子'라고 칭하여 宋나라 여자인 子姓인 것처럼 하였다. ≪禮記≫ 〈坊記〉에 "공자가 말하였다. '아내를 취하는데 동성을 취하지 않는 것은 분별을 두터이 하고자 해서이다.'〔子云 取妻不取同姓 以厚別也〕"라는 내용이 보인다.

7) (丘)〔丘〕也過 : ≪論語≫ 〈述而〉에 다음과 같은 일화가 전한다. 陳나라 司敗가 魯 昭公은 예를 알았느냐고 묻자, 공자가 예를 알았다고 대답하였다. 공자가 물러간 뒤 사패는 공자의 제자인 巫馬期에게 군자도 편당을 짓느냐고 비난하며, 소공이 예를 안다면 누가 예를 알지 못하겠느냐고 하였다. 무마기에게서 이 말을 들은 공자는 "나는 다행이다. 만일 잘못이 있으면 남들이 반드시 아는구나.〔丘也幸 苟有過 人必知之〕"라고 하였다. '丘'는 저본에는 '丘'로 되어 있으나, 魯나라 공자의 성명 孔丘의 '丘'를 避諱한 것이므로, 원글자인 '丘'로 돌려놓았다.

8) 若其良史……董狐書趙盾(돈)弑君 : ≪춘추좌씨전≫ 宣公 2년 조에 "董狐는 옛날의 훌륭

한 史官이었다. 법에 의거해 곧게 쓰고 숨기지 않았다.〔董狐 古之良史也 書法不隱〕"라고 한 공자의 평이 보인다. '董狐'는 춘추시대 晉나라의 사관이다. 魯 宣公 2년(B.C. 607)에 晉 靈公이 趙盾을 죽이려 하자 조돈은 달아났는데, 조돈의 사촌인 趙穿이 영공을 시해하였다. 조돈은 국경을 넘기 전에 이 소식을 듣고 돌아왔는데, 동호가 "조돈이 그 임금을 시해하였다.〔趙盾弑其君〕"라고 쓰자 조돈은 그렇지 않다고 하였다. 이에 동호는 "당신은 한 나라의 正卿이면서 달아났으나 미처 국경을 넘지 못했고 돌아와서도 역적을 토벌하지 않았으니, 당신이 아니라면 누구이겠는가."라고 대답하였다 한다.

9) 丹楹刻桷 : 기둥에 붉은 칠을 하고 서까래에 무늬를 새겨넣었다는 뜻이다. ≪春秋≫ 莊公 23년 조에 "가을에 桓公의 사당 기둥에 붉은색을 칠하였다.〔秋 丹桓宮楹〕"라고 하였는데, ≪春秋穀梁傳≫ 장공 23년 조 傳에 "예에 따르면 천자와 제후는 검은색과 흰색을 칠하고, 대부는 파란색을 칠하고, 士는 노란색을 칠하니, 기둥을 붉은색으로 칠한 것은 예가 아니다.〔禮 天子諸侯黝堊 大夫倉 士黈 丹楹 非禮也〕"라고 하였다. 또 ≪춘추≫ 장공 24년 조에 "봄 周王 3월에 환공의 사당 서까래에 무늬를 새겨넣었다.〔春王三月 刻桓宮桷〕"라고 하였는데, ≪춘추곡량전≫ 장공 24년 조 傳에 "예에 따르면 천자의 서까래는 깎은 뒤에 우선 거칠게 한 번 갈고 결이 고운 숫돌로 다시 한번 갈며, 제후의 서까래는 깎은 뒤에 거칠게 한 번 갈며, 대부의 서까래는 깎기만 하며, 士의 서까래는 뿌리를 깎으니, 서까래에 무늬를 새겨넣은 것은 올바른 예가 아니다.〔禮 天子之桷 斲之礱之 加密石焉 諸侯之桷 斲之礱之 大夫斲之 士斲本 刻桷 非正也〕"라고 하였다.

○ 注의 〔旣諫〕에서 〔言之〕까지

○ 正義曰 : 이미 간한 뒤에 다른 사람이 그 나라의 국정을 물으면 잘잘못을 말할 수 있음을 정현이 안 것은, ≪春秋左氏傳≫ 昭公 3년(B.C. 539) 조에 이르기를 "晏子가 齊 景公에게 '소인은 시장 가까이 살면서 아침저녁으로 구하는 물건을 얻을 수 있습니다.'라고 하자, 경공이 '그대가 시장 가까이 사니 어떤 물건이 비싸고 어떤 물건이 싸던가?'라고 물었다. 이때 경공이 형벌을 많이 시행하여 〈발이 잘리는 형벌을 당한 사람이 신는 신발인〉 踊을 파는 자가 있었으므로 〈안자는〉 대답하기를 '踊은 비싸고 보통 신발은 쌉니다.'라고 하였다."라고 하여 경공에게 무거운 형벌에 대해 간하였다. 후에 안자는 晉나라에 빙문 가자 〈晉나라의 대부〉 叔向과 얘기를 나눌 때 말하기를, 齊나라의 정권이 장차 陳氏에게 돌아갈 것이니 경공은 〈세금을〉 후하게 걷고 진씨는 〈은혜를〉 후하게 베풀기 때문이라고 하였다. 이것이 이미 간한 뒤에는 군주의 잘못을 말할 수 있다는 것이다. 만약 아직 간하기 전인데 군주의 잘못을 말한다면 불가하다.

그러므로 魯 昭公 3년에 〈鄭나라의 正卿〉 子大叔이 晉나라에 가자 〈晉나라의 대부〉

張趯이 자태숙과 얘기를 나눌 때 말하기를 "大火星이 중천에 뜨면 추위와 더위가 물러가는데, 이는 극에 이르렀기 때문이다. 어찌 물러가지 않을 수 있겠는가."라고 하였다. 일찍이 군주에게 간언을 올린 적도 없이 바로 군주의 덕이 쇠퇴했다고 말하였으므로 傳에 이르기를 "장적이 지혜가 있으니, 그도 오히려 군자의 대열에 끼게 될 것이다."라고 하였으니, 이것은 기롱을 당한 것이다.

노 소공이 同姓의 여자에게 장가들자 공자는 소공에게 출사하지 않았으나 이미 먼저 간언을 올렸다. ≪論語≫ 〈述而〉에서 공자가 소공을 위해 숨겨서 "내가 잘못했다."라고 했다고 한 것은, 聖人이 널리 포용하고 권장하며 잘못을 취하여 자신에게 돌린 것이니 실제 일이 아니다.

그러나 역사서에 기록하는 것이라면 이치가 똑같지 않다. 훌륭한 史官이라면 直筆로 군주의 허물을 숨기지 않으니, 〈晉나라의 사관〉 董狐가 "趙盾이 그 군주를 시해하였다."라고 쓴 것 및 "기둥에 붉은색을 칠하였다.", "서까래에 무늬를 새겨넣었다."라고 쓴 등속이 이것이다. 만약 忠順한 신하라면 군주와 부모의 惡을 숨기니, ≪春秋≫에서 피휘한 것이 모두 이것이다. 그러므로 ≪春秋左氏傳≫ 僖公 원년에 이르기를 "나라의 惡을 숨기는 것이 예이다."라고 하였다.

【疏】 ○ 注'不可侵官'. ○ 正義曰：案成十六年左傳云, 晉楚戰于鄢(언)陵[1], 時欒書將中軍, 欒鍼(침)爲晉侯車右. 晉侯陷於淖(뇨), "欒書將載晉侯, 鍼曰 '書退. 侵官, 冒也. 失官, 慢也. 離局, 姦也.'" 時欒書棄元帥之任, 欲載晉侯, 是侵官也, 故云"不可侵官". 此謂君有平常小事, 若有危難, 當致死, 故論語云 "事君, 能致其身."

1) 晉楚戰于鄢(언)陵 : 魯 成公 16년(B.C. 575) 6월 29일 갑오일에 晉 厲公이 楚 共王·鄭 成公의 군대와 鄢陵에서 싸워 초나라와 정나라의 연합군이 대패한 전쟁을 이른다. '鄢陵'은 춘추시대 정나라의 고을 이름으로, 지금의 중국 河南省 鄢陵縣 북쪽에 있었다. 본래 妘姓의 나라였던 鄢을 鄭 武公이 멸망시킨 뒤 처음에는 원래의 이름을 썼다가 뒤에 언릉으로 고쳤다.(楊伯峻의 ≪春秋左傳注≫ 隱公 원년, 成公 16년 조 참조)

○ 注의 〔不可侵官〕

○ 正義曰 : 살펴보면 ≪春秋左氏傳≫ 成公 16년 조에 이르기를, 晉나라와 楚나라가 〈鄭나라의 고을〉 鄢陵에서 전쟁하였는데, 당시 〈晉나라의 경대부〉 欒書가 中軍을 거느리고 欒鍼이 晉侯의 車右가 되었다. 진후가 진창길에 빠지자 "난서가 진후를 수레에 태우고자 하였다. 난침이 말하기를 '난서는 물러나시오. 다른 관원의 직권을 침범하는

것은 冒이고, 자기의 직무를 버리는 것은 慢이고, 자기의 부대를 벗어나는 것은 姦입니다.'라고 하였다."라고 하였다.

당시 난서가 元帥의 직임을 버리고 진후를 수레에 태우고자 하였으니, 이것이 侵官이다. 그러므로 〈정현의 주에서〉 '不可侵官'이라 한 것이다. 그러나 이것은 군주가 평상시 작은 일이 있을 때를 이르니, 만약 위태로운 일이 있다면 마땅히 목숨을 바쳐야 한다. 그러므로 ≪論語≫ 〈學而〉에 이르기를 "군주를 섬기되 능히 그 몸을 바친다."라고 하였다.

【疏】 ○ 注'方喪, 資於事父'. ○ 正義曰：方謂比方也, 謂比方父喪禮以喪君, 故云"資於事父". 資, 取也, 取事父之喪禮以喪君. 但居處飮食同耳, 不能戚容稱其服.

○ 注의 〔方喪 資於事父〕

○ 正義曰：'方'은 비견한다는 말이니, 부모의 喪禮에 비견하여 군주의 상을 치른다는 말이다. 그러므로 '資於事父'라고 한 것이다. '資'는 '취하다'의 뜻이니, 부모를 섬기는 喪禮를 취하여 군주의 상을 치른다는 것이다. 다만 거처와 음식을 〈부모의 상과〉 똑같이 할 뿐 슬퍼하는 모습은 그 상복에 걸맞게 하지 못한다.

【疏】 ○ 注'心喪'至'爲制'. ○ 正義曰：凡親有冥造之功, 又有生育之惠, 故懷哀戚之痛, 同君衰(최)服之限. 君則徒有榮身顯親之事, 而無冥造生育之功, 故唯服麤衰(추최), 表盡哀戚. 師則以恩愛成己, 有同於親, 故不爲制服, 故云"心喪, 戚容如喪父", 爲恩愛成己故也. 云'而無服'者, 旣無親之冥造, 又無君之榮顯, 故無服也. 云'以恩義之間爲制'者, 無犯是同親之恩, 無隱是同君之義, 兼有親恩君義, 故言"恩義之間爲制". 但子之事親, 本主恩愛, 不欲聞親有過惡, 故有隱, 不欲違親顏色, 故無犯. 臣之事君, 利在功義, 若有惡不諫, 社稷傾亡, 故有犯, 君之過惡, 衆所同知, 故云"無隱"也.

○ 注의 〔心喪〕에서 〔爲制〕까지

○ 正義曰：〈〔心喪 戚容如喪父〕〉 무릇 부모는 冥冥한 가운데 만들어준 공이 있고 또 낳고 기른 은혜가 있으므로, 애통한 마음을 품기를 군주를 위해 상복을 입을 때와 똑같이 한다. 그러나 군주는 단지 자기 몸을 영화롭게 하고 자기 부모를 顯揚해주는 일이 있을 뿐 〈부모처럼 자기를〉 명명한 가운데 만들어주며 낳고 기른 공이 없으므로 오직 거친 〈麻布로 만든〉 상복을 입어 슬픔을 다 나타낼 뿐이다. 스승은 은혜와 사랑

으로 자신을 이루어줌이 부모와 똑같으므로 상복을 만들지 않는다. 그러므로 '心喪戚容如喪父'라고 하였으니, 은혜와 사랑으로 자신을 이루어주었기 때문이다.

〔而無服〕〈스승은〉 이미 부모처럼 명명한 가운데 만들어줌도 없고 또 군주처럼 영화롭게 함도 현양해줌도 없으므로 〈스승을 위해 입는〉 상복이 없는 것이다.

〔以恩義之間爲制〕 면전에서 직간함이 없는 것은 부모의 은혜와 똑같고, 〈스승의 잘못을 드러내지 않아서〉 숨김이 없는 것은 군주에 대한 의리와 똑같아서, 부모의 은혜와 군주에 대한 의리를 겸하고 있으므로 '恩義之間爲制'라고 한 것이다. 다만 자식이 부모를 섬기는 것은 본래 은혜와 사랑을 주로 하여, 부모에게 잘못이 있음을 알려지게 하고 싶어하지 않으므로 숨김이 있고, 부모의 낯빛을 어기고 싶어하지 않으므로 면전에서 직간함이 없다. 신하가 군주를 섬기는 것은 이로움이 공과 의리에 있으니, 만약 군주에게 악이 있는데도 간하지 않으면 사직이 기울고 망하므로 면전에서 직간함이 있으며, 군주의 잘못은 사람들이 똑같이 아는 것이므로 '無隱'이라고 하였다.

03-03-01 季武子成寢하니

季武子가 正寢을 지었는데,

【注】 武子는 魯公子季友之曾孫季孫夙이라

'武子'는 魯나라 公子 季友의 증손인 季孫夙이다.

杜氏之葬이 **在西階之下**러니 **請合葬焉**이어늘 **許之**한대 **入宮而不敢哭**이어늘 **武子曰**호되 **合葬**이 **非古也**나 **自周公以來**로 **未之有改也**니

〈周公 이전에 장례한〉 杜氏 집안의 무덤이 〈정침의〉 서쪽 계단 아래에 있었다. 〈두씨가〉 합장하게 해줄 것을 청하자 〈季武子가〉 허락하였는데, 〈두씨가〉 계무자의 집에 들어와 감히 곡을 하지 못하였다.

계무자가 말하기를 "합장은 옛날 제도가 아니나 주공 이후로 〈합장을 시작하여 지금까지〉 바꾼 적이 없으니,

【注】 自見夷人冢墓以爲寢[1]하고 欲文過(之)[2]라

1) 寢 : 嘉靖本・惠棟校宋本에는 '宅'으로 되어 있다.(阮元의 校勘記 참조)
2) (之) : 저본에는 '之'가 있으나, 惠棟校宋本・岳本・宋監本・衛氏集說에 의거하여 衍文으로 처리하였다. 孔穎達의 疏에도 표제어에 '之'가 없다.(阮元의 校勘記 참조)

남의 무덤을 평평하게 하여 정침을 만들고서 그 잘못을 문식하고자 함을 스스로 드러낸 것이다.

吾許其大而不許其細는 **何居**(기)오하고 **命之哭**하다

〈杜氏의 喪을 외부에서 들여와 정침에 합장하게 하여〉 내가 그 큰 것을 허락하고서 〈곡을 하지 못하도록 하여〉 그 작은 것은 허락하지 않음은 무슨 도리겠는가."라고 하고서, 두씨에게 곡할 것을 명하였다.

【注】 記此者는 善其不奪人之恩이라

이를 기록한 것은 다른 사람의 은혜를 빼앗지 않음을 좋게 여겨서이다.

【疏】 '季武'至'之哭'. ○ 正義曰 : 此一節明不奪人之恩, 兼論夷人冢墓爲寢, 欲文過之事, 各隨文解之.

經의 〔季武〕에서 〔之哭〕까지

○ 正義曰 : 이 절은 다른 사람의 은혜를 빼앗지 않음을 밝히고, 아울러 남의 무덤을 평평하게 하여 정침을 만들고서 그 잘못을 문식하고자 한 일을 논하였으니, 각각 글을 따라 풀이하겠다.

【疏】 ○ 注'武子'至'孫夙'. ○ 正義曰 : 案世本[1), 公子友生齊仲, 齊仲生無逸, 無逸生行父[2), 行父生夙, 夙是公子友曾孫也.

1) 世本 : 03-01-01 역주 '世本' 참조.
2) 公子友生齊仲……逸生行父 : ≪春秋穀梁傳≫ 文公 6년 조 楊士勛의 疏에는 "≪世本≫에 '季友가 仲無佚을 낳고 중무일이 行父를 낳았다.'라고 한 것이 이것이다.〔世本 季友生仲無佚 佚生行父是也〕"라고 되어 있다. '公子友'는 춘추시대 魯나라의 정치가로, 姓은 姬, 이름은 友, 시호는 成이다. 魯 桓公의 막내 아들이며 莊公의 아우이다. 季友 또는 成季라고도 한다.

○ 注의 〔武子〕에서 〔孫夙〕까지

○ 正義曰：≪世本≫을 살펴보면 公子友는 齊仲을 낳고, 제중은 無逸을 낳고, 무일은 行父를 낳고, 행보는 夙을 낳았으니, 숙은 공자우의 증손이다.

【疏】 ○ 注'自見'至'文過'. ○ 正義曰：言"文過"者, 武子自云, 合葬之禮, 非古昔之法, 從周公以來, 始有合葬, 至今未改. 我成寢之時, 謂此冢墓是周公以前之事, 不須合葬, 故我夷平之以爲寢. 不肯服理, 是文飾其過. 先儒皆以杜氏喪從外來, 就武子之寢合葬, 與孔子合葬於防[1]同. 又案晏子春秋[2], 景公成路寢之臺, 逢於阿盆成逆[3]後喪[4], 竝得附葬景公寢中, 與此同也.

1) 孔子合葬於防：03-06-01 참조. '防'은 孔子 부모의 산소가 있는 지명으로, 현재 중국 山東省 曲阜市 동쪽에 있다.
2) 晏子春秋：이하의 내용이 ≪晏子春秋≫ 〈外篇〉에 보인다. 齊 景公이 밤에 성곽 서쪽에서 어떤 남자의 곡하는 소리를 듣고 슬퍼져서 다음날 재상 晏嬰을 보내 사정을 물어보게 하였다. 안영이 다녀와서 보고하기를, 盆成逆이라는 한 布衣의 선비가 경공의 路寢 아래 있는 아버지의 무덤에 새로 돌아가신 어머니를 합장할 수 없어서 곡하였다는 내용을 고하였다. 안영이 이어서 경공에게 말하기를, 남의 땅을 빼앗아서 놀기 위한 집을 짓고는 이제 합장까지 못하게 하는 것은 不仁한 것이라고 하자, 경공이 노침에 분성역의 어머니를 합장할 수 있도록 허락하였다는 내용이다.
3) 阿盆成逆：'阿'는 監本・毛本에는 '何'로 되어 있고, '逆'은 監本에는 '造', 毛本・衛氏集說에는 '适(괄)'로 되어 있는데, 阮元은 何・造・适을 모두 오류라고 하였다.(阮元의 校勘記 참조)
4) 後喪：≪晏子春秋≫에 따르면 '어머니의 喪'을 이른다.

○ 注의 〔自見〕에서 〔文過〕까지

○ 正義曰：'文過'라고 한 것은, 季武子가 스스로 말하기를 '合葬하는 예는 옛날의 법이 아니고 周公 이후부터 비로소 합장이 있게 되어 오늘날까지 고치지 않은 것이다. 내가 正寢을 만들었을 때 이 무덤은 바로 주공 이전의 일이니 합장할 필요가 없다고 하였으므로 내가 무덤을 평평하게 하여 정침을 만들었다.'고 하였으니, 이치를 따르려 하지 않는 이것이 바로 그 잘못을 문식한 것이다. 先儒들은 모두 杜氏의 喪이 밖에서 와서 계무자의 정침에 나아가 합장하였으니 공자가 防 땅에 합장한 것과 동일하다고 한다. 또 ≪晏子春秋≫를 살펴보면 齊 景公이 路寢의 臺를 만들었을 때 성곽 모퉁이에 사는 盆成逆의 後喪을 만났는데 모두 경공의 노침 안에 합장할 수 있었으니, 여기와 동일하다.

【疏】○ '吾許'至'何居'. ○ 正義曰 : "吾許其大"者, 聽之將喪而入葬, 是許其大. "不許其細", 哭是細也. "何居", "居(기)", 語辭[1]. 旣許其大, 而不許其細, 是何道理, 故云"何居".

1) 居(기) 語辭 : '居'는 어조사일 경우 ≪廣韻≫에 따르면 음이 '居之切'이다. ≪新字典≫과 ≪註解千字文≫ 重刊本에도 음이 '긔'로 되어 있다. 03-01-01 鄭玄 注 참조.

○ 經의 〔吾許〕에서 〔何居〕까지

○ 正義曰 : '吾許其大'는, 〈杜氏가〉 영구를 호송하여 〈季武子의 집에〉 들어와 합장할 수 있도록 허락한 것이 바로 '許其大'이다. '不許其細'는, 곡하는 것이 바로 '細'이다. '何居'는, '居'는 어조사이다. 이미 그 큰 것을 허락하고서 그 작은 것을 허락하지 않는다면 이것이 무슨 도리이겠는가. 그러므로 '何居'라고 한 것이다.

03-04-01 子上之母 死而不喪한대

〈子思의 쫓겨난 처인〉 子上의 어머니가 죽었는데 자상이 〈쫓겨난 어머니를 위해〉 상복을 입지 않자,

【注】子上은 孔子曾孫이요 子思伋之子로 名白이니 其母出이라

'子上'은 공자의 증손이자 子思 伋의 아들로 이름은 白이니, 그 어머니가 쫓겨났다.

門人이 問諸子思曰호되 昔者에 子之先君子[1]喪出母乎아 曰然하니라

1) 先君子 : 자기나 다른 사람의 이미 돌아가신 조부를 이른다. 여기서는 子思의 조부인 공자를 가리킨다.

문인이 子思에게 물었다. "옛날 선생님의 선군자께서는 〈아들로 하여금〉 쫓겨난 어머니의 상복을 입게 하였습니까?"

자사가 말하였다. "그렇다."

【注】禮에 爲出母期[1]로되 父卒爲父後者는 不服耳니라

1) 期 : 陸德明의 音義에 따르면 '朞(기)'로 되어 있는 판본도 있다. ≪說文解字≫에는 '朞'가 없다. 모두 1주년이라는 뜻이다.

禮에 따르면 쫓겨난 어머니를 위해서는 期年服을 입는다. 그러나 아버지가 돌아가신 뒤 아버지의 후사가 된 경우에는 〈쫓겨난 어머니를 위해〉 상복을 입지 않는다.

子之不使白也로 **喪之**는 **何也**잇고 **子思曰**하사되 **昔者**에 **吾先君子無所失道**하사 **道隆則從而隆**하시고 **道汚則從而汚**하시니

〈문인이 말하였다.〉 "선생님께서 〈아들〉 白으로 하여금 상복을 입지 않게 한 것은 무엇 때문입니까?"

子思가 말하였다. "옛날 우리 선군자께서는 禮를 잃은 바가 없으시어 예를 높여야 하면 따라서 높이시고 예를 낮춰야 하면 따라서 낮추셨다.

【注】汚는 猶殺(쇄)也라 有隆有殺는 進退如禮라

'汚'는 〈'낮추다'의 뜻인〉 '殺'와 같다. 높임을 두고 낮춤을 두어서 나아가고 물러가기를 禮대로 한다.

伋則安能이리오

내 어찌 능히 이렇게 할 수 있겠는가.

【注】自予[1)]不能及이라

1) 予 : 陸德明의 音義에서는 '인정하다〔許〕'의 뜻을 첫 번째 뜻으로 보고, '나〔我〕'의 뜻을 일설로 보았다. 공영달의 소에서도 '인정하다〔許〕'의 뜻으로 보았다.

스스로 〈조부인 공자에게〉 미치지 못한다고 인정한 것이다.

爲伋也妻者는 **是爲白也母**어니와 **不爲伋也妻者**는 **是不爲白也母**라하시니 **故**로 **孔氏之不喪出母 自子思始也**니라

나의 처가 되는 자는 〈아들〉 白의 어미가 될 수 있지만 나의 처가 되지 않는 자는 백의 어미가 될 수 없다."

그러므로 孔氏 집안에서 쫓겨난 어머니의 상복을 입지 않는 것은 자사로부터 시작되었다.

【注】記禮所由廢는 非之라

禮가 폐하게 된 유래를 기록한 것은 잘못으로 여긴 것이다.

【疏】'子上'至'始也'. ○ 正義曰：此一節論子上不喪出母之事, 各隨文解之.

經의 〔子上〕에서 〔始也〕까지

○ 正義曰：이 절은 〈子思의 아들〉 子上이 쫓겨난 어머니를 위해 상복을 입지 않는 일을 논한 것이니, 각각 글을 따라 풀이하겠다.

【疏】○ 注'禮爲'至'服耳'. ○ 正義曰：案喪服齊衰(최)杖期章"出妻[1]之子爲母." 又云"出妻之子爲父後者, 則爲出母無服. 傳云, 與尊者爲一體, 不敢服其私親[2]."是也. 子思旣在, 子上當爲出母有服, 故門人疑而問之. 云"子之先君子", 謂孔子也, 令子喪出母乎. 子思曰"然." 然猶如是也, 言是喪出母(故)[3]也. 伯魚之母被出, 死, 期而猶哭[4], 是喪出母也.

1) 出妻：≪儀禮≫〈喪服〉 정현의 주에 "出은 〈'버리다'의 뜻인〉 '去'와 같다.〔出 猶去也〕"라고 하였다. 賈公彦의 소에 따르면 처가 일곱 가지 쫓겨날 일〔七出〕을 범하면 남편 집에서 쫓겨나는데, 첫째 아들이 없는 것〔無子〕, 둘째 음란한 것〔淫佚〕, 셋째 시부모를 섬기지 않는 것〔不事舅姑〕, 넷째 말을 이리저리 옮기는 것〔口舌〕, 다섯째 도둑질하는 것〔盜竊〕, 여섯째 투기하는 것〔妬忌〕, 일곱째 惡疾을 앓는 것〔惡疾〕이다.

2) 與尊者爲一體 不敢服其私親：'私親'은 어머니를 이른다. 元나라 敖繼公의 ≪儀禮集說≫〈喪服〉 주에 "어머니가 아버지의 짝이 되지 않으면 자식은 어머니를 사친으로 본다. 어머니와 자식은 끊기는 도가 없으니 참으로 상복을 입어야 하나, 상복을 입으면 제사를 지낼 수 없으므로 아버지의 후사가 되면 감히 상복을 입지 못하는 것이다. 상복을 입으면 제사를 지낼 수 없는 것은, 길례와 흉례 두 예는 서로 침범할 수 없기 때문이다.〔母不配父 則子視之爲私親 母子無絶道 固當有服 然有服則不可以祭 故爲父後 則不敢服之 有服則不可以祭者 吉凶二道 不得相干故也〕"라는 내용이 보인다.

3) (故)：저본에는 '故'가 있으나, 뜻이 통하지 않아 沈廷芳의 ≪十三經注疏正字≫에 의거하여 衍文으로 처리하였다.

4) 伯魚之母被出 死 期而猶哭：아래 03-27-01 참조. '伯魚'는 공자의 아들로 이름은 鯉이며, 伯魚는 字이다.

○ 注의 〔禮爲〕에서 〔服耳〕까지

○ 正義曰：살펴보면 ≪儀禮≫〈喪服〉 齊衰杖期章에 이르기를 "쫓겨난 처의 아들이

어머니를 위하여 입는다."라고 하였고, 또 이르기를 "쫓겨난 처의 아들이 아버지의 후사가 된 경우에는 쫓겨난 어머니를 위하여 상복을 입지 않는다. 옛 기록에 이르기를 '〈아버지의 후사는〉 尊者와 한 몸이니 감히 私親을 위하여 상복을 입지 못한다.' 하였다."라고 한 것이 이것이다. 子思가 이미 살아 있으니 〈아들인〉 子上은 당연히 쫓겨난 어머니를 위하여 상복을 입어야 하므로 문인이 의심하여 물은 것이다. '子之先君子'는 공자를 이르니, 〈조부인 공자가〉 아들로 하여금 쫓겨난 어머니를 위하여 상복을 입게 했느냐고 하자, 子思는 '然'이라고 대답하였다. '然'은 〈'이와 같다'의 뜻인〉 '如是'와 같으니, 이것은 쫓겨난 어머니를 위하여 상복을 입었다고 말한 것이다. 〈공자의 아들〉 伯魚의 어머니는 쫓겨났는데, 〈어머니가〉 돌아가시자 백어는 期年이 지났는데도 오히려 곡을 하였으니, 이것은 쫓겨난 어머니를 위하여 상복을 입은 것이다.

【疏】'子思'至'而汚'. 〔○ 正義曰〕[1] : 道猶禮也, 言吾之先君子無所失道, 道有可隆, 則從而隆. 謂父在, 爲出母宜加隆厚, 爲之著服. "道汚"者, 汚猶殺(쇄)也, 若禮可殺則從而殺. 謂父卒, 子爲父後, 上繼至尊, 不敢私爲出母禮, 當減殺, 則不爲之著服. "伋則安能"者, 子思自以才能淺薄, 不及聖祖, 故云"伋則何能". 鄭云"自予不能及", 予猶許也, 自許不能及也.

1) 〔○ 正義曰〕 : 저본에는 '○ 正義曰'이 없으나, 본서의 체제에 의거하여 보충하였다.

經의 〔子思〕에서 〔而汚〕까지

○ 正義曰 : '道'는 '禮'와 같다. 우리 先君子는 예를 잃음이 없어서 예를 높일만 하면 따라서 높였다는 말이다. 아버지가 살아 있으면 쫓겨난 어머니를 위하여 의당 더 높이고 후하게 하여 상복을 입어야 함을 이른다. '道汚'는, '汚'는 〈'낮추다'의 뜻인〉 '殺'와 같으니, 만약 예를 낮출만 하면 따라서 낮추었다는 것이다. 아버지가 죽고 아들이 아버지의 후사가 되어 위로 至尊을 계승하였으면 감히 사사로이 쫓겨난 어머니를 위하여 예를 행하지 못하여 마땅히 줄이고 낮추어야 하니, 어머니를 위하여 상복을 입지 못함을 이른다. '伋則安能'은, 子思가 자신은 재능이 얕아서 聖人인 조부에게 미치지 못한다고 생각하였으므로 "내 어찌 능히 이렇게 할 수 있겠는가."라고 말한 것이다. 정현은 '自予不能及'이라 하였는데, '予'는 〈'인정하다'의 뜻인〉 '許'와 같으니, 스스로 미치지 못한다고 인정한 것이다.

03-05-01 孔子曰하사되 拜[1]而后에 稽顙[2]은 頹乎其順也요

1) 拜 : 拜手를 이른다. 拜首라고도 한다. 무릎을 꿇고 손을 가슴 부분에서 모은 뒤에 머리를 숙여 손에까지 오게 하는 절이다.
2) 稽顙 : 무릎을 꿇은 뒤 손을 바닥에 짚고 머리를 숙여 이마가 바닥에 닿도록 하는 것이다.

공자께서 말씀하시기를 "〈殷나라의 喪拜처럼 먼저 賓에게〉 절한 뒤에 稽顙하여 슬픔을 표하는 것은 순히 하여 차례를 따른 것이요,

【注】 此는 殷之喪拜也라 頹는 順也니 先拜賓은 順於事也라

이것은 殷나라의 喪拜이다. '頹'는 '순하다'의 뜻이니, 먼저 賓에게 절하는 것은 일에 순한 것이다.

稽顙而后에 拜는 頎(간)乎其至也니

〈周나라의 喪拜처럼 먼저〉 稽顙하여 슬픔을 표한 뒤에 〈손님에게〉 절하는 것은 지극히 측은한 모습이니,

【注】 此는 周之喪拜也라 頎[1]은 至也니 先觸地無容은 哀之至라

1) 頎 : 陸德明 音義에 따르면 음은 '懇(간)'으로, 측은한 모습을 이른다. 육덕명은 다른 음으로 '畿'를 제시하였는데, 이렇게 발음하면 '길쭉한 모습'의 뜻이 된다.

이것은 周나라의 喪拜이다. '頎'은 '지극하다'의 뜻이니, 먼저 이마를 바닥에 닿게 하여 모습을 꾸미지 않음은 애통함을 지극히 한 것이다.

三年之喪으란 吾從其至者호리라하시다

삼년의 상에는 내가 〈稽顙한 뒤에 賓에게 절하여〉 그 지극히 측은히 하는 예를 따르겠다."라고 하셨다.

【注】 重者는 尙哀戚하니 自期如殷可라

〈3년의〉 重喪은 슬픔을 숭상하니, 〈1년의〉 期年喪부터는 殷나라처럼 해도 괜찮다.

【疏】'孔子'至'至者'. ○ 正義曰：此一節論殷・周喪拜之異也. 拜者, 主人孝子拜賓也. 稽顙者, 觸地無容也, 頹然不逆之意也. 拜是爲賓, 稽顙爲己, 前賓後己, 各以爲頹然而順序也. ○ '稽顙而后拜, 頎乎其至也'者, 頎, 惻隱貌也. 先觸地無容, 後乃拜賓也, 是爲親痛深貌, 惻隱之至也. ○ '三年之喪, 吾從其至'者, 孔子評二代所拜也. 至者, 謂先稽顙後拜也. 重喪, 主貌惻隱, 故三年喪則從其頎至者也.

經의 〔孔子〕에서 〔至者〕까지

○ 正義曰：이 절은 殷나라와 周나라의 喪拜가 다른 점을 논한 것이다. '拜'는 주인인 효자가 賓에게 절하는 것이다. '稽顙'은 이마를 바닥에 닿게 하여 모습을 꾸미지 않은 것이니, 순히 하여 〈차례를〉 거스르지 않는다는 뜻이다. 拜는 바로 賓을 위한 것이고 稽顙은 자기를 위한 것이니, 賓을 먼저 하고 자기를 뒤에 하는 것은 각각 순히 하여 차례를 따른 것이다.

○ 〔稽顙而后拜 頎乎其至也〕 '頎'은 측은한 모습이다. 먼저 이마를 땅에 대어 모습을 꾸미지 않고 이후에 비로소 賓에게 절하는 것은 바로 부모를 위하여 매우 애통해하는 모습이니, 측은함이 지극한 것이다.

○ 〔三年之喪 吾從其至〕 공자가 〈殷나라와 周나라〉 2代의 절을 평한 것이다. '至'는 먼저 稽顙한 뒤에 〈賓에게〉 절하는 것을 이른다. 重喪에는 모습이 측은한 것을 주장하므로 삼년상에는 그 지극히 측은히 하는 예를 따르는 것이다.

【疏】○ 注'重者'至'殷可'. ○ 正義曰：三年之喪, 尙哀戚則從周, 自期以下, 如殷可. 此經直云"拜而后稽顙"・"稽顙而后拜", 鄭知拜而後稽顙是"殷之喪拜", 稽顙而后拜是"周之喪拜"者, 於孔子所論, 每以二代相對. 故下檀弓云 "殷人既封(폄)[1]而弔, 周人反哭而弔, 殷以[2]慤(각), 吾從周." 又云"殷朝而殯於祖, 周朝而遂葬", 皆以殷・周相對, 故知此亦殷・周相對也. 知竝是殷・周喪拜者, 此云"三年之喪, 吾從其至", 明非三年喪者, 則從其順, 故知竝是喪拜. 但殷之喪拜, 自斬衰(최)以下, 緦(시)麻以上, 皆拜而后稽顙, 以其[3]質故也. 周則杖期以上, 皆先稽顙而后拜, 不期杖[4]以下, 乃作殷之喪拜. 鄭知殷先拜而后稽顙, 周先稽顙而后拜者, 以孔子所論皆先殷而後周, 今"拜而后稽顙", 文在其上, 故爲殷也, "稽顙而后拜", 文在其下, 故爲周也. 且下檀弓云, 秦穆公使人弔公子重耳, 重耳稽顙而不拜, 示不爲後也. 若爲後, 當稽顙而後拜也. 重耳既在周時, 明知先稽顙而後拜者. 若然, 士喪禮既是周禮, 所以"主人拜稽顙"[5], 似亦先拜而後稽顙者,

士喪禮云"拜稽顙"者, 謂爲拜之時先稽顙. 其喪大記每拜稽顙者, 與士喪禮同. 案晉語云[6], 秦穆公弔重耳, 重耳再拜不稽顙[7], 與下篇重耳稽顙不拜文異者, 國語之文, 不可用此稽顙而後拜. 卽大(태)祝"凶拜"之下, 鄭注 "稽顙而後拜, 謂三年服者." 此拜而後稽顙, 卽大祝"吉拜". 鄭注云 "謂齊衰(최)不杖以下者." 鄭知凶拜是三年服者, 以雜記云 "三年之喪, 以其喪拜." 喪拜卽凶拜. 鄭又云"吉拜, 齊衰不杖以下〔者〕[8]", 則齊衰杖者, 亦用凶拜者. 知齊衰杖用凶拜者, 以雜記云 "父母在, 爲妻[9]不杖不稽顙." 明父母歿, 爲妻杖得稽顙也, 是知杖齊衰得爲凶拜. 若然, 雜記云[10] "三年之喪, 以其喪拜. 非三年之喪, 以吉拜." 則杖期以下, 皆用吉拜. 今此杖期得用凶拜者, 雜記所云, 大判而言, 雖有杖期, 總屬三年之內. 熊氏以爲雜記所論, 是拜問拜賜, 故杖期亦屬吉拜. 必知然者, 以鄭注大祝"凶拜"云"三年服者", 是用雜記之文, 解以凶拜之義, 則拜賓・拜問・拜賜不得殊也. 且雜記"問"與"賜"與於"拜"文, 上下不相接次, 不可用也. 周禮大祝"一曰稽首", 鄭云 "頭至地." 案中候[11]我應云 "王再拜稽首." 鄭云 "稽首, 頭至(手)〔地〕[12]也." 此卽臣拜君之拜, 故左傳云[13] "天子在, 寡君無所稽首." 大夫於諸侯亦稽首, 故下(曲禮)〔郊特牲〕云[14]"大夫之臣不稽首", 則大夫於君得稽首. "二曰頓首", 鄭曰 "頭叩地不停留也." 此平敵以下拜也, 諸侯相拜則然, 以其不稽首, 唯頓首也. "三曰空首", 鄭云 "頭至手, 所謂拜手也." 以其與拜手是一, 故爲頭至手也. 此答臣下之拜, 其敵者旣用頓首, 故知不敵者用空首. "四曰振動", 鄭云 "戰栗變動之拜." 謂有敬懼, 故爲振動, 故尙書泰誓, 火流爲烏, 王動色變[15]是也. "五曰吉拜"者, 謂先作頓首拜, 後作稽顙, 故鄭康成注, "與頓首相近[16]". "六曰凶拜"者, 旣重於吉拜, 當先作稽顙, 而後稽首. "七曰奇拜", 鄭大夫[17]云 "奇拜謂一拜也." 鄭康成云 "一拜, 答臣下[18]." 然燕禮・大射公答再拜者, 爲初敬之, 爲賓尊之, 故再拜. 燕末無算爵之後, 唯止一拜而已. "八曰褒(포)拜"者, 鄭大夫云 "褒讀爲報, 〔報〕[19]拜, 再拜也." 鄭康成云 "再拜, 拜神與尸." "九曰肅拜"者, 鄭司農云"但俯下手, 今時撎(의)[20]是也. 介者不拜", 引成十六年[21], "爲事故, 敢肅使者." 此禮拜體爲空首一拜而已, 其餘皆再拜也. 其肅拜或至再, 故成十六年, 晉郤(극)至三肅使〔者〕[22]. 此肅又謂婦人之拜, 故少儀云"婦人吉事, 雖有君賜, 肅拜"是也.

1) 封(폄) : '下棺하다'의 뜻으로, ≪周易≫ 〈繫辭傳 下〉 삼국시대 吳나라 虞翻의 주에 따르면 '窆(폄)'의 古字이다.

2) 以 : 閩本・監本・毛本에는 '已'로 되어 있다. 阮元에 따르면 '以'와 '已'는 통용하는 경우가 많다.(阮元의 校勘記 참조)

3) 以其 : 閩本・監本・毛本에는 '殷尙'으로 되어 있다.(阮元의 校勘記 참조)
4) 期杖 : 監本・毛本에는 '杖期'로 되어 있다.(阮元의 校勘記 참조)
5) 主人拜稽顙 : ≪儀禮≫ 〈士喪禮〉에 따르면, 소렴한 뒤에 죽은 자에게 올릴 襚를 가지고 온 사람이 中庭에서 북향하고 위로의 말을 전하면 "주인은 拜稽顙 한다.〔主人拜稽顙〕"
6) 晉語云 : 이하의 내용이 ≪國語≫ 〈晉語 2〉에 보인다. 晉 獻公이 재위 26년 되던 B.C. 651년에 세상을 떠나자, 秦 穆公이 公子縶(집)을 보내 狄에 망명가 있던 진 헌공의 아들 공자 重耳를 조문했다는 내용이다.
7) 再拜不稽顙 : ≪國語≫ 〈晉語 2〉에는 '顙'이 '首'로 되어 있다. '稽首'는 ≪周禮≫ 〈春官 大祝〉에 보이는 아홉 종류의 拜 중 신하가 군주에게 하는 절로, '머리가 바닥에 이르도록 절하는 것〔拜頭至地〕'이다. 拜稽顙이 喪事의 절인 것과 달리 稽首는 吉事의 절로, 여기서는 맞지 않다.(淩廷堪의 ≪禮經釋例≫ 권1 〈周官九拜解〉 참조)
8) 〔者〕 : 저본에는 '者'가 없으나, ≪周禮≫ 〈春官 大祝〉 鄭玄의 注에 의거하여 보충하였다.
9) 父母在 爲妻 : ≪禮記≫ 〈雜記 上〉에는 '爲妻 父母在'로 되어 있다.
10) 雜記云 : ≪예기≫ 〈雜記 下〉에 "어찌 남의 喪이 있어서 주는 것이 아니겠는가? 어찌 하사하는 것이 아니겠는가? 삼년의 상에는 喪拜를 하고, 3년의 상이 아니면 吉拜를 한다.〔非爲人喪 問與 賜與 三年之喪以其喪拜 非三年之喪 以吉拜〕"라는 내용이 보이는데, 정현의 주에 "'問'은 '주다'의 뜻이다.……問을 받고 賜를 받을 때 절하는 것을 이른다. 稽顙한 뒤에 절하는 것을 '喪拜'라 하고, 절한 뒤에 계상하는 것을 '吉拜'라 한다.〔問 遺也……謂受問受賜者也 稽顙而後拜曰喪拜 拜而後稽顙曰吉拜〕"라고 하였고, 孔穎達의 疏에 "신분이 대등하면 '問'이라 하고 아랫사람에게 주면 '賜'라 하므로 '問與賜與'라 한 것이다.〔平敵則問 卑下則賜 故云問與賜與〕"라고 하였다.
11) 中候 : ≪尙書≫의 緯書인 ≪尙書中候≫를 이른다. 03-01-01 '中候云' 역주 참조.
12) (手)〔地〕 : 저본에는 '手'로 되어 있으나, 앞뒤 문맥이 통하지 않아 監本・毛本에 의거하여 '地'로 바로잡았다.(阮元의 校勘記 참조)
13) 左傳云 : ≪春秋左氏傳≫ 襄公 3년 조에 "여름에 〈晉나라의 교외인〉 長樗(저)에서 결맹할 때 〈魯나라의 대부〉 孟獻子가 〈양공의〉 相이 되었다. 양공이 稽首하자 〈晉나라의 대부〉 知武子가 말하기를 '천자께서 계시는데 임금님께서 계수하시니 우리 임금님께서 두려워하십니다.'라고 하였다.〔夏 盟於長樗 孟獻子相 公稽首 知武子曰 天子在而君辱稽首 寡君懼矣〕"라는 내용이 보이고, ≪춘추좌씨전≫ 哀公 17년 조에 "애공이 齊나라 군주와 회합하여 〈노나라 땅〉 蒙에서 결맹할 때 〈노나라의 대부〉 孟武伯이 〈애공의〉 相이 되었다. 제나라 군주는 계수하였는데 애공은 절만 하자, 제나라 사람이 노하였다. 맹무백이 말하기를 '천자가 아니면 우리 임금님께서는 계수할 곳이 없습니다.'라고 하였다.〔公會齊侯盟于蒙 孟武伯相 齊侯稽首 公拜 齊人怒 武伯曰 非天子 寡君無所稽首〕"라는 내용이 보인다.

14) 下(曲禮)〔郊特牲〕云 : ≪예기≫ 〈郊特牲〉에 "대부의 가신이 대부에게 稽首하지 않는 것은 가신을 높여서가 아니라 군주에게 하는 예를 피하려는 것이다.〔大夫之臣不稽首 非尊家臣 以辟君也〕"라는 내용이 보인다. 저본에는 '曲禮'로 되어 있으나, 다음에 나오는 내용에 의거하여 '郊特牲'으로 바로잡았다.

15) 尙書泰誓……王動色變 : ≪尙書大傳≫ 권2 〈周書 周傳〉에 "불덩이가 위에서 아래로 떨어지더니 武王의 처마에 이르러 까마귀로 변하였는데 색이 붉었고 소리는 까악까악 하였다.〔有火自上復於下 至於王屋 流爲烏 其色赤 其聲魄〕"라는 내용이 보인다. ≪史記≫ 권4 〈周本紀〉에도 같은 내용이 보이는데, ≪書經大全≫ 〈周書 泰誓 上〉 서문에 따르면, 〈태서〉는 伏生의 今文 ≪書經≫ 28편에는 없었으나 漢 武帝 때 〈僞泰誓〉가 나와서 합하여 ≪서경대전≫ 29편이 되었다고 한다.(≪古今事文類聚後集≫ 권44 〈羽蟲部 烏 火流爲烏〉)

16) 鄭康成注 與頓首相近 : ≪周禮≫ 〈春官 大祝〉 정현의 주에 "吉拜는 拜를 한 뒤에 稽顙한다. 齊衰不杖 이하의 복을 입는 자가 하는 절을 이른다. '吉'이라 한 것은, 이것은 殷나라의 凶拜이나 周나라에서는 그 절이 頓首와 가까우므로 '길배'라고 이른 것이다.〔吉拜 拜而后稽顙 謂齊衰不杖以下者 言吉者 此殷之凶拜 周以其拜與頓首相近 故謂之吉拜云〕"라는 내용이 보인다.

17) 鄭大夫 : 東漢 초에 大中大夫를 지낸 경학가 鄭興을 가리킨다. 정현의 일족이다.

18) 答臣下 : ≪周禮≫ 〈春官 大祝〉 정현의 주에는 이 뒤에 '拜'자가 있다.

19) 〔報〕 : 저본에는 '報'가 없으나, 惠棟校宋本에 의거하여 보충하였다. ≪周禮≫ 〈春官 大祝〉 鄭大夫의 설을 인용한 정현의 주에도 '報'가 중첩되어 있다.(阮元의 校勘記 참조)

20) 撎(의) : 閩本·監本·毛本에는 '揖(읍)'으로 되어 있다. ≪주례≫ 〈춘관 태축〉 賈公彦의 疏에 "손을 앞으로 내미는 것을 '揖'이라 하고, 손을 몸쪽으로 당기는 것을 '撎'라 한다.〔推手曰揖 引手曰撎〕"라는 내용이 보인다.(阮元의 校勘記 참조)

21) 引成十六年 : 이하의 내용이 ≪春秋左氏傳≫ 成公 16년 조에 보인다.

22) 〔者〕 : 저본에는 '者'가 없으나, 考文引宋板에 의거하여 보충하였다.(阮元의 校勘記 참조)

○ 注의 〔重者〕에서 〔殷可〕까지

○ **正義曰** : 三年喪은 슬픔을 숭상하니 周나라의 예를 따르고, 期年喪 이하는 殷나라의 예처럼 해도 괜찮다.

여기 경문에서 단지 '拜而后稽顙'·'稽顙而后拜'라고만 했는데 정현이 '拜而后稽顙'은 바로 殷나라의 喪拜이고 '稽顙而后拜'는 바로 周나라의 상배임을 안 것은, 공자가 논한 것에 매번 〈은나라와 주나라〉 2代를 상대적으로 거론하였기 때문이다. 그러므로 아래 ≪禮記≫ 〈檀弓 下〉에 이르기를 "殷나라 사람은 下棺을 하고 나면 〈손님이 묘소에 가서 주인에게〉 조문하고, 周나라 사람은 〈주인이 祖廟로〉 돌아와 곡하는 것을 기다린 뒤에 조문하는데, 〈공자가 말하기를〉 은나라는 너무 질박하니 나는 주나라를 따르겠다."라고 하였고, 또 〈단궁 하〉에 이르기를 "은나라는 〈질박함을 숭상하고 부모가 죽으면 곧바로 신으로 여겨서 대렴한 뒤에 널을 옮겨〉 조묘에 알현시키고 조묘에 殯을 하였고, 주나라는 〈文을 숭상하고 부모가 죽었어도 차마 바로 신으로 여기지 못해서 寢에 殯을 하였다가 널을〉 조묘에 알현시키고 이어 〈다음날〉 장례하였다."라고 하였으니, 모두 은나라와 주나라를 상대적으로 거론하였으므로 여기서도 은나라와 주나라를 상대적으로 거론했음을 안 것이다.

〈정현이〉 모두 은나라와 주나라의 喪拜임을 안 것은, 여기서 '三年之喪 吾從其至'라고 하였으니 삼년의 喪이 아닌 경우에는 순히 하여 차례를 따름이 명백하므로 모두 상배임을 안 것이다. 다만 은나라의 상배는, 斬衰 이하 緦麻 이상 모두가 拜를 하고 이후에 稽顙하니, 질박하기 때문이다. 주나라는, 杖期 이상은 모두 먼저 계상하고 이후에 拜하며 杖期가 아닌 이하여야 비로소 은나라의 상배를 한다. 정현이 은나라는 먼저 拜를 하고 이후에 계상하며 주나라는 계상을 먼저 하고 이후에 拜함을 안 것은, 공자가 논한 것이 모두 은나라를 먼저 하고 주나라를 뒤에 하였는데, 지금 '拜而后稽顙'은 글이 앞에 있으므로 은나라의 예가 되고 '稽顙而后拜'는 글이 뒤에 있으므로 주나라의 예가 되기 때문이다.

또 ≪예기≫ 〈단궁 하〉 다음 경문에 이르기를, 〈晉 獻公의 초상에〉 秦 穆公이 사람을 보내 〈狄에 망명 가있던〉 公子 重耳에게 조문하자 중이가 稽顙만 하고 拜는 하지 않았는데 이것은 아직 후계자가 되지 않았음을 보인 것이라고 하였다. 만약 후계자가 되었다면 마땅히 계상한 뒤에 拜해야 한다. 중이는 이미 주나라 시대에 살고 있으니 분명히 먼저 계상한 뒤에 拜해야 함을 알았을 것이다. 만약 그렇다면 ≪儀禮≫ 〈士喪禮〉는 이미 주나라의 예인데 '主人拜稽顙'이라고 하여 또한 먼저 拜를 하고 이후에 계상하는 것처럼 한 것은, 〈사상례〉에서 '拜稽顙'이라 한 것은 拜를 할 때 먼저 계상함을 이른다. ≪예기≫ 〈喪大記〉에서 매번 '拜稽顙'이라 한 것은 〈사상례〉와 동일하다.

살펴보면 ≪國語≫ 〈晉語〉에 이르기를 진 목공이 중이에게 조문하자 중이가 再拜만 하고 계상하지 않았다고 하였는데, ≪예기≫ 〈단궁 하〉의 "중이가 계상만 하고 拜는 하지 않았다."라고 한 것과 글이 다른 것은, ≪국어≫의 글은 여기의 '稽顙而後拜'를 쓸 수 없기 때문이다. 즉 ≪周禮≫ 〈春官 大祝〉 '凶拜' 아래 鄭玄의 注에 "稽顙而後拜는 삼년복을 입는 자가 하는 절을 이른다."라고 하였다. 여기의 '拜而後稽顙'은 즉 〈춘관 태축〉의 '吉拜'이니, 정현의 주에 이르기를 "齊衰不杖 이하의 복을 입는 자가 하는 절을 이른다."라고 하였다. 정현이 〈稽顙而後拜인〉 凶拜가 바로 삼년복을 입는 자의 절임을 안 것은, ≪예기≫ 〈雜記 下〉에 이르기를 "삼년상인 경우에는 喪拜를 한다."라고 하였는데, 상배는 바로 흉배이기 때문이다. 정현은 또 이르기를 "吉拜는 齊衰不杖 이하의 복을 입는 자가 하는 拜이다."라고 하였으니, 齊衰杖의 복을 입는 자는 또한 흉배를 쓰는 자이다. 齊衰杖의 喪에 흉배를 씀을 아는 것은, ≪예기≫ 〈雜記 上〉에 이르기를 "부모가 살아계시면 처를 위하여 喪杖을 짚지 않고 稽顙하지 않는다."라고 하였으니, 부모가 돌아가시면 처를 위하여 상장을 짚고 계상할 수 있음이 분명하기 때문이다. 여기에서 齊衰杖의 상에 흉배를 할 수 있음을 알 수 있다. 만약 그렇다면 〈잡기 하〉에 이르기를 "삼년의 상에는 상배를 쓰고 삼년의 상이 아닌 경우에는 길배를 쓴다."라고 하였으니, 杖期 이하의 상에는 모두 길배를 쓰는 것이다. 그런데 지금 여기에서 杖期에 흉배를 쓸 수 있는 것은, 〈잡기 하〉에서 말한 것은 대체적으로 말한 것이니, 비록 杖期의 상이 있다 하더라도 결국 3년 안에 속한 것이기 때문이다. 熊安生은 말하기를, 〈잡기 하〉에서 논한 것은 바로 〈대등한 사람에게〉 준 것〔問〕에 대해 절하고 〈윗사람이 아랫사람에게〉 하사해준 것〔賜〕에 대해 拜한 것이므로 杖期 또한 길배에 속한다고 하였다. 반드시 그러함을 아는 것은, 〈춘관 태축〉 '凶拜'에 대한 정현의 주에 '삼년복을 입는 자〔三年服者〕'라고 한 것은 바로 〈잡기 하〉의 경문을 써서 흉배의 뜻을 풀이한 것이기 때문이다. 그렇다면 拜賓·拜問·拜賜는 다를 수 없다. 그리고 〈잡기 하〉의 '問'과 '賜'는 〈喪拜·吉拜의〉 '拜'의 경문과 상하가 서로 이어지지 않아서 쓸 수 없다.

≪周禮≫ 〈春官 大祝〉의 '一曰稽首'에 대해, 정현이 말하기를 "머리가 바닥에 이르는 것이다.〔頭至地〕"라고 하였다. 살펴보면 ≪尙書中候≫ 〈我應〉에 이르기를 "왕이 再拜稽首 하였다."라고 하였는데, 정현이 말하기를 "稽首는 머리가 바닥에 이르는 것이다."라고 하였다. 이것은 즉 신하가 군주에게 절하는 拜이므로 ≪春秋左氏傳≫에 이르기를 "천자께서 계시니 우리 임금님께서는 계수할 곳이 없습니다."라고 하였다. 대부가 제후에게 또한 계수한다. 그러므로 아래 ≪예기≫ 〈郊特牲〉에 이르기를 "대부의 가신은 계수하지 않는다."라고 하였으니, 그렇다면 대부는 군주에게 계수할 수 있는 것이다. '二曰頓首'는, 정현이 말하기를 "머리가 바닥에 닿기는 하지만 〈계수처럼 머리가 바닥에〉 머무르지는 않는다."라고 하였다. 이것은 대등한 관계 이하에게 하는 절이니, 제

후가 서로 절할 때는 이렇게 한다. 稽首하지 않고 오직 頓首만 하기 때문이다. '三曰空首'는, 정현이 말하기를 "머리가 손에 이르니, 이른바 '拜手'이다."라고 하였다. 이 절은 拜手와 같으므로 머리가 손에 이르는 것이다. 이것은 신하에게 답하는 절이니, 대등한 경우에 이미 頓首를 썼으므로 대등하지 않은 경우에는 空首를 씀을 알 수 있다. '四曰振動'은, 정현이 말하기를 "몸을 떨며 안색이 변하는 절이다."라고 하였다. 공경과 두려움이 있으므로 몸을 떠는 것을 이른다. 그러므로 ≪尙書≫ 〈泰誓〉에서 불덩이가 까마귀로 변하자 왕이 동요하여 안색이 변하였다는 것이 이것이다. '五曰吉拜'는, 먼저 頓首拜를 하고 이후에 稽顙함을 이른다. 그러므로 정현의 주에 "頓首와 가깝다."라고 하였다. '六曰凶拜'는, 이미 吉拜보다 중하므로 稽顙을 먼저 하고 이후에 稽首해야 한다. '七曰奇拜'는, 鄭興이 말하기를 "奇拜는 一拜를 이른다."라고 하였는데, 정현이 말하기를 "一拜는 신하에게 답하는 절이다."라고 하였다. 그러나 ≪의례≫ 〈燕禮〉와 〈大射〉에서 公이 답배로 재배를 한 것은, 처음이어서 공경한 것이고 賓이어서 존중한 것이므로 재배한 것이다. 연회 말의 無算爵 이후에는 오직 一拜만 할 뿐이다. '八曰褒拜'는, 정흥이 말하기를 "褒는 報로 읽어야 하니, 報拜는 再拜이다."라고 하였는데, 정현이 말하기를 "再拜는 神과 皇尸에게 하는 拜이다."라고 하였다. '九曰肅拜'는, 정중은 말하기를 "다만 몸을 굽히고 손을 내릴 뿐이니, 오늘날의 揖가 이것이다. 갑옷을 입은 자는 절하지 않는다."라고 하고, 魯 成公 16년 조의 "〈晉나라의 郤至가 楚王의 使者에게 말하기를〉 전쟁 중이기 때문에 감히 使者에게 肅拜할 뿐입니다."라고 한 구절을 인용하였다. 이 예는 拜體가 空首 一拜만 하는 것이며 나머지는 모두 再拜이다. 숙배는 혹 두 차례에 이르기도 하므로 노 성공 16년 조에 晉나라의 극지가 使者에게 세 차례 숙배한 것이다. 이 숙배는 또 婦人의 拜를 이르기도 한다. 그러므로 ≪禮記≫ 〈少儀〉에 이르기를 "부인은 吉事에 비록 군주가 하사하는 일이 있더라도 숙배한다."라고 한 것이 이것이다.

03-06-01 孔子旣得合葬於防[1)]하시고

1) 孔子旣得合葬於防 : 위 03-03-01 '孔子合葬於防' 역주 참조.

孔子께서는 이미 〈아버지의 묘소를〉 알게 되자 〈아버지의 묘소가 있는〉 防 땅에 〈어머니를〉 합장하시고

【注】言既得者는 少孤不知其墓라

'既得'이라 말한 것은 〈공자가〉 어려서 아버지를 여의어 그 묘소를 알지 못했기 때문이다.

曰하사되 吾는 聞之호니 古也엔 墓而不墳하더니

말씀하시기를 "내 들으니 옛날에는 묘역을 조성할 때 봉분하지 않았다고 하였는데,

【注】墓는 謂兆域이니 今之封塋也라 古는 謂殷時也라 土之高者曰墳이라

'墓'는 묘역을 이르니, 오늘날의 무덤이다. '古'는 殷나라 때를 이른다. 흙을 높이 쌓은 것을 '墳'이라 한다.

今에 (丘)〔丘〕[1]也는 東西南北之人也라 不可以弗識(지)[2]也라하시고 於是에 封之하시니 崇이 四尺이러라

1) (丘)〔丘〕: 저본에는 '丘'로 되어 있으나, 魯나라 孔子의 성명 孔丘의 '丘'를 避諱한 것이므로, 원글자인 '丘'로 돌려놓았다. 이하 '丘'도 동일하다.

2) 識(지): 陸德明의 音義에서는 음을 '지〔式志反〕'라 하여 '표지하다'의 뜻으로 보고, 又音으로 '식〔如字〕'을 제시하여 '알다'의 뜻도 통하는 것으로 보았다.

지금 나는 동서남북으로 떠돌아다니는 사람이라 표지하지 않을 수 없다."라고 하시고 이에 봉분을 하시니, 〈봉분의〉 높이가 4尺이었다.

【注】東西南北은 言居無常處[1]也라 聚土曰封이니 封之는 周禮也라 周禮曰 以爵等으로 爲(丘)〔丘〕封之度[2]라하니 崇은 高也니 高四尺은 蓋周之士制[3]라

1) 處: 宋監本·考文引宋板 및 ≪通典≫의 인용문에는 없다.(阮元의 校勘記 참조)

2) 周禮曰……爲(丘)〔丘〕封之度: ≪周禮≫ 〈春官 冢人〉에 "작위의 등급에 따라 봉분의 높이와 심는 나무의 수를 정한다.〔以爵等爲丘封之度與其樹數〕"라는 내용이 보이는데, 鄭玄의 注에 "존비를 구별하는 것이다. 왕공의 분묘는 '丘'라 하고, 여러 신하의 분묘는 '封'이라 한다.〔別尊卑也 王公曰丘 諸臣曰封〕"라고 하였다. '度'는 ≪周禮≫ 賈公彦의 疏에 따르면 丘封의 '高下'이다. 陸德明의 音義에 따르면 '度'는 '數'로 되어 있는 판본도 있다.

3) 高四尺 蓋周之士制 : ≪周禮≫ 〈春官 冢人〉 가공언의 소에 ≪春秋緯≫를 인용하여 "천자의 봉분은 높이가 3길이고 소나무를 심으며, 제후는 〈높이가 천자의〉 반이고 측백나무를 심으며, 대부는 〈높이가〉 8척이고 모감주나무를 심으며, 士는 〈높이가〉 4척이고 회화나무를 심으며, 서인은 봉분이 없고 버드나무를 심는다.〔天子墳高三仞 樹以松 諸侯半之 樹以柏 大夫八尺 樹以(藥草)〔欒〕 士四尺 樹以槐 庶人無墳 樹以楊柳〕"라고 하였다. 인용문의 '(藥草)〔欒〕'은, ≪주례≫에는 '藥草'로 되어 있으나, 北京大本 ≪周禮注疏≫에서 惠棟校宋本과 ≪說文解字≫에 의거하여 '欒'으로 바로잡은 것을 따랐다.

'東西南北'은 거처에 일정한 곳이 없음을 이른다. 흙을 쌓은 것을 '封'이라 하니, 봉분을 만드는 것은 周나라의 예이다. ≪周禮≫ 〈春官 冢人〉에 이르기를 "작위의 등급에 따라 봉분의 높이를 정한다."라고 하였다. '崇'은 '높이'의 뜻이니, 높이가 4척인 것은 周나라 〈천자의〉 士의 제도인 듯하다.

孔子先反커시늘

공자께서 〈虞祭를 지내기 위해 防 땅의 부모 산소에서〉 먼저 돌아오셨다.

【注】 當脩虞事라

虞祭를 지내야 하기 때문이다.

門人이 後러니 雨甚하더라 至커늘

문인들이 뒤에 왔는데 비가 몹시 많이 내렸다. 〈문인들이〉 이르자,

【注】 後는 待封也라

'後'는 봉분하기를 기다린 것이다.

孔子問焉曰하사되 爾來何遲[1]也오 曰호되 防墓崩하이다

1) 遲 : 石經·閩本·監本·毛本·通典에는 '遟'로 되어 있다. ≪說文解字≫에 따르면 '遟'는 '遲'의 籀文으로, 같은 글자이다.(阮元의 校勘記 참조)

공자께서 물으시기를 "너희들이 온 것이 어찌 이리도 늦었느냐?"라고 하자, 문인들이 대답하기를 "防 땅의 산소가 무너졌습니다."라고 하였다.

【注】言所以遲者는 脩之而來라

늦게 온 것은 〈산소를〉 수리하고 왔기 때문이라는 말이다.

孔子不應이어시늘

공자께서 응대하지 않으시자

【注】以其非禮라

예가 아니기 때문이다.

三[1)]한대

1) 三 : 陸德明의 音義에 따르면 음이 '삼〔息暫反〕'으로 '여러 번'의 뜻이다. 다만 육덕명은 '세 번'의 뜻도 통한다고 보았다.

〈문인들이〉 여러 번 말하였는데,

【注】三言之는 以孔子不聞일새라

여러 번 말한 것은 공자가 듣지 않았기 때문이다.

孔子(泫)〔汯(현)〕[1)]然流涕하사 曰하사되 吾는 聞之호니 古不脩[2)]墓라하니라

1) (泫)〔汯(현)〕 : 저본에는 '泫'으로 되어 있으나, 淸 聖祖의 성명 愛新覺羅玄燁의 '玄'을 避諱한 것이므로, 원글자인 '汯'으로 돌려놓았다. 이하 '泫'은 동일하다.
2) 脩 : 毛本·嘉靖本에는 '修'로 되어 있다. 阮元에 따르면 옛날에는 '修'가 '治'의 뜻으로 쓰일 때 '脩'를 가차하여 쓰는 경우가 많았다.(阮元의 校勘記 참조)

공자께서 〈옛 법을 어기고 산소를 수리하게 한 것이 가슴 아파〉 눈물을 줄줄 흘리며 말씀하시기를 "내 들으니 옛날에는 산소를 수리하지 않았다고 한다."라고 하셨다.

【注】脩는 猶治也라

'脩'는 〈'수리하다'의 뜻인〉 '治'와 같다.

【疏】'孔子'至'脩墓'. ○ 正義曰：此一節論古者不脩墓之事, 各依文解之. ○ 天子之墓一丈, 諸侯八尺, 其次降差以兩. ○'今(丘)〔丘〕也, 東西南北之人也, 不可以弗識也', (○)[1]今旣東西南北, 不但[2]在鄕, 若久乃歸還, 不知葬之處所, 故云不可以不作封墳, 記識(지)其處.

1) (○) : 저본에는 부호 '○'가 있으나, 본서의 체제에 의거하여 衍文으로 처리하였다.
2) 但 : 惠棟校宋本·衛氏集說에는 '恒'으로 되어 있다.(阮元의 校勘記 참조)

經의 '孔子'에서 '脩墓'까지

○ 正義曰 : 이 절은 옛날에 산소를 수리하지 않았던 일을 논한 것이니, 각각 글을 따라 풀이하겠다.

○ 〈〔古也 墓而不墳〕〉 천자의 墓는 〈봉분의 높이가〉 1丈이고 제후는 8尺이며 그 다음은 2척씩 차이 나게 강등한다.

○ 〔今丘也 東西南北之人也 不可以弗識也〕 지금 이미 동서남북으로 떠돌아다니는 사람이어서 다만 고향에 있지 않을 뿐 아니라 만약 오랜만에 돌아오면 장례했던 곳을 알지 못할 것이므로 봉분을 만들어 그 장소를 표시하지 않으면 안 된다고 말한 것이다.

【疏】 ○ 注'周禮'至'士制'. ○ 正義曰：引周禮冢人, 云"高四尺, 蓋周之士制"者, 其父梁紇(흘)雖爲大夫[1], 周禮公侯伯之大夫再命, 與天子中士同[2], 云"周之士制"者, 謂天子之士也.

1) 其父梁紇(흘)雖爲大夫 : 공자의 부친 叔梁紇은 춘추시대 魯나라 郰(추)邑의 大夫로, 姓은 子, 氏는 孔, 이름은 紇, 자는 叔梁이다.
2) 周禮公侯伯之大夫再命 與天子中士同 : ≪周禮≫ 〈春官 典命〉에 따르면 왕의 3公은 8命, 경은 6命, 대부는 4命이며, 제후 중에 公의 孤는 4命, 公·侯·伯의 경은 3命, 대부는 2命, 士는 1命이며, 子·男의 경은 2命, 대부는 1命, 士는 不命이다. 정현의 주에 "왕의 上士는 3命, 中士는 2命, 下士는 1命이다.〔王之上士三命 中士再命 下士一命〕"라고 하였다.

○ 注의 〔周禮〕에서 〔士制〕까지

○ 正義曰 : ≪周禮≫ 〈春官 冢人〉을 인용하여 '高四尺 蓋周之士制'라고 말한 것은, 공자의 부친 叔梁紇이 비록 대부이기는 하나 ≪주례≫에 따르면 公·侯·伯의 대부는 2命이어서 천자의 中士와 동일하니, '周之士制'라고 한 것은 천자의 士를 이른다.

【疏】○'曰, 防墓崩', (○)[1] 防地之墓新始積土, 遇甚雨而崩. 庾蔚云"防守其墓, 備擬其崩." 若如庾之言, 墓實不崩, 鄭何以言"(修)〔脩〕[2]之而來", 孔子何以言"古不(修)〔脩〕[3]墓". 違經背注, 妄說異同, 非也. ○'孔子(泫)〔泫〕[4]然流涕', (○)[5]自傷修墓違古, 致令今崩, 弟子重脩, 故流涕也.

1) (○) : 저본에는 부호 '○'가 있으나, 본서의 체제에 의거하여 衍文으로 처리하였다.
2) (修)〔脩〕: 저본에는 '修'로 되어 있으나, 위 鄭玄의 注에 의거하여 '脩'로 바로잡았다.
3) (修)〔脩〕: 저본에는 '修'로 되어 있으나, 위 經文에 의거하여 '脩'로 바로잡았다.
4) (泫)〔泫(현)〕: 저본에는 '泫'으로 되어 있으나, 淸 聖祖의 성명 愛新覺羅玄燁의 '玄'을 避諱한 것이므로, 원글자인 '泫'으로 돌려놓았다.
5) (○) : 저본에는 부호 '○'가 있으나, 본서의 체제에 의거하여 衍文으로 처리하였다.

○〔曰 防墓崩〕防 땅의 산소가 새로 처음 흙을 쌓았는데 세찬 비를 만나자 무너진 것이다. 庾蔚之는 "산소를 방비하고 지켜서 무너질까 대비한 것이다."라고 하였다. 유울지의 말대로라면 산소가 견실하여 무너지지 않은 것인데, 정현은 왜 '脩之而來'라고 하였으며 공자는 왜 '古不脩墓'라고 하였단 말인가. 經과 注를 어기고 함부로 다른 설을 말한 것이니, 틀렸다.

○〔孔子泫然流涕〕산소를 수리하는 것은 옛 법을 어기는 것인데 오늘날 무너져서 제자들이 다시 수리하게 만든 것을 스스로 슬퍼하였으므로 눈물을 흘린 것이다.

03-07-01 孔子哭子路於中庭[1]이어시늘

1) 中庭 : 廟堂 앞 계단 아래 중앙 부분을 이른다. 조회나 작위를 수여하는 등 예를 행할 때 신하가 서 있는 곳이다.

공자께서 〈衛나라 孔悝의 난에 죽은〉 子路를 위하여 〈스승을 위해 곡하는 것과 동일하게 정침의〉 中庭에서 곡하셨는데,

【注】寢中庭也니 與哭師同은 親之라

정침의 中庭이니, 스승을 위해 곡하는 것과 동일하게 함은 친근하게 여긴 것이다.

有人이 弔者어늘 而夫子拜之하시다

조문하는 사람이 있자 夫子께서 〈子路의 喪主가 되어 그에게〉 절하셨다.

【注】 爲之主也라

자로의 상주가 된 것이다.

既哭하시고 進使者而問故하신대

이미 곡을 마치고 〈衛나라에서 온〉 使者를 앞으로 오게 하여 〈자로의 죽은〉 정황을 물으시니,

【注】 使者는 自衛來赴者라 故는 謂死之意狀이라

'使者'는 衛나라에서 부고를 알리러 온 자이다. '故'는 죽은 정황을 이른다.

使者曰호되 醢之矣라하여늘

使者가 대답하기를 "〈자로가 죽어〉 젓갈로 담겼습니다."라고 하였다.

【注】 時에 衛世子蒯聵(괴외)簒輒而立이어늘 子路死之하니 醢之者는 示欲啗(담)食以怖衆이라

당시 衛나라 〈靈公의〉 세자 蒯聵가 〈아들인〉 衛 出公 輒의 보위를 찬탈하여 즉위하자 子路가 출공을 위해 죽었는데, 자로를 젓갈로 담근 것은 그것을 먹어서 사람들을 두렵게 하고자 하는 뜻을 보인 것이다.

遂命覆(복)醢하시다

〈이에 공자는〉 마침내 〈집에 있는〉 젓갈을 엎어버리라고 명하셨다.

【注】 覆은 棄之하여 不忍食이라

'覆'은 버려서 차마 먹지 못하는 것이다.

【疏】 '孔子'至'覆醢'. ○ 正義曰：此一節論師資之恩, 兼明子路死之意狀.

經의 〔孔子〕에서 〔覆醢〕까지

○ 正義曰：이 절은 스승의 은혜를 논하고, 아울러 子路가 죽은 정황을 밝혔다.

【疏】○ 注'寢中'至'親之'. ○ 正義曰：下文云[1]"師, 吾哭諸寢", 今"哭子路於中庭", 故云"與哭師同, 親之". 若其不親, 當哭於寢門外, 與朋友同, 故下云"朋友, 哭諸寢門外[2]." 案奔喪云"師, 於廟門外"者, 謂周禮也. 下文據殷法也.

1) 下文云：≪禮記≫ 〈檀弓 上〉에 보인다. 03-34-02 참조.
2) 哭諸寢門外：≪예기≫ 〈단궁 상〉 경문에는 '吾哭諸寢門之外'로 되어 있다. 03-34-02 참조.

○ 注의 〔寢中〕에서 〔親之〕까지

○ 正義曰：아래 ≪禮記≫ 〈檀弓 上〉 경문에서 '師 吾哭諸寢'이라 하였는데 지금 '哭子路於中庭'이라 하였으므로 〈정현의 주에서〉 '與哭師同 親之'라고 한 것이다. 만약 친근하게 여기지 않았다면 마땅히 寢門 밖에서 곡하여 붕우와 동일하게 해야 하므로 아래 ≪예기≫ 〈단궁 상〉 경문에서 '朋友 哭諸寢門外'라고 한 것이다. 살펴보면 ≪예기≫ 〈奔喪〉에 이르기를 "스승은 廟門 밖에서 곡한다."라고 한 것은 周나라의 예를 이른다. 아래 ≪예기≫ 〈단궁 상〉의 경문은 殷나라의 법에 근거한 것이다.

【疏】○ 注'故, 謂死之意狀'. ○ 正義曰：案哀十五年左傳云 "孔子聞衛亂, 曰 '柴也其來, 由也其死矣[1].'" 則是預知, 所以進使者問故者, 以子路忠而好勇, 必知其死難, 但不知其死之委曲, 更(갱)問之也.

1) 柴也其來 由也其死矣：'柴'는 공자의 제자 高柴로, 齊나라 사람이다. 공자보다 30세 아래다. 자는 子羔이며, 子羔·子高·季高·季皐·季子皐라고도 한다. '由'는 공자의 제자 子路의 이름이다. 魯나라 사람으로 공자보다 9세 아래이며 孔門十哲 중 한 사람이다. 衛나라의 대부 孔悝(회)의 邑宰가 되었는데, 魯 哀公 15년에 위나라의 세자 蒯聵가 아들 出公 輒의 보위를 찬탈하는 내란이 발생하자, 고시는 황급히 도성을 떠나며 子路에게 도성으로 돌아가지 말 것을 권유하였으나, 자로는 거절하고 공회를 구하러 들어갔다가 피살되었다. '괴외'는 衛 靈公의 아들 莊公으로, 3년 동안 재위하였다. ≪春秋左氏傳≫ 애공 15년 조에는 '其死'의 '其'가 없다.

○ 注의 〔故 謂死之意狀〕

○ 正義曰：살펴보면 ≪春秋左氏傳≫ 哀公 15년 조에 이르기를 "공자는 衛나라에 변란이 일어났다는 말을 듣고 말하였다. '柴는 아마도 살아서 올 것이지만 由는 아마도 죽을 것이다.'"라고 하였다. 이것은 〈공자가 子路의 죽음을〉 미리 안 것이니, 使者를 앞으로 오게 하여 정황을 물어본 것은, 자로가 충성스럽지만 용맹을 좋아하여 반드시 변란에 죽

을 것임을 알았으나, 다만 그 죽음의 자초지종을 알지 못하여 다시 물어본 것이다.

【疏】 ○ 注'時衛'至'怖衆'. ○ 正義曰 : 案哀十五年左傳云, 蒯聵(괴외)潛入孔悝(회)之家, 與伯姬迫孔悝於廁[1], 强盟之, 遂劫以登臺. 子路入, 逐之至臺下, 且曰 "大(태)子無勇, 若燔臺, 半, 必舍孔叔." 大子聞之, 懼, 下石乞·盂黶(염)敵子路. 以戈擊之, 斷纓, 子路曰 "君子死, 冠不免." (○)[2] 注云 "不使冠在地." 遂(絶)〔結〕[3]纓而死.

1) 廁 : 원래는 '측간'의 뜻이나, 楊伯峻에 따르면 측간은 맹약하는 장소가 아니므로 통용자인 '側'으로 보아 '구석 가장자리'의 뜻으로 보아야 한다. 양백준은 兪樾의 설을 인용하여 "가장자리 구석까지 몰아붙여 달아날 곳이 없게 만든 뒤에야 비로소 공회와 맹약할 수 있었던 것이다.〔迫之至邊側之處 使無可走避 乃得與之盟〕"라고 하였다.(≪春秋左傳注≫ 哀公 15년 楊伯峻 注)

2) (○) : 저본에는 부호 '○'가 있으나, 본서의 체제에 의거하여 衍文으로 처리하였다.

3) (絶)〔結〕 : 저본에는 '絶'로 되어 있으나, ≪春秋左氏傳≫ 哀公 15년 조에 의거하여 '結'로 바로잡았다.

○ 注의 〔時衛〕에서 〔怖衆〕까지

○ 正義曰 : 살펴보면 ≪春秋左氏傳≫ 哀公 15년 조에 이르기를, 蒯聵가 孔悝의 집에 몰래 들어가 〈공회의 모친이자 자신의 누나인〉 伯姬와 함께 공회를 담장 모퉁이로 몰아붙이고 강요하여 맹약을 맺고서 마침내 공회를 겁박하여 臺로 올라갔다. 子路가 들어가 이들을 뒤쫓아 臺 아래에 이르렀다. 그리고 말하기를 "태자는 용기가 없으니, 만약 臺를 불태워 반쯤 타면 반드시 孔叔을 놓아줄 것이오."라고 하였다. 태자가 이 말을 듣고 두려워서 〈태자의 黨인〉 石乞과 盂黶을 내려보내어 자로를 대적하게 하였다. 이들이 창으로 〈자로를〉 쳐서 관끈을 끊자, 자로는 "군자는 죽어도 冠을 벗지 않는다."라고 하였는데, 杜預의 주에 이르기를 "관이 땅에 떨어지지 않도록 한 것이다."라고 하였다. 〈자로는〉 마침내 관끈을 매고 죽었다.

03-08-01 曾子[1]曰하사되 朋友之墓에 有宿草而不哭焉이니라

1) 曾子 : 曾參으로, 姓은 姒, 氏는 曾, 이름은 參, 자는 子輿이다. 춘추시대 魯나라 사람으로 孔子 만년 제자 중 하나이다. 아버지는 曾點으로, 七十二賢 중 한 사람이다. 아들은 모두 셋으로, 첫째는 曾元, 둘째는 曾申, 셋째는 曾華이다. 증신과 함께 공자를 스승으로 섬겼다.

증자가 말하였다. "붕우의 산소에 〈1년이 지난〉 여러해살이풀이 있으면 곡하지 않는다."

【注】宿草는 **謂陳根也**라 **爲師心喪三年**이요 **於朋友**엔 **期可**라

'宿草'는 여러해살이풀을 이른다. 스승을 위하여는 心喪 3년을 입고, 붕우에게는 1년을 입는 것이 좋다.

【疏】'曾子'至'哭焉'. ○ 正義曰：曾子, 孔子弟子, 姓曾, 名參, 字子輿, 魯人也. 宿草, 陳根也. 草經一年陳[1]**, 根陳也. 朋友相爲哭一期, 草根陳, 乃不哭也. 所以然者, 朋友雖無親, 而有同道之恩**[2]**. 言朋友期而猶哭者, 非謂在家立哭位, 以終期年. 張敷云 "謂於一(成)〔期〕**[3]**之內, 如聞朋友之喪, 或經過朋友之墓及事故須哭, 如此則哭焉. 若**[4]** 期之外, 則不哭也."**

1) 陳：惠棟校宋本에는 '則'으로 되어 있다.(阮元의 校勘記 참조)
2) 朋友雖無親 而有同道之恩：≪周易≫ 兌卦 〈象傳〉 孔穎達 疏에 "같은 문하생을 '朋'이라 하고, 뜻이 같은 사람을 '友'라 하니, 붕우가 함께 모여 거처하며 도의를 강습한다.〔同門曰朋 同志曰友 朋友聚居 講習道義〕"라는 내용이 보인다.
3) (成)〔期〕：저본에는 '成'으로 되어 있으나, 공영달 소의 앞 구절 '哭一期草根陳'과 다음 구절 '若一期之外' 및 考文引宋板에 '期'로 되어 있는 것을 옳게 본 阮元의 校勘記에 의거하여 '期'로 바로잡았다. 閩本·監本·毛本에는 '歲'로 되어 있다.
4) 若：考文引宋板에는 이 뒤에 '一'이 있다.(阮元의 校勘記 참조)

經의 〔曾子〕에서 〔哭焉〕까지

○ 正義曰：'曾子'는 공자의 제자이다. 姓은 曾, 이름은 參, 자는 子輿로, 魯나라 사람이다. '宿草'는 여러해살이풀이다. 풀이 1년 묵으면 뿌리가 묵는다. 붕우는 서로를 위하여 1년을 곡하니, 풀의 뿌리가 묵으면 이에 곡을 하지 않는다. 이렇게 하는 이유는, 붕우는 비록 친족 관계가 없지만 道를 같이하는 은혜가 있기 때문이다. 붕우를 위해 1년이 되도록 여전히 곡한다고 말한 것은, 집에서 哭位에 서서 〈곡을 하며〉 1년을 마친다는 말이 아니다. 〈南朝 宋나라의〉 張敷가 말하기를 "〈붕우가 죽은 지〉 1년 안에 만일 붕우의 喪을 들었거나, 혹 붕우의 산소를 지나가거나 곡을 해야 할 일이 있으면, 이런 경우에는 곡을 한다. 만약 1년을 넘었으면 곡하지 않는다."라고 하였다.

03-09-01 子思曰하사되 **喪**은 **三日而殯**호되 **凡附於身者**를 **必誠必信**하여 **勿之有悔焉耳矣**니라 **三月而葬**호되 **凡附於棺者**를 **必誠必信**하여 **勿之有悔焉耳矣**니라

子思가 말하였다. "〈대부와 士의〉 喪은 사흘 만에 殯을 하되, 무릇 〈옷이나 이불 등 시신의〉 몸에 따르는 것들을 〈죽은 자에게는 속이는 바가 없도록〉 반드시 정성스럽게 하고 〈산 자에게는 의심하는 바가 없도록〉 반드시 미덥게 하여 후회 없게 해야 할 것이다. 3개월 만에 장례하되 무릇 〈明器 등〉 널에 따르는 것들을 반드시 정성스럽게 하고 반드시 미덥게 하여 후회 없게 해야 할 것이다.

【注】言其日月은 **欲以盡心脩備之**라 **附於身**은 **謂衣衾**이라 **附於棺**은 **謂明器之屬**이라

그 날과 달을 말한 것은 마음을 다하여 준비하게 하려는 것이다. '附於身'은 옷과 이불을 이른다. '附於棺'은 明器의 등속을 이른다.

喪은 **三年**을 **以爲極亡**[1)]이나

1) 以爲極亡 : '亡'은 죽은 지 오래됨을 이른다. ≪大戴禮記≫ 〈五帝德〉에 "〈黃帝 軒轅氏는〉 살아서는 백성이 그 이로움을 얻음이 백 년이고, 죽어서는 백성이 그 신을 경외함이 백 년이고, 죽은 지 오래되면 백성이 그 가르침을 쓰는 것이 백 년이다.〔生而民得其利百年 死而民畏其神百年 亡而民用其敎百年〕"라는 내용이 보이는데, 淸나라 孔廣森의 補注에 이르기를 "亡은 죽은 지 오래된 것이다.……자식의 세대에는 '死'라 칭하고, 손자의 세대에는 '亡'이라 칭한다.〔亡 死之久也……於子之世稱死 於孫之世稱亡〕"라고 하였다. 또 ≪家語≫ 〈五帝德〉에 이르기를 "백성이 그 이로움에 의지한 지 백 년이면 죽었다고 여기고, 백성이 그 신을 경외함이 백 년이면 죽은 지 오래라고 여기고, 백성이 그 가르침을 쓴 지 백 년이면 옮겨간다. 그러므로 황제 3백 년이라고 한다.〔民賴其利百年而死 民畏其神百年而亡 民用其敎百年而移 故曰黃帝三百年〕"라고 하였다. 陸德明의 音義에 따르면 '極'은 '이미〔已〕'의 뜻이다. 王肅은 '極'에서 구두를 떼고 '亡'을 '忘'으로 보아 '亡'을 다음 구절 '則弗之忘矣'와 연결하였다. ≪禮記大文諺讀≫에서도 '以爲極이니 亡이라도'라고 하여 왕숙의 구두를 따랐다. 이렇게 본다면 '喪三年以爲極亡則弗之忘矣'는 '喪은 3년을 지극함으로 삼으니, 잊으려 해도 잊지 못한다.'라는 의미가 된다.

喪은 3년을 죽은 지 이미 오래되었다고 여기지만

【注】去已久遠而除其喪이라

세상을 떠난 지 이미 오래되어 脫喪하는 것이다.

則弗之忘矣니라

〈효자는 종신의 애통함이 있어서〉 일찍이 〈잠시도 마음속에서〉 잊은 적이 없다.

【注】 則之言은 曾이라

'則'이란 말은 '일찍이'의 뜻이다.

故로 君子有終身之憂하고

그러므로 군자가 〈부모를 그리워하여〉 종신의 근심은 있고

【注】 念其親이라

부모를 생각하는 것이다.

而無一朝之患이니

〈생명을 잃을 정도로 지나치게 슬퍼하지 않아서〉 하루아침의 근심은 없으니,

【注】 毁不滅性[1)]이라

1) 毁不滅性 : ≪禮記≫ 〈喪服四制〉에 "몸이 상할 정도로 슬퍼해서 목숨을 잃게 하지는 않으니, 이는 죽은 사람 때문에 산 사람을 상하지 않게 하는 것이다.〔毁不滅性 不以死傷生也〕"라는 내용이 보인다.

몸이 상할 정도로 지나치게 슬퍼해서 생명을 잃게 하지는 않는 것이다.

故로 忌日에 不樂(악)하나니라

1) 樂(악) : 陸德明의 音義에서는 음을 '락'으로 보아 '즐기다'의 뜻으로 보고, '음악'의 뜻인 '악'의 음을 일설로 소개하였다. 그러나 ≪禮記≫ 〈檀弓 下〉 '子卯不樂'에 대한 鄭玄의 注에 "왕이 된 자는 이날을 불길한 날이라 하여 음악을 연주하는 것을 吉事로 삼지 않았다.〔王者謂之疾日 不以擧樂爲吉事〕"라고 한 것에 의거하여 '음악'의 뜻으로 보았다.

그러므로 기일에는 음악을 연주하지 않는다."

【注】 謂死日이니 言忌日에 不用擧吉事라

〈'忌日'은〉 죽은 날을 이르니, 기일에는 吉事를 거행하지 않음을 이른다.

【疏】 '子思'至'不樂'. ○ 正義曰：此一節論喪之初死及葬送終之具, 須盡孝子之情, 及思念父母不忘之事, 今各隨文解之. 〔○〕[1] '三日而殯'者, 據大夫士禮, 故云"三日"也. ○ '凡附於身'者, 謂衣衾也. 夫祀必求仁者之粟[2], 故送終之物, 悉用誠信, 必令合禮, 不使少有非法, 後追悔咎. 〔○〕'焉耳矣'者, 助句之辭. ○ '三月而葬, 凡附於棺者, 必誠必信, 勿之有悔焉耳矣'者, 三月而葬, 亦大夫士禮也. 附謂明器[3]之屬, 亦當必誠信, 不追悔也.

1) 〔○〕: 저본에는 부호 '○'가 없으나, 본서의 체제에 의거하여 보충하였다. 아래도 같다.
2) 夫祀必求仁者之粟 : ≪禮記≫ 〈祭義〉에 "부모가 돌아가셨으면 반드시 仁者의 곡식을 구하여 제사하니, 이것을 일러 '禮로 끝마친다.'라고 한다.〔父母旣沒 必求仁者之粟以祀之 此之謂禮終〕"라는 내용이 보이는데, 정현의 주에 "가난하더라도 惡人의 물건을 취하여 돌아가신 부모를 섬기지 않음을 설명한 것이다.〔喩貧困猶不取惡人物以事亡親〕"라고 하였다.
3) 明器 : 부장하는 물품을 이른다. ≪예기≫ 〈檀弓 下〉에 "이를 明器라고 하는 것은 신명으로 대한다는 것이다.〔其曰明器 神明之也〕"라는 내용이 보인다.

經의 〔子思〕에서 〔不樂〕까지

○ 正義曰 : 이 절은 喪이 나서 처음 죽었을 때 및 장례를 치를 때 필요한 도구에 효자의 마음을 다해야 한다는 것과 부모를 생각하여 잊지 못하는 일을 논한 것이니, 이제 각각 글을 따라 풀이하겠다.

○ 〔三日而殯〕 대부와 士의 禮에 근거한 것이므로 '三日'이라 한 것이다.

○ 〔凡附於身〕 옷과 이불을 이른다. 무릇 제사는 반드시 仁者의 곡식을 구해야 하므로 장례를 치르는 물건을 모두 정성스럽고 미덥게 하여 반드시 예에 맞게 해서, 조금이라도 법에 맞지 않는 일이 있어서 후에 후회하는 잘못이 없도록 해야 한다.

○ 〔焉耳矣〕 어조사이다.

○ 〔三月而葬 凡附於棺者 必誠必信 勿之有悔焉耳矣〕 '三月而葬'은 또한 대부와 士의 예이다. '附'는 明器의 등속을 이르니, 또한 반드시 정성스럽게 하고 미덥게 하여 후회하는 일이 없도록 해야 한다.

【疏】○ 注'言其'至'之屬'. ○ 正義曰：此"言其日月, 欲以盡心(修)〔脩〕[1]備之", 鄭意但言凡附身附棺自足. 又更云"三日"·"三月", 言棺中物少者, 三日之期, 家計可使量度(탁), 則必中, 棺外物多, 三月之賒(사), 思忖必就, 故言日月, 欲見宜愼也. 云'謂明器之屬'者, 案旣夕禮除明器之外, 有用器弓矢·耒耜(뢰사)·兩敦(대)·兩杅(우)·盤匜(이)·燕樂器·甲·胄·干·笮(착)·杖·笠·翣(삽)等, 故云"之屬"也.

1) (修)〔脩〕: 저본에는 '修'로 되어 있으나, 위 鄭玄의 注에 의거하여 '脩'로 바로잡았다. 阮元에 따르면 옛날에는 '修'가 '治'의 뜻으로 쓰일 때 '脩'를 가차하여 쓰는 경우가 많았다. 위 03-06-01 '脩' 역주 참조.

○ 注의 〔言其〕에서 〔之屬〕까지

○ 正義曰：〔言其日月 欲以盡心脩備之〕 정현의 뜻은 단지 모든 〈시신의〉 몸에 따르는 것과 널에 따르는 것을 스스로 만족스럽게 함을 말했을 뿐이다. 그런데 또 '三日'과 '三月'을 다시 말한 것은, 널 속에 넣는 작은 물건은 3일의 기한 안에 집안 형편을 가늠하여 마련할 수 있으면 반드시 알맞게 하고, 널 밖의 물건은 많으니 3개월의 여유를 두고 고려하여 반드시 완성해야 하므로 '日'과 '月'을 말하여 신중해야 함을 보이고자 한 것이다.

〔謂明器之屬〕 ≪儀禮≫ 〈旣夕禮〉를 살펴보면 明器를 제외하고도 用器로 활과 화살, 보습과 보습 자루, 2개의 敦, 2개의 주발〔杅〕, 盤과 匜, 〈빈객과〉 燕飮할 때 사용하는 악기, 〈役器로〉 갑옷·투구·방패·화살통, 〈燕器로〉 지팡이·삿갓·翣 등이 있으므로 '之屬'이라 한 것이다.

【疏】○ '喪三年以爲極亡'. ○ 此亦子思語辭也. 言服親之喪, 以經三年, 以爲極亡, 可以棄忘, 而孝子有終身之痛, 曾不暫忘於心也. 注云"則之言曾", 故君子有終竟己身, 恒慘念親, 此則是不忘之事. 雖終身念親, 而不得有一朝之間有滅性禍患. 恐其常毁, 故唯忌日不爲樂事, 他日則可, 防其滅性故也. 所以不滅性者, 父母生己, 欲其存寧, 若滅性, 傷親之志, 又身已絶滅, 無可祭祀故也.

○ 經의 〔喪三年以爲極亡〕

○ 이것 역시 子思의 말이다. 부모의 喪에 상복을 입고 3년이 지난 것을 죽은 지 이미 오래된 것으로 여겨서 잊어버릴 만한데도, 효자가 종신의 애통함이 있어서 일찍이 잠시도 마음에서 잊지 못함을 말한다. 정현의 주에 이르기를 '則之言曾'이라 하였다.

그러므로 군자는 자기 몸이 다 마치도록 늘 애처롭게 부모를 생각하는데, 이것이 바로 잊지 못하는 일이다. 비록 종신토록 부모를 생각하나 하루아침에 지나치게 슬퍼하여 생명을 잃는 화가 있게 해서는 안 된다. 늘 몸을 손상할까 두려우므로 오직 忌日에만 음악을 연주하지 않을 뿐이며 다른 날에는 해도 되니, 〈지나치게 슬퍼하여〉 생명을 잃을 것을 방비하기 위해서다. 〈지나치게 슬퍼하여〉 생명을 잃지 않도록 하는 이유는, 부모가 자기를 낳아서 편안히 살기를 바랐으니 만약 생명을 잃는다면 부모의 뜻을 손상하는 것이고, 또 자신이 이미 목숨이 끊기고 나면 제사를 지낼 수 있는 사람이 없기 때문이다.

【疏】○ 注'謂死'至'吉事'. ○ 正義曰：下篇子卯爲人君忌日[1], 恐此忌日亦爲子卯, 故云"謂死日"也. 言"忌"者, 以其親亡忌難, 吉事不擧之.

1) 下篇子卯爲人君忌日：≪禮記≫ 〈檀弓 下〉에 "子日과 卯日에는 음악을 연주하지 않는다.〔子卯不樂〕"라는 구절이 보이는데, 정현의 주에 따르면 商나라의 마지막 왕인 紂王은 甲子日에 죽고 夏나라의 마지막 왕인 桀王은 乙卯日에 죽었으므로 왕이 된 자는 이날을 불길한 날〔疾日〕이라 하여 음악을 연주하지 않고 吉事를 행하지 않음으로써 스스로 경계한다고 한다.

○ 注의 〔謂死〕에서 〔吉事〕까지

○ 正義曰：≪禮記≫ 〈檀弓 下〉에 따르면 子日과 卯日은 人君의 忌日이니, 여기의 '忌日' 또한 자일과 묘일로 여길까 하여 〈정현의 주에서〉 '謂死日'이라 한 것이다. '忌'라 한 것은, 부모님이 돌아가신 날임을 꺼려서 吉事를 거행하지 않기 때문이다.

03-10-01 孔子少孤하사 不知其墓하사

공자가 어려서 아버지를 여의어 그 산소를 알지 못하여

【注】孔子之父郰(추)叔梁紇(흘)이 與顔氏之女徵在로 野合而生孔子하니 徵[1]在恥焉하여 不告라

1) 徵：杜佑가 편찬한 ≪通典≫의 인용문에는 이 글자 앞에 '後叔梁紇亡' 5자가 더 있는데, 阮元은 두우가 멋대로 증입했을 것이라고 추정하였다.(阮元의 校勘記 참조)

공자의 아버지 郰邑의 叔梁紇이 顔氏의 딸 徵在와 야합하여 공자를 낳으니, 징재가 이를 수치로 여겨서 〈공자에게 산소의 위치를〉 말하지 않았다.

殯於五父(보)之衢어시늘

〈사람들의 의문을 불러일으키기 위해 남들처럼 집에 어머니의 殯을 하지 않고〉 五父의 길거리에 殯을 하시자

【注】欲有所就而問之라 **孔子亦爲隱焉**하여 **殯於家**하면 **則知之者無由怪己**일새 **欲發問端**이라 **五父**는 **衢名**이니 **蓋郰曼父(보)之隣**이라

나아감을 두어 물어보고자 한 것이다. 공자 또한 숨겨서 집에 殯을 하면 아는 자는 자신을 이상하게 여길 일이 없으므로 〈사람들이〉 궁금해할 단서를 드러내고자 한 것이다. '五父'는 거리의 이름이니, 郰曼父의 집 근처인 듯하다.

人之見之者 皆以爲葬也라하더니

이를 본 자들이 모두 장례한다고 여겼는데,

【注】見柩行於路라

柩車가 길에서 가는 것을 본 것이다.

其愼(인)也는 **蓋殯也**러라

그 〈柩車에 매어 끄는 줄인〉 引은 아마도 殯에 사용하는 것이었다.

【注】愼은 **當爲引**이라 **禮家讀然**은 **聲之誤也**라 **殯引**은 **飾棺以輤(천)**[1]이요 **葬引**은 **飾棺以柳**[2] **翣(삽)**[3]이니 **孔子是時**에 **以殯引**하고 **不以葬引**하니 **時人見者 謂不知禮**라

1) 輤(천) : 柩車 위에 덮는 장식용 붉은 천이다. ≪禮記≫ 〈雜記 上〉 정현의 주에 "輤은 널을 실어 殯을 하려는 수레의 장식이다. 輤은 〈시신과 가깝다는 뜻에서〉 '襯(츤)'과 〈붉은색 꼭두서니 풀인〉 '蒨(천)'에서 이름을 취한 것이다.……'蒨'은 붉은색을 물들이는 풀이다.〔輤 載柩將殯之車飾也 輤 取名於襯與蒨……蒨 染赤色者也〕"라고 하였다.

2) 柳 : 널과 柩車 장식의 총칭으로, 위 뚜껑 부분인 '荒'과 아래 구거 옆 부분인 '帷'로 이

루어져 있다. ≪예기≫ 〈雜記 上〉 정현의 주에 "장례를 하기 위해 널을 실은 수레의 장식을 '柳'라고 한다.〔將葬 載柩之車飾曰柳〕"라고 하였으며, ≪예기≫ 〈檀弓 上〉 공영달의 소에 "≪예기≫ 〈喪大記〉 정현의 주에 이르기를 '옆에 있는 것을 帷, 위에 있는 것을 荒이라고 한다.'라고 하였다. 帷와 荒은 〈상여 틀인〉 柳에 〈천으로〉 옷을 입힌 것이니, 그렇다면 帷와 荒 안에 있는 목재로 柳를 삼은 것이다. 그러나 실제로는 帷와 荒 및 목재 등의 총칭을 '柳'라고 한다.〔喪大記注云 在旁曰帷 在上曰荒 帷荒所以衣柳 則以帷荒之內木材爲柳 其實帷荒及木材等總名曰柳〕"라고 하였다.

3) 翣(삽) : 자루가 긴 의장용 부채이다. ≪예기≫ 〈喪大記〉 정현의 주에 "漢나라 예에 따르면 翣은 나무로 틀을 만드는데 너비 3척, 높이 2척 4촌이다. 모양은 네모지고 양쪽 모서리가 높으며, 흰 천으로 옷을 입힌다. 그림은 雲氣를 그리고 나머지는 각각 형상대로 한다. 자루는 길이가 5척이다. 수레가 갈 때 사람을 시켜 이를 들고 따라가게 하며, 下棺한 뒤에는 광중에 세워둔다.〔漢禮 翣以木爲筐 廣三尺 高二尺四寸 方兩角高 衣以白布 畫者 畫雲氣 其餘各如其象 柄長五尺 車行 使人持之而從 旣窆 樹於壙中〕"라고 하였다.

'慎'은 '引'이 되어야 한다. 禮家에서 이렇게 〈'引'처럼〉 읽는 것은 글자의 음이 비슷해서 생긴 오류이다. 殯에 사용하는 引은 널을 〈붉은색 천인〉 輤으로 꾸미고, 장례에 사용하는 引은 널을 〈널과 柩車의 장식인〉 柳와 〈자루가 긴 장식용 사각 부채인〉 翣으로 꾸미니, 공자가 이때 殯에 사용하는 引을 하고 장례에 사용하는 引을 하지 않자 이를 본 당시 사람들이 〈공자가〉 예를 모른다고 말하였다.

問於郰曼父(보)之母한 然後에 得合葬於防하시니라

〈어머니와 잘 알고 지내던〉 郰曼父의 어머니에게 물어본 뒤에야 〈아버지의 산소가 있는〉 防 땅에 〈어머니를〉 합장할 수 있었다.

【注】 曼父之母 與徵在爲隣하여 相善이라

郰曼父의 어머니는 〈공자의 어머니〉 顔徵在와 이웃이 되어 서로 잘 알고 지낸 사이였다.

○[1] 隣有喪이어든 舂(용)不相하며 里有殯이어든 不巷歌니라

1) ○ : 宋本에는 孔子少孤節과 隣有喪節이 하나의 節로 합쳐져 있었는데, 閩本 이하부터 비로소 두 개의 절로 나뉘게 되었다고 한다. 내용상 두 절이 연결되지 않아 분리해야

하나, 隣有喪節 다음에 나오는 공영달의 소가 孔子少孤節에 관한 내용이므로 본서에서는 절을 분리하지 않았다.(阮元의 校勘記 참조)

이웃에 초상이 있으면 방아 찧는 자는 〈장단을 맞추어〉 흥을 돕지 않으며, 마을에 殯이 있으면 마을 골목에서 노래 부르지 않는다.

【注】 皆所以助哀也라 相은 謂以音聲相勸이라

모두 남의 슬픔에 같이 슬퍼하는 것이다. '相'은 음성으로 서로 권함을 이른다.

喪冠은 不緌(유)니라

喪冠은 〈장식을 제거하여 冠의 끈을 매고 난 남은 부분인〉 緌를 늘어뜨리지 않는다.

【注】 去飾이라

장식을 제거하는 것이다.

緌

【疏】 '孔子'至'於防'. ○ 正義曰 : 此一節論孔子訪父墓之事. 云孔子旣少孤失父, 其母不告父墓之處. 今母旣死, 欲將合葬, 不知父墓所在, 意欲問人. 故若殯母於家, 則禮之常事, 他人無由怪己, 故殯於五父(보)之衢, 欲使他人怪而致問於己. 外人見柩行路, 皆以爲葬. 但葬引柩之時, 飾棺以柳翣(삽), 其殯引之禮, 飾棺以輤(천). 當夫子飾其所引之棺以輤, 故云"其引也蓋殯也". 殯不應在外, 故稱"蓋", 爲不定之辭. 於時郰曼父(보)之母, 素與孔子母相善, 見孔子殯母於外, 怪問孔子. 孔子因其所怪, 遂問郰曼父之母, 始知父墓所在, 然[1]後得以父母尸柩合葬於防.

1) 然 : 惠棟校宋本·衛氏集說에는 '而'로 되어 있다.(阮元의 校勘記 참조)

經의 〔孔子〕에서 〔於防〕까지

○ 正義曰 : 이 절은 공자가 아버지의 산소를 찾아간 일을 논하였으니, 다음과 같이 말한 것이다. 공자가 이미 어려서 고아가 되어 아버지를 잃었는데, 어머니가 아버지

의 산소가 있는 곳을 알려주지 않았었다. 이제 어머니가 이미 죽어 장차 합장하고자 하나 아버지의 산소가 있는 곳을 알지 못하기에 다른 사람에게 물어보고자 하였다. 그러므로 만약 어머니를 집에 殯하면 이는 禮의 常事이니 다른 사람이 자신을 이상하게 여길 이유가 없으므로 五父의 거리에 殯을 하여 다른 사람이 이상하게 여겨서 자신에게 물어보게 하고자 하였다. 외부 사람이 柩車가 길에 가는 것을 보고 모두 장례한다고 여겼으나, 다만 장례에 사용하는 引을 널에 맬 때에는 널을 柳와 翣으로 꾸미고, 殯에 사용하는 引을 매는 예에는 널을 〈덮개 천인〉 輤으로 꾸민다. 〈그러나〉 夫子가 引을 맨 널을 輤으로 꾸몄으므로 '其引也蓋殯'이라 한 것이다. 殯은 집 밖에 있어서는 안 되므로 '蓋'라고 칭하였으니, 확정하지 않은 말이다. 당시 郰曼父의 어머니가 평소 공자의 어머니와 잘 알고 지냈는데, 공자가 어머니를 집 밖에 殯하는 것을 보고 이상하게 여겨 공자에게 물었다. 공자는 〈추만보의 어머니가〉 이상하게 여긴 것을 계기로 마침내 추만보의 어머니에게 물어서 비로소 아버지의 산소가 있는 곳을 알게 되었으며, 그런 연후에 부모의 시신이 든 널을 防 땅에 합장할 수 있었다.

【疏】○ 注'孔子'至'不告'. ○ 正義曰：按史記孔子世家云 "叔梁[1]紇(흘)與顔氏女野合而生孔子." 鄭用世家之文, 故注言"野合", 不備於禮也. 若論語云"先進於禮樂, 野人也", 及"野哉, 由也", 非謂草野而合也. 但徵在恥其與夫不備禮爲妻, 見孔子知禮, 故不告. 言"不知其墓"者, 謂不委曲適知柩之所在, 不是全不知墓之去處. 其或出辭入告, 總望本處而拜, 今將欲合葬, 須正知處所, 故云"不知其墓". 今古不知墓處, 於事大有, 而講者諠諠(훤훤), 競爲異說, 恐非經記之旨. 案家語云[2] "叔梁紇年餘七十無妻, 顔父有三女. 顔父謂其三女曰 '鄹大夫身長七尺, 武力絶倫, 年餘七十, 誰能與之爲妻.' 二女莫對, 徵在進曰 '從父所制, 將何問焉.' 父曰 '卽爾能矣.' 遂以妻之, 爲妻而生孔子, 三歲而叔梁紇卒." 王肅據家語之文以爲禮記之妄. 又論語緯撰考云 "叔梁紇與徵在禱尼(丘)〔丘〕[3]山, 感黑龍之精以生仲尼." 今鄭云"叔梁紇與顔氏之女徵在野合", 於家語文義亦無殊, 何者. 七十之男, 始取徵在, 灼然不能備禮, 亦名野合. 又徵在幼少之女而嫁七十之夫, 是以羞慙, 不能告子. 又叔梁紇生子三歲而後卒, 是孔子少孤. 又與撰考之文禱尼(丘)〔丘〕山而生孔子, 於野合之說, 亦義理無妨. 鄭與家語・史記竝悉符同, 王肅妄生疑難, 於義非也.

1) 叔梁：≪史記≫ 권47 〈孔子世家〉에는 이 2자가 없다.

2) 家語云 : 明나라 孫瑴의 ≪古微書≫ 등 문헌에 따르면 이하의 내용이 ≪古家語≫에 보인다. 현재 전하는 魏나라 王肅의 ≪家語≫ 〈本姓解〉에는 叔梁紇에 대해 나이는 '年大'라고 하여 '나이가 많다'로 되어 있고, 키는 '十尺', '鄒大夫'의 '鄒'는 '陬(추)'로 되어 있다.

3) (𠀉)〔丘〕 : '丘'는 저본에는 '𠀉'로 되어 있으나, 魯나라 孔子의 성명 孔丘의 '丘'를 避諱한 것이므로, 원글자인 '丘'로 돌려놓았다. 이하도 동일하다.

○ 注의 〔孔子〕에서 〔不告〕까지

○ 正義曰 : 살펴보면 ≪史記≫ 〈孔子世家〉에 이르기를 "叔梁紇이 顔氏 여자와 野合하여 孔子를 낳았다."라고 하였는데, 鄭玄은 〈공자세가〉의 글을 썼으므로 注에 '野合'이라고 말한 것이니, 예를 갖추지 않았다는 것이다. ≪論語≫ 〈先進〉에서 "〈먼저 출사한〉 선배들은 〈古風이 있으니〉 예악에 있어 野人이다."라고 한 것과, ≪논어≫ 〈子路〉에서 "〈正名의 뜻을 알지도 못하면서 夫子를 오활하다고 한 것을 보면〉 사리를 모르는구나〔野哉〕, 由는!"이라고 한 것과 같으니, '野合'은 들에서 합한 것을 말한 것이 아니다. 다만 顔徵在는 남편과 예를 갖추지 않고서 처가 된 것을 부끄럽게 여겼는데 공자가 예를 아는 것을 알았으므로 알려주지 않은 것뿐이다.

'不知其墓'라고 한 것은, 널이 있는 곳을 세세히 확실하게 알지 못한 것을 말한 것이지, 산소가 있는 장소를 전혀 알지 못했다는 것이 아니다. 어쩌면 나갈 때 하직 인사를 하고 들어왔을 때 고하면서 모두 본래 산소가 있던 곳을 멀리서 바라보고 절하였는데, 이제 곧 합장하고자 하기에 널이 있는 곳을 정확히 알아야 했으므로 '不知其墓'라고 했을 것이다. 예나 지금이나 산소가 있는 장소를 알지 못하는 것은 다반사인데 강론하는 자들이 시끄럽게 떠들며 앞다투어 異說을 낸 것은 經과 記의 뜻이 아닐 듯하다.

살펴보면 ≪家語≫에 이르기를 "숙량흘은 나이 70 남짓에 처가 없었는데, 顔氏의 부친에게는 세 딸이 있었다. 안씨의 부친이 세 딸에게 말하기를 '鄒大夫는 키가 7尺이고 武力이 매우 뛰어나지만 나이가 70 남짓이다. 누가 그의 처가 되어주겠느냐?'라고 하였다. 두 딸이 대답하지 않자, 顔徵在가 앞으로 나아가 '아버지께서 명하신 대로 따를 것입니다. 무엇을 물으십니까?'라고 하였다. 부친이 말하기를 '바로 네가 하겠다는 것이구나.'라고 하고서 숙량흘의 처가 되게 하였다. 안징재가 숙량흘의 처가 되어 공자를 낳았는데 〈공자를 낳은 지〉 3년 만에 숙량흘이 죽었다."라고 하였다. 王肅은 ≪가어≫의 글에 근거하여 ≪예기≫를 터무니없다고 하였다. 또 ≪論語緯≫ 〈撰考讖〉에 이르기를 "숙량흘은 안징재와 함께 尼丘山에 기도하여 黑龍의 정기에 감응하여 仲尼를 낳았다."라고 하였다.

지금 정현은 '叔梁紇與顔氏之女徵在野合'이라고 하여 ≪가어≫의 文義와 또한 다름이 없는데, 무엇 때문인가? 나이 70인 남자가 처음 안징재에게 장가든 것이어서 예를 갖출 수 없었을 것이 분명하니 또한 '野合'이라 명명한 것이다. 또 안징재는 나이 어린 여자로 나이 70인 사내에게 시집갔으니, 이 때문에 부끄럽게 여겨 자식에게 말하지 못한 것이다. 또 숙량흘은 자식을 낳은 지 3년이 된 뒤에 죽었으니, 이것은 공자가 어려서 부친을 잃은 것이다. 또 ≪논어위≫ 〈찬고참〉의 '니구산에 기도하여 공자를 낳았다'는 글과 함께 '野合'의 설에는 마찬가지로 의리에 문제 될 것이 없다. 정현의 주가 ≪가어≫・≪사기≫의 글과 모두 부합한데도 왕숙이 함부로 의심하였으니 의리에 잘못된 것이다.

【疏】 ○ 注'愼當'至'知禮'. ○ 正義曰 : 挽柩爲引, 無名愼者, 以愼・引聲相近, 故云"愼當爲引". 云'禮家讀然'者, "然"猶如是也, 言禮家讀如是"引"字. 故大司徒云 "大喪[1], 屬(촉)其六引." 是讀引也. 云'殯引, 飾棺以輤'者, 案雜記云, 諸侯行而死於道, 其輤(천)有裧(첨)[2], 緇布裳(惟)〔帷〕[3], 輤爲赤色. 大夫布裳帷, 士葦席以爲屋, 蒲席以爲裳帷. 大夫以下雖無輤, 取諸侯輤同名, 故[4]"飾棺以輤". 云'(引葬)〔葬引〕[5], 飾棺以柳翣'者, 案喪大記云, 君龍帷・黼(보)荒・黼翣(삽)二・黻(불)翣二・畫翣二, 大夫畫帷・畫荒・黻翣二・畫翣二, 士布帷・布荒・畫翣二. 在上曰荒, 在旁曰帷, 總謂之柳, 故云"飾棺以柳翣".

1) 大喪 : ≪周禮≫ 〈天官 宰夫〉 정현의 주에 따르면 왕과 왕후와 세자의 喪을 이른다.
2) 裧(첨) : 輤(천)의 사방에 드리운 장식용 휘장이다. ≪禮記≫ 〈雜記 上〉 정현의 주에 "장례하려고 널을 실은 수레의 장식을 '柳裧'이라 한다.〔將葬 載柩之車飾曰柳裧〕"라고 하였다.
3) 裳(惟)〔帷〕 : '裳帷'는 輤 아래 널 밖 사방을 두른 천을 이른다. '帷'는 저본에는 '惟'로 되어 있으나, ≪예기≫ 〈雜記 上〉에 의거하여 '帷'로 바로잡았다.
4) 故 : 아래 '故云飾棺以柳翣'에 의거하면 '故' 다음에 '云'이 생략된 듯하다.
5) (引葬)〔葬引〕 : 저본에는 '引葬'으로 되어 있으나, 惠棟校宋本과 정현의 주에 의거하여 '葬引'으로 바로잡았다.(阮元의 校勘記 참조)

○ 注의 〔愼當〕에서 〔知禮〕까지

○ 正義曰 : 〈〔愼當爲引〕〉 널을 끄는 것이 引이고 '愼'이라 이름하는 것은 없는데 '愼'

과 '引'이 소리가 비슷하므로 '愼當爲引'이라 한 것이다.

〔禮家讀然〕 '然'은 '如是'와 같으니, 禮家에서 이 '引'자처럼 읽는다는 말이다. 그러므로 ≪周禮≫ 〈地官 大司徒〉에 이르기를 "大喪에 여섯 가닥의 引을 〈柩車에〉 맨다."라고 하였으니, 이것이 '引'으로 읽은 것이다.

〔殯引 飾棺以輤〕 살펴보면 ≪禮記≫ 〈雜記 上〉에 이르기를, 제후가 출행하였다가 길에서 죽으면 〈柩車의 위에 덮는 붉은 천인〉 輤에 〈장식용 휘장인〉 裧을 두고 검은색 베로 〈구거의 옆에〉 裳帷를 두른다고 하였으니, 輤은 붉은색이다. 대부는 베로 裳帷를 두르며, 士는 갈대 돗자리로 지붕을 만들고 부들 돗자리로 裳帷를 삼는다. 대부 이하는 비록 輤이 없으나 제후의 輤과 똑같은 이름을 취하였으므로 '飾棺以輤'이라 한 것이다.

〔葬引 飾棺以柳翣〕 살펴보면 ≪예기≫ 〈喪大記〉에 이르기를, 군주는 〈용이 그려진〉 龍帷, 〈도끼 문양이 그려진〉 黼荒, 〈도끼 문양이 그려진 의장용 부채인〉 黼翣 2개, 〈亞자 문양이 그려진 의장용 부채인〉 黻翣 2개, 〈채색 그림이 그려진 의장용 부채인〉 畫翣 2개를 사용하며, 대부는 畫帷, 畫荒, 黻翣 2개, 畫翣 2개를 사용하며, 士는 布帷, 布荒, 畫翣 2개를 사용한다. 〈널과 柩車의 장식 중〉 위에 있는 것을 '荒', 옆에 있는 것을 '帷'라고 하며, 통틀어서 '柳'라고 하므로 '飾棺以柳翣'이라 한 것이다.

柳車

03-11-01 有虞氏는 瓦棺하고

有虞氏는 〈장례에 오직 도기로 만든〉 瓦棺을 사용하였고,

【注】始不用薪也라 有虞氏上陶라

처음으로 땔나무를 사용하지 않은 것이다. 有虞氏는 〈도기를 만드는〉 陶工을 존숭하였다.

夏后氏는 堲(즐)周하고

1) 堲周 : 陸德明의 ≪經典釋文≫ 〈禮記音義〉에는 표제어가 '即周'로 되어 있고, '即'이 又本에는 '堲'로 되어 있다고 소개하고 있다. 육덕명은 '堲'의 음을 '즐〔子栗反〕'로 보고, '직(稷)'을 又音으로 제시하였다.

夏后氏는 〈瓦棺을 사용하고〉 흙을 구워 〈도기의 형태를 만들어서 와관 주위를〉 빙 둘렀고,

【注】火熟[1]曰堲이니 燒土冶以周於棺也라 或謂之土周하니 由是也라 弟子職曰 右手折堲이라하니라

1) 熟 : 惠棟校宋本・宋監本・岳本・嘉靖本에는 '孰'으로 되어 있다. 阮元에 따르면 '熟'은 뒤에 나온 後起字이다. ≪說文解字≫에는 '䂻(孰)'으로 되어 있으며, 南朝 梁나라 顧野王이 편찬한 ≪玉篇≫에 처음으로 '熟'자가 보인다.(阮元의 校勘記, 王力의 ≪王力古漢語字典≫ 참조)

불로 굽는 것을 '堲'이라 하니, 흙을 구워 도기의 형태를 만들어서 棺 주위를 빙 두른 것이다. 혹 '土周'라고도 하는데, 여기에서 말미암은 것이다. ≪管子≫ 〈弟子職〉에 이르기를 "오른손으로는 〈촛불이 타고 남은 심지의 끄트러기인〉 堲을 꺾는다."라고 하였다.

殷人은 棺槨하고

殷人은 〈瓦棺 대신 나무로 만든〉 棺과 〈堲周 대신 나무로 만든〉 槨을 사용하였고,

【注】槨은 大也라 以木爲之하니 言槨大於棺也라 殷人上梓라

'槨'은 '크다'는 뜻이다. 나무로 만드니, 槨이 棺보다 크다는 말이다. 殷人은 〈禮樂의

기물을 만드는〉 梓人을 존숭하였다.

周人은 **牆置翣**(삽)하니라

周人은 〈棺과 槨을 사용하였을 뿐 아니라 또 柩車 위에 덮는〉 柳衣를 사용하고 〈자루가 긴 의장용 부채인〉 翣을 꽂았다.

【注】牆은 **柳衣**[1]**也**라 **凡此言後王之制文**이라

1) 衣 : ≪禮記≫ 〈檀弓 上〉의 '飾棺牆'에 대한 孔穎達의 疏 중 '前文注云牆柳者'라는 구절에 의거하면 공영달의 注本에는 '衣'가 없었던 듯하다. 03-45-01 참조.(阮元의 校勘記 참조)

'牆'은 柳衣이다. 무릇 〈虞·夏·殷·周의〉 이런 것들은 後王의 제도가 문식한 것을 말한다.

翣

周人은 **以殷人之棺槨**으로 **葬長殤**하고 **以夏后氏之堲**(즐)**周**로 **葬中殤下殤**하고 **以有虞氏之瓦棺**으로 **葬無服之殤**[1]하니라

1) 葬長殤……葬無服之殤 : 陸德明의 音義에 "16세에서 19세 사이에 죽은 것이 '長殤', 12세에서 15세 사이에 죽은 것이 '中殤', 8세에서 11세 사이에 죽은 것이 '下殤', 7세 이하에 죽은 것이 '無服之殤'이며, 태어나 3개월이 못 되어 죽은 것은 殤이 되지 못한다.〔十六至十九爲長殤　十二至十五爲中殤　八歲至十一爲下殤　七歲已下爲無服之殤　生未三月不爲殤〕"라는 내용이 보인다.

周人은 殷人의 제도를 써서 棺과 槨을 사용하여 〈16~19세 사이에 죽은〉 長殤을 장례하였고, 夏后氏의 제도를 써서 〈瓦棺을 사용하고 와관 밖에〉 벽돌로 사방을 둘러 〈12~15세 사이에 죽은〉 中殤과 〈8~11세 사이에 죽은〉 下殤을 장례하였고, 有虞氏의 제도를 써서 와관을 사용하여 〈7세 이하에 죽은〉 服이 없는 殤을 장례하였다.

【注】 略未成人이라

성년이 되기 전에 죽은 자의 장례를 소략하게 한 것이다.

【疏】 '有虞'至'之殤'. ○ 正義曰：此一節論棺椁所起及用棺椁之事[1)], 各隨文解之.

1) 事：閩本・監本・毛本・衛氏集說에는 '差'로 되어 있다.(阮元의 校勘記 참조)

經의 〔有虞〕에서 〔之殤〕까지

○ 正義曰：이 절은 棺과 椁의 기원 및 관과 곽을 사용한 일을 논한 것이니, 각각 글을 따라 풀이하겠다.

【疏】 ○ 注'始不'至'上陶'. ○ 正義曰：案易下繫辭云 "古之葬者, 厚衣之以薪, 葬之中野, 不封不樹, 喪期無數[1)]. 後世聖人易之以棺椁, 蓋取諸大過." 大過者, 巽下兌上之卦. 初六在巽體, 巽爲木[2)], 上六位在巳, 巳當巽位. 巽又爲木, 二木在外, 以夾四陽. 四陽互體爲二乾[3)], 乾爲君爲父[4)]. 二木夾君父, 是棺椁之象. 今虞氏旣造瓦棺, 故云 "始不用薪". 然虞氏瓦棺, 則未有椁也, 繫辭何以云"後世聖人易之以棺椁", 連言"椁"者. 以後世聖人其文開[5)]廣, 遠探殷・周, 而言喪期, 有虞氏則然, 故尙書云 "三載, 四海遏密八音[6)]." 云'有虞氏上陶'者, 案考工記陶人造瓦器[7)], 故引之證瓦棺.

1) 喪期無數：≪儀禮≫〈喪服〉에 따르면 후세에는 斬衰喪은 3년, 齊衰喪은 3년・1년・3개월, 大功喪은 9개월, 繐衰喪은 7개월, 小功喪은 5개월, 緦麻喪은 3개월의 喪期를 두었다.
2) 巽爲木：≪周易≫〈說卦傳〉에 보인다. 〈설괘전〉 孔穎達의 疏에 따르면 나무는 곧지만 휘어서 구부릴 수도 있으니 '유순하다'의 의미인 巽順의 뜻이 있으므로 巽이 나무의 형상이 된 것이다.
3) 四陽互體爲二乾：'互體'는 ≪주역≫의 上卦와 下卦를 서로 교차하여 만든 괘로 '互卦'라고도 한다. 2・3・4爻로 만든 內爻卦는 하괘가 되고 3・4・5효로 만든 外爻卦는 상괘가 된다. 大過卦(䷛)를 예로 들면 2・3・4효로 만든 내효괘와 3・4・5효로 만든 외효괘가 모두 乾卦(☰)가 된다.
4) 乾爲君爲父：≪주역≫〈說卦傳〉에 보인다. 〈설괘전〉 공영달의 소에 따르면 乾의 형상이 君이 되고 父가 되는 것은, 그 道를 높이고 만물의 시작이 되는 뜻을 취한 것이다.
5) 開：惠棟校宋本에는 '旣'로 되어 있다.(阮元의 校勘記 참조)
6) 八音：金・石・絲・竹・匏・土・革・木 8종의 다른 재료로 만든 악기로, ≪周禮≫〈春官 大師〉 정현의 주에 따르면 '金'은 鐘과 鎛(박), '石'은 磬, '土'는 塤(훈), '革'은 鼓

와 鞀(도), '絲'는 琴과 瑟, '木'은 柷과 敔(어), '匏'는 笙, '竹'은 管과 簫를 이른다. 여기서는 모든 음악을 이른다.

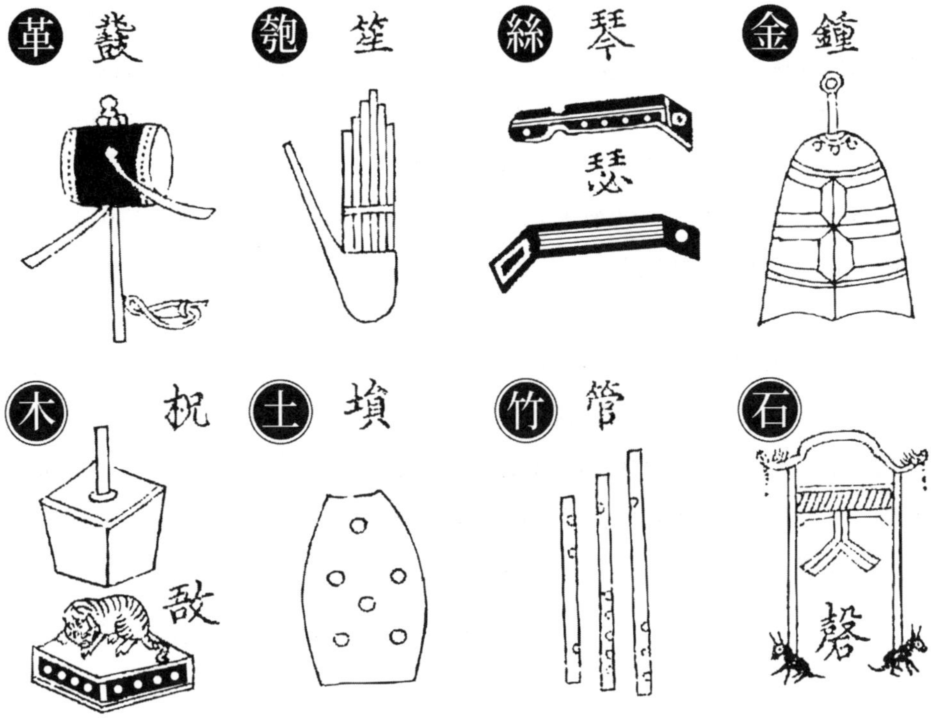

八音之圖

7) 考工記陶人造瓦器 : ≪주례≫ 〈冬官考工記 陶人〉에 따르면 陶人은 시루의 일종인 甗(언), 동이〔盆〕, 찜기의 일종인 甑(증), 甗의 아랫부분으로 작은 솥의 일종인 鬲(력), 동이〔甕〕의 일종인 庾(유)를 만든다.

○ 注의 〔始不〕에서 〔上陶〕까지

○ 正義曰 : 〈〔始不用薪也〕〉 살펴보면 ≪周易≫ 〈繫辭傳 下〉에 이르기를 "옛날 장례하는 자들은 땔나무를 두껍게 입혀서 들 가운데 장례하여 봉분하지 않고 나무를 심지 않으며 喪期에 일정한 數가 없었는데, 후세에 聖人이 棺槨으로 바꾸었으니, ≪주역≫ 大過卦에서 취하였다."라고 하였다. 大過卦(䷛)는 巽(☴)이 아래에 있고 兌(☱)가 위에 있는 卦이다. 初六은 巽體에 있는데 巽은 나무〔木〕이고, 上六은 위치가 〈동남방인〉 巳方에 있는데 巳는 〈4월의 괘이므로〉 巽의 위치에 해당한다. 巽은 또 나무이니, 두 나무가 밖에서 4陽을 끼고 있다. 4陽의 互體는 두 개의 乾卦(☰)가 되는데, 乾은 君이 되고 父가 된다. 두 나무가 君父를 양쪽에서 끼고 있으니, 이는 棺槨의 형상이다. 지금

有虞氏가 이미 瓦棺을 만들었으므로 '始不用薪'이라 한 것이다. 그러나 유우씨는 와관을 사용하였지만 아직 椁은 있지 않았는데, ≪주역≫ 〈계사전 하〉에서 왜 '後世聖人易之以棺椁'이라고 하여 '椁'을 연달아 말했는가? 후세에 성인이 예악 제도를 활짝 열어 멀리 殷나라와 周나라까지 탐구하여 喪期를 말했는데, 유우씨가 그러하였으므로 ≪書經≫ 〈虞書 舜典〉에 이르기를 "〈堯임금이 승하하자〉 3년 동안 四海의 백성들이 모든 음악을 그치고 조용히 하였다."라고 한 것이다.

〔有虞氏上陶〕 ≪周禮≫ 〈冬官考工記〉를 살펴보면 陶人이 瓦器를 만들므로 이를 인용하여 瓦棺을 증명한 것이다.

【疏】 ○ 注'火熟'至'折堲'. ○ 正義曰：'火熟'者, 以弟子職云"折燭之炎燼, 名之曰堲", 故知堲是火熟者. 云'燒土冶以周於棺也'者, 謂(鑿)〔堲〕[1]土爲陶冶之形, 大小得容棺, 故云"燒土冶以周於棺"也. 云'或謂之土周, 由是也'者, 曾子問云 "下殤土周葬於園." 云"由是"者, 燒土周棺, 得喚作土周. 引弟子職者, 證"火熟曰堲"之意. 案管子書有弟子職篇, 云"左手秉燭, 右手正堲[2]". 鄭云 "折堲者, 卽是正除之義."

1) (鑿)〔堲〕: 저본에는 '鑿'으로 되어 있으나, 문맥에 맞지 않아 監本・毛本・衛氏集說에 의거하여 '堲'로 바로잡았다.(阮元의 校勘記 참조)

2) 左手秉燭 右手正堲 : ≪管子≫ 〈弟子職〉에는 '右手執燭 左手正櫛'로 되어 있다. '正'은 監本・毛本에는 '折'로 되어 있다.

○ 注의 〔火熟〕에서 〔折堲〕까지

○ 正義曰：〔火熟〕 ≪管子≫ 〈弟子職〉에 이르기를 "촛불이 타고 남은 심지의 끄트러기를 꺾는 것을 이름하여 '堲'이라고 한다."라고 하였으므로 '堲'이 불로 굽는 것임을 안 것이다.

〔燒土冶以周於棺也〕 흙을 구워 도기나 鑄物의 형태를 만들어서 크기가 棺을 용납할 수 있게 하는 것을 이르므로 '燒土冶以周於棺'이라 한 것이다.

〔或謂之土周 由是也〕 ≪禮記≫ 〈曾子問〉에 이르기를 "下殤에는 흙으로 주위를 빙 둘러 동산에서 장례한다."라고 하였다. '由是'라고 한 것은, 흙을 구워 棺 주위를 빙 두르는 것을 '土周'라고 부를 수 있다는 것이다.

〈〔弟子職曰 右手折堲〕〉 ≪管子≫ 〈弟子職〉을 인용한 것은 '火熟曰堲'의 뜻을 증명한 것이다. 살펴보면 ≪관자≫에 〈제자직〉 편이 있는데, 이르기를 "왼손으로는 촛불을 잡고 오른손으로는 촛불이 타고 남은 심지의 끄트러기를 바로잡는다."라고 하였다. 정현이 말하기를 "'折堲'은 즉 바로잡아 제거한다는 뜻이다."라고 하였다.

【疏】 ○ 注'椁大'至'上梓'. ○ 正義曰：椁聲與寬・廓(곽)相近, 故云"大於棺"也. "殷人上梓", 亦考工記文, 引之以證椁也. 考工記又云 "夏后氏上匠." 於"堲周", 不引之者, 以匠無所不爲, 非獨堲周而已, 故不引也. 考工記又云 "周人上輿." 輿非牆之事, 故於"周人牆置翣", 亦不引之也.

○ 注의 〔椁大〕에서 〔上梓〕까지

○ 正義曰 : '椁'이 소리가 '寬'・'廓'과 가까우므로 '大於棺'이라 한 것이다. '殷人上梓'는 〈'有虞氏上陶'와〉 마찬가지로 ≪周禮≫ 〈冬官考工記〉의 글이니, 이를 인용하여 椁을 증명한 것이다. 〈동관고공기〉에 또 이르기를 "夏后氏는 〈宮室과 溝洫 등을 만드는〉 匠人을 존숭하였다."라고 하였다. '堲周'에 대한 주에 이를 인용하지 않은 것은, 장인은 만들지 않은 것이 없어서 堲周만이 아니므로 인용하지 않은 것이다. 〈동관고공기〉에 또 이르기를 "周人은 〈수레를 만드는〉 輿人을 존숭하였다."라고 하였는데, 수레는 柳衣의 일이 아니므로 '周人牆置翣'에 마찬가지로 이를 인용하지 않았다.

【疏】 ○ 注'牆柳'至'制文'. ○ 正義曰：案喪大記注云 "在旁曰帷, 在上曰荒." 帷・荒所以衣柳, 則以帷・荒之內木材爲柳, 其實帷・荒及木材等總名曰柳. 故縫人云 "衣翣・柳之材." 注云 "柳之言, 聚, 諸飾之所聚." 是帷・荒總稱柳也. 云'凡此言後王之制文'者, 凡謂虞・夏・殷・周. 有虞氏唯有瓦棺, 夏后氏瓦棺之外加堲周, 殷則梓棺替瓦棺, 又有木爲椁替堲周, 周人棺椁, 又更於椁傍置柳・置翣扇, 是後王之制以漸加文也. 夏言"后"者, 白虎通云[1] "以揖讓受於君, 故稱后. 殷・周稱人者, 以行仁義, 人所歸往, 故稱人." 夏對殷・周稱人, 故言后, 見受之於君. 虞則不對殷・周, 自五帝[2]之內, 雖受於君, 不須稱后也.

1) 白虎通云 : 이하의 내용이 현재 전하는 ≪白虎通義≫에는 보이지 않는다.

2) 五帝 : 가리키는 대상에 異說이 있다. 첫째 黃帝(軒轅)・顓頊(高陽)・帝嚳(高辛)・唐堯・虞舜을 가리킨다는 설로, ≪史記≫ 〈五帝本紀〉 唐나라 張守節 正義와 ≪백호통의≫ 〈德論上 號〉에서 말하였다. 둘째 太昊(伏羲)・炎帝(神農)・黃帝・少昊(摯)・顓頊을 가리킨다는 설로, ≪禮記≫ 〈月令〉에서 말하였다. 셋째 少昊・顓頊・高辛・唐堯・虞舜을 가리킨다는 설로, ≪書經≫ 서문과 孔穎達의 疏 및 晉나라 皇甫謐의 ≪帝王世紀≫에서 말

하였다. 넷째 복희・신농・黃帝・唐堯・虞舜을 가리킨다는 설로, ≪周易≫ 〈繫辭傳下〉에서 말하였다.

○ 注의 〔牆柳〕에서 〔制文〕까지

○ 正義曰 : 〈〔牆 柳衣也〕〉 살펴보면 ≪禮記≫ 〈喪大記〉 鄭玄의 注에 이르기를 "〈柩車의 장식 중〉 옆에 있는 것을 '帷', 위에 있는 것을 '荒'이라고 한다."라고 하였다. 帷와 荒은 〈상여 틀인〉 柳에 〈천으로〉 옷을 입힌 것이니, 그렇다면 帷와 荒의 안에 있는 목재로 柳를 삼은 것이다. 그러나 실제로는 帷와 荒 및 목재 등의 총칭을 '柳'라고 한다. 그러므로 ≪周禮≫ 〈天官 縫人〉에 이르기를 "翣과 柳의 목재에 옷을 입힌다."라고 하였는데, 정현의 주에 이르기를 "柳라는 말은 '모은다'는 뜻이니, 여러 장식을 모았다는 것이다."라고 하였다. 이것은 帷와 荒을 통틀어 柳라고 칭한 것이다.

〔凡此言後王之制文〕 '凡'은 虞・夏・殷・周를 이른다. 有虞氏는 오직 瓦棺만 있었고, 夏后氏는 瓦棺 외에 堲周를 더하였으며, 殷나라는 梓棺으로 와관을 대신하고 또 나무로 椁을 만들어 堲周를 대신하였으며, 周人은 관곽을 사용하고 또 다시 椁 옆에 柳를 두고 翣扇을 두었으니, 이것은 後王의 제도가 점점 문식을 더한 것이다. 夏나라에 '后'를 말한 것은, ≪白虎通義≫에 이르기를 "양위를 통해 〈보위를〉 군주에게서 받았으므로 '后'라고 칭한 것이다. 殷나라와 周나라에 '人'을 칭한 것은, 仁義를 행하여 사람들이 귀의하였으므로 '人'이라 칭한 것이다."라고 하였다. 하나라는 은나라・주나라에 '人'이라 칭한 것과 상대적으로 말하였으므로 '后'라고 한 것이니, 군주에게서 받게 되었다는 것이다. 유우씨는 은나라・주나라와 상대적으로 말하지 않아서 본래 五帝 안에 있으니, 비록 군주에게 받았다 하더라도 '后'를 칭할 필요가 없다.

03-12-01 夏后氏는 尙黑하여

夏后氏는 〈만물이 처음 생겨나는 때의 색인〉 검은색을 숭상하여

【注】 以建寅之月爲正하니 物生色黑이라

〈북두칠성의 자루에 해당하는 세 별이 초저녁에 24방위 중 北東東인〉 寅方을 가리키는 달을 정월로 삼았으니, 만물이 처음 생겨나는 때로 색은 검은색이다.

大事에 斂用昏[1)]하며

1) 昏 : 毛本과 鄭玄의 注에는 '昬(혼)'으로 되어 있다. ≪說文解字≫ '昏' 조에 "날이 어두워진 것이다. '日'과 '氐(저)'의 생략형에서 의미를 취한 會意字로, '氐'는 '아래'라는 뜻이다. 일설에 〈昏은 昬으로〉 '日'은 의미 부분이고 '民'은 발음 부분인 形聲字라고도 한다.〔日冥也 從日氐省 氐者下也 一曰民聲〕"라고 하였다. 阮元은 隸書가 어지러워지면서 '昬'으로 쓰게 되었는데 세속에서 이를 그대로 준용한 것이라고 하여, '昬'을 틀린 글자로 보았다.(阮元의 校勘記 참조)

喪事에 斂하는 것을 어두울 때를 이용하였으며,

【注】昏時亦黑이라 此大事는 謂喪事也라

昏의 때는 마찬가지로 검다. 여기의 '大事'는 喪事를 이른다.

戎事에 乘驪(려)하며

軍事에 검은 말을 탔으며,

【注】戎은 兵也라 馬黑色曰驪라 爾雅曰 騋(래)[1)]는 牝驪요 牡(玄)〔玄〕[2)]이라하니라

1) 騋(래) : ≪周禮≫ 〈夏官 廋人〉에 "키가 8척 이상인 말을 '龍', 7척 이상인 말을 '騋', 6척 이상인 말을 '馬'라고 한다.〔馬八尺以上爲龍 七尺以上爲騋 六尺以上爲馬〕"라는 내용이 보인다.

2) (玄)〔玄〕 : 저본에는 '玄'으로 되어 있으나, 淸 聖祖의 성명 愛新覺羅玄燁의 '玄'을 避諱한 것이므로, 원글자인 '玄'으로 돌려놓았다. 이하의 '玄'도 동일하다.

'戎'은 '兵'의 뜻이다. 검은색 말을 '驪'라 한다. ≪爾雅≫ 〈釋畜〉에 이르기를 "〈말의 키가 7척 이상인〉 騋는 암컷은 짙은 검은색이고, 수컷은 약간 붉은 색을 띤 검은색이다."라고 하였다.

牲用(玄)〔玄〕하고

희생으로 〈약간 붉은색을 띤〉 검은색을 사용하였다.

【注】(玄)〔玄〕은 黑類也라

'玄'은 검은색 종류이다.

殷人은 尙白하여

殷人은 〈만물이 싹이 날 때의 색인〉 흰색을 숭상하여

【注】 以建丑之月爲正하니 物牙色白이라

〈북두칠성의 자루에 해당하는 세 별이 초저녁에 24방위 중 北北東인〉 丑方을 가리키는 달을 정월로 삼았으니, 만물이 싹이 날 때 색은 흰색이다.

大事에 斂用日中하며

喪事에 염하는 것을 대낮을 이용하였으며,

【注】 日中時亦白이라

日中의 때는 마찬가지로 희다.

戎事에 乘翰[1)]하며

1) 翰 : 陸德明의 音義에 따르면 '鶾(한)'으로 쓰기도 한다.

軍事에 흰 말을 탔으며,

【注】 翰은 白色馬也니 易曰[1)] 白馬翰如라하니라

1) 易曰 : ≪周易≫ 賁卦 六四爻辭에 "꾸밈이 희며 백마가 희니, 도둑이 아니면 혼인이리라.〔賁如皤如 白馬翰如 匪寇婚媾〕"라는 내용이 보인다.

'翰'은 흰색 말이니, ≪周易≫ 賁卦 六四爻辭에 이르기를 "백마가 희다."라고 하였다.

牲用白하고 周人은 尙赤하여

희생으로 흰색을 사용하였다. 周人은 〈만물이 싹이 트는 때의 색인〉 붉은색을 숭상하여

【注】 以建子之月爲正하니 物萌色赤이라

〈북두칠성의 자루에 해당하는 세 별이 초저녁에 24방위 중 正北인〉 子方을 가리키

는 달을 정월로 삼았으니, 만물이 싹이 트는 때로 색은 붉은색이다.

大事에 **斂用日出**하며

喪事에 염하는 것을 일출 때를 이용하였으며,

【注】 日出時亦赤이라

日出의 때는 마찬가지로 붉다.

戎事에 **乘騵**(원)하며

軍事에 배는 흰색이고 갈기와 꼬리는 검은색인 붉은색 말을 탔으며,

【注】 騵은 騮(류)[1]馬白腹이라

1) 騮(류) : 陸德明의 音義에 따르면 붉은색 말로, 갈기와 꼬리가 검은색이다.

'騵'은 배가 흰색인 월따말이다.

牲用騂(성)[1]이라

1) 騂(성) : 陸德明의 音義에 따르면 純赤色으로, 일설에 적황색이라고도 한다.

희생으로 붉은색을 사용하였다.

【注】 騂은 赤類라

'騂'은 붉은색 종류이다.

【疏】 '夏后'至'用騂'. ○ 正義曰 : 此一節論三代正朔所尙色不同, 各依文解之. ○ 夏尙黑, 殷尙白, 周尙赤, 此之謂三統. 故書傳略說[1]云 "天有三統, 物有三變, 故正色有三. 天有三生三死, 故土有三王[2], 王(持)〔特〕[3]一生死." 又春秋緯元命苞[4]及樂緯稽耀嘉云 "夏以十三月爲正, 息卦[5]受泰." 注云 "物之始, 其色尙黑, 以寅爲朔." "殷以十二月爲正, 息卦受臨." 注云 "(勿)〔物〕[6]之牙, 其色尙白, 以鷄鳴[7]爲朔." "周以十一月爲正, 息卦受復, 其色尙赤, 以夜半爲朔." 又三正記云 "正朔三而改, 文質再而復." 以此推之, 自夏以上皆正朔三而改也. 鄭注尙書 "三帛, 高陽氏之後用赤繒, 高辛氏之後用黑繒, 其餘諸侯用白繒." 如鄭此意, 却而推之, 舜以十一月爲正, 尙赤, 堯以十二月爲正, 尙白, 故曰 "其餘諸侯用白繒." 高辛氏以十(二)〔三〕[8]月爲正, 尙黑, 故云 "高辛氏之後用黑繒." 高陽氏以十一月爲正, 尙赤, 故云 "高陽氏之後用赤繒." (有)〔帝〕[9]少皞以十二月爲正, 尙白. 黃帝以十三月爲正, 尙黑. 神農以十一月爲正, 尙赤. 女媧以十二月爲正, 尙白. 伏犧[10]以上, 未有聞焉. 易說卦云"帝出乎震", 則伏羲也. 建寅之月, 又木之始, 其三正當從伏羲. 以下"文質再而復"者, 文質法天地, 文法天, 質法地[11]. 周文, 法地而爲天正, 殷質, 法天而爲地正者, 正朔文質不相須. 正朔以三而改, 文質以二而復, 各自爲義, 不相須也. 建子之月爲正者, 謂之天統, 以天之陽氣始生, 爲百[12]物得陽氣, 微稍動變, 故爲天統. 建丑之月爲地統者, 以其物已吐牙, 不爲天氣始動, 物又未出, 不得爲人所施功, 唯在地中含養萌牙, 故爲地統. 建寅之月爲人統者, 以其物出於地, 人功當須修理, 故謂之人統. 統者, 本也, 謂天地人之本也. 然王者必以此三月爲正者, 以其此月物生微細, 又是歲之始生, 王者繼天理物, 含養微細, 又取其歲初爲正朔之始. 既天地人之三者所繼不同, 故各改正朔, 不相襲也. 所尙既異, 符命亦隨所尙而來, 故禮緯稽命徵云 "其天命以黑, 故夏有(玄)〔玄〕珪[13]. 天命以赤, 故周有赤雀銜書[14]. 天命以白, 故殷有白狼銜鉤[15]." 是天之所命, 亦各隨人所尙. 符命雖逐所尙, 不必皆然. 故天命禹觀河, 見白面長人[16]. 洛予命云[17] "湯觀於洛, 沈[18]璧, 而黑龜與之書; 黃魚雙躍." 泰誓言武王伐紂, 而白魚入於王舟[19], 是符命不皆逐正色也. 鄭康成之義, 自古以來, 皆改正朔. 若孔安國則改正朔殷·周二代, 故注尙書[20]"湯承堯舜禪代之後, 革命創制, 改正易服", 是從湯始改正朔也.

1) 書傳略說 : 현재는 일실된 문헌이다. ≪周禮≫ 〈秋官 大行人〉 賈公彦 疏, ≪禮記≫ 〈曲禮〉·〈檀弓〉·〈王制〉·〈玉藻〉 孔穎達 疏, ≪春秋公羊傳≫ 徐彦의 疏 등에 모두 이 문헌이 인용되어 있으나, 작자는 자세하지 않다.

2) 土有三王 : '三王'은 여기서는 夏·殷·周를 이른다. ≪書經≫ 〈周書 微子之命〉 공영달의 소에 ≪尙書大傳≫을 인용하여 "王者가 두 王의 후예를 보존하여 자기와 더불어 셋으로 만든 것은 三統을 통하여 三正을 세우기 위한 것이었다. 周나라 사람은 동지를 정월의 시작으로 삼고, 殷나라 사람은 동지로부터 30일 이후를 정월의 시작으로 삼고, 夏나라 사람은 동지로부터 60일 이후를 정월의 시작으로 삼았다. 하늘에는 三統이 있고 땅에는 三王이 있으니, 三王은 천하를 통솔하는 것이다.〔王者存二王之後 與己爲三 所以通三統 立三正 周人以日至爲正 殷人以日至後三十日爲正 夏人以日至後六十日爲正 天有三統 土有三王 三王者 所以統天下也〕"라고 하였다.

3) (持)〔特〕: 저본에는 왼쪽 부수가 磨滅되어 '持'로 보이나, ≪주례≫ 〈秋官 大行人〉 가공언 소 등에 의거하여 '特'으로 바로잡았다.

4) 苞: 閩本·監本·毛本·衛氏集說에는 '包'로 되어 있다. 阮元은 '包'를 틀린 글자로 보았다.(阮元의 校勘記 참조)

5) 息卦: 12辟卦 중 陽爻가 차례로 생겨나는 6괘, 즉 復卦(䷗), 臨卦(䷒), 泰卦(䷊), 大壯卦(䷡), 夬卦(䷪), 乾卦(䷀)를 이른다.

6) (勿)〔物〕: 저본에는 왼쪽 부수가 마멸되어 '勿'만 보이나, ≪宋書≫ 등에 의거하여 '物'로 바로잡았다.(≪宋書≫ 권14 〈志4 禮1〉)

7) 鷄鳴: 丑時, 즉 오전 1시~3시를 이른다. ≪春秋左氏傳≫ 昭公 5년 조 '日之數十'에 대한 杜預의 주에서는 1晝夜를 日中·食時·平旦·鷄鳴·夜半·人定·黃昏·日入·晡時·日昳의 10時로 나누고 隅中·日出을 비워두었다. 淸나라 顧炎武의 ≪日知錄≫ 권20 〈古無一日分爲十二時〉에 따르면 '日中'은 午時(오전 11시~오후1시), '食時'는 辰時(오전 7시~9시), '平旦'은 寅時(오전 3시~5시), '鷄鳴'은 丑時(오전 1시~3시), '夜半'은 子時(오후 11시~오전 1시), '人定'은 亥時(오후 9시~11시), '黃昏'은 戌時(오후 7시~9시), '日入'은 酉時(오후 5시~7시), '晡時'는 申時(오후 3시~5시), '日昳'은 未時(오후 1시~3시), '隅中'은 巳時(오전 9시~11시), '日出'은 卯時(오전5시~7시)이다.

8) (二)〔三〕: 저본에는 '二'로 되어 있으나, 浦鏜의 교감기에 의거하여 '三'으로 바로잡았다.(阮元의 校勘記 참조)

9) (有)〔帝〕: 저본에는 '有'로 되어 있으나, 의미가 통하지 않아 北京大本 ≪禮記正義≫에 의거하여 '帝'로 바로잡았다.

10) 犧: 閩本·監本·毛本에는 '羲'로 되어 있다.(阮元의 校勘記 참조)

11) 文法天 質法地: 監本·毛本에는 '文'과 '質'이 바뀌어 있는데, 阮元은 바뀌어 있는 것을 오류로 보았다.(阮元의 校勘記 참조)

12) 百: 閩本·監本·毛本에는 '下'로 되어 있는 것을 阮元이 浦鏜의 교감기를 따라 고친 것이다.(阮元의 校勘記 참조)

13) 夏有(玄)〔玄〕珪: ≪書經≫ 〈夏書 禹貢〉에 "〈堯임금이〉 禹에게 검은 옥으로 만든 圭를 하사하여 禹가 하늘의 공을 잘 이루었음을 〈널리〉 알리셨다.〔禹錫玄圭 告厥成功〕"라는 내용이 보이는데, 孔安國의 傳에 "玄은 하늘의 색이다. 禹의 공이 사해에 모두 입혀졌으므로 요임금이 검은 옥으로 만든 圭를 하사하여 드러낸 것이니, 하늘의 공을 이루었음을 말한다.〔玄 天色 禹功盡加於四海 故堯賜玄圭以彰顯之 言天功成〕"라고 하였다. ≪說文解字≫에 따르면 '珪'는 '圭'의 古文이다.

14) 周有赤雀銜書: 周 武王의 부친 文王 姬昌이 西伯으로 있을 때 붉은 새가 丹書를 물고 문왕의 집 문에 앉아 天命을 전하였다고 한다. ≪太平御覽≫에는 "희창은 창제의 자식이요, 은나라를 망하게 하는 자는 紂이다.〔姬昌 蒼帝子 亡殷者 紂也〕"라는 내용이

쓰여 있었다고 하며, ≪史記≫에는 "공경이 태만을 이긴 자는 길하고 태만이 공경을 이긴 자는 멸망한다. 의로움이 욕심을 이긴 자는 순조롭고 욕심이 의로움을 이긴 자는 흉하다.〔敬勝怠者吉 怠勝敬者滅 義勝欲者從 欲勝義者凶〕"라는 내용이 쓰여 있었다고 한다.(≪太平御覽≫ 권24 引≪尙書中候≫, ≪史記≫ 〈周本紀〉 張守節 正義 引≪尙書帝命驗≫)

15) 殷有白狼銜鉤 : 이미 일실된 문헌인 ≪尙書璇璣鈐≫에 "湯이 〈하늘이 명하는〉 金符帝籙을 받으니, 흰 늑대가 帶鉤를 물고 은나라 조정으로 들어왔다.〔湯受金符帝籙 白狼銜鉤入殷朝〕"라는 내용이 실려 있다고 한다.(≪古微書≫ 권5 〈尙書璇璣鈐〉, ≪藝文類聚≫ 권12 帝王部2 〈殷成湯〉 참조)

16) 天命禹觀河 見白面長人 : 옛날에 禹가 홍수를 다스리기 위해 황하를 살필 때 얼굴이 희고 키가 큰 인어〔白面長人魚身〕를 만났는데, 그 인어가 "나는 황하의 神이다.〔吾河精也〕"라고 하고서 禹에게 河圖를 주고 다시 물속으로 들어갔다고 한다.(≪尸子≫ 卷下 참조)

17) 洛予命云 : '洛予命'은 이미 일실된 讖緯書인 ≪尙書中候≫의 편명이다. 湯이 동쪽으로 洛水를 시찰하여 堯임금의 壇에서 예를 익힐 때 璧玉을 낙수에 던지자 黃魚 두 마리가 요임금의 社壇으로 뛰어오르고 검은 까마귀가 물고기를 따라와서 검붉은 玉으로 변하였는데, 여기에 "〈北方黑帝의 神인〉 玄精 天乙이 神의 복을 받아 〈夏나라〉 桀을 쳐서 이긴다.〔玄精天乙受神福 伐桀克〕"라고 쓰여 있었다고 한다. 또 黑龜가 붉은 글자를 가지고 나왔는데, 여기에 "하나라 걸이 무도하니 탕이 대신해야 한다.〔夏桀無道 湯當代之〕"라고 쓰여 있었다고 한다. '天乙'은 탕왕의 이름이다.(≪古微書≫ 〈尙書中候〉·〈雒書緯〉 참조)

18) 沈 : 惠棟校宋本에는 '沉'으로 되어 있다. 완원에 따르면 '沉'은 '沈'의 俗字로, ≪說文解字≫에 따르면 '湛(침)'이 되어야 한다.(阮元의 校勘記 참조)

19) 泰誓言武王伐紂 而白魚入於王舟 : 현재 전하는 ≪書經≫ 〈周書 泰誓〉에는 이런 내용이 없고, ≪史記≫ 〈周本紀〉에 "周 武王이 〈殷 紂王을 치기 위해〉 황하를 건너 중류에 이르렀을 때 白魚가 무왕의 배 안으로 뛰어 들어오자 무왕이 몸을 굽혀 이를 취하여 제사 지냈다.〔武王渡河中流 白魚躍入王舟中 武王俯取以祭〕"라는 내용이 보인다.

20) 注尙書 : ≪서경≫ 〈商書 湯誓〉 孔安國의 傳에 "湯王은 요임금과 순임금이 선위한 뒤를 계승하여 天命에 따르고 인심에 응해서 逆으로 취하고 順으로 지켰으나 부끄러운 마음이 있었다. 그러므로 천명을 고치고 제도를 새로 만들어서 정삭을 고치고 복색을 바꾸었다.〔湯承堯舜禪代之後 順天應人 逆取順守而有慙德 故革命創制 改正易服〕"라는 내용이 보인다.

經의 〔夏后〕에서 〔用騂〕까지

○ **正義曰** : 이 절은 〈夏·殷·周〉 三代의 正朔이 숭상하는 색이 같지 않음을 논한

것이니, 각각 글에 의거하여 풀이하겠다.

○ 夏나라는 검은색을 숭상하고, 殷나라는 흰색을 숭상하고, 周나라는 붉은색을 숭상하였으니, 이를 일러 '三統'이라 한다. 그러므로 ≪書傳略說≫에 이르기를 "하늘에는 三統이 있고 물건에는 三變이 있으므로 正色에 셋이 있는 것이다. 하늘에 三生과 三死가 있으므로 땅에 三王이 있는 것이니, 王은 단지 하나의 生과 死가 있을 뿐이다."라고 하였다. 또 ≪春秋緯≫ 〈元命苞〉와 ≪樂緯≫ 〈稽耀嘉〉에 이르기를 "夏나라는 13월을 정월〔正〕로 삼았으니, 三陽이 자라난 泰卦(䷊)의 달이다."라고 하였는데, 주에 이르기를 "물건이 처음 시작할 때 그 색이 아직 검으므로 〈오전 3시~5시인〉 寅時를 초하루〔朔〕의 시작으로 삼았다."라고 하였다. "또 殷나라는 12월을 정월로 삼았으니, 二陽이 자라난 臨卦(䷒)의 달이다."라고 하였는데, 주에 이르기를 "물건이 발아할 때 그 색이 아직 희므로 〈丑時 즉 오전 1시~3시인〉 鷄鳴을 초하루의 시작으로 삼았다."라고 하였고, 또 "周나라는 11월을 정월로 삼았으니, 一陽이 자라난 復卦(䷗)의 달이다. 그 색이 아직 붉으므로 〈子時 즉 오후 11시~오전 1시인〉 夜半을 초하루의 시작으로 삼았다." 라고 하였다.

또 ≪禮三正記≫에 이르기를 "正朔은 〈13월의 寅時, 12월의 丑時, 11월의 子時〉 세 가지를 고쳐 사용하고, 文質은 두 가지를 반복해 사용하였다."라고 하였다. 이것으로 미루어보면 夏나라 이상은 모두 정삭을 세 가지를 고쳐 사용한 것이다. ≪書經≫ 〈虞書 舜典〉 정현의 주에 "'三帛'은, 高陽氏의 후손은 붉은색 비단을 사용하고, 高辛氏의 후손은 검은색 비단을 사용하고, 나머지 제후들은 흰색 비단을 사용하였다."라고 하였다. 정현의 이 뜻에 따라 뒤로 미루어보면, 舜은 11월을 정월로 삼고 붉은색을 숭상하였으며, 堯는 12월을 정월로 삼고 흰색을 숭상하였으므로 "나머지 제후들은 흰색 비단을 사용하였다."라고 한 것이다. 고신씨는 13월을 정월로 삼고 검은색을 숭상하였으므로 "고신씨의 후손은 검은색 비단을 사용하였다."라고 한 것이고, 고양씨는 11월을 정월로 삼고 붉은색을 숭상하였으므로 "고양씨의 후손은 붉은색 비단을 사용하였다."라고 한 것이다. 少皞는 12월을 정월로 삼고 흰색을 숭상하였으며, 黃帝는 13월을 정월로 삼고 검은색을 숭상하였으며, 神農은 11월을 정월로 삼고 붉은색을 숭상하였으며, 女媧는 12월을 정월로 삼고 흰색을 숭상한 것이다. 伏羲 이상은 들은 바가 없다. ≪周易≫ 〈說卦傳〉에 이르기를 "帝가 〈東方인〉 震에서 나온다."라고 하였으니, 바로 복희이다. 북두칠성 자루에 해당하는 세 별이 〈초저녁에 24방위 중 北東東인〉 寅方을 가리키는 달은 또 木의 시작이니, 三正은 마땅히 복희를 따라야 한다.

이하의 "文質은 두 가지를 반복해 사용하였다."라는 것은, 文質은 하늘과 땅에서 법을 취하여 文은 하늘에서 법을 취하고 質은 땅에서 법을 취한 것이다. 周나라는 文을 숭상하여 땅에서 법을 취하면서도 〈正朔은 建子의 달인 11월을〉 天正으로 삼고, 殷나라는 質을 숭상하여 하늘에서 법을 취하면서도 〈정삭은 建丑의 달인 12월을〉 地正으로 삼은 것은, 正朔과 文質은 서로를 필요로 하지 않기 때문이다. 정삭은 세 가지를 고쳐 사용하고 문질은 두 가지를 반복해 사용하여 각각 별도의 뜻이 있어서 서로를 필요로 하지 않는다.

建子의 달을 정월로 삼은 것을 '天統'이라 이르니, 하늘의 陽氣가 처음 생겨나 만물이 양기를 얻어 조금 변동하므로 천통으로 삼은 것이다. 建丑의 달을 地統으로 삼은 것은, 만물이 이미 발아하였으나 하늘의 氣가 아직 움직이지 않았고 만물이 또 아직 나오지 않아서 사람들이 공을 베풀 바가 되지 못하고 오직 땅속에서 싹을 머금고 있을 뿐이므로 지통으로 삼은 것이다. 建寅의 달을 人統으로 삼은 것은, 만물이 땅에서 나오니 사람이 공을 베풀어 돌보아 가꾸어야 하므로 '인통'이라 이른 것이다. '統'은 근본이니, 天・地・人의 근본임을 이른다.

그러나 왕이 된 자가 반드시 이 3개의 달을 정월로 삼는 것은, 이 달에는 만물이 생겨나는 것이 미세하고 또 이 해가 처음으로 생겨나니, 왕이 된 자는 하늘을 계승하여 만물을 다스릴 때 미세한 것들을 포용해 양육하기 때문이고 또 이 달이 이 해의 첫머리인 뜻을 취하여 正朔의 시작으로 삼기 때문이다. 이미 天・地・人 세 가지가 계승한 것이 같지 않으므로 각각 정삭을 고쳐서 서로 인습하지 않는 것이다. 숭상하는 바가 이미 다르다면 〈하늘이 내려주는 상서로운 징조인〉 符命 또한 숭상하는 바를 따라 오므로, ≪禮緯≫ 〈稽命徵〉에 이르기를 "하늘이 검은색으로 명하였으므로 夏나라에 검은색 옥으로 만든 圭가 있었고, 하늘이 붉은색으로 명하였으므로 周나라에는 붉은 참새가 丹書를 물고 온 일이 있었고, 하늘이 흰색으로 명하였으므로 殷나라에는 흰 늑대가 帶鉤를 물고 온 일이 있었다."라고 하였다. 이것은 하늘이 명하는 바가 또한 각각 사람이 숭상하는 바를 따른 것이다.

符命이 비록 〈사람이〉 숭상하는 바를 따른다고 하나 반드시 모두 그런 것은 아니다. 그러므로 하늘이 명하여 禹가 河水를 살필 때 얼굴이 희고 키가 큰 인어를 만난 것이며, ≪尙書中候≫ 〈洛予命〉에 이르기를 "湯이 洛水를 살필 때 璧玉을 물속에 던지자 검은 거북이 탕에게 글씨를 주고 黃魚 두 마리가 뛰어올랐다."라고 하였으며, ≪書經≫ 〈周書 泰誓〉에서는 주나라 武王이 은나라 紂王을 정벌할 때 白魚가 무왕의 배 안으로 들어왔다고 하였으니, 이는 符命이 모두 〈숭상한〉 正色을 뒤쫓지는 않은 것이다.

정현의 뜻은 예로부터 모두 正朔을 고쳤다는 것이다. 그러나 孔安國과 같이 본다면 정삭을 고친 것은 殷나라와 周나라 2代뿐이다. 그러므로 ≪서경≫ 〈商書 湯誓〉 공안국의 傳에 이르기를 "湯王은 堯임금과 舜임금이 선위한 뒤를 계승하여 天命을 고치고 제도를 새로 만들어서 정삭을 고치고 복색을 바꾸었다."라고 하였으니, 이는 탕왕부터 처음으로 정삭을 고친 것이다.

【疏】○ 注'昏時'至'事也'. ○ 正義曰：知"大事"是喪事者, 以其與"斂"文連, 故知大事是喪事也.

○ 注의 〔昏時〕에서 〔事也〕까지

○ 正義曰：'大事'가 喪事임을 안 것은, 〈'大事'가〉 '斂'자와 연이어 있으므로 大事가 바로 喪事임을 안 것이다.

【疏】○ 注'爾雅曰 騋, 牝驪, 牡(玄)〔玄〕'. ○ 正義曰：引爾雅釋畜文. "騋, 牝驪, 牡(玄)〔玄〕", 謂七尺曰騋, 牝者色驪, 牡者色(玄)〔玄〕. 引之者, 證"驪"是(玄)〔玄〕之類也. 案廋(수)人云 "八尺以上爲龍, 七尺以上爲騋, 六尺以上爲馬." 凡馬皆有〔牝〕[1]驪牡(玄)〔玄〕, 獨言騋者, 擧中以見(현)上下, 明其諸馬皆然. 或爾雅釋詩云"騋牝", 郭璞注"(玄)〔玄〕駒, 小馬", 稍異鄭也[2].

1) 〔牝〕：저본에는 '牝'이 없으나, 孫志祖의 교감기에 의거하여 보충하였다.(阮元의 校勘記 참조)

2) 或爾雅釋詩云騋牝……稍異鄭也：≪爾雅≫ 〈釋畜〉에 "騋는 암컷이고 驪는 수컷이다. 玄駒는 褭驂(요참)이다.〔騋牝驪牡 玄駒褭驂〕"라고 하였는데, 郭璞의 주에 "≪詩經≫ 〈鄘風 定之方中〉에 이르기를 '암컷 騋가 3천 마리이다.'라고 하였다.……'玄駒'는 작은 말이니, 별명이 褭驂일 뿐이다.〔詩云 騋牝三千……玄駒 小馬 別名褭驂耳〕"라고 하여, '牡' 다음에 구두를 떼고 '玄'을 '駒'와 연결하여 정현의 주와 달리 본 것을 이른다.

○ 注의 〔爾雅曰 騋 牝驪 牡玄〕

○ 正義曰：≪爾雅≫ 〈釋畜〉의 글을 인용한 것이다. '騋 牝驪 牡玄'은, 〈키가〉 7尺인 말을 '騋'라 하는데, 암컷은 색이 짙은 검은색〔驪〕이고 수컷은 색이 붉은빛을 띤 검은색〔玄〕이라는 말이다. 이를 인용한 것은, '驪'가 바로 玄의 종류임을 증명한 것이다. 살펴보면 ≪周禮≫ 〈夏官 廋人〉에 이르기를 "〈키가〉 8척 이상인 말을 '龍', 7척 이상인 말을

'駷', 6척 이상인 말을 '馬'라고 한다."라고 하였다. 무릇 말은 모두 암컷은 짙은 검은색이고 수컷은 붉은색을 띤 검은색인데 '駷'만 말한 것은, 중간을 들어서 위와 아래를 보여주어 말들이 모두 그러함을 밝힌 것이다. 혹 ≪이아≫ 〈석축〉에서는 ≪詩經≫ 〈鄘風 定之方中〉의 시를 해석하여 '駷牝'이라 하고, 郭璞의 주에 "玄駒는 작은 말이다."라고 했다 하여 정현의 주와 조금 다르게 보기도 한다.

【疏】 ○ 注'(玄)〔玄〕, 黑類也'. ○ 正義曰：案周禮考工記 "七入爲緇." 鄭云[1] "(玄)〔玄〕則六入者與." 是(玄)〔玄〕黑類.

1) 鄭云：≪周禮≫ 〈冬官考工記 鍾氏〉에 "염료에 세 번 넣으면 纁(훈)이 되고, 다섯 번 넣으면 緅(추)가 되고, 일곱 번 넣으면 緇(치)가 된다.〔三入爲纁 五入爲緅 七入爲緇〕"라고 하였는데, 정현의 주에 "무릇 玄色은 緅와 緇의 중간이니, 아마도 여섯 번 넣은 것인 듯하다.〔凡玄色者 在緅緇之間 其六入者與〕"라고 하였다. 보통 硃砂와 赤粟으로 염료를 만들어 붉은색을 물들이는데, 한 번 넣으면 縓(전), 두 번 넣으면 赬(정), 세 번 넣으면 纁(훈), 네 번 넣으면 赤(적)이라고 한다. 纁을 더 이상 붉은색 염료에 넣지 않고 개흙〔涅〕으로 만든 검은색 염료에 한 번 넣으면 紺(감), 두 번 넣으면 緅(추), 세 번 넣으면 玄, 네 번 넣으면 緇(치)가 된다. 즉 '玄'은 붉은색 염료에 세 번 넣은 뒤 검은색 염료에 세 번 넣어 모두 여섯 번 물을 들인 것이며, '緇'는 붉은색 염료에 세 번 넣은 뒤 검은색 염료에 네 번 넣어 모두 일곱 번 물을 들인 것이다.(淸 吳浩의 ≪十三經義疑≫ 〈論語 紺緅〉, 明 周祈의 ≪名義考≫ 〈物部 玄纁〉 참조)

○ 注의 〔玄 黑類也〕

○ 正義曰：살펴보면 ≪周禮≫ 〈冬官考工記 鍾氏〉에 "〈깃발이나 왕후의 수레를 장식하는 새의 깃털을 붉은색 염료에 세 번 넣은 뒤 검은색 염료에 네 번 넣어 모두〉 일곱 번 넣으면 緇가 된다."라고 하였는데, 정현이 말하기를 "玄은 여섯 번 넣는 것인 듯하다."라고 하였으니, 이는 '玄'이 검은색 종류인 것이다.

【疏】 ○ 注'翰白'至'翰如'. ○ 正義曰：所引易者, 易賁(비)卦六四 "賁如皤(파)如, 白馬翰如." 賁, 離下艮上. 鄭注云[1] "六四, 巽爻也. 有應於初九, 欲自飾以適初, 旣進退未定, 故皤如也. 白馬翰如, 謂九三位在辰, 得巽氣爲白馬. 翰猶幹也. 見六四適初未定, 欲幹而有之." 引此者證"翰"爲白色. 案彼以幹爲翰者, 以"翰如"·"白馬"連文, 故以翰爲幹, 望經爲義, 以此不同.

1) 鄭注云：이하의 내용이 宋나라 王應麟이 편집한 ≪周易鄭康成注≫ 〈賁〉에 보인다.

○ 注의 〔翰白〕에서 〔翰如〕까지

○ 正義曰 : 인용한 ≪周易≫의 글은, ≪주역≫ 賁卦 六四爻辭의 "꾸미고 질박하며 백마가 희다."라는 구절이다. 賁卦(䷕)는 離(☲)가 아래에 있고 艮(☶)이 위에 있는 괘이다. 정현의 주에 이르기를 "六四는 巽爻이다. 初九에 응하여 〈人君이 剛柔仁義의 道로 그 덕을 이룸을 꾸미는 것과 같이〉 스스로 꾸미고서 초구에 가고자 하나 이왕 진퇴가 아직 정해지지 않았으므로 흰 것이다. '白馬翰如'는 九三은 자리가 辰에 있으니 巽氣를 얻어 白馬가 됨을 이른다. '翰'은 〈'주관하다'라는 뜻의〉 '幹'과 같다. 六四가 初九에게 가고자 하나 아직 정해지지 않은 것을 보고 주관하여 가지고자 하는 것이다."라고 하였다. 이를 인용한 것은 '翰'이 흰색이 됨을 증명하기 위한 것이다. 그러나 살펴보면 저 ≪주역≫에서 '幹'으로 '翰'의 뜻을 삼은 것은, '翰如'와 '白馬'가 글이 연달아 있으므로 '翰'으로 '幹'을 삼은 것이니, 경문의 글자만 보고 부회하여 뜻을 삼아서 이 때문에 같지 않은 것이다.

【疏】 ○ 注'物萌色赤'. ○ 正義曰 : 案上"殷尙白"之下, 注云 "物牙色白." 此"萌色赤"不同者, 萌是牙之微細, 故建子云萌, 建丑云牙. 若散而言之, 萌卽牙也. 故書傳略說云 "周以至動, 殷以萌, 夏以牙." 此皆據一種之草, 大汎而言, 故建子始動, 建寅乃出. 至如薺(제)麥以秋而生, 月令仲冬荔(려)挺出, 不在此例也. 此文質雖異, 殷質周文, 大汎言之, 乃前代質, 後代文也. 故表記云 "虞・夏之質, 殷・周之文"是也.

○ 注의 〔物萌色赤〕

○ 正義曰 : 살펴보면 앞의 '殷人尙白' 아래 정현의 주에 '物牙色白'이라고 하였다. 여기 '萌色赤'과 같지 않은 것은, '萌'은 싹이 미세한 것이므로 〈11월인〉 建子月에는 '萌'이라 하고 〈12월인〉 建丑月에는 '牙'라 한 것이다. 그러나 〈상대적이 아닌〉 단독으로 말한다면 '萌'이 곧 '牙'이다. 그러므로 ≪書傳略說≫에 이르기를 "周나라는 至動을 썼고, 殷나라는 萌을 썼고, 夏나라는 牙를 썼다."라고 하였다. 이것은 모두 일종의 풀에 근거하여 범범하게 말한 것이므로 建子月에 처음 動하고 〈1월인〉 建寅月에 마침내 〈싹이〉 나온 것이다. 냉이와 보리가 가을에 생겨나고 ≪禮記≫ 〈月令〉에서 仲冬에 荔挺이 나오는 것으로 말하면, 이러한 사례에 해당되지 않는다. 여기의 文質이 비록 다르기는 하나 殷나라는 질박하고 周나라는 문식했다는 것은 범범하게 말한 것이니, 바로 전대는 질박하고 후대는 문식했다는 것이다. 그러므로 ≪예기≫ 〈表記〉에 이르기를

"有虞氏와 하나라는 질박하고, 은나라와 周나라는 문식했다."라고 한 것이 이것이다.

【疏】○ 注'騵, 駠馬白腹'. ○ 正義曰：爾雅釋畜文. 武王伐紂所乘也. 故詩云 "駟騵彭彭(방방)." 毛傳云 "上周下殷[1])." 故周人戎事乘之, 若其餘事, 則明堂位云"周人黃馬蕃鬣"是也.

1) 上周下殷：≪詩經≫ 〈大雅 大明〉 공영달의 正義에 따르면 夏·殷·周나라는 타는 말을 각각 正色을 사용하였으나 周나라는 純赤色을 쓰지 않아서 '갈기와 꼬리가 검고 배가 흰 붉은 말〔騵〕'을 탔다는 말이다. 즉 주나라는 하나라가 숭상한 검은색, 은나라가 숭상한 흰색, 주나라가 숭상한 붉은색이 모두 들어 있는 말을 탔으나 주요 바탕은 붉은색인 말을 탄 것이다.

○ 注의 〔騵 駠馬白腹〕

○ 正義曰：≪爾雅≫ 〈釋畜〉의 글이다. 周 武王이 殷 紂王이 타던 말을 벤 것이다. 그러므로 ≪詩經≫ 〈大雅 大明〉에 이르기를 "네 필의 騵이 건장하다."라고 하였는데, 毛亨의 傳에 이르기를 "周나라를 위로 하고 殷나라를 아래로 한 것이다."라고 하였다. 그러므로 周人이 軍事에 이 말을 탄 것이니, 餘事의 경우에는 ≪禮記≫ 〈明堂位〉에 이르기를 "周人은 붉은 갈기의 누런 말을 탔다."라고 한 것이 이것이다.

03-13-01 穆公之母卒커늘

〈魯나라〉 穆公의 어머니가 죽자,

【注】穆公은 魯哀公之曾孫이라

'穆公'은 魯 哀公의 증손이다.

使人으로 問於曾子曰하사되 如之何오

〈穆公이〉 사람을 보내 〈曾參의 아들〉 曾子에게 물었다. "어떻게 해야 하는가?"

【注】問居喪之禮라 曾子는 曾參之子니 名申이라

居喪하는 예를 물은 것이다. 曾子는 曾參의 아들이니, 이름은 申이다.

對曰호되 **申也**는 **聞諸申之父**호니 **曰**호되 **哭泣之哀**와 **齊**(자)[1]**斬之情**과 **饘**(전)[2] **粥**[3]**之食**은 **自天子**로 **達**이니

1) 齊(자) : 陸德明의 音義에 따르면 음은 '자(咨)'이다. '齋'로 되어 있는 판본도 있다.

2) 饘(전) : 육덕명의 음의에 따르면 또 '飦(전)'으로 되어 있는 판본도 있다. ≪說文解字≫에 "된죽이니, 周나라에서는 '饘', 宋나라에서는 '餬'라고 한다.〔糜也 周謂之饘 宋謂之餬〕"라고 하였다. 육덕명의 음의에는 宋나라와 衛나라에서는 '餰(전)'이라고 한다고 하였다.

3) 粥 : 육덕명의 음의에 따르면 음은 '죽〔之六反〕'이며, 다른 음으로 '육(育)'이 있다.

증자가 대답하였다. "제가 저의 아버지에게 들으니, 말씀하시기를 '哭泣하는 슬픔이나, 자최상과 참최상의 슬퍼하는 정이나, 된죽과 묽은 죽의 음식은 천자로부터 서인에 이르기까지 똑같으니,

齊衰

斬衰

【注】子喪父母에 尊卑同이라

자식이 부모의 喪을 당했을 때 〈居喪하는 예는〉 신분이 높은 자나 낮은 자나 똑같다는 것이다.

布幕[1]은 衛也요 縿(소)[2]幕은 魯也니라

1) 幕 : 육덕명의 음의에 따르면 음은 '막(莫)'이다. 다른 음으로 '멱(覓)'이 있으며, '冪(멱)'으로 되어 있는 판본도 있다.

2) 縿(소) : 육덕명의 음의에 따르면 음은 '綃(소)'이다. '繳'로 되어 있는 판본도 있으며, '繳'의 음은 '소[桑堯反]'이다. 다른 음으로 '소(蕭)'가 있다.

布로 〈장례 전의〉 殯棺 위를 덮는 것은 〈제후의 예를 쓰는〉 衛나라의 예이고, 비단으로 〈장례 전의〉 빈관 위를 덮는 것은 〈참람하게 천자의 제도를 쓰는〉 魯나라의 예이다.'라고 하셨습니다."

【注】幕은 所以覆棺上也라 縿는 縑也니 縿讀如綃라 衛는 諸侯禮요 魯는 天子禮라 兩言之者는 僭已久矣라 幕은 或爲幦(멱)이라

'幕'은 棺 위를 덮는 것이다. '縿'는 비단이니, '縿'는 '綃'와 같이 읽는다. 衛나라는 제후의 예이고, 魯나라는 천자의 예이다. 〈위나라와 노나라〉 양쪽을 말한 것은 〈노나라의〉 참람함이 이미 오래되어서이다. '幕'은 혹 '幦'으로 되어 있는 판본도 있다.

【疏】'穆公'至'魯也'. ○ 正義曰 : 此一節論尊卑之喪有同有異之事, 各依文解之.

經의 〔穆公〕에서 〔魯也〕까지

○ 正義曰 : 이 절은 신분이 높은 자와 낮은 자의 喪에 같은 점과 다른 점이 있는 일을 논한 것이니, 각각 글에 의거하여 풀이하겠다.

【疏】○ 注'穆公'至'曾孫'. ○ 正義曰 : 案世本·傳記, 哀公蔣生悼公寧, 寧生元公嘉, 嘉生穆公不衍[1], 是曾孫也.

1) 不衍 : ≪古史≫·≪歷代建元考≫ 등 다른 문헌들에는 대부분 魯 穆公의 이름이 '顯'으로 되어 있다.

○ 注의 〔穆公〕에서 〔曾孫〕까지

○ 正義曰：≪世本≫과 傳記를 살펴보면 魯 哀公 蔣이 悼公 寧을 낳았고, 寧이 元公 嘉를 낳았고, 嘉가 穆公 不衍을 낳았으니 바로 〈노 애공의〉 증손이다.

【疏】○'曰哭'至'子達'者[1], 曾申對穆公使人云, 哭泣之哀, 謂有聲之哭, 無聲之泣, 竝爲哀然, 故曰"哭泣之哀"也. "齊斬之情"者, 齊是爲母, 斬是爲父, 父母情同, 故答云"之情"也. "饘粥之食"者, 厚曰饘, 希曰粥, 朝夕食米一溢(일)[2], 孝子以此爲食, 故曰"食"也. "自天子達"者, 父母之喪, 貴賤不殊, "哭泣"以下, 自天子至庶人如一, 故云"自天子達". ○'布幕, 衛也. 縿幕, 魯也'者, 旣[3]言齊斬饘粥同, 又言覆棺之幕, 天子諸侯各別, 以布爲幕者衛, 是諸侯之禮, 以縿(소)爲幕者魯, 是天子之制. 幕者, 謂覆殯棺者也. 下文云 "加斧於椁上." 鄭云 "以刺繡於縿幕, 加椁以覆棺, 已乃屋其上, 盡塗之." 如鄭此言, 繡幕加斧文塗之內, 以覆棺椁也. 周公一人得用天子禮, 而後代僭用之, 故曾申擧衛與魯俱是諸侯, 則後代不宜異, 謂魯之諸公不宜與衛異也. 崔靈恩云 "當時諸侯僭效天子也, 恐魯穆公不能辨, 故兩言以明顯魯與諸侯之別也." 今案崔言雖異, 而是曾申爲穆公說則同也. 然周禮幕人 "掌帷・幕・幄・帟(역)." 注云 "在傍曰帷, 在上曰幕. 幕或在地, 展陳於上[4]. 帷・幕皆以布爲之. 四合象宮室曰幄, 王所居之帳也. 帟, (小幕)〔王在〕[5]幕若幄中, 坐上承塵也. 幄・帟皆以繒爲之." 而今云天子用綃幕者, 崔靈恩云 "周禮所陳, 祇謂幄帟之帷幕, 不論襯棺, 自用縿也. 天子別加斧于椁上畢塗屋, 此所陳祇謂襯棺幕在於畢塗之內者也. 若其塗上之帟, 則大夫以上有之, 故掌次云'凡喪, 王則張帟三重, 諸侯再重, 孤卿大夫不重', 下云'君於士有賜帟'. 然士無覆棺之幕, 下云'子張之喪, 楮幕丹質'者, 彼謂將葬啓殯以覆棺, 故鄭注彼云'葬覆棺', 別也."

1) 曰哭至子達者：惠棟校宋本에는 '曰哭泣至子達'로 되어 있다.(阮元의 校勘記 참조)
2) 溢(일)：≪儀禮≫〈旣夕禮〉 정현의 주에 따르면 1과 24분의 1升으로, 지금의 약 100g이다.
3) 旣：閩本・監本・毛本에는 '先'으로 되어 있다.(阮元의 校勘記 참조)
4) 幕或在地 展陳於上：≪의례≫〈聘禮〉에 "〈客館을 관장하는〉 管人이 幕을 寢門 밖에 펴면 〈宰夫의〉 속관들이 〈펴놓은 幕 위에〉 예물을 진열한다.〔管人布幕于寢門外 官陳幣〕"라는 구절이 있는데, 정현의 주에 "幕을 펴서 예물을 받친다.〔布幕以承幣〕"라고 하였다.
5) (小幕)〔王在〕：저본에는 '小幕'으로 되어 있으나, ≪周禮≫〈天官 幕人〉 정현의 주에 의거하여 '王在'로 바로잡았다.

○〔'曰哭'에서 '子達'까지〕 曾申이 魯 穆公의 使者에게 한 말 중 '哭泣之哀'는, 〈눈물

을 흘리되〉 소리가 있는 '哭'과 소리가 없는 '泣'이 모두 슬퍼함을 말한 것이므로 '哭泣之哀'라고 한 것이다. '齊斬之情'은, '齊'는 어머니를 위한 상복이고 '斬'은 아버지를 위한 상복이니, 아버지와 어머니에 대한 정이 똑같으므로 '之情'이라고 답한 것이다. '饘粥之食'은, 된죽을 '饘'이라 하고 멀건 죽을 '粥'이라 하는데, 아침저녁으로 쌀 1溢을 먹어서 효자가 이것으로 음식을 삼으므로 '食'이라 한 것이다. '自天子達'은, 부모의 喪에 貴賤이 다르지 않아서 '哭泣' 이하가 천자부터 서인에 이르기까지 똑같으므로 '自天子達'이라 한 것이다.

○〔布幕 衛也 縿幕 魯也〕 이미 〈천자부터 서인에 이르기까지〉 齊斬과 饘粥이 똑같다고 말하고, 또 棺을 덮는 幕은 천자와 제후가 각각 달라서 布로 幕을 만드는 것은 衛나라이니 바로 제후의 예이고, 縿로 幕을 만드는 것은 魯나라이니 바로 천자의 제도라고 말한 것이다. '幕'은 殯棺을 덮는 것이다.

≪禮記≫ 〈檀弓 上〉 다음 경문에 "〈영구를 실은 輴車의 사방에 나무를 쌓아 椁 모양을 만들되 위쪽이 棺과 평행이 되도록 하고 흑백의〉 도끼 문양을 수놓은 棺衣를 椁 위쪽을 통해 덮는다."라고 하였는데, 정현이 말하기를 "縿幕에 수를 놓은 것을 椁 위쪽을 통해 넣어서 棺을 덮고, 이 일이 끝나면 마침내 그 위에 지붕을 만들고 〈사면을〉 모두 진흙으로 바른다."라고 하였다. 정현의 이 말대로라면 도끼 문양의 수를 놓은 幕은 사면을 바른 진흙 안에 있어서 棺椁을 덮은 것이다. 周公 한 사람만 천자의 예를 쓸 수 있었는데 후대에 참람하게 이를 썼으므로 曾申이 衛나라와 魯나라가 모두 제후이므로 후대에는 다르게 해서는 안 됨을 거론한 것이니, 노나라의 여러 임금이 위나라와 다르게 해서는 안 된다는 말이다. 崔靈恩이 말하기를 "당시에 제후들이 참람하게 천자를 모방하자 魯 穆公이 변별하지 못할까 두려웠으므로 〈위나라와 노나라〉 양쪽을 말하여 노나라와 제후들의 차이를 분명하게 드러낸 것이다."라고 하였다. 지금 살펴보면 최영은의 말이 비록 다르기는 하나 이것이 증신이 노 목공을 위하여 말한 것임은 동일하다.

그러나 ≪周禮≫ 〈天官 幕人〉에 "〈幕人은〉 帷·幕·幄·帟을 관장한다."라고 하였는데, 정현의 주에 이르기를 "옆에 두르는 것을 '帷'라 하고, 〈帷의〉 위에 펼치는 것을 '幕'이라 한다. 幕은 혹 바닥에 펴서 그 위에 〈예물을〉 진열하기도 한다. 帷와 幕은 모두 布로 만든다. 사방을 모두 둘러서 궁실을 형상한 것을 '幄'이라 하니, 왕이 거처하는 천막이다. '帟'은 왕이 幕이나 幄 안에 있으면 앉을 때 위로 먼지를 받는 것이다. 幄과 帟은 모두 비단으로 만든다."라고 하였다. 그런데 지금 〈≪예기≫ 〈단궁 상〉 정현의 주에서〉 천자는 비단으로 만든 幕을 사용한다고 말한 것은, 최영은이 말하기를 "≪주례≫에서 말한 것은 단지 幄·帟의 帷·幕을 말한 것이고 內棺을 논한 것이 아니니, 〈棺 위에 덮는 幕은〉 본래 비단을 사용한다. 천자는 별도로 〈흑백의〉 도끼 문양을 수놓은 幕을 椁 위쪽으로 넣고 지붕까지 진흙을 모두 바르는데, 여기에서 말한 것은 단지 內棺에 사용하는 幕은 진흙을 바른 것 안에 있음을 이른 것뿐이다. 만약 진흙을 바른 것 위에 덮는 帟이라면 대부 이상이 있으므로 ≪주례≫ 〈天官 掌次〉에 이르기를 '일반적으로 喪事에 왕은 〈먼지를 차단하는 용도의〉 帟을 세 겹으로 설치하고, 제후는 두 겹으로 설치하고, 孤·경·대부는 겹으로 설치하지 않는다.'라고 하였고, ≪예기≫ 〈단궁 상〉 다음 경문에 이르기를 '군주는 士의 초상에 帟을 하사한다.'라고 하였다. 그러나 士는 棺을 덮는 幕이 없는데도 ≪예기≫ 〈단궁 상〉 다음 경문에 이르기를 '子張의 초상에 〈제자인 公明儀가 棺을 덮는〉 褚幕을 붉은 바탕의 비단으로 만들었다.'라고 한 것은, 저기 〈단궁 상〉에서는 장차 장례를 하기 위해 殯을 열어서 棺을 덮는 것을 말하였으므로 저기 정현의 주에 이르기를 '장례에 棺을 덮는 것이다.'라고 한 것이니, 다른 것이다."라고 하였다.

03-14-01 晉獻公이 將殺其世子申生이어늘

晉 獻公이 〈驪姬의 참소를 듣고〉 세자 申生을 죽이려 하자,

【注】 信驪(리)[1]姬之譖이라

1) 驪(리) : 陸德明의 音義에 따르면 음은 '리〔力知反〕'이다. 육덕명의 음의 표제어에는 '孋(리)'로 되어 있고, '驪'나 '麗'로 된 판본도 있다고 소개하였다.

驪姬의 참소를 믿은 것이다.

公子重耳謂之曰호되 子는 蓋(합)[1]言子之志於公乎리오

1) 蓋(합) : 阮元에 따르면 石經 初刻에는 '盇(합)'으로 되어 있는데 뒤에 '艸'를 더하여 '蓋'가 된 것이다.(阮元의 校勘記 참조)

〈申生의 이복 아우인〉 공자 重耳가 신생에게 말하였다. "세자께서는 어찌하여 〈驪姬에게 참소당했다는〉 세자의 뜻을 임금님께 말씀드리지 않습니까?"

驪姬巧計殺申生(驪姬가 巧計로 申生을 살해하다)

【注】蓋는 皆當爲盍이라 盍은 何不也라 志는 意也니 重耳欲使言見譖之意라 重耳는 申生異母弟니 後立爲文公이라

'蓋'는 〈다음 경문 '蓋行乎'의 '蓋'과 함께〉 모두 '盍'이 되어야 한다. '盍'은 '어찌 아니'의 뜻이다. '志'는 '뜻'이니, 重耳가 〈申生으로 하여금 驪姬에게〉 참소당한 뜻을 말하게 하고자 한 것이다. '重耳'는 신생의 이복 아우이니, 뒤에 즉위하여 晉 文公이 되었다.

世子曰호되 不可하니라 君이 安驪姬하시니 是我傷公之心也니라

세자가 말하였다. "말씀드릴 수 없다. 군주께서 驪姬를 좋아하시니, 그렇게 하는 것은 내가 임금님의 마음을 상하게 하는 것이다."

【注】言其意則驪姬必誅也라 驪姬는 獻公伐驪戎所獲女也니 申生之母蚤卒에 驪姬嬖焉이라

〈驪姬에게 참소당했다는〉 그 뜻을 말하면 이희는 반드시 주벌될 것이다. '驪姬'는 晉 獻公이 驪戎을 정벌할 때 잡아 온 여자이니, 申生의 어머니가 일찍 죽자 이희가 총애를 받았다.

曰호되 然則蓋(합)行乎리오

〈重耳가〉 말하였다. "그렇다면 어찌하여 떠나지 않으십니까?"

【注】行은 猶去也라

'行'은 〈'떠나다'의 뜻인〉 '去'와 같다.

世子曰호되 不可하니라 君이 謂我하사되 欲弑(시)[1]君也라하시니 天下에 豈有無父之國哉리오 吾는 何行如之리오

1) 弑(시) : 육덕명의 음의에 따르면 음은 '試(시)'이며, '煞(살)' 또는 '嗣'로 된 판본도 있다.

세자가 말하였다. "떠날 수 없다. 군주께서 나에게 말씀하시기를 '군주를 시해하고자 했다.' 하시니, 천하에 어찌 아버지가 없는 나라가 있겠는가. 내가 간들 어디로 가겠는가?"

【注】言人有父則皆惡(오)欲弑父者라

아버지가 있는 사람이면 모두 아버지를 시해하고자 한 자를 미워할 것이라는 말이다.

使人으로 辭於狐突하여 曰호되 申生은 有罪호니 不念伯氏之言也하여 以至于死라 申生은 不敢愛其死어니와

〈申生이〉 사람을 보내 〈스승인〉 狐突에게 하직 인사를 하였다. "저는 죄가 있으니, 〈저에게 떠나라고 하신〉 伯氏의 말씀을 생각하지 않아서 죽음에 이르게 되었습니다. 저는 감히 죽음을 애석히 여기지는 않습니다.

【注】辭는 猶告也라 狐突은 申生之傅니 舅犯之父也라 前此者에 獻公使申生伐東山皐落氏[1]한대 狐突謂申生하여 欲使之行이러니 今言此者는 謝之라 伯氏는 狐突別氏라

1) 獻公使申生伐東山皐落氏 : ≪春秋左氏傳≫에 따르면 魯 閔公 2년(B.C. 660), 즉 晉 獻公 17년의 일이다.

'辭'는 〈'고하다'의 뜻인〉 '告'와 같다. '狐突'은 申生의 스승이니, 〈晉나라의 대부인〉 舅犯의 아버지이다. 이보다 앞서 晉 獻公이 신생에게 東山의 皐落氏를 정벌하게 하자 호돌이 신생에게 말하여 떠나게 하고자 하였다. 〈신생이〉 지금 이 일을 말한 것은 하직 인사를 한 것이다. '伯氏'는 호돌의 다른 氏이다.

雖然이나 吾君이 老矣며 子少하고 國家多難이어늘

비록 그렇다고는 하나 우리 군주께서는 늙으셨고 〈驪姬의〉 아들은 어리며 국가에 어려운 일이 많은데

【注】子는 驪姬之子奚齊라

'子'는 驪姬의 아들 奚齊이다.

伯氏不出而圖吾君하나니

伯氏께서는 나와서 우리 군주를 위해 〈국가의 정사를〉 도모하지 않으시니,

【注】 圖는 猶謀也니 不出爲君謀國家之政이라 然則自皐落氏反後로 狐突懼하여 乃稱疾이라

'圖'는 〈'도모하다'의 뜻인〉 '謀'와 같으니, 출사하여 군주를 위해 국가의 정사를 도모하지 않은 것이다. 그렇다면 皐落氏 정벌에서 돌아온 뒤로 狐突이 두려워하여 마침내 병이 났다고 핑계를 댄 것이다.

伯氏苟出而圖吾君이면 申生은 受賜而死라하고

伯氏께서 만일 밖으로 나와서 우리 군주를 위해 〈국가의 정사를〉 도모해주신다면 저는 은혜를 받고 죽을 것입니다."

【注】 (則)〔賜〕[1)]는 猶惠也라

1) (則)〔賜〕: 저본에는 '則'으로 되어 있으나, 經文과 北京大本에 의거하여 '賜'로 바로잡았다.

'賜'는 〈'은혜'의 뜻인〉 '惠'와 같다.

再拜稽首[1)]乃卒하니

1) 再拜稽首 : 跪拜禮의 일종으로 머리가 바닥에 닿도록 조아리는 것이니, 九拜 중 가장 공경스러운 절이다. ≪周禮≫ 〈春官 大祝〉의 '一曰稽首'에 대한 鄭玄의 注에 "머리가 바닥에 이르는 것이다.〔頭至地〕"라고 하였다. 03-05-01 孔穎達 疏 참조.

申生이 再拜稽首하고 마침내 〈쇠고삐를 가지고 스스로 목을 매어〉 죽으니,

【注】 既告狐突하고 乃雉經이라

狐突에게 작별을 고한 뒤에 마침내 쇠고삐를 가지고 목을 매어 죽었다.

是以로 爲恭[1)]世子也라하니라

1) 恭 : 육덕명의 음의에는 '共'으로 되어 있고, '恭'으로 된 판본도 있다고 하였다.

이 때문에 시호를 '恭世子'라 하였다.

【注】 言行如此하니 可以爲恭이나 於孝則未之有라

언행이 이와 같으니 '恭'이 될 수 있으나 '孝'는 없는 것이다.

【疏】'晉獻'至'子也'. ○ 正義曰：此一節論獻公殺申生之事, 各依文解之.

經의 〔晉獻〕에서 〔子也〕까지

○ 正義曰：이 절은 晉 獻公이 申生을 죽인 일을 논한 것이니, 각각 글에 의거하여 풀이하겠다.

【疏】 ○ 注'信驪姬之譖'. 〔○〕[1] 正義曰：案僖四年左傳云 "姬謂大(태)子曰 '君夢齊姜, 必速祭之.' 大子祭於曲沃, 歸胙(궤조)於公. 公(獵)〔田〕[2], 姬寘諸宮, 六日, 毒而獻之. 公祭之地, 地墳, 與犬, 犬斃, 與小臣, 小臣亦斃. 姬泣曰 '賊由大子.'" 又晉語云 "姬寘鴆(짐)於酒, 寘堇於肉." 堇謂烏頭, 是驪姬譖申生之事也.

1) 〔○〕: 저본에는 부호 '○'가 없으나, 본서의 체제에 의거하여 보충하였다.
2) (獵)〔田〕: 저본에는 '獵'으로 되어 있으나, ≪春秋左氏傳≫ 僖公 4년(B.C. 656) 조에 의거하여 '田'으로 바로잡았다. 惠棟校宋本・衛氏集說에도 '田'으로 되어 있다.(阮元의 校勘記 참조)

○ 注의 〔信驪姬之譖〕

○ 正義曰：살펴보면 ≪春秋左氏傳≫ 僖公 4년 조에 이르기를 "驪姬가 태자에게 말하기를 '군주께서 꿈에 〈태자의 어머니인〉 齊姜을 보셨다고 하니 〈태자는〉 반드시 제사를 속히 지내야 할 것입니다.'라고 하였다. 태자가 曲沃으로 가서 제사를 지내고 晉 獻公에게 제사에 쓴 술과 고기를 올렸다. 이때 헌공이 사냥을 나가고 없자, 이희가 이것을 궁중에 두었다가 6일 만에 〈헌공이 돌아오자 그 술과 고기에〉 독을 넣어 올렸다. 헌공이 〈그 술을〉 땅에 고수레하자 땅이 끓어올랐고, 〈그 고기를〉 개에게 주자 개가 죽었고, 〈그 술과 고기를〉 小臣에게 주자 소신 또한 죽었다. 이희가 눈물을 흘리며 말하였다. '이 음모는 태자에게서 나온 것입니다.'"라고 하였다. 또 ≪國語≫ 〈晉語 2〉에 이르기를 "이희가 술에 짐독을 넣고 고기에 堇을 넣었다."라고 하였는데, '堇'은 〈독초인〉 烏頭를 이르니, 이것이 이희가 태자 申生을 참소한 일이다.

【疏】 ○ 注'蓋皆'至'文公'. ○ 正義曰：此云"蓋言子志"及下"蓋行乎", 以蓋非一, 故云"皆當爲(蓋)〔盍〕[1]". 言'重耳欲使言見譖之意'者, 重耳欲使申生言見驪姬所譖之意. 左傳云 "或謂太子曰 '子辭, 君必辨焉.'" 杜預云 "以六日之狀自理." 謂毒酒經宿輒敗, 若申生初則置(罪)〔毒〕[2], 經六日, 其酒必壞, 何以經六日, 其酒尙好, 明臨至加藥焉. 云'重耳, 申生異母弟'者, 案莊二十八年左傳云, 晉獻公烝於齊姜, 生太子申生, 大戎[3]狐姬生公子重耳, 是異母弟也.

1) (蓋)〔盍〕 : 저본에는 '蓋'로 되어 있으나, 정현의 주에 의거하여 '盍'으로 바로잡았다.
2) (罪)〔毒〕 : 저본에는 '罪'로 되어 있으나, 閩本·監本·毛本·衛氏集說에 의거하여 '毒'으로 바로잡았다. 惠棟校宋本에는 '藥'으로 되어 있다.(阮元의 校勘記 참조)
3) 大戎 : 춘추시대 晉나라 국경 안에 분포했던 부족이다. ≪春秋左氏傳≫ 莊公 28년 조에 "晉 獻公이……또 戎에서 두 여자를 아내로 맞이하였는데, 大戎의 狐姬는 重耳를 낳았고, 小戎의 여자는 夷吾를 낳았다.〔晉獻公……又娶二女於戎 大戎狐姬生重耳 小戎子生夷吾〕"라는 내용이 보인다. 杜預의 주에 "大戎은 唐叔의 자손으로 따로 戎狄에 거주한 자이다.〔大戎 唐叔子孫別在戎狄者〕"라고 하였다.

○ 注의 〔蓋皆〕에서 〔文公〕까지

○ 正義曰 : 〈〔蓋 皆當爲盍〕〉 여기에서 '蓋言子志'라고 한 것과 다음 경문에 '蓋行乎'라고 한 것은 '蓋'가 하나가 아니므로 '皆當爲盍'이라고 한 것이다.

〔重耳欲使言見譖之意〕 重耳가 태자 申生으로 하여금 驪姬에게 참소당했다는 뜻을 말하게 하고자 한 것이다. ≪春秋左氏傳≫에 이르기를 "어떤 사람이 태자에게 말하기를 '태자께서 해명하시면 군주께서 반드시 분별하실 것입니다.'라고 하였다."라고 하였는데, 杜預가 말하기를 "궁중에 6일 동안 두었던 정황을 가지고 스스로 해명하라는 말이다."라고 하였다. 독을 넣은 술은 하룻밤만 지나도 바로 변질되니, 만약 신생이 처음부터 독을 넣었다면 6일이 지났으면 그 술은 반드시 변질되었을 것인데 무엇 때문에 6일이 지나도록 두었겠는가. 그 술이 여전히 좋았으므로 〈晉 獻公이〉 이르러서야 독약을 넣은 것이 분명하다는 말이다.

〔重耳 申生異母弟〕 살펴보면 ≪춘추좌씨전≫ 莊公 28년(B.C. 666) 조에 이르기를, 진 헌공이 〈그의 아버지 晉 武公의 姬妾인〉 齊姜과 간음하여 태자 申生을 낳고 大戎의 狐姬가 공자 重耳를 낳았다고 하였으니, 〈공자 중이는〉 바로 〈태자 신생의〉 이복 아우이다.

【疏】 ○ 注'言其'至'變焉'. ○ 正義曰 : 案僖四年左傳云 "大(태)子曰 '君非姬氏, 居不安, 食不飽. 君老矣, 吾又不樂.'" 謂我若自理, 驪姬必誅, 姬死之後, 公無復歡樂, 故此云 "是我傷公之心". 云'驪姬, 獻公伐驪戎所獲女也'者, 莊二十八年左傳云, 初, 晉獻公

(滅)〔伐〕[1]驪戎, 驪戎男女[2]以驪姬, 驪姬嬖, 生奚齊, 其娣生卓子, 是"驪姬嬖"也. 云'申生之母蚤卒'者, 以左傳云 "姬命大子祭齊姜." 是蚤死也.

1) (滅)〔伐〕: 저본에는 '滅'로 되어 있으나, ≪春秋左氏傳≫ 莊公 28년 조에 의거하여 '伐'로 바로잡았다. 閩本·監本·毛本에도 '伐'로 되어 있다.(阮元의 校勘記 참조)

2) 女 : ≪춘추좌씨전≫ 莊公 28년 조 杜預의 주에 따르면 '다른 사람에게 딸을 주는 것〔納女於人〕'을 이른다.

○ 注의 〔言其〕에서 〔嬖焉〕까지

○ 正義曰 : 〈〔言其意則驪姬必誅也〕〉 살펴보면 ≪春秋左氏傳≫ 僖公 4년 조에 이르기를 "태자가 말하였다. '군주께서는 驪姬가 아니면 거처를 편히 여기지 못하고 먹어도 배부르게 여기지 못하신다. 군주께서 늙으셨으니 〈이렇게 되는 것을〉 내가 또 즐거워하지 않는다.'"라고 하였으니, 내가 만약 스스로 해명하면 이희는 반드시 주벌을 당할 것이고, 이희가 죽은 뒤에는 임금님이 더는 즐거워할 일이 없을 것이라는 말이다. 그러므로 여기에서 '是我傷公之心'이라고 한 것이다.

〔驪姬 獻公伐驪戎所獲女也〕 ≪춘추좌씨전≫ 莊公 28년 조에 이르기를, 처음에 晉獻公이 驪戎을 정벌하자 驪戎男이 딸 이희를 헌공에게 주었는데, 이희가 총애를 받아 奚齊를 낳고 이희의 여동생은 卓子를 낳았다고 하였으니, 이것이 바로 〈정현의 주에서 말한〉 '驪姬嬖'이다.

〔申生之母蚤卒〕 ≪춘추좌씨전≫에 이르기를 "이희가 태자에게 명하여 〈태자 신생의 어머니인〉 齊姜에게 제사를 지내도록 하였다."라고 하였으니, 이것은 〈제강이〉 일찍 죽은 것이다.

【疏】 ○ '使人'至'而死'. ○ 時狐突謝病在晉都[1], 大(태)子出奔曲沃[2]. (於)〔先〕[3]是狐突欲令大子出奔, 大子不用其言. 故今臨死, 使人辭謝言於狐突曰 "申生有愚短之罪, 不念伯氏之言, 出奔避禍, 今日被譖, 以至於死, 申生不敢愛惜其身命之死." 言死不(受)〔愛〕[4]命. "雖然不惜身命, 猶有所憂. 吾君已老, 子又幼少, 又國家多有危難, 伯氏又謝病不出圖吾君之事, 吾以爲憂. 伯氏誠能出外而圖謀吾君國家之事, 申生受伯氏恩賜, 甘心以死."

1) 晉都 : 晉나라의 도성인 絳을 이른다.

2) 曲沃 : 晉 獻公의 시조 桓叔이 별도로 봉함을 받은 읍으로, 晉나라의 종묘가 있는 宗邑이다.

3) (於)〔先〕: 저본에는 '於'로 되어 있으나, 浦鏜의 교감기에 의거하여 '先'으로 바로잡았다. 위 정현의 주 '前此'에 의거하면 魯 閔公 2년, 즉 晉 獻公 17년의 일이다.(阮元의 校勘記 참조)

4) (受)〔愛〕: 저본에는 '受'로 되어 있으나, 惠棟校宋本에 의거하여 '愛'로 바로잡았다.(阮元의 校勘記 참조)

○ 〔使人〕에서 〔而死〕까지

○ 당시 狐突은 병을 핑계대고 晉나라 도성에 있었는데 태자가 曲沃으로 달아났다. 이보다 앞서 호돌은 태자에게 다른 곳으로 달아나게 하려 했는데 태자가 호돌의 말을 따르지 않았다. 그러므로 〈태자가〉 지금 죽음을 앞두고 사람을 보내 호돌에게 하직 인사를 하기를 "저는 어리석고 무능한 죄가 있습니다. 달아나 화를 피하라는 伯氏의 말을 생각하지 않았다가 오늘날 참소를 당해 죽음에 이르게 되었으니, 저는 감히 몸이 죽는 것을 애석하게 여기지는 않습니다."라고 한 것이니, 죽더라도 목숨을 애석하게 여기지 않는다는 말이다.

〈태자가 이어 말하였다.〉 "비록 그렇기는 하나 목숨을 애석하게 여기지 않는다 해도 여전히 근심이 있습니다. 우리 군주께서는 이미 늙으셨고 아들은 또 어리며, 또 국가에는 어려운 일이 많은데 백씨께서는 또 병을 핑계대고는 나와서 우리 군주의 일을 〈도울 것을〉 도모하지 않으시니, 저는 이것이 근심스럽습니다. 백씨께서 진실로 밖으로 나와서 우리 군주를 위해 국가의 일을 도모해주실 수 있다면 저는 백씨의 은혜를 받고 기쁘게 죽을 것입니다."

【疏】 ○ 注'前此'至'別氏'. ○ 正義曰：案左傳閔二年, 獻公使申生伐東山皐落氏, 狐突欲令申生行, 云"雖欲勉之, 狄可盡乎", 下又云"狐突欲行", 是狐突欲使行之事. 言'前此'者, 此謂僖四年申生將死之時, 前謂閔二年伐皐落氏之時, 在前五年, 故云"前". 皐落氏在晉都之東, 居在山內. 皐落氏, 杜預云"是赤狄別種", 故云"東山皐落氏". 云'伯氏, 狐突別氏'者, 旣言辭狐突, 又云伯氏, 故云"狐突別氏". 狐是緫氏, 伯仲者是兄弟之字, 字伯者, 謂之伯氏, 字仲者謂之仲氏. 故傳云[1]"叔氏, 其忘諸乎", 又下云[2]"叔氏, 專以禮許人", 是一人身, 字則別爲氏也.

1) 傳云 : ≪春秋左氏傳≫ 昭公 15년(B.C. 527) 조에 "周王이 말하기를 '叔氏야! 그대는 잊었는가?'라고 하였다.〔叔氏 而忘諸乎〕"라는 내용이 보인다. 여기에서 '叔氏'는 晉나라의 副使 籍談을 이른다.

2) 下云 : ≪禮記≫ 〈檀弓 上〉에 "縣子가 〈子游의 말을〉 듣고 말하기를 '건방지구나, 叔氏여! 자기 마음대로 예를 가지고 남에게 허락하는구나.'라고 하였다.〔縣子聞之曰 汰哉叔氏 專以禮許人〕"라는 내용이 보인다. '縣子'는 춘추시대 魯나라의 대부로 子游와 함께 당시 예에 밝은 것으로 명성이 높았다. '叔氏'는 정현의 주에 따르면 자유의 또다른 字이다.

○ 注의 〔前此〕에서 〔別氏〕까지

○ 正義曰 : ≪春秋左氏傳≫ 閔公 2년 조를 살펴보면, 晉 獻公이 태자 申生에게 東山의 皐落氏를 정벌하게 하자, 狐突이 신생에게 떠나가게 하려고 말하기를 "아무리 노력한들 狄人을 모두 멸할 수 있겠는가."라고 하였으며, ≪춘추좌씨전≫ 다음 경문에 또 이르기를 "호돌은 〈태자를 모시고〉 떠나려고 하였다."라고 하였으니, 이것이 바로 호돌이 〈신생으로 하여금〉 떠나게 하고자 한 일이다.

〔前此〕 '此'는 魯 僖公 4년(B.C. 656)에 신생이 죽음을 앞두었을 때를 이르고, '前'은 魯 閔公 2년(B.C. 660)에 皐落氏를 정벌할 때를 이르니, 5년 전이므로 '前'이라 한 것이다. 고락씨는 晉나라 도성의 동쪽에 있으며 산속에서 산다. '皐落氏'는, 杜預가 말하기를 "바로 赤狄의 別種이다."라고 하였으므로 '東山皐落氏'라고 한 것이다.

〔伯氏 狐突別氏〕 이미 '辭於狐突'이라고 말하였는데 또 '伯氏'라고 하였으므로 '狐突別氏'라고 한 것이다. '狐'는 總氏이고 '伯'·'仲'은 형제의 字이니, 자가 伯인 자는 '伯氏'라 이르고 자가 仲인 자는 '仲氏'라 이른다. 그러므로 傳에 이르기를 "叔氏는 잊었는가."라고 하였고, 또 ≪禮記≫ 〈檀弓 上〉 다음 경문에 이르기를 "叔氏여! 자기 마음대로 禮를 가지고 남에게 허락하는구나."라고 하였으니, 이것은 한 사람의 몸이지만 字일 경우에는 별도로 氏를 삼은 것이다.

【疏】 ○ 注'圖猶'至'稱疾'. ○ 正義曰 : '圖, 謀', 釋詁文. '自皐落氏反後, 狐突懼, 乃稱疾'者, 以經云"伯氏不出而圖吾君", 故知稱疾必有所因, 反自皐落, 去此不遠, 知自皐落反而稱疾也.

○ 注의 〔圖猶〕에서 〔稱疾〕까지

○ 正義曰 : 〔圖 謀〕 ≪爾雅≫ 〈釋詁〉의 글이다.

〔自皐落氏反後 狐突懼 乃稱疾〕 經文에 '伯氏不出而圖吾君'이라고 하였으므로 병을 핑계대는 데에는 반드시 원인이 있을 것임을 안 것이니, 皐落氏의 정벌에서 돌아온 것이 이때와 멀지 않으므로 고락씨의 정벌에서 돌아온 뒤에 병을 핑계댄 것임을 안 것이다.

【疏】○ 注'旣告'至'雉經'. ○ 正義曰：雉, 牛鼻繩也, 申生以牛繩自縊而死也. 故鄭注封人云 "(緣)〔紖〕[1], 著牛鼻繩, 所以牽牛者也. 今時(人)[2]謂之雉." 或謂雉(鼻)〔性〕[3]耿介, 被人所獲, 必自屈折其頭而死. 漢書載趙人貫高自絶亢而死[4], 申生當亦然也. 傳云, 申生縊死[5], 晉語, 申生使猛足辭於狐突, 乃雉〔經〕於新成〔之〕廟[6].

1) (緣)〔紖〕: 저본에는 '緣'으로 되어 있으나, ≪周禮≫ 〈地官 封人〉 정현의 주에 의거하여 '紖(진)'으로 바로잡았다. ≪주례≫ 陸德明의 音義에 따르면 '紖'은 '絼(진)'으로 된 판본도 있다.
2) (人) : 저본에는 '人'이 있으나, ≪주례≫ 〈地官 封人〉 정현의 주에 의거하여 衍文으로 처리하였다.
3) (鼻)〔性〕: 저본에는 '鼻'로 되어 있으나, 惠棟校宋本・衛氏集說에 '性'으로 되어 있는 것을 옳게 본 阮元의 교감기에 의거하여 '性'으로 바로잡았다.(阮元의 校勘記 참조)
4) 漢書載趙人貫高自絶亢而死 : ≪漢書≫ 권32 〈張耳陳餘傳〉에 보인다.
5) 傳云 申生縊死 : ≪春秋左氏傳≫ 僖公 4년 조에 "12월 무신일에 〈태자 申生이 曲沃〉 新城에서 스스로 목을 매어 죽었다.〔十二月戊申 縊于新城〕"라는 내용이 보인다.
6) 乃雉〔經〕於新成〔之〕廟 : 저본에는 '經'과 '之'가 없으나, ≪國語≫ 〈晉語 2〉에 의거하여 보충하였다. 浦鏜의 교감기에도 이 두 자가 脫文되었다고 하였다.(阮元의 校勘記 참조)

○ 注의 〔旣告〕에서 〔雉經〕까지

○ 正義曰 : '雉'는 쇠고삐이니, 태자 申生이 쇠고삐를 가지고 스스로 목을 매어 죽은 것이다. 그러므로 ≪周禮≫ 〈地官 封人〉 정현의 주에 이르기를 "紖은 소의 코뚜레에 매는 끈이니, 소를 끌기 위한 것이다. 지금은 이를 '雉'라고 한다."라고 하였다. 혹자는 말하기를, 꿩은 성질이 강개하여 사람에게 잡히면 반드시 스스로 자기 머리를 꺾어서 죽는다고 한다. ≪漢書≫에 趙나라 사람 貫高가 스스로 목을 찔러 죽었다는 내용이 실려 있는데, 신생 또한 분명 그렇게 했을 것이다. 傳에 이르기를 신생이 스스로 목을 매어 죽었다고 하였고, ≪國語≫ 〈晉語 2〉에 이르기를 신생이 〈신하〉 猛足을 〈스승인〉 狐突에게 보내 작별을 고하고 마침내 〈曲沃〉 新成의 사당에서 스스로 목을 매어 죽었다고 하였다.

【疏】○ 注'言行'至'之有'. ○ 正義曰 : 春秋左傳云[1] "晉侯殺其世子申生." 父不義也. 孝子不陷親於不義[2], 而申生不能自理, 遂陷父有殺子之惡. 雖心存孝, 而於理終非, 故不曰孝, 但諡爲恭, 以其順[3]於父事而已. 諡法曰 "敬順事上曰恭."

1) 春秋左傳云 : 이하의 내용이 ≪春秋左氏傳≫ 僖公 5년 조에 보인다.
2) 孝子不陷親於不義 : ≪孟子≫ 〈離婁 上〉 '不孝有三'에 대한 趙岐의 주에 "禮에 따르면 불효에 세 가지가 있다. 부모의 뜻에 아첨하고 곡진히 따라서 부모를 불의에 빠뜨림이 첫째 불효이고, 집이 가난하고 부모가 연로한데도 녹을 받기 위한 벼슬을 하지 않음이 둘째 불효이고, 장가들지 않아 자식이 없어서 선조의 제사를 끊음이 셋째 불효이다.〔於禮 有不孝者三事 謂阿意曲從 陷親不義 一不孝也 家窮親老 不爲祿仕 二不孝也 不娶無子 絶先祖祀 三不孝也〕"라는 내용이 보인다.
3) 順 : 考文引宋板·衛氏集說에는 이 앞에 '恭'이 있다.(阮元의 校勘記 참조)

○ 注의 〔言行〕에서 〔之有〕까지

○ 正義曰 : ≪春秋左氏傳≫에 이르기를 "晉侯가 세자 申生을 죽였다."라고 하였으니, 아버지가 不義한 것이다. 효자는 부모를 불의에 빠뜨리지 않는데 신생은 스스로 해명하지 못하여 마침내 아버지를 자식을 죽인 惡에 빠뜨렸다. 비록 마음속에는 효심이 있으나 이치상으로 끝내 틀렸으므로 '孝'라 하지 않고 다만 시호를 '恭'이라 한 것이니, 아버지를 섬기기에 순히 따랐을 뿐이기 때문이다. 諡法에 이르기를 "공경과 순종으로 윗사람을 섬기는 것을 '恭'이라 한다."라고 하였다.

03-15-01 魯人이 有朝祥而莫(모)歌者어늘 子路笑之한대

魯나라 사람 중에 아침에 大祥祭를 지내고 저녁에 노래하는 자가 있자 子路가 비웃었다.

【注】 笑其爲樂(락)[1]速이라

1) 樂(락) : 陸德明의 音義에 따르면 음은 〈'즐거워하다'의 뜻인〉 '락(洛)'이며, 또 〈'음악'의 뜻인〉 '악(岳)'의 음도 있다.

즐거워함이 빠름을 비웃은 것이다.

夫子曰하사되 由[1]야 爾責於人이 終無已夫[2]아 三年之喪이 亦已久[3]矣夫니라

1) 由 : 子路의 이름이다.
2) 已夫 : 육덕명의 음의에 따르면 '已矣夫'로 되어 있는 판본도 있다.
3) 久 : 육덕명의 음의에 따르면 이 글자가 없는 판본도 있다.

夫子께서 말씀하시기를 "由야! 너는 남을 책망함이 끝내 다함이 없구나. 3년의 거상도 이미 오래한 것이다."라고 하였다.

【注】 爲時如此人行三年喪者希하니 抑子路하여 以善彼라

당시에 이 사람처럼 삼년상을 행하는 자가 드물었으므로 子路를 억눌러서 저 사람을 좋게 여긴 것이다.

子路出커늘 **夫子曰**하사되 **又多乎哉**아 **踰月則其善也**니라

子路가 나가자, 夫子께서 말씀하시기를 "〈어찌 시간을〉 다시 많이 보내야 하겠는가. 달을 넘겼더라면 좋았을 것이다."라고 하였다.

【注】 又는 復(부)也라

'又'는 '다시'라는 뜻이다.

【疏】 '魯人'至'善也'. ○ 正義曰：此一節論大祥除衰(최)杖之日, 不得卽歌之事, 今各依文解之. ○ '魯人有朝祥〔而〕[1]莫歌'者, "魯人", 不辨其姓名. 祥謂二十五月大祥. 歌・哭不同日, 故仲由笑之也, 故鄭注"笑其爲樂速". 然祥日得鼓素琴[2]. ○ '夫子'至'善也'. ○ 夫子抑子路, 呼其名云"由, 若人治喪不備三年, 各有可責. 今此人旣滿三年, 爾尙責之, 女罪於人, 終無休已之時." "夫"是助語[3]也. 三年之喪, 計其日月已過, 亦已久矣. 人皆廢, 此獨能行, 其人旣美, 何須笑之. 時孔子抑子路, 善彼人. 旣不當實禮, 恐學者致惑, 待子路出, 後更(갱)以正禮言之. 夫子曰"魯人可歌之時節, 豈有多經日月哉. 但踰越後月, 卽其善", 言歌合於禮. 案喪服四制 "祥之日, 鼓素琴." 不譏彈琴而譏歌者, 下注云[4] "琴以手, 笙歌以氣." 手在外而遠, 氣在內而近也.

1) 〔而〕: 저본에는 '而'가 없으나, 經文에 의거하여 보충하였다.
2) 素琴 : 장식하지 않은 琴을 이른다. ≪禮記≫ 〈喪服四制〉에 "大祥을 지내는 날 素琴을 연주한다. 사람들에게 〈居喪에〉 끝이 있음을 알리는 것이니, 禮로 한도를 두어 情을 억누르는 것이다.〔祥之日 鼓素琴 告民有終也 以節制者也〕"라는 내용이 보인다.
3) 助語 : 惠棟校宋本・衛氏集說에는 '語助'로 되어 있다.(阮元의 校勘記 참조)
4) 下注云 : 03-22-01 참조.

經의 〔魯人〕에서 〔善也〕까지

○ 正義曰：이 절은 大祥의 喪服과 喪杖을 제거하는 날에 곧바로 노래를 해서는 안 되는 일을 논한 것이니, 이제 각각 글에 의거하여 풀이하겠다.

○〔魯人有朝祥而莫歌〕'魯人'은 성명을 분별할 수 없다. '祥'은 25개월만에 지내는 大祥을 이른다. 노래와 哭하는 것은 동일한 날 하지 않으므로 仲由가 비웃은 것이니, 이 때문에 정현의 주에 '笑其爲樂速'이라 한 것이다. 그러나 大祥을 지내는 날 素琴을 연주할 수는 있다.

○〔夫子〕에서 〔善也〕까지

○ 夫子는 子路를 억누르기 위해 자로의 이름을 부르고 말하기를 "由야! 만약 사람이 喪을 치르는데 3년을 다 갖추지 못했다면 모두 책망할 만하다. 그런데 이 사람은 이미 3년을 다 채웠는데 네가 오히려 책망하니 네가 남을 비난하는 것이 끝내 쉴 때가 없구나."라고 하였다. '夫'는 어조사이다. 3년의 喪은 그 시간이 이미 지난 것을 헤아려보면 또한 이미 오래되었다. 사람들은 모두 〈삼년상을〉 폐하는데 이 사람이 홀로 행할 수 있었으니 이 사람은 이미 아름다운 사람이다. 굳이 비웃을 것이 있겠는가. 당시 공자는 자로를 억누르기 위해 그 사람을 좋다고 한 것이다. 그러나 이미 실제 예에 마땅하지 않으니 혹여 배우는 자들이 의혹을 일으킬까 근심하였으므로 자로가 나가기를 기다린 뒤에 다시 올바른 예로 말해주었다. 夫子가 말하기를 "魯나라 사람이 노래를 불러도 되는 때가 어찌 시간을 많이 보내야 하겠는가. 다만 다음 달로 넘어서 했더라면 참 좋았을 것이다."라고 하였으니, 노래 부른 것은 禮에 맞다고 말한 것이다. 살펴보면 ≪禮記≫ 〈喪服四制〉에 이르기를 "大祥을 지내는 날 〈장식이 없는〉 素琴을 연주한다."라고 하였다. 琴을 연주하는 것을 비판하지 않고 노래 부른 것을 비판한 것은, 다음 경문에 대한 정현의 주에 이르기를 "琴은 손으로 타고, 笙에 맞추어 노래하는 것은 氣로 한다."라고 하였으니, 손은 밖에 있어서 멀고 氣는 안에 있어서 가깝기 때문이다.

03-16-01 魯莊公이 及宋人으로 戰于乘(丘)〔丘〕[1)]할새

1) (丘)〔丘〕: 저본에는 '丘'로 되어 있으나, 魯나라 孔子의 성명 孔丘의 '丘'를 避諱한 것이므로, 원글자인 '丘'로 돌려놓았다. 이하 '丘'는 모두 동일하다.

魯 莊公이 宋나라 군대와 〈노나라의〉 乘丘 땅에서 싸울 때

【注】十年夏라

魯 莊公 10년 여름이다.

縣賁父(보)御하고 卜國이 右러니

縣賁父가 수레를 몰고 卜國이 〈수레 오른쪽에 타는 용사인〉 車右가 되었는데,

【注】縣과 卜은 皆氏也라 凡車右는 勇力者爲之라

'縣'과 '卜'은 모두 氏이다. 일반적으로 車右는 勇力을 쓰는 자가 담당한다.

馬驚敗績하여

말이 놀라서 달아나는 바람에 수레가 전복되어

【注】驚奔失列이라

〈말이〉 놀라서 달아나 대열을 잃은 것이다.

公이 隊(추)[1]커늘 佐車授綏(수)한대

1) 隊(추) : 石經·宋監本·考文引古本에는 '墜'로 되어 있다.(阮元의 校勘記 참조)

莊公이 수레에서 떨어지자, 〈戎車의 副車인〉 佐車에서 〈장공에게 올라탈 수 있도록〉 수레 끈을 건네주었다.

【注】戎車之貳曰佐니 授綏乘公이라

戎車의 副車를 '佐'라 하니, 수레 끈을 건네주어 莊公을 태운 것이다.

公曰호되 末之라 卜也여

〈佐車에 올라탄〉 莊公이 말하기를 "형편없구나, 卜國이여!"라고 하자,

【注】末之는 猶微哉니 言卜國無勇이라

'末之'는 〈'형편없다'의 뜻인〉 '微哉'와 같으니, 卜國이 용감하지 않다는 말이다.

縣賁父(보)曰호되 **他日**에 **不敗績而今敗績**하니 **是**는 **無勇也**라하고

縣賁父가 말하기를 "예전에는 수레가 전복되지 않았는데 오늘은 수레가 전복되었으니, 이는 용감하지 않은 것이다."라고 하고서

【注】公他日戰에 其御馬未嘗驚奔이라

莊公이 예전에 싸울 때는 〈현분보가〉 말을 몰 때 일찍이 〈말이〉 놀라서 달아난 적이 없었다.

遂死之하다

마침내 〈縣賁父와 卜國이 모두 적에게 달려가 싸우다가〉 죽었다.

【注】二人이 赴敵而死라

두 사람이 적에게 달려가 싸우다가 죽은 것이다.

圉人이 **浴馬**하니 **有流矢在白肉**이어늘

〈말을 기르는〉 圉人이 말을 씻기는데 누가 쏜 것인지 모르는 화살이 말의 넓적다리 살에 박혀 있자,

【注】圉人은 掌養馬者라 白肉은 股裏肉이라

'圉人'은 말을 기르는 것을 관장하는 사람이다. '白肉'은 넓적다리 안쪽의 살이다.

公曰호되 **非其罪也**랏다하고

莊公이 말하기를 "그들의 죄가 아니었다."라고 하고서

【注】流矢中馬하니 非御與右之罪라

누가 쏜 것인지 모르는 화살이 말에 박혔으니, 〈수레를 몰던〉 御者와 〈용력을 담당한〉 車右의 죄가 아니다.

遂誄之하니

마침내 〈이들의 공에 대해〉 誄文을 지어 애도하고 시호를 내려주었으니,

【注】 誄其赴敵之功하여 以爲諡라

적에게 달려가 싸운 공에 대해 誄文을 지어 애도하고 이를 시호로 삼은 것이다.

士之有誄 自此始也니라

士에게 誄文을 지어 애도하고 시호를 내려주는 것이 이때부터 시작되었다.

【注】 記禮失所由來也라 周는 雖以士爲爵이나 猶無諡也요 殷은 大夫以上爲爵이라

예를 잃게 된 유래를 기록한 것이다. 周나라는 비록 士를 작위로 삼았으나 오히려 시호가 없었고, 殷나라는 대부 이상을 작위로 삼았다.

【疏】 '魯莊'至'始也'. ○ 正義曰：此一節論魯莊公與士爲諡失禮之事, 各依文解之. ○ '戰於乘(丘)〔丘〕'者, 乘(丘)〔丘〕, 魯地. 莊公十年夏六月[1], 齊師·宋師次于郎. 公子偃曰"宋師不整, 可敗也. 宋敗, 齊必還, 請擊之." 大敗宋師于乘(丘)〔丘〕, 齊師乃還.

1) 莊公十年夏六月：이하의 내용이 ≪春秋左氏傳≫ 莊公 10년 조에 보인다.

經의 〔魯莊〕에서 〔始也〕까지

○ 正義曰：이 절은 魯 莊公이 士에게 시호를 지어주어 禮를 잃은 일을 논한 것이니, 각각 글에 의거하여 풀이하겠다.

○〔戰於乘丘〕'乘丘'는 魯나라 땅이다. 노 장공 10년 여름 6월에, 齊나라 군대와 宋나라 군대가 〈노나라의〉 郎邑에 주둔하자, 〈노나라 대부〉 公子偃이 말하기를 '송나라 군대는 진용이 엄정하지 않으니 패배시킬 수 있습니다. 송나라가 패배하면 제나라가 반드시 돌아갈 것이니 이때 공격하소서.'라고 하였다. 송나라 군대를 乘丘에서 대패시키자, 제나라 군대가 마침내 돌아갔다.

【疏】 ○ 注'縣卜皆氏也'. ○ 正義曰：知縣卜皆氏者, 此有縣賁父(보), 下有縣子瑣(쇄), 七十二弟子傳有卜商[1], 故知皆氏也.

1) 七十二弟子傳有卜商 : ≪史記≫ 권67 〈仲尼弟子列傳〉에 "卜商은 字가 子夏이다.〔卜商字子夏〕"라는 내용이 보이고, ≪家語≫ 〈七十二弟子解〉에 "복상은 衛나라 사람이니, 자가 자하이다.〔卜商 衛人 字子夏〕"라는 내용이 보인다.

○ 注의 〔縣卜皆氏也〕

○ 正義曰 : '縣'과 '卜'이 모두 氏임을 안 것은, 여기 경문에 '縣賁父'가 있고 ≪禮記≫ 〈檀弓 上〉 다음 경문에 '縣子瑣'가 있으며, 七十二弟子傳에 '卜商'이 있으므로 모두 氏임을 안 것이다.

【疏】 ○ 注'戎車之貳曰佐'. ○ 正義曰 : 案周禮"戎僕掌倅(쉬)車之政", "道僕掌貳車之政〔令〕[1)]", "田僕掌佐車之政", 則戎車之貳曰倅. 此云"佐"者, 周禮相對爲文有異. 若散而言之, 則田獵·兵戎俱是武事, 故同稱佐車. 少儀注[2)]"戎獵之副曰佐"是也. 熊氏以爲此皆諸侯法.

1) 〔令〕 : 저본에는 '令'이 없으나, ≪周禮≫ 〈夏官 道僕〉에 의거하여 보충하였다.
2) 少儀注 : ≪禮記≫ 〈少儀〉 정현의 주에 "'貳車'와 '佐車'는 모두 副車이다. 조회나 제사에 쓰는 부거를 '이거'라 하고, 전쟁이나 사냥에 쓰는 부거를 '좌거'라 한다.〔貳車佐車皆副車也 朝祀之副曰貳 戎獵之副曰佐〕"라는 내용이 보인다.

○ 注의 〔戎車之貳曰佐〕

○ 正義曰 : 살펴보면 ≪周禮≫ 〈夏官〉에 이르기를 "戎僕은 倅車의 정사에 관한 일을 관장한다."라고 하고, "道僕은 貳車의 정령에 관한 일을 관장한다."라고 하고, "田僕은 佐車의 정사에 관한 일을 관장한다."라고 하였으니, 그렇다면 戎車의 副車를 '倅'라고 한 것이다. 여기에서 '佐'라고 한 것은, ≪주례≫에서 상대적으로 글을 쓸 때 차이를 둔 것이다. 만약 〈상대적으로 말하지 않고〉 단독으로 말한다면 田獵과 兵戎이 모두 武事이므로 똑같이 '佐車'라고 칭한다. ≪禮記≫ 〈少儀〉 정현의 주에 이르기를 "전쟁이나 사냥에 쓰는 부거를 '佐'라 한다."라고 한 것이 이것이다. 熊安生은 말하기를, 이것은 모두 제후의 법이라고 하였다.

【疏】 〔○〕[1)] '公曰, 末之, 卜也'者, 末, 微也. 之, 哉也. 言微弱哉, 此卜國也, 以其微弱無勇, 致使我馬敗績.

1) 〔○〕 : 저본에는 부호 '○'가 없으나, 본서의 체제에 의거하여 보충하였다.

○〔公曰 末之 卜也〕'末'은 '형편없다'는 뜻이다. '之'는 〈어기조사〉 '哉'이다. '형편없구나, 이 卜國은!'이라고 말한 것이니, 형편없고 용감하지 않아서 나의 車馬를 전복되게 만들었다는 것이다.

【疏】 ○ 注'二人赴敵而死'. ○ 正義曰：知"二人"者, 以卜國被責, 縣賁父(보)職掌馬事, 自稱無勇. 旣序兩人於上, 卽陳"遂死"於下, 明兩人俱死也.

○ 注의〔二人赴敵而死〕

○ 正義曰：'二人'임을 안 것은, 〈車右인〉 卜國은 〈莊公에게〉 질책을 들었고 〈御者인〉 縣賁父는 직책이 말에 관한 일을 관장하였는데 스스로 용감하지 않았다고 칭하였다. 이미 두 사람을 앞에 차례로 나열하였는데 곧바로 다음에 '遂死'라고 진술하였으니, 두 사람이 모두 죽었음을 밝힌 것이다.

【疏】 ○ 注'(爵)〔圉〕[1]人'至'裏肉'. ○ 正義曰：'圉人, 掌養馬者', 案昭七年左傳云"牛有牧, 馬有圉."[2] 是圉人掌馬也. 云'白肉, 股裏肉'者, 以股裏白, 故謂之白肉, 非謂肉色白也.

1) (爵)〔圉〕: 저본에는 '爵'으로 되어 있으나, 위 鄭玄의 注에 의거하여 '圉'로 바로잡았다.
2) 牛有牧 馬有圉 : ≪春秋左氏傳≫ 昭公 7년 조에는 '馬有圉 牛有牧'으로 되어 있다.

○ 注의〔圉人〕에서〔裏肉〕까지

○ 正義曰：〔圉人 掌養馬者〕 살펴보면 ≪春秋左氏傳≫ 昭公 7년 조에 이르기를 "소에는 牧人이 있고 말에는 圉人이 있다."라고 하였으니, 이것은 圉人이 말을 관장하는 것이다.

〔白肉 股裏肉〕〈말의〉 넓적다리 안이 희므로 '白肉'이라 한 것이니, 〈말의〉 살색이 희다는 말이 아니다.

【疏】 ○ 注'周雖'至'爲爵'. ○ 正義曰：知周以士爲爵者, 案掌客云 "凡介・行人・宰・史[1], 皆有飧饔餼(손옹희)[2], 以其爵等爲之牢禮之(數陳)〔陳數〕."[3] 凡介・行人皆爲士, 而云"爵等", 是士有爵也. 故鄭注大行人云"命者五, 公・侯・伯・子・男. 爵者四, 孤・卿・大夫・士." 云'猶無諡也'者, 以此云"士之有誄, 自此始", 故知周士無諡也. 云'殷, 大夫以上爲爵'者, 案士冠禮云 "古者生無爵, 死無諡." 於士冠之下而爲此記, 又不[4]云諸侯大夫, 明"生無爵, 死無諡", 據士也. 士冠禮是周禮, 而云"古者", 故知是殷以上.

1) 介・行人・宰・史 : 모두 正使를 따라온 수종 관원이다. '介'는 副使이다. ≪周禮≫ 〈秋官 掌客〉 정현의 주에 따르면 '行人'은 禮를 주관하며, '宰'는 饌具를 주관하며, '史'는 기록〔書〕을 주관한다.

2) 飧饔餼(손옹희) : '飧'은 다른 나라에서 賓이 처음 왔을 때 주인 나라에서 賓에게 베풀어주는 간소한 식사로, ≪儀禮≫ 〈聘禮〉 정현의 주에 "식사에 예를 다 갖추지 않은 것을 '飧'이라 한다.〔食不備禮曰飧〕"라고 하였다. '饔'은 이미 잡아서 죽어 있는 희생으로, 여기에는 날것〔腥〕과 익힌 것〔飪〕을 모두 포함한다. '餼'는 아직 잡지 않아 살아 있는 희생을 이른다. ≪의례≫ 〈빙례〉 정현의 주에 "잡아서 죽인 희생을 '옹', 살아 있는 희생을 '희'라 한다.〔殺曰饔 生曰餼〕"라고 하였다. 또 ≪주례≫ 〈秋官 司儀〉 정현의 주에 "飧은 식사이다. 小禮를 '손'이라 하고, 大禮를 '옹희'라 한다.〔飧 食也 小禮曰飧 大禮曰饔餼〕"라고 하였다. ≪주례≫ 〈秋官 掌客〉 정현의 주에 따르면 예컨대 公・侯・伯・子・男 5등 제후 중 上公의 飧에는 모두 5牢를 쓰는데 1뢰는 飪이고 4뢰는 腥이며, 饔餼에는 모두 9牢를 쓰는데 5뢰는 饔이고 4뢰는 餼이다. '牢'는 牛・羊・豕 3종의 희생으로, 3종의 희생을 각각 하나씩 쓰는 것을 1牢라 한다.

3) 以其爵等爲之牢禮之(數陳)〔陳數〕 : ≪주례≫ 〈秋官 掌客〉 정현의 주에 따르면 작위가 卿이면 飧은 2牢를 쓰고 饔餼는 5뢰를 쓰며, 대부이면 손은 牛・羊・豕의 太牢를 쓰고 옹희는 3뢰를 쓰며, 士이면 손은 羊・豕의 少牢를 쓰고 옹희는 태뢰를 쓴다. 저본에는 '數陳'으로 되어 있으나, ≪주례≫ 〈秋官 掌客〉에 의거하여 '陳數'로 바로잡았다. 監本・毛本에도 '陳數'로 되어 있으며, 衛氏集說에는 '之陳數' 3자가 없다.(阮元의 校勘記 참조)

4) 不 : 惠棟校宋本에는 없다. 孫志祖는 ≪儀禮≫ 〈士冠禮〉 바로 앞 경문에서 제후와 대부의 일을 차례로 서술하였다고 하여 '不'은 '上'이 되어야 한다고 하였다.(阮元의 校勘記, 北京大本 校勘記 참조)

○ 注의 〔周雖〕에서 〔爲爵〕까지

○ 正義曰 : 〈〔周 雖以士爲爵〕〉 周나라에서 士로 작위를 삼았음을 안 것은, 살펴보면 ≪周禮≫ 〈秋官 掌客〉에 이르기를 "무릇 介・行人・宰・史에게도 모두 飧과 饔餼를 보내주는데, 그 작위의 등급을 가지고 진열하는 牢禮의 수를 정한다."라고 하였다. 무릇 介와 行人은 모두 士인데 '爵等'이라고 하였으니, 이것은 士가 작위를 가진 것이다. 그러므로 ≪주례≫ 〈秋官 大行人〉 정현의 주에 이르기를 "命은 다섯이니, 公・侯・伯・子・男이다. 爵은 넷이니, 孤・卿・大夫・士이다."라고 한 것이다.

〔猶無諡也〕 여기 경문에 '士之有誄 自此始'라고 하였으므로 주나라의 士는 시호가 없었음을 안 것이다.

〔殷 大夫以上爲爵〕 살펴보면 ≪儀禮≫ 〈士冠禮〉에 이르기를 “옛날에는 살아 있을 때 작위가 없으면 죽어서 시호가 없었다.”라고 하였다. 士의 관례 다음에 이 기록을 두었고 또 제후나 대부라고 말하지 않았으니, ‘살아 있을 때 작위가 없으면 죽어서 시호가 없었다’는 말은 士에 근거를 둔 것이다. 〈사관례〉는 주나라의 예인데 ‘옛날에는〔古者〕’이라고 하였으므로 바로 殷나라 이전임을 안 것이다.

03-17-01 曾子[1]寢疾病이어늘

1) 曾子 : 03-08-01 참조.

曾子가 병으로 드러누워 위중하였다.

【注】 病은 謂疾困이라

‘病’은 병이 위중한 것을 이른다.

樂正子春은 坐於牀下하고

〈제자인〉 樂正子春은 침상 아래에 앉아 있고,

【注】 子春은 曾參弟子라

‘子春’은 曾參의 제자이다.

曾元曾申은 坐於足하고

〈아들인〉 曾元과 曾申은 〈증자의〉 발끝에 앉아 있고,

【注】 元과 申은 曾參之子라

‘元’과 ‘申’은 曾參의 아들이다.

童子는 隅坐而執燭이러니

동자는 〈成人과 나란히 있을 수 없어〉 방 귀퉁이에 앉아 촛불을 잡고 있었는데,

【注】隅坐는 不與成人竝이라

'隅坐'는 成人과 나란히 있지 못해서이다.

童子曰호되 華而睆(환)하니 大夫之簀與인저

동자가 말하기를 "〈침상에 깐 돗자리가 화려하여〉 그림같고 〈매끄럽게 깎은 것처럼〉 고우니 大夫가 사용하는 대자리일 것입니다."라고 하자,

【注】華는 畫也라 簀은 謂牀策[1]也라 說者以睆爲刮節目이라 字或爲刮이라

1) 策 : 陸德明의 音義에는 '笫(자)'로 되어 있다.

'華'는 '그림같다'의 뜻이다. '簀'은 침상에 까는 돗자리이다. 〈정현 이전에 예를〉 해설하는 자 중에는 '睆'을 대나무의 마디를 〈매끄럽게〉 깎은 것이라고 한다. 글자가 혹 '刮'로 되어 있는 판본도 있다.

子春이 曰호되 止하라

樂正子春이 말하기를 "그만하라."라고 하였다.

【注】以病困不可動이라

병이 위중하여 움직일 수 없기 때문이다.

曾子聞之하고 瞿(구)然曰 呼[1]라

1) 呼 : 육덕명의 음의에는 '吁'로 되어 있고, 음을 '허(虛)'라고 하였다.

증자가 듣고 두려워하며 〈힘없이〉 "후우!" 하고 숨을 내쉬었다.

【注】呼는 虛憊(비)之聲[1]이라

1) 虛憊之聲 : 육덕명의 음의에 따르면 '숨을 내쉬는 소리〔吹氣聲〕'이다.

'呼'는 허약하고 피로에 지친 소리이다.

曰호되 華而睆(환)하니 大夫之簀與인저 曾子曰호되 然하니라 斯는 季孫之賜也니

我未之能易也로소니 **元**은 **起**하여 **易簀**하라

〈동자가 다시〉 말하기를 "〈침상에 깐 돗자리가〉 화려하고 고우니 대부가 사용하는 대자리일 것입니다."라고 하자, 증자가 말하기를 "그렇다. 이것은 季孫氏가 준 것인데 내가 〈병이 심하여〉 미처 바꾸지 못했으니, 증원은 일어나 대자리를 바꾸도록 하라."라고 하였다.

【注】未之能易은 已病故也라

'未之能易'은 이미 병이 위중했기 때문이다.

曾元이 **曰**호되 **夫子之病**이 **革**(극)**矣**라 **不可以變**이니 **幸而至於旦**이어시든 **請敬易之**호리이다

증원이 말하기를 "夫子의 병환이 위급하여 바꿀 수가 없으니, 바라건대 내일 아침이 되거든 공경히 바꾸겠습니다."라고 하자,

【注】言夫子者는 曾子親沒之後에 齊嘗聘以爲卿而不爲也라 革은 急也라 變은 動也라 幸은 覬(기)也라

'夫子'라고 말한 것은, 증자의 부모가 돌아가신 뒤에 齊나라에서 일찍이 〈증자를〉 초빙하여 卿으로 삼았으나 〈벼슬을〉 하지 않았기 때문이다. '革'은 '위급하다'의 뜻이다. '變'은 '변동하다'의 뜻이다. '幸'은 '바라다'의 뜻이다.

曾子曰호되 **爾之愛我也 不如彼**로다

증자가 말하기를 "네가 나를 사랑하는 것이 저 동자보다 못하구나.

【注】彼는 童子也라

'彼'는 동자이다.

君子之愛人也는 **以德**하고

군자가 사람을 사랑함은 덕으로써 하고

【注】成己之德이라

자기의 덕을 이루어준다는 것이다.

細人之愛人也는 以姑息하나니

소인이 사람을 사랑함은 당장의 편안함으로써 하니,

【注】息은 猶安也니 言苟容取安也라

'息'은 〈'편안하다'의 뜻인〉 '安'과 같으니, 구차하게 용납하여 편안함을 취한다는 말이다.

吾何求哉리오 吾得正而斃焉이면 斯已矣니라

내 무엇을 바라겠는가. 내 바름을 얻고 죽으면 이에 〈악에 빠지지 않고 한세상의 일이〉 끝난다."라고 하였다.

【注】斃는 仆(부)也라

'斃'는 '쓰러져 죽다'의 뜻이다.

擧扶而易之하여늘 反席未安而沒하다

이에 〈증자의 몸을〉 들어서 부축하여 대자리를 바꾸었는데, 돗자리로 돌아와 안정되기도 전에 별세하였다.

【注】言病雖困이나 猶勤於禮라

병이 비록 위중하나 여전히 예에 부지런히 힘썼다는 말이다.

【疏】'曾子'至'而沒'. ○ 正義曰：此一節論曾子臨死守禮不變之事, 各依文解之.

經의 〔曾子〕에서 〔而沒〕까지

○ 正義曰 : 이 절은 曾子가 임종을 앞두고서 변함없이 예를 지킨 일을 논한 것이니, 각각 글에 의거하여 풀이하겠다.

【疏】○ 注'華畫'至'爲刮'. ○ 正義曰：凡繪畫, 五色必有光華, 故云"華, 畫也". 云'簀謂牀策'者, 爾雅釋器云 "簀謂之策[1]." 云'說者以晥(환)爲刮節目'者, 說者謂在鄭之前解說禮者, 說此晥爲刮削木之節目, 使其晥晥然好. 故詩云 "睍晥(현환)黃鳥." 傳云"睍晥, 好貌"是也. 云'字或爲刮'者, 謂禮記之本有以"晥"字爲"刮", 云"華而刮"者, 故云"字或爲刮".

1) 策：≪爾雅≫ 〈釋器〉에는 '第(자)'로 되어 있다. 邢昺의 疏에 ≪方言≫을 인용하여 "齊나라와 魯나라 지역에서는 簀이라 하고, 陳나라와 楚나라 지역에서는 혹 '第'라고도 한다.〔齊魯之間謂之簀 陳楚之間或謂之第〕"라고 하였다.

○ 注의 〔華畫〕에서 〔爲刮〕까지

○ 正義曰：〈〔華 畫也〕〉 일반적으로 회화는 오색이 반드시 빛나므로 '華, 畫也'라고 한 것이다.

〔簀謂牀策〕 ≪爾雅≫ 〈釋器〉에 이르기를 "簀을 '策'이라 한다."라고 하였다.

〔說者以晥爲刮節目〕 '說者'는 정현 이전에 예를 해설한 사람을 이르니, 여기의 '晥'을 해설하여 나무의 마디를 깎아서 매끄럽게 하는 것이라고 한다. 그러므로 ≪詩經≫ 〈邶風 凱風〉에 이르기를 "睍晥한 꾀고리여."라고 하였는데, 毛亨의 傳에 이르기를 "睍晥은 고운 모습이다."라고 한 것이 이것이다.

〔字或爲刮〕 ≪禮記≫의 판본 중에 '晥'자가 '刮'로 되어 '華而刮'이라고 한 것도 있다는 말이니, 이 때문에 '字或爲刮'이라 한 것이다.

【疏】○ 注'未之能易, 已病故也'. ○ 正義曰：言此未病之時, 猶得寢臥, 旣病之後, 當須改正, 以已今病, 氣力虛弱, 故時復(부)一時, 未能改易, 聞童子之言, 乃便[1]驚駭.

1) 便：考文引宋板에는 '更'으로 되어 있다.(阮元의 校勘記 참조)

○ 注의 〔未之能易 已病故也〕

○ 正義曰：이렇게 아직 병이 위중하지 않을 때는 오히려 〈하사받은 돗자리에〉 드러누워도 되었으나 병이 위중해진 뒤에는 마땅히 바르게 고쳐야 했는데, 이미 병이 위중하여 기력이 쇠약하므로 한 시 또 한 시 보내다가 미처 바꾸지 못했다는 말이니, 동자의 말을 듣고 이에 곧 깜짝 놀란 것이다.

【疏】○ 注'曾子'至'覬也'. ○ 正義曰：知"齊嘗聘以爲卿"者, 韓詩外傳云 "曾子仕於莒(거), 得粟三秉[1]. 方是之時, 曾子重其(身)〔祿〕而輕其(祿)〔身〕[2]. 親沒之後, 齊迎以相, 楚迎

以令尹, 晉迎以上卿. 方是之時, 曾子重其身而輕其祿." 旣言"輕其祿", 是"不爲也". 但齊以相, 楚以令尹, 晉以上卿, 而鄭言"齊嘗聘爲卿"者, 以三國文連, 含帶爲注耳. 且相卽是上卿. "革, 急也", 釋言文[3].

1) 秉 : 16斛(곡), 즉 160斗이다. ≪儀禮≫ 〈聘禮〉에 "10斗를 '斛', 16斗를 '籔(수)', 10籔를 '秉'이라 한다.〔十斗曰斛 十六斗曰籔 十籔曰秉〕"라고 하였다.
2) 重其(身)〔祿〕而輕其(祿)〔身〕 : 저본에는 '重其身而輕其祿'으로 되어 있으나, ≪韓詩外傳≫에 의거하여 '身'과 '祿'을 뒤바꾸었다.
3) 革急也 釋言文 : ≪爾雅≫ 〈釋言〉에 "悈(극)과 褊(편)은 '급박하다'의 뜻이다.〔悈褊 急也〕"라는 내용이 보이는데, 邢昺의 疏에 따르면 悈・亟・棘・革은 글자는 다르나 음과 뜻이 똑같다.

○ 注의 〔曾子〕에서 〔覬也〕까지

○ 正義曰 : '齊嘗聘以爲卿'임을 안 것은, ≪韓詩外傳≫에 이르기를 "曾子가 莒나라에 벼슬하여 곡식 3秉을 얻었다. 바로 이때에는 曾子가 녹을 중히 여기고 몸을 가볍게 여겼다. 부모가 돌아가신 뒤에 齊나라에서는 〈증자를〉 相으로 맞이하고, 楚나라에서는 令尹으로 맞이하고, 晉나라에서는 上卿으로 맞이하였다. 바로 이때에는 증자가 몸을 중히 여기고 녹을 가볍게 여겼다."라고 하였다. 이미 '녹을 가볍게 여겼다'고 하였으니, 이것이 '不爲也'이다. 다만 제나라에서는 相으로, 초나라에서는 영윤으로, 진나라에서는 상경으로 맞이하였는데 정현이 '齊嘗聘爲卿'이라고 한 것은, 세 나라가 글이 연달아 있어서 포괄적으로 주를 낸 것뿐이다. 뿐만 아니라 相은 즉 上卿이다. '革, 急也'는 ≪爾雅≫ 〈釋言〉의 글이다.

【疏】 ○ '曾子'至'已矣'. ○ 曾參謂曾元曰 "爾之愛我也, 不如彼童子. 何者. 君子之愛人也, 必以善事成己之德, 則童子是也. 細小之人愛人也, 不顧道理, 且相寧息, 卽汝是也. 吾今更何求焉. 唯求正道, 易換其簀, 而卽仆焉." '斯已矣'者, 斯, 此也, 已猶了也, 此則正一世事了, 不陷於惡, 故君子愼終如始. 禮云[1] "男子不死於婦人之手, 婦人不死於男子之手." 故春秋魯僖公薨于小寢, 譏"卽安也"[2]. 成公薨于路寢, 傳曰"言道也"[3]. 他人名己, 得呼爲大夫之稱而言夫子, 若己不爲大夫, 則己所爲當須依禮, 不得寢大夫之(牀)〔簀〕[4]也.

1) 禮云 : 이하의 내용이 ≪禮記≫ 〈喪大記〉에 보인다.
2) 春秋魯僖公薨于小寢 譏卽安也 : ≪春秋左氏傳≫ 僖公 33년 조에 보인다.

3) 成公薨于路寢 傳曰言道也 : ≪춘추좌씨전≫ 成公 18년 조에 보인다.
4) (牀)〔簀〕 : 저본에는 '牀'으로 되어 있으나, 經文에 의거하여 '簀'으로 바로잡았다.

○〔曾子〕에서 〔已矣〕까지

○ 曾參이 曾元에게 말하였다. "네가 나를 사랑하는 것이 저 동자만 못하구나. 어째서인가? 군자가 사람을 사랑하는 것은 반드시 선한 일로 나의 덕을 이루어주니 동자가 바로 이런 경우이다. 소인이 사람을 사랑하는 것은 도리를 돌아보지 않고 구차하게 안녕과 휴식을 도우니 바로 네가 이런 경우이다. 내가 지금 다시 무엇을 구하겠는가. 오직 올바른 도를 구하여 대자리를 바꾸고 곧 쓰러져 죽을 뿐이다."

〔斯已矣〕 '斯'는 '이것'의 뜻이고, '已'는 〈'마치다'의 뜻인〉 '了'와 같다. 이렇게 되었다면 바로 한세상의 일이 끝나서 악에 빠지지 않게 되므로 군자가 마침을 삼가기를 처음처럼 하게 된다. 禮에 이르기를 "남자는 부인의 손에서 죽지 않고, 부인은 남자의 손에서 죽지 않는다."라고 하였다. 그러므로 ≪春秋≫에서 魯 僖公이 小寢에서 훙서하자 "편안히 쉬는 곳에 나아갔다."라고 기롱하였고, 魯 成公이 〈정침인〉 路寢에서 훙서하자 傳에 이르기를 "〈군주가 훙서하는〉 道를 얻었다고 말한 것이다."라고 하였다. 다른 사람은 자기를 이름 부를 때 대부의 호칭으로 불러 '夫子'라고 말할 수 있으나, 만약 자기가 대부가 되지 않았다면 자신이 행하는 것은 마땅히 예를 따라야 하니 대부의 대자리에 누워서는 안 된다.

03-18-01 始死에 充充하여 如有窮하며 旣殯하얀 瞿瞿(구구)하여 如有求而弗得하며 旣葬하야는 皇皇하여 如有望而弗至하고 練而慨然하며 祥而廓然이니라

〈부모가〉 처음 죽었을 때는 몹시 애통해하여 모든 것이 끝난 듯이 하며, 殯을 하고 나서는 눈을 들어 이리저리 보아 찾아도 찾지 못하는 듯이 하며, 장례하고 나서는 황황해하여 다시 살아오시기를 바라도 오시지 않는 것처럼 하고, 小祥을 지내고서는 세월의 빠름을 서글퍼하며, 大祥을 지내고서는 쓸쓸해 한다.

【注】 皆憂悼在心之貌也라 求는 猶索物이라

모두 근심과 슬픔이 마음속에 있는 모습이다. '求'는 〈'물건을 찾다'의 뜻인〉 '索物'과 같다.

【疏】'始死'至'廓然'. ○ 正義曰：此記人因前有死事, 遂廣說孝子形節也. 事盡理屈爲窮. 言親始死, 孝子匍匐而哭之,[1] 心形充屈, 如急行道極, 無所復(부)去, 窮急之容也. ○'旣殯, 瞿瞿如有求而弗得'者, 殯斂後, 心形稍緩也. 瞿瞿, 眼目速瞻之貌. 求猶覓也. 貌恒瞿瞿, 如有所失而求覓之不得然也. 〔○〕[2]'旣葬, 皇皇如有望而弗至'者, 又漸緩也. 皇皇, 猶栖栖也. 至葬後, 親歸草土, 孝子心形栖栖皇皇, 無所依託, 如有望彼人來而彼人不至也. ○'練而慨然'者, 轉緩也. 至小祥, 但歎慨日月若馳之速也. ○'祥而廓然'者, 至大祥, 而寥廓情意, 不樂而已.

1) 親始死 孝子匍匐而哭之：≪禮記≫〈問喪〉에 "효자는 부모가 죽으면 슬퍼하고 번민하므로 匍匐하여 곡한다.〔孝子親死 悲哀志懣 故匍匐而哭之〕"라는 내용이 보이는데, 정현의 주에 "'匍匐'은 〈'넘어져 쓰러지다'의 뜻인〉'顚蹶'과 같다.〔匍匐 猶顚蹶〕"라고 하였다.
2) 〔○〕: 저본에는 부호 '○'가 없으나, 본서의 체제에 의거하여 보충하였다.

經의 〔始死〕에서 〔廓然〕까지

○ 正義曰：〈〔始死 充充如有窮〕〉 이것은 기록하는 사람이 앞에 死事가 있음으로 인해 마침내 효자의 모습을 넓혀서 말한 것이다. 일이 막다른 곳에 몰리고 이치가 막힌 것이 '窮'이다. 부모가 처음 죽으면 효자가 쓰러져서 곡하여 마음과 몸이 꽉 막히는 것이 마치 급히 가는데 길이 막혀 더는 갈 수 없는 것과 같음을 말한 것이니, 매우 궁박한 모습이다.

○ 〔旣殯 瞿瞿如有求而弗得〕 殯斂 후에는 마음과 몸이 조금 느슨해진다. '瞿瞿'는 눈을 굴려 빨리 바라보는 모습이다. '求'는 〈'찾다'의 뜻인〉'覓'과 같다. 모습이 항상 瞿瞿하여 마치 잃어버린 것이 있어서 찾는데도 찾지 못하는 것과 같다.

○ 〔旣葬 皇皇如有望而弗至〕 더욱 점점 느슨해진 것이다. '皇皇'은 '栖栖'와 같다. 장례를 지내고 나면 부모가 흙으로 돌아가니, 효자의 마음과 몸이 황황하여 기댈 곳이 없는 것이 마치 저 사람이 오기를 바라는데도 그 사람이 오지 않는 것과 같다.

○ 〔練而慨然〕 갈수록 더 느슨해진 것이다. 小祥에 이르면 단지 세월이 치닫는 말처럼 빠름을 탄식할 뿐이다.

○ 〔祥而廓然〕 大祥에 이르면 마음이 휑하여 즐겁지 않을 뿐이다.

03-19-01 邾婁[1]復(복)之以矢는 蓋自戰於升陘(형)하여 始也니라

1) 邾婁：陸德明의 音義에 따르면 邾나라 사람은 '邾'를 발음할 때 '婁'라고 하므로 '邾婁'

라고 하였다 한다. ≪春秋公羊傳≫에는 '邾婁'라고 하여 여기와 동일하고, ≪春秋穀梁傳≫과 ≪春秋左氏傳≫에는 '邾'로만 되어 있다.

邾나라에서 화살로 초혼〔復〕을 하는 것은 〈魯나라의〉 升陘 땅에서 전쟁한 이후부터 시작되었다.

【注】 戰於升陘은 魯僖二十二年秋也라 時師雖勝이나 死傷亦甚하여 無衣可以招魂이라

〈魯나라의〉 升陘 땅에서 전쟁한 것은 魯 僖公 22년(B.C. 638) 가을이다. 당시 〈邾나라의〉 군대가 비록 승리는 했으나 死傷 또한 심하여 초혼할 수 있는 옷이 없었다.

魯婦人之髽(좌)而弔也는 自敗於臺鮐(호태)하여 始也니라

魯나라 부인들이 북상투〔髽〕를 하고 조문하는 것은 〈邾나라의〉 臺鮐 땅에서 패전한 이후부터 시작되었다.

【注】 敗於臺鮐는 魯襄四年秋也라 臺는 當爲壺字之誤也니 春秋傳作狐(鮐)〔駘〕[1)]라 時에 家家有喪하여 髽而相弔하니 去纚(사)而紒曰髽[2)]라 禮에 婦人弔服은 大夫之妻錫衰(최)[3)]요 士之妻則疑衰(최)[4)]與아 皆吉笄無首하고 素總이라

1) (鮐)〔駘〕: 저본에는 '鮐(태)'로 되어 있으나, ≪春秋左氏傳≫ 襄公 4년 조에 의거하여 '駘(태)'로 바로잡았다. 이하 '鮐'도 동일하다.

2) 去纚(사)而紒曰髽 : '纚'는 冠을 쓰기 전에 상투에 두를 때 쓰는 검은색 비단이다. '紒'는 머리카락을 묶은 상투를 이르니, '髽'는 정현의 주에 따르면 露紒이다. ≪儀禮≫ 〈喪服〉 정현의 주에 "참최상에 머리를 麻로 묶으니 髽 또한 마를 사용하여 묶는 것이다. 髽는 麻를 목에서부터 앞으로 와서 이마에서 교차하여, 뒤로 가서 紒를 휘감아 〈머리를 묶는 巾인〉 幓頭를 착용하는 것처럼 한다.〔斬衰括髮以麻 則髽亦用麻也 蓋以麻自項而前交於額上 却繞紒如著幓頭焉〕"라고 하였다.

3) 錫衰(최) : 麻布를 잿물에 넣어서 희고 매끄럽게 만든 喪服을 이른다. ≪의례≫ 〈喪服傳〉에 "錫衰란 무엇인가? 麻로 만든 錫衰이다. 석최는 吉服의 15升에서 반을 제거한 布로 만든 성근 상복이다. 올은 가공하지 않지만 布는 〈매끄럽게〉 가공한 것을 '錫'이라고 한다.〔錫者何也 麻之有錫者也 錫者 十五升抽其半 無事其縷 有事其布曰錫〕"라는 내용이 보인다. 1升은 80올이니, 석최는 600올 포로 만든 상복이다.

4) 疑衰(최) : ≪周禮≫ 〈春官 司服〉 정현의 주에 "'疑'라는 말은 '비견하다'의 뜻이니, 길

복에 비견한다는 말이다.〔疑之言擬也 擬於吉〕"라고 하였다. 또 〈춘관 사복〉 정현의 주에 따르면 의최는 14升 포로 만들며, 올은 가공하지 않고 포 역시 가공하지 않는다고 하였다.

〈魯나라가 邾나라의〉 臺鮐 땅에서 패한 것은 魯 襄公 4년(B.C. 569) 가을이다. '臺'는 마땅히 '壺'자의 誤字이니, ≪春秋左氏傳≫에 '狐駘'로 되어 있다. 당시 집집마다 초상이 나서 북상투〔髽〕를 하고 서로 조문하였으니, 〈검은 비단으로 만든〉 머리싸개〔纚〕를 제거하고 상투만 트는 것을 '髽'라 한다. 禮에 따르면 부인의 弔服은, 대부의 처는 錫衰였고, 士의 처는 아마도 疑衰였을 것이다. 모두 〈장식이 있는〉 머리 부분을 잘라낸 吉笄를 꽂고 〈머리를 묶고 남은 부분을 늘어뜨려 장식으로 삼는〉 總은 흰색으로 한다.

【疏】'邾婁'至'始也'. ○ 正義曰：此一節論二國失禮之事.

經의 〔邾婁〕에서 〔始也〕까지

○ 正義曰：이 절은 두 나라가 예를 잃게 된 일을 논한 것이다.

【疏】○ 注'戰於'至'招魂'. ○ 正義曰：魯僖公二十二年"春, 伐邾, 取須句. 秋八月, 及邾人戰于升陘(형)." 左傳云 "邾人以須句故出師. 公卑邾, 不設備而禦之. 臧文仲曰 '國無(少)〔小〕[1], 不可易(이)也. 無備, 雖衆不可恃也. 先王之明德, 無不懼也, 況我小國乎. 君其無謂邾小. (蜂)〔蠭〕[2]蠆(채)有毒, 而況國乎.' 不聽. 公及邾師戰于升陘."是也.

1) (少)〔小〕: 저본에는 '少'로 되어 있으나, ≪春秋左氏傳≫ 僖公 22년 조에 의거하여 '小'로 바로잡았다. 惠棟校宋本에도 '小'로 되어 있다.(阮元의 校勘記 참조)

2) (蜂)〔蠭〕: 저본에는 '蜂'으로 되어 있으나, ≪춘추좌씨전≫ 僖公 22년 조에 의거하여 '蠭(봉)'으로 바로잡았다. 惠棟校宋本에도 '蠭'으로 되어 있다. 王力에 따르면 '蠭'은 '蜂'의 古體이다.(阮元의 校勘記, ≪王力古漢語字典≫ 참조)

○ 注의 〔戰於〕에서 〔招魂〕까지

○ 正義曰：魯 僖公 22년 "봄에 희공이 邾나라를 정벌하여 〈주나라가 멸망시킨 나라인〉 須句를 취하였다. 가을 8월에 주나라 사람과 〈魯나라의〉 升陘 땅에서 전쟁하였다." ≪春秋左氏傳≫에 이르기를 "주나라 사람이 〈노나라가〉 須句를 차지한 일 때문에 군대를 출동시켰다. 희공이 주나라를 얕보아서 대책을 마련하여 방비하지 않았다. 〈노나라의 대부〉 臧文仲이 말하기를 '나라에는 작은 나라가 없으니 얕보아서는 안 됩니다. 방비가 없으면 군사가 아무리 많아도 믿을 수 없습니다. 선왕의 밝은 덕으로도

두려워하지 않음이 없었는데 더구나 우리 작은 나라이겠습니까. 군주께서는 주나라를 작다고 여기지 마소서. 벌과 전갈도 독이 있는데 더구나 한 나라이겠습니까.'라고 하였으나, 듣지 않았다. 희공이 주나라 군대와 升陘에서 전쟁하였다."라고 한 것이 이것이다.

【疏】 ○ 注'時師雖勝, 死傷亦甚'者, 則傳云"我師敗績, 邾人獲公冑, 縣諸魚門"是也. 鄭云此者, 解"復之以矢"之意, 以其死傷者多, 無衣可以招魂, 故用矢招之也. 必用矢者, 時邾人志在勝敵, 矢是心之所好, 故用所好招魂, 冀其復(부)反. 然招魂唯據死者, 而鄭兼云"傷"者, 以其雖勝, 故連言"死傷"以(狹)〔浹〕[1]句耳. 若因兵而死, 身首斷絶不生者, 應無復法. 若身首不殊, 因傷致死, 復(부)有可生之理者, 則用矢招魂. 左氏直言"邾", 公羊云"邾婁"者, 何休云[1] "夷言婁聲相近也."

1) (狹)〔浹〕: 저본에는 '狹'으로 되어 있으나, 문맥이 통하지 않아 北京大本에 의거하여 '浹(협)'으로 바로잡았다.

2) 何休云 : 이하의 내용이 ≪春秋公羊傳≫ 僖公 22년 조 何休의 解詁에는 보이지 않는다.

○ 注의 〔時師雖勝 死傷亦甚〕

≪春秋左氏傳≫ 僖公 22년 조에 이르기를 "우리 〈魯나라〉 군대가 대패하자 邾나라 사람이 희공의 투구를 노획하여 〈주나라의 성문인〉 魚門에 매달아놓았다."라고 한 것이 이것이다. 鄭玄이 이를 말한 것은 '復之以矢'의 뜻을 풀이한 것이니, 사상자가 많아서 초혼할 수 있는 옷이 없었으므로 화살로 초혼했다는 것이다. 반드시 화살을 사용한 것은, 당시 주나라 사람은 적을 이기는 데 뜻이 있었고 화살은 마음속으로 좋아하는 것이었으므로 좋아하는 것으로 초혼하여 〈혼이〉 다시 돌아오기를 바란 것이다. 그러나 초혼은 오직 죽은 자에게만 근거하여 하는 것임에도 정현이 '傷'을 겸하여 말한 것은, 비록 승리하기는 했어도 이 때문에 〈사망자와 부상자가 많이 나왔으므로〉 '死'와 '傷'을 연달아 말함으로써 句 전체에 뜻을 미친 것이다. 만약 전쟁으로 인해 죽었는데 몸과 머리가 단절되어 살지 못한 자는 응당 초혼하는 법이 없어야 한다. 그러나 만약 몸과 머리가 분리되지 않고 부상으로 인해 죽음에 이르렀다면 다시 살아날 수 있는 이치가 있는 자이니 화살로 초혼한 것이다. ≪춘추좌씨전≫에서는 단지 '邾'라고만 하였는데 ≪春秋公羊傳≫에서 '邾婁'라고 한 것은, 何休가 말하기를 "夷族이 '婁'를 말할 때 〈'邾'와〉 소리가 비슷하기 때문이다."라고 하였다.

【疏】○ 注'敗於'至'素總'. ○ 正義曰：案左傳魯襄公四年冬十月, 邾人伐鄫(증), 臧紇(흘)救鄫, 侵邾, 敗於狐(駘)〔駘〕. 魯人怨而歌之. 魯襄四年冬也, 此云"秋", 鄭擧其初也. 云'臺當爲壺字之誤也, 春秋傳作狐(鮐)〔駘〕[1)]', 左傳云"臧之狐裘, 敗我於狐(鮐)〔駘〕. 我君小子, 朱[2)]儒是使. 侏儒侏儒[3)], 使我敗於邾." "臧", 紇, 武仲也[4)]. 言狐裘, 武仲所服也. 是時襄公年七歲微弱, 故云"我君小子"也. 侏儒, 短人也. 臧武仲短小, 故云"侏儒". 云'去纚(사)而紒曰髽'者, 案士冠禮"纚廣終幅[5)], 長六尺", 所以(縚)〔韜〕[6)]髮. 今以凶事, 故去之, 但露紒而已. 云'禮, 婦人弔服, 大夫之妻錫衰(최)'者, 喪服傳云"大夫弔於命婦, 錫衰. 命婦弔於大夫, 亦錫衰", 是大夫之妻弔服錫衰也. 云'士之妻則疑衰與'者, 以士妻弔服(之)〔無〕[7)]文, 故云"疑衰與". 必以疑衰者, 案周禮司服有錫衰・緦衰・疑衰[8)]. 錫衰爲上, 緦衰次之, 疑衰爲下. 案喪服大夫弔服錫衰, 喪服小記云"諸侯弔, 必皮弁錫衰." 則君弔大夫・大夫相弔皆錫衰, 其服同也. 錫衰之下, 但有緦衰・疑衰. 天子弔諸侯皆以緦衰, 弔大夫・士以疑衰. 若諸侯弔大夫以錫衰, 弔同姓之士緦衰, 弔異姓之士疑衰. 故鄭注文王世子云, 同姓士緦衰, 異姓士疑衰.[9)] 以其士自相弔如一皆疑衰, 故鄭注司服云"舊說士弔服, 素委貌冠[10)]・朝服." 此士不以緦衰爲弔服者, 以緦衰是士(弔)〔之〕[11)]喪服, 不以弔也. 故注喪服云"士以緦衰爲喪服, 其弔服則疑衰也. 改其裳以素, 辟(피)諸侯." 近庶人弔服而衣猶非也, 疑衰變其裳以素耳. 以此言之, 是士弔服疑衰素裳也, 故以爲士妻弔服疑衰. 必知弔服夫妻同者, 以喪服大夫・命婦俱以錫衰弔故也. 云'皆吉笄無首素總'者, 大戴禮文也[12)].

1) (鮐)〔駘〕: 毛本에는 '鮐' 뒤에 '者'가 있다.(阮元의 校勘記 참조)
2) 朱 : 閩本에는 '侏'로 되어 있다.(阮元의 校勘記 참조)
3) 侏儒侏儒 : 監本・毛本에는 두 개의 '侏'가 모두 '朱'로 되어 있다.(阮元의 校勘記 참조)
4) 臧 紇 武仲也 : 춘추시대 魯나라의 대부이다. 성은 姬, 氏는 臧, 이름은 紇, 시호는 武이며, 臧文仲의 손자이다. 臧孫紇, 臧孫, 臧紇이라고도 한다.
5) 纚廣終幅 : ≪儀禮≫ 〈士冠禮〉 정현의 주에 따르면 '終'은 '가득하다〔充〕'의 뜻으로, '纚廣終幅'은 '纚'의 너비가 布帛의 폭과 같다는 말이다. ≪의례≫ 〈士喪禮〉 賈公彦의 疏에 따르면 布의 폭은 너비가 2尺 2寸이다.
6) (縚)〔韜〕: 저본에는 '縚(도)'로 되어 있으나, ≪의례≫ 〈士冠禮〉 鄭玄의 注에 "纚는 1폭의 길이가 6척이어서 충분히 머리를 싸매어 묶을 수 있다.〔纚一幅長六尺 足以韜髮而結之矣〕"라고 되어 있는 것에 의거하여 '韜(도)'로 바로잡았다.
7) 弔服(之)〔無〕: 저본에는 '之'로 되어 있으나, 惠棟校宋本・衛氏集說에 의거하여 '無'로

바로잡았다. 閩本・監本・毛本에는 '弔服' 앞에 '無'가 있다.(阮元의 校勘記 참조)

8) 周禮司服有錫衰緦衰疑衰 : ≪周禮≫ 〈春官 司服〉에 "王은 3公 6卿을 위해서는 錫衰를 입고, 제후를 위해서는 緦衰를 입고, 대부와 士를 위해서는 疑衰를 입는데, 머리에 쓰는 冠은 모두 爵弁에 首絰을 두른다.〔王爲三公六卿錫衰 爲諸侯緦衰 爲大夫士疑衰 其首服皆弁絰〕"라는 내용이 보인다.

9) 鄭注文王世子云……異姓士疑衰 : ≪禮記≫ 〈文王世子〉 정현의 주에 "〈군주가〉 士에게 조문 갈 때는 의최를 입고, 同姓의 士에게 조문 갈 때는 시최를 입고 조문하는 듯하다.〔於士蓋疑衰 同姓則緦衰以弔之〕"라는 내용이 보인다.

10) 委貌冠 : 검은색 비단으로 만든 冠으로, ≪의례≫ 〈士冠禮〉에 "委貌는 周나라의 제도이다.〔委貌 周道也〕"라는 내용이 보인다.

11) (弔)〔之〕 : 저본에는 '弔'로 되어 있으나, 毛本에 의거하여 '之'로 바로잡았다.(阮元의 校勘記 참조)

12) 大戴禮文也 : 현재 전하는 ≪大戴禮≫에는 보이지 않고, ≪의례≫ 〈喪服〉 정현의 주에 "일반적으로 부인이 서로 조문할 때는 〈장식이 있는〉 머리 부분을 잘라낸 吉笄를 꽂고 〈머리를 묶고 늘어뜨려 장식으로 삼는〉 總은 흰색으로 한다.〔凡婦人相弔 吉笄無首 素總〕"라는 내용이 보인다.

○ 注의 〔敗於〕에서 〔素總〕까지

○ 正義曰 : 〈〔敗於臺鮐 魯襄四年秋也〕〉 살펴보면 ≪春秋左氏傳≫ 魯 襄公 4년 겨울 10월에 邾나라 사람이 〈魯나라의 속국인〉 鄫나라를 치자, 〈노나라의 대부〉 臧紇이 증나라를 구원하기 위해 주나라를 침공하였다가 〈주나라의〉 狐駘 땅에서 패배하자 노나라 사람들이 원망하여 노래를 불렀다. 노 양공 4년 겨울인데도 여기에서 '秋'라고 한 것은, 정현은 그 처음을 언급한 것이다.

〔臺當爲壺字之誤也 春秋傳作狐駘〕 ≪춘추좌씨전≫에 이르기를 "〈노나라 사람들이 원망하여 다음과 같은 노래를 불렀다.〉 여우 갖옷 입은 臧이여, 우리 군대를 狐駘에서 패전시켰네. 우리 임금님 어리시어 난쟁이를 〈장수로〉 보내셨네. 난쟁이여 난쟁이여, 우리 군대를 邾나라에게 패전시켰네.〔臧之狐裘 敗我於狐駘 我君小子 朱儒是使 侏儒侏儒 使我敗於邾〕"라고 하였다. '臧'은 〈이름이〉 紇이니, 武仲이다. '狐裘'를 말한 것은 武仲이 입은 옷이기 때문이다. 이 당시 노 양공은 나이 7세로 어렸으므로 '我君小子'라고 한 것이다. '侏儒'는 키가 작은 사람이다. 장무중이 키가 작았으므로 '侏儒'라고 한 것이다.

〔去纚而紒曰髽〕 살펴보면 ≪儀禮≫ 〈士冠禮〉에 이르기를 "纚는 너비가 〈2尺 2寸인〉 布帛의 폭과 같고, 길이가 6尺이다."라고 하였으니, 머리카락을 싸매어 묶는 것이다.

지금 흉사이므로 이를 제거하고 단지 노출시킨 상투를 할 뿐이다.

〔禮 婦人弔服 大夫之妻錫衰〕 ≪의례≫ 〈喪服 傳〉에 이르기를 "대부는 命婦를 조문할 때 錫衰를 입는다. 명부도 대부에게 조문할 때 석최를 입는다."라고 하였으니, 이것은 대부 처의 弔服은 석최인 것이다.

〔士之妻則疑衰與〕 士의 처가 입는 弔服은 명문이 없으므로 '疑衰與'라고 한 것이다. 반드시 의최를 입는 것은, 살펴보면 ≪周禮≫ 〈春官 司服〉에 錫衰·緦衰·疑衰가 있는데, 석최가 위이고, 시최가 다음이고, 의최가 아래이다. 살펴보면 ≪의례≫ 〈喪服〉에 대부의 弔服은 석최라 하였고, ≪禮記≫ 〈喪服小記〉에 이르기를 "제후가 조문할 때 반드시 皮弁을 쓰고 석최를 입는다."라고 하였으니, 군주가 대부를 조문할 때나 대부가 서로 조문할 때 모두 석최를 입어서 그 弔服이 똑같다. 석최 아래에는 단지 시최와 의최가 있을 뿐이다. 천자가 제후에게 조문할 때는 모두 시최를 입고, 대부나 士를 조문할 때는 의최를 입는다. 만약 제후가 대부를 조문한다면 석최를 입고, 同姓의 士에게 조문할 때는 시최를 입고, 異姓의 士에게 조문할 때는 의최를 입는다. 그러므로 ≪예기≫ 〈文王世子〉 정현의 주에 이르기를, 〈군주가 조문할 때〉 동성의 士를 위하여는 시최를 입고, 이성의 士를 위하여는 의최를 입는다고 하였다. 士가 스스로 서로를 위하여 조문할 때는 한결같이 모두 의최를 입으므로 ≪주례≫ 〈春官 司服〉 정현의 주에 이르기를 "舊說에 士의 弔服은 흰색 委貌冠에 朝服을 입는다."라고 한 것이다. 여기에서 士가 시최로 弔服을 삼지 않은 것은, 시최는 士의 喪服이어서 이것을 입고 조문 가지 않기 때문이다. 그러므로 ≪의례≫ 〈상복〉 정현의 주에 이르기를 "士는 시최로 상복을 삼으며, 弔服은 의최이다. 치마를 흰색으로 바꾸어서 제후를 피한다."라고 하였다. 〈士의 弔服이〉 庶人의 弔服에 가까우나 上衣는 여전히 아니며, 의최는 치마를 흰색으로 바꿀 뿐이다. 이것으로 말하면 士의 弔服은 의최에 흰색 치마를 입으므로 士의 妻가 입는 弔服은 의최라고 한 것이다. 반드시 弔服은 부부가 똑같이 입음을 안 것은, ≪의례≫ 〈상복〉에서 대부와 命婦가 모두 석최를 입고 조문을 하기 때문이다.

〔皆吉笄無首素總〕 ≪大戴禮≫의 글이다.

03-20-01 南宮縚(도)之妻之姑之喪에

南宮縚의 처의 시어머니 喪에

【注】南宮縚는 孟僖子之子南宮閱也니 字子容이니 其妻는 孔子兄女라

'南宮縚'는 孟僖子의 아들 南宮閱이니, 字는 子容이다. 그의 처는 孔子의 형의 딸이다.

夫子誨之髽(좌)曰하사되 爾毋從從(총총)[1]爾하며 爾毋扈扈(호호)爾하라

1) 從從(총총) : 陸德明의 音義에 따르면 '從'은 음이 '총(摠)'으로, '높다〔高〕'의 뜻이다. 육덕명은 다른 음으로 '숭(崇)'을 제시하였다.

夫子께서 〈조카인 남궁도의 처에게〉 북상투를 하는 법을 가르치며 말씀하셨다. "너는 〈북상투를〉 너무 높게도 하지 말며 너무 넓게도 하지 말라.

【注】誨는 教요 爾는 女也라 從從은 謂大(태)[1]高요 扈扈는 謂大(태)廣이라 爾는 語助라

1) 大(태) : 육덕명의 음의에 따르면 음이 '태(泰)'이다. 다음에 나오는 '大廣'의 '大'도 동일하다.

'誨'는 '가르치다'의 뜻이고, '爾'는 '너'의 뜻이다. '從從'은 매우 높음을 이르고, '扈扈'는 매우 넓음을 이른다. '爾'는 어조사이다.

蓋榛以爲笄호되 長이 尺이요 而總이 八寸이니라

아마도 개암나무로 비녀를 만들되 길이는 1尺으로 하고, 머리를 묶은 뒤 장식으로 늘어뜨리는 끈의 길이는 8寸으로 해야 할 것이다."

【注】總은 束髮垂爲飾이니 齊衰(최)[1]之總은 八寸이라

1) 齊衰(최) : ≪儀禮≫ 〈喪服〉에 따르면 며느리는 시부모를 위하여 齊衰不杖期服을 입는다.

'總'은 머리를 묶은 뒤 〈남은 부분을〉 늘어뜨려 장식으로 삼는 것이니, 齊衰의 總은 8寸이다.

【疏】'南宮'至'八寸'. ○正義曰：此一節論婦人爲舅姑服髽與笄總之法. ○'南宮縚之妻之姑之喪'者, 之, 竝是語辭也. 南宮縚妻姑喪, 謂夫之母也. 以是夫子兄之女, 故夫子誨之作髽法. ○'曰, 爾毋從從(총총)爾, 爾毋扈扈(호호)爾'者, 上"爾"爲女, 下"爾"語辭(辭)[1],

言期之髽稍輕, 自有常法, 女造髽時, 無得從從而大(태)高, 又無得扈扈而大(태)廣. 旣敎以作髽, 又敎以笄總之法. 其笄用木無定, 故敎之云, 蓋用榛木爲笄, 其長尺, 而束髮垂餘之總垂八寸.

1) 辭(辭) : 저본에는 '辭'가 중복되어 있으나, 阮元의 校勘記에 의거하여 '辭' 1자를 衍文으로 처리하였다.(阮元의 校勘記 참조)

經의 〔南宮〕에서 〔八寸〕까지

○ 正義曰 : 이 절은 부인이 시부모를 위하여 북상투〔髽〕를 하는 것과 비녀를 꽂고 總을 늘어뜨리는 법을 논한 것이다.

○〔南宮縚之妻之姑之喪〕 '之'는 모두 어조사이다. 南宮縚의 처의 시어머니 상은 남편의 어머니를 이른다. 〈남궁도의 처는〉 바로 夫子의 형의 딸이므로 부자가 북상투를 하는 법을 가르친 것이다.

○〔曰爾毋從從爾 爾毋扈扈爾〕 앞의 '爾'는 '너'의 뜻이고, 뒤에 나오는 '爾'는 어조사이다. 期年喪의 북상투는 조금 가벼워서 본래 일정한 법이 있으니, 너는 북상투를 할 때 우뚝하게 너무 높게 해서도 안 되고 또 널찍하게 너무 넓게 해서도 안 된다는 말이다. 이미 북상투를 하는 법을 가르친 뒤에는 또 비녀를 꽂고 總을 늘어뜨리는 법을 가르쳐주었다. 비녀는 나무를 사용하되 정해진 것이 없으므로 가르치기를, 아마도 개암나무로 비녀를 만들되 길이는 1尺으로 할 것이요, 머리를 묶고 남은 부분을 늘어뜨리는 總은 8寸을 늘어뜨려야 할 것이라고 하였다.

【疏】○ 注'南宮'至'兄女'. ○ 正義曰 : 知"孟僖子之子南宮閱"者, 案左氏昭七年傳云, 孟僖子將卒, 召其大夫云 "屬說(촉열)與何忌於夫子, 以事仲尼." 以南宮爲氏, 故世本云"仲孫貜(확)生南宮縚"是也. 云'字子容, 其妻, 孔子兄女'者, 論語云"以其兄之子妻之"是也.

○ 注의 〔南宮〕에서 〔兄女〕까지

○ 正義曰 : 〈〔南宮縚 孟僖子之子南宮閱也〕〉 '孟僖子之子南宮閱'임을 안 것은, 살펴보면 ≪春秋左氏傳≫ 昭公 7년 조에 이르기를, 맹희자가 죽음을 앞두고 대부를 불러 말하기를 "〈내가 만약 수명을 다하고 죽는다면 반드시〉 說과 何忌를 夫子에게 맡겨 仲尼를 師事하게 하라."라고 하였으니, '南宮'으로 氏를 삼은 것이다. 그러므로 ≪世本≫에 이르기를 "仲孫貜은 南宮縚를 낳았다."라고 한 것이 이것이다.

〔字子容 其妻 孔子兄女〕 ≪論語≫ 〈公冶長〉에 이르기를 "형의 딸을 〈남궁도에게〉 아

내로 주셨다."라고 한 것이 이것이다.

【疏】○ 注'從從'至'大廣'. ○ 正義曰："從從"是高之貌狀, 故楚辭招隱云"山氣巃嵸(롱종)兮石嵯峨(차아)", 則"巃嵸"是高也. 扈扈猶廣也, 爾雅釋山云"卑而大, 扈", 郭云, 扈是廣貌也. 此云無得高廣者, 謂無得如斬衰(최)高廣也.

○ 注의 〔從從〕에서 〔大廣〕까지

○ 正義曰：'從從'은 우뚝한 형상이다. 그러므로 ≪楚辭≫ 〈招隱士〉에 이르기를 "巃嵸한 산 기운이여, 바위가 높이 솟았도다."라고 하였으니, '巃嵸'은 바로 우뚝한 것이다. '扈扈'는 〈'넓다'의 뜻인〉 '廣'과 같다. ≪爾雅≫ 〈釋山〉에 이르기를 "산이 낮고 큰 것을 '扈'라 한다."라고 하였는데, 郭璞이 말하기를 '扈'는 넓은 모습이라고 하였다. 여기에서 〈북상투를〉 높고 넓게 해서는 안 된다고 말한 것은, 〈齊衰喪에〉 斬衰喪처럼 높고 넓게 해서는 안 된다는 말이다.

【疏】○ 注'總束'至'八寸'. ○ 正義曰：案喪服傳云"總六升, 長六寸", 謂斬衰也. 故此齊衰長八寸也, 以二寸爲差也. 以下亦當然, 無文以言之. 喪服箭笄長一尺, 吉笄長尺二寸[1], 榛笄[2]長尺, 斬衰・齊衰笄同(二)〔一〕[3]尺, 降於吉笄二寸也. 但惡笄或用櫛(즐), 或用榛, 故喪服有櫛笄. 故夫子稱"蓋"以疑之.

1) 喪服箭笄長一尺 吉笄長尺二寸：≪儀禮≫ 〈喪服 傳〉에 "〈시집가지 않은 딸이 아버지를 위하여 입는 斬衰三年服에 사용하는〉 箭笄는 길이가 1척이고, 吉笄는 1척 2촌이다.〔箭笄長尺 吉笄尺二寸〕"라는 내용이 보인다. '箭'은 정현의 주에 따르면 조릿대〔篠竹〕이다.
2) 榛笄：≪의례≫ 〈喪服 記〉에 "며느리는 시부모를 위하여 〈齊衰不杖期에 사용하는〉 惡笄를 북상투에 꽂는다.〔婦爲舅姑 惡笄有首以髽〕"라고 하였는데, 〈喪服 傳〉에 "惡笄는 櫛笄이다.〔惡笄者 櫛笄也〕"라고 하였다. 정현의 주에 "櫛笄는 떡갈나무로 비녀를 만든 것이다. 혹자는 비녀 머리에 장식이 있는 榛笄라고도 한다.〔櫛笄者 以櫛之木爲笄 或曰榛笄有首者〕"라고 하였다.
3) (二)〔一〕：저본에는 '二'로 되어 있으나, ≪의례≫ 〈喪服 傳〉에 의거하여 '一'로 바로잡았다.

○ 注의 〔總束〕에서 〔八寸〕까지

○ 正義曰：살펴보면 ≪儀禮≫ 〈喪服 傳〉에 이르기를 "〈머리를 묶는 끈인〉 總은 6升布로 만들고, 〈머리를 묶은 뒤에 늘어뜨리는 부분의〉 길이는 6寸이다."라고 하였으니,

斬衰를 이른다. 그러므로 여기의 齊衰의 總은 길이가 8촌인 것이니, 2촌으로 차이를 둔 것이다. 이하 또한 마땅히 그러해야 하나 말할 만한 明文이 없다. ≪의례≫ 〈상복〉에 따르면 〈참최에 사용하는〉 箭笄는 길이가 1尺이고 吉笄는 길이가 1척 2촌이며 〈자최에 사용하는〉 榛笄는 길이가 1척이니, 참최와 자최의 비녀는 똑같이 1척으로 길계보다 2촌을 낮춘다. 다만 惡笄는 떡갈나무를 사용하기도 하고 개암나무를 사용하기도 하므로 ≪의례≫ 〈상복〉에 櫛笄가 있는 것이다. 그러므로 夫子가 '蓋'라고 칭하여 의심한 것이다.

03-21-01 孟獻子禫(담)에 縣而不樂(악)하며 比御而不入한대

〈魯나라의 대부〉 孟獻子가 禫祭를 지낸 뒤에 악기를 〈악기 틀에〉 매달아놓기는 하였으나 연주하지는 않으며, 부인을 거느릴 수 있는데도 들이지를 않자,

【注】 可以御婦人矣로되 尙不復(복)寢이라 孟獻子는 魯大夫仲孫蔑이라

부인을 거느릴 수 있는데도 오히려 復寢하지 않았다. '孟獻子'는 魯나라 대부 仲孫蔑이다.

夫子曰하사되 獻子는 加於人一等矣라하시다

夫子께서 말씀하셨다. "맹헌자는 보통 사람보다 한 단계 더 나은 사람이다."

【注】 加는 猶踰也라

'加'는 〈'뛰어넘다'의 뜻인〉 '踰'와 같다.

【疏】 '孟獻'至'等矣'. ○ 正義曰：此一節論獻子除喪作樂(악), 得禮之宜也. 依禮, 禫(담)祭暫縣省樂(성악)而不恒作也. 至二十八月, 乃始作樂. 又依禮, 禫後吉祭, 乃始復寢. 當時人禫祭之後, 則恒作樂, 未至吉祭而復寢. 今孟獻子旣禫, 暫縣省樂而不恒作, 比可以御婦人而不入寢, 雖於禮是常, 而特異餘人, 故夫子善之云"獻子加於人一等矣", 不謂加於禮一等. 其祥禫之月, 先儒不同. 王肅以二十五月大祥, 其月爲禫, 二十六月作樂. 所以然者, 以下云"祥而縞(호), 是月禫, 徙月樂", 又與上文[1)]魯人朝祥而莫(모)

歌, 孔子云"踰月則其善", 是皆祥之後月作樂也. 又(間傳)〔三年問〕[2]云 "三年之喪, 二十五月而畢." 又士虞禮"中月而禫", 是祥月之中也, 與尙書"文王中身享國[3]"謂身之中間同. 又文公二年冬, "公子遂如齊納幣", 是僖公之喪, 至此二十六月. 左氏云 "納幣, 禮也." 故王肅以二十五月禫除喪畢. 而鄭康成則二十五月大祥, 二十七月而禫[4], 二十八月而作樂, 復平常. 鄭必以爲二十七月禫者, 以雜記云[5], 父在, 爲母爲妻, 十三月大祥, 十五月禫. 爲母爲妻, 尙祥・禫異月, 豈容三年之喪, 乃祥・禫同月. 若以父在爲母, 屈而不伸, 故延禫月, 其爲妻, 當亦不申祥・禫異月乎. 若以中月而禫爲月之中間, 應云"月中而禫", 何以言"中月"乎. 案喪服小記云"妾祔於妾祖姑, 亡(무)則中一以上而祔", 又學記云"中年考校", 皆以中爲間. 謂間隔一年, 故以中月爲間隔一月也. 下云"祥而縞, 是月禫, 徙月樂"是也, 謂大祥者縞冠, "是月禫"謂是此禫月而禫. 二者各自爲義, 事不相干. 故論語云"子於是日哭, 則不歌", 文無所繼, 亦云"是日". 文公二年, "公子遂如齊納幣"者, 鄭箴膏肓(침고황) "僖公母成風主婚, 得權時之禮, 若公羊猶談其喪娶[6]." 其"魯人朝祥而莫(모)歌", 及喪服四制云"祥之日, 鼓素琴", 及"夫子五日彈琴不成聲, 十日成笙歌[7]", 竝此"獻子禫縣"之屬, 皆據省樂(성악)忘哀, 非正樂也. 其八音[8]之樂, 工人所奏, 必待二十八月也. 卽此下文"是月禫, 徙月樂"是也. 其朝祥莫歌, 非正樂歌, 是樂之細別, 亦得稱樂, 故鄭云[9] "笑其爲樂(락)速也." 其三年問云"三年之喪, 二十五月而畢", 據喪事終, 除衰去杖. 其餘哀未盡, 故更延兩月, 非喪之正也. 王肅難鄭云 "若以二十七月禫, 其歲(未)〔末〕[10]遭喪, 則出入四年, 喪服小記何以云'再期之喪三年'." 如王肅此難, 則爲母十五月而禫, 出入三年, 小記何以云"期之喪二年". 明小記所云, 據喪之大斷也. 又肅以月中而禫. 案曲禮"喪事先遠日"[11], 則大祥當在下旬, 禫祭又在祥後, 何得云"(中月)〔月中〕[12]而禫". 又禫後何以容吉祭. 故鄭云二十七月也. 戴德喪服變除禮"二十五月大祥, 二十七月而禫", 故鄭依而用焉. 鄭以二十八月樂作, 喪大記何以云"禫而內無哭者, 樂作矣[13]". (以)〔似〕[14]禫後許作樂者, 大記所謂禫後方將作樂, 釋其"內無哭者"之意, 非謂卽作樂. 大記又云"禫而從御, 吉祭而復寢", 間傳何以云"大祥居復寢". 間傳所云者, 去堊(악)室, 復殯宮之寢, 大記云"禫而從御", 謂禫後得御婦人, 必待吉祭, 然後復寢. 其吉祭者, 是禫月値四時而吉祭, 外而爲之[15], 其祝辭猶不稱以某妃配. 故士虞禮云 "吉祭猶未配."

1) 上文 : 03-15-01 참조.

2) (間傳)〔三年問〕: 저본에는 '間傳'으로 되어 있으나, 이하의 내용에 의거하여 '三年問'으로 바로잡았다.

3) 尙書文王中身享國 : ≪書經≫ 〈周書 無逸〉에 "文王이 天命을 받은 것이 中身이었는데 재위한 것이 50년이었다.〔文王受命惟中身 厥享國五十年〕"라는 내용이 보이는데, 鄭玄의 주에 "中身은 중년을 이른다.〔中身謂中年〕"라고 하였다.

4) 鄭康成則二十五月大祥 二十七月而禫 : ≪儀禮≫ 〈士虞禮〉 '又朞而大祥'에 대한 정현의 주에 "초상부터 이때까지 25개월이다. '中'은 〈'간격을 두다'의 뜻인〉 '間'과 같다.〔初喪至此二十五月 中猶間也〕"라고 하였고, '中月而禫'에 대한 정현의 주에 "'禫'은 제사 이름이다. 大祥祭와 한 달의 간격을 두니, 초상부터 中月까지 모두 27개월이다.〔禫 祭名也 與大祥間一月 自喪至中 凡二十七月〕"라고 하였다.

5) 雜記云 : ≪禮記≫ 〈雜記 下〉에 "期年의 喪에 11개월에 練祭를 지내고, 13개월에 大祥祭를 지내고 15개월에 禫祭를 지낸다.〔期之喪 十一月而練 十三月而祥 十五月而禫〕"라고 하였는데, 정현의 주에 "이것은 아버지가 살아 있는 경우 어머니를 위하여 입는 상복을 이른다.〔此謂父在爲母也〕"라고 하였다. ≪의례≫ 〈喪服〉에 따르면 자식이 아버지가 살아 있는 경우 어머니를 위하여 齊衰杖期服을 입으며, 남편이 처를 위하여 자최장기복을 입는다.

6) 公羊猶談其喪娶 : ≪春秋公羊傳≫ 文公 2년 조 公羊壽의 傳에 "납폐는 기록하지 않는데 여기에서는 왜 기록하였는가? 기롱한 것이다. 무엇을 기롱한 것인가? 거상 중에 장가든 것을 기롱한 것이다. 장가든 것은 3년상을 넘어서 하였는데 왜 거상 중에 장가들었다고 기롱한 것인가? 3년 안에는 혼사를 도모하지 않기 때문이다.〔納幣不書 此何以書 譏 何譏爾 譏喪娶也 娶在三年之外 則何譏乎喪娶 三年之內不圖婚〕"라는 내용이 보인다. 徐彦의 疏에 따르면 魯 僖公은 12월에 홍서하였으니 납폐 때까지 25개월이 다 차지 않았으며, 또 納采·問名·納吉·納幣를 모두 3년 안에 하였으므로 이렇게 말한 것이다.

7) 夫子五日彈琴不成聲 十日成笙歌 : 03-22-01 참조.

8) 八音 : ≪周禮≫ 〈春官 大師〉에 따르면 금속〔金〕, 돌〔石〕, 흙〔土〕, 가죽〔革〕, 생사〔絲〕, 나무〔木〕, 박〔匏〕, 대나무〔竹〕 등 8종의 재료로 만든 악기를 이른다. 정현의 주에 따르면 '金'은 鐘과 鎛(박), '石'은 磬, '土'는 塤(훈), '革'은 鼓와 鞀(도), '絲'는 琴과 瑟, '木'은 柷과 敔(어), '匏'는 笙, '竹'은 管과 簫를 이른다.

9) 鄭云 : 이하의 내용이 03-15-01 정현의 주에 보인다.

10) (未)〔末〕: 저본에는 '未'로 되어 있으나, 監本·毛本에 의거하여 '末'로 바로잡았다. (阮元의 校勘記 참조)

11) 曲禮喪事先遠日 : 01-39-01 참조.

12) (中月)〔月中〕: 저본에는 '中月'로 되어 있으나, 앞뒤 문맥에 의거하여 '月中'으로 바

로잡았다.

13) 禫而內無哭者 樂作矣 : ≪예기≫ 〈喪大記〉에는 '矣' 뒤에 '故也' 2자가 더 있다. 孔穎達의 疏에 따르면 담제에는 이미 八音의 악기를 뜰에 매달았으므로 中門 안에서 더는 곡하지 않는 것이다.

14) (以)〔似〕 : 저본에는 '以'로 되어 있으나, 考文에서 인용한 宋板에 의거하여 '似'로 바로잡았다. ≪儀禮經傳通解續≫에도 '似'로 되어 있다.(阮元의 校勘記 참조)

15) 外而爲之 : ≪예기≫ 〈三年問〉에 "3년의 상은 25개월이 되면 끝난다.〔三年之喪 二十五月而畢〕"라는 구절에 근거하면 '外而爲之'는 25개월을 넘었으므로 吉祭를 지낼 수 있다는 뜻으로 추정된다.

經의 〔孟獻〕에서 〔等矣〕까지

○ 正義曰 : 이 절은 孟獻子가 탈상한 뒤에 악기를 연주하여 禮의 마땅함을 얻은 것을 논한 것이다. 禮에 따르면 禫祭를 지낸 뒤에는 잠시 악기를 매달아놓고 살피지만 늘 연주하지는 않는다. 〈초상부터〉 28개월이 되어야 비로소 악기를 연주한다. 또 예에 따르면 담제를 지낸 뒤 吉祭를 지내고서야 비로소 침소를 회복한다. 당시 사람들이 담제를 지낸 뒤에는 늘 악기를 연주하고 아직 길제를 지내지 않았는데도 침소를 회복하였다. 그런데 지금 맹헌자는 이미 담제를 지냈는데도 잠시 악기를 매달아놓고 살피기는 했지만 늘 연주하지는 않았으며, 부인을 거느릴 수 있는 때가 되었는데도 침소에 들이지 않았으니, 비록 예에는 떳떳한 일이었으나 다른 사람들과 홀로 달랐으므로 夫子가 이를 좋게 여겨 '獻子加於人一等矣'라고 한 것이니, 예보다 한 등급을 더했다고 말한 것이 아니다.

大祥祭와 禫祭를 지내는 달은, 先儒들이 의견이 같지 않다. 王肅은 25개월이 되었을 때 대상제를 지내고 그달에 담제를 지내며, 26개월이 되었을 때 악기를 연주한다고 하였다. 이렇게 하는 이유는, ≪禮記≫ 〈檀弓 上〉 다음 경문에 이르기를 "대상제를 지내면서 縞冠을 쓰며, 이달에 담제를 지내고 달을 넘겨서 악기를 연주한다."라고 하였고, 또 앞의 경문에서 魯나라 사람이 아침에 대상제를 지내고 저녁에 노래하자 공자가 "달을 넘겼더라면 좋았을 것이다."라고 하였는데, 이것은 모두 대상제를 지낸 다음 달에 악기를 연주하는 것이기 때문이다.

또 ≪예기≫ 〈三年問〉에 이르기를 "3년의 喪은 25개월에 끝난다."라고 하였고, 또 ≪儀禮≫ 〈士虞禮〉에 이르기를 "中月에 담제를 지낸다."라고 하였으니, 이것은 〈담제가〉 대상제를 지내는 그달 中에 있는 것이다. ≪書經≫ 〈周書 無逸〉에서 "文王이 中身에 보위에 올랐다."라고 할 때의 '中身'이 나이〔身〕의 中間을 말한 것과 똑같다. 또 〈≪春秋≫에 이르기를〉 魯 文公 2년 겨울에 "公子遂가 齊나라에 가서 納幣하였다."라고 하였는데, 이것은 〈노 문공의 부친인〉 魯 僖公의 喪이 이때 이르러 26개월이 된 것이다. ≪春秋左氏傳≫에 이르기를 "〈공자수가 제나라에 가서〉 납폐하였으니 예에 맞았다."라고 하였으므로 왕숙이 25개월에 담제를 지내고 상복을 벗어 마친다고 한 것이다.

그런데 鄭玄은 25개월에 대상제를 지내고, 27개월에 담제를 지내며, 28개월에 악기를 연주하고 평상을 회복한다고 하였다. 정현이 반드시 27개월에 담제를 지낸다고 말한 것은, ≪예기≫ 〈雜記 下〉에 이르기를, 아버지가 살아 있을 때 〈자식이〉 어머니를 위하여 상복을 입을 경우나 〈남편이〉 처를 위하여 상복을 입을 경우 13개월에 대상제를 지내고 15개월에 담제를 지낸다고 하였으니, 어머니나 처를 위해서도 오히려 대상제와 담제 지내는 달을 달리하는데 어찌 3년의 喪에 대상제와 담제를 똑같은 달에 지낼 수 있겠는가.

만약 아버지가 살아 있는 경우 어머니를 위하여 복을 입는 것을 예를 굽혀 다 펴지 못하기 때문에 담제 지내는 달을 미룬 것이라면, 처를 위해서도 마땅히 예를 다 펴지 못하여 대상제와 담제 지내는 달을 달리해야 하지 않겠는가. 만약 '中月而禫'을 그달의 중간으로 여긴다면 마땅히 '月中而禫'이라고 말해야 했을 것인데 어찌하여 '中月'이라고 말했겠는가. 살펴보면 ≪예기≫ 〈喪服小記〉에 이르기를 "첩은 조부의 첩에게 合祔하니, 조부의 첩이 없으면 '한 代의 간격을 두고〔中一〕' 위로 올라가서 합부한다."라고 하였고, 또 ≪예기≫ 〈學記〉에 이르기를 "한 해의 간격을 두고〔中年〕 〈배우는 자의 덕행과 도예를〉 점검한다."라고 하였으니, 모두 '中'으로 '間'을 삼은 것이다. 〈'中年'은〉 1년의 간격을 두었다는 말이므로 '中月'을 한 달의 간격을 두는 것으로 본 것이다.

≪예기≫ 〈檀弓 上〉 다음 경문에 이르기를 "대상제를 지내면서 縞冠을 쓰며, 〈담제를 지내는〉 이달에 담제를 지내고 달을 넘겨서 악기를 연주한다.〔祥而縞 是月禫 徙月樂〕"라고 한 것이 이것이니, 〈'祥而縞'는〉 대상제를 지내는 경우 호관을 쓴다는 말이며, '是月禫'은 바로 이 담제를 지내는 달에 담제를 지낸다는 말이다. 두 가지는 각각 따로 뜻이 있어서 일이 서로 침범하지 않는다. 그러므로 ≪論語≫ 〈述而〉에 이르기를 "공자는 〈부고를 받았거나 조문하여〉 이날 哭을 하였으면 노래하지 않았다."라고 한 것이니, 글이 이어지는 바가 없는데도 또한 '이날〔是日〕'이라고 하였다.

≪春秋≫ 文公 2년 조에 "公子遂가 齊나라에 가서 納幣하였다."라고 한 것은, 정현의

≪箴膏肓≫에 이르기를 "魯 僖公의 어머니 成風이 혼사를 주관하여 임시방편의 예를 얻었는데도 ≪春秋公羊傳≫에서는 오히려 거상 중에 장가를 갔다고 말하였다."라고 하였다. 〈앞의 경문에〉 "魯나라 사람이 아침에 대상제를 지내고 저녁에 노래하였다."라고 한 것과, ≪예기≫ 〈喪服四制〉에 이르기를 "대상제를 지내는 날 素琴을 연주한다."라고 한 것과, 〈다음에 나오는 경문에〉 "夫子는 〈이미 대상제를 지낸 지〉 5일 만에 琴을 탔으나 〈슬픔을 아직 잊지 못해〉 음률이 제대로 이루어지지 않았고 〈달을 넘겨〉 10일 만에 笙歌를 이루었다."라고 한 것은 모두 여기 경문에서 말하는 '獻子禫縣'의 등속이니, 모두 악기를 살피며 슬픔을 잊는 것에 근거한 것이지 정식 음악은 아니다.

八音의 음악은 악공이 연주하는 것이니 반드시 28개월을 기다려야 한다. 바로 ≪예기≫ 〈檀弓 上〉 다음 경문에 "이달에 담제를 지내고 달을 넘겨서 악기를 연주한다."라고 한 것이 바로 이것이다. '아침에 대상제를 지내고 저녁에 노래한 것'은 정식 樂歌가 아니고 바로 음악을 자세히 구분한 것이니, 또한 음악이라 칭할 수 있으므로 정현이 '笑其爲樂速也'라고 한 것이다. ≪예기≫ 〈三年問〉에 이르기를 "3년의 喪은 25개월에 끝난다."라고 하였는데, 喪事가 끝나서 상복을 벗고 喪杖을 제거한 것에 근거한 것이다. 그러나 남은 슬픔은 다하지 않았으므로 다시 2개월을 연장한 것이니, 상례의 올바름은 아니다.

왕숙은 정현을 힐난하기를 "만약 27개월에 담제를 지낸다면, 그 해 말에 喪을 당했다면 4년 안팎이 되는데 ≪예기≫ 〈喪服小記〉에서 왜 '再期의 喪은 3년이다.'라고 했겠는가."라고 하였다. 왕숙의 이 힐난대로라면, 어머니를 위하여 15개월 만에 담제를 지낸다면 3년 안팎이 되는데 〈상복소기〉에서는 왜 "期年의 喪은 2년이다."라고 했는가? 〈상복소기〉에서 말한 것은 喪의 大斷에 근거를 두었음이 분명하다.

또 왕숙은 〈대상제를 지내는〉 그달 중으로 담제를 지낸다고 하였다. 살펴보면 ≪예기≫ 〈曲禮 上〉에 이르기를 "喪事는 먼 날을 먼저 점친다."라고 하였으니 대상제는 마땅히 하순에 있어야 하며, 담제는 또 대상제 뒤에 있는데 어떻게 '그달 중으로 담제를 지낸다'고 말할 수 있겠는가. 또 담제 뒤에 어떻게 吉祭를 지낼 수 있겠는가. 그러므로 정현이 27개월이라고 말한 것이다. 戴德의 ≪喪服變除禮≫에 이르기를 "25개월에 대상제를 지내고 27개월에 담제를 지낸다."라고 하였으므로 정현이 이를 따라서 쓴 것이다.

정현은 28개월에 악기를 연주한다고 하였는데, ≪예기≫ 〈喪大記〉에서는 왜 "담제를 지낸 뒤에는 〈中門〉 안으로 들어와 곡함이 없는 것은 악기를 연주하기 때문이다."라고 하였는가? 담제를 지낸 뒤 악기 연주를 허락하는 것처럼 보이는 것은, 〈상대기〉

에서 말한 것은 담제를 지낸 뒤에 장차 악기를 연주하려 한다는 것으로, '중문 안으로 들어와 곡함이 없다'는 뜻을 해석한 것이지 곧바로 악기를 연주한다는 말이 아니다.

≪예기≫ 〈喪大記〉에 또 이르기를 "담제를 지낸 뒤에는 부인을 거느리고, 吉祭를 지낸 뒤에는 〈더는 殯宮에서 묵지 않고 평상의〉 침소를 회복한다."라고 하였는데, ≪예기≫ 〈間傳〉에서는 왜 "대상제를 지낸 뒤에는 거처에 침소를 회복한다."라고 하였는가? 〈간전〉에서 말한 것은 〈중문 밖의〉 堊室을 떠나 殯宮의 침소를 회복한다는 것이고, 〈상대기〉에서 "담제를 지낸 뒤에는 부인을 거느린다."라고 한 것은 담제를 지낸 뒤에는 부인을 거느릴 수 있다는 말이니, 반드시 길제를 기다린 연후에 침소를 회복해야 한다. 여기의 '吉祭'는 바로 담제를 지낸 달에 四時祭를 만나면 〈四時의〉 길제를 지낸다는 것이니, 〈25개월〉 밖이어서 제사를 지내되 그 祝辭에는 여전히 '某妃配'를 칭하지 않는다. 그러므로 ≪儀禮≫ 〈士虞禮 記〉에 이르기를 "길제에는 여전히 〈死者보다 먼저 죽은 처를〉 배향하지 않는다."라고 하였다.

【疏】 ○ 注'孟獻子 魯大夫仲孫蔑'. ○ 正義曰：知者, 案襄五年經, 書"仲孫蔑會吳于善道[1)]", 傳云"孟獻子會吳于善道", 是孟獻子爲仲孫蔑也. 仲稱孟者, 是慶父(보)之後. 鄭注論語云"慶父輈(稱)〔經〕死[2)], 時人爲之諱, 故云孟氏." 杜預以爲慶父是莊公長庶兄, 庶長, 故稱孟.

1) 仲孫蔑會吳于善道：≪春秋≫ 襄公 5년 조에 "〈魯나라의 대부〉 仲孫蔑과 衛나라의 〈대부〉 孫林父(보)가 〈晉나라의 명을 받고〉 善道에서 吳나라 사람과 회합하였다.〔仲孫蔑衛孫林父會吳于善道〕"라는 내용이 보인다. '善道'는 지금의 중국 江蘇省 盱眙縣(우이현) 북쪽에 있는 오나라의 땅 이름으로, ≪春秋公羊傳≫과 ≪春秋穀梁傳≫에는 모두 '稻(도)'로 되어 있다.(≪春秋左傳注≫ 襄公 5년 楊伯峻 注 참조)

2) 慶父輈(稱)〔經〕死：'慶父'는 魯 桓公의 아들이자 魯 莊公의 庶兄으로, 이름은 慶父, 字는 仲孫, 시호는 共仲이다. 魯나라 三桓 중의 하나인 孟孫氏의 시조이다. 장공이 훙서한 뒤 경보는 사람을 보내 새로 즉위한 장공의 아들 公子般과 공자반을 뒤이어 자신이 옹립한 魯 閔公을 죽이고 내란을 일으켰다. 노나라 사람들이 장공의 다른 아들 僖公을 옹립하자 莒나라로 달아났다. 거나라 사람들이 쫓아내자 다시 齊나라로 가고자 했으나 제나라에서도 경보를 받아들이지 않았다. 이후 경보는 공자 奚斯를 사신으로 보내 사면을 청하였으나 노나라에서는 들어오면 죽이겠다고 하였다. 해사가 돌아와 차마 보고하지 못하고 홀로 우는 소리를 듣고서 경보는 수레의 끌채〔輈〕에 스스로 목을 매고 죽었다. '經'은 저본에는 '稱'으로 되어 있으나, 浦鏜의 교감기에 의거하

여 '經'으로 바로잡았다. 《春秋公羊傳》 僖公 원년 조에도 '抗輈經而死'로 되어 있으며, '經死'는 '목을 매고 죽다'의 뜻이다.(阮元의 校勘記 참조)

○ 注의 〔孟獻子 魯大夫仲孫蔑〕

○ 正義曰：이를 아는 것은, 살펴보면 《春秋》 襄公 5년 경문에 "〈魯나라의 대부〉 仲孫蔑이 〈吳나라 땅〉 善道에서 오나라 사람과 회합하였다."라고 하였는데, 《春秋左氏傳》에 이르기를 "孟獻子가 善道에서 吳나라와 회합하였다."라고 하였으니, 이것은 맹헌자가 중손멸이라는 것이다. '仲'을 '孟'이라 칭한 것은, 바로 〈魯三家인 慶父・叔牙・季友 중〉 慶父의 후손이기 때문이다. 《論語》 정현의 주에 이르기를 "경보가 수레의 끌채에 목을 매고 죽자 당시 사람들이 이 때문에 諱하였으므로 '孟氏'라 한 것이다."라고 하였다. 杜預는 말하기를, 경보는 魯 莊公의 長庶兄이니, 서자 중의 장자이므로 '孟'이라 칭한다고 하였다.

03-22-01 孔子旣祥하시고 五日에 彈琴而不成聲[1)]하시고

1) 聲：《禮記》 〈樂記〉 鄭玄의 注에 "宮・商・角・徵・羽가 〈가장 탁한 宮音부터 가장 맑은 羽音까지〉 서로 뒤섞여 조화를 이루는 것을 '音'이라 하고, 〈궁・상・각・치・우 5聲 중〉 오직 하나의 聲만 나오는 것을 '聲'이라 한다.〔宮商角徵羽雜比曰音 單出曰聲〕"라는 내용이 보인다. 孔穎達의 疏에 "처음 입에서 나오는 홑소리를 '聲'이라 하고, 여러 聲이 합하여 조화를 이루어서 악장을 이루는 것을 '音'이라 하고, 金・石의 악기와 干・戚・羽・旄의 춤이 더하는 것을 '樂'이라 하니, 聲이 처음이고 音이 중간이고 樂이 마지막이다.〔初發口單者謂之聲 衆聲和合成章謂之音 金石干戚羽旄謂之樂 則聲爲初 音爲中 樂爲末也〕"라고 하였다.

공자는 大祥을 마친 지 5일 만에 琴을 탔으나 聲音이 이루어지지 않았고

【注】 哀未忘이라

슬픔이 아직 잊히지 않은 것이다.

十日而成笙歌[1)]러시다

1) 笙歌：笙人이 연주하는 笙에 맞추어 노래하다, 또는 笙을 불며 노래한다는 뜻이다.

〈달을 넘겨〉 10일 만에 笙歌의 聲音을 이루었다.

【注】 踰月且異旬也라 祥亦凶事니 用遠日이라 五日彈琴하고 十日笙歌는 除由外也니 琴以手하고 笙歌以氣라

달을 넘기고도 또 열흘을 달리한 것이다. 大祥 또한 흉사이니 遠日을 쓴다. 〈大祥 후〉 5일이 되면 琴을 타고 10일이 되면 笙歌하는 것은 탈상은 겉모습에서부터 시작하기 때문이니, 琴은 손으로 연주하고 〈笙에 맞추어 노래하는〉 笙歌는 氣로 한다.

【疏】 '孔子'至'笙歌'. ○ 正義曰：此一節論孔子除喪作樂之限. ○ "十日而成笙歌"者, 上云"彈琴而不成聲", 此云十日而成笙歌之聲音, 曲諧和也.

經의 〔孔子〕에서 〔笙歌〕까지

○ 正義曰：이 절은 공자가 상복을 벗고 악기를 연주하는 한계를 논한 것이다.

○ 〔十日而成笙歌〕 앞에서 '彈琴而不成聲'이라 하였는데 여기에서 10일 만에 笙歌의 聲音을 이루었다고 한 것은 곡이 조화롭다는 것이다.

【疏】 ○ 注'五日'至'以氣'. ○ 正義曰：此者解先彈琴, 後笙歌之意. 由彈以手, 手是形之外, 故曰"除由外也". 祥是凶事, 用遠日, 故十日得踰月. 若其卜遠不吉, 則用近日, 雖祥後十日, 亦不成笙歌, 以其未踰月也.

○ 注의 〔五日〕에서 〔以氣〕까지

○ 正義曰：이것은 먼저 琴을 타고 뒤에 笙歌한 뜻을 풀이한 것이다. 〈琴을 타는 것은〉 손으로 하는데 손은 외부에 드러난 모습이므로 '除由外也'라고 한 것이다. 大祥은 凶事이니 遠日을 쓰므로 10일이면 달을 넘길 수 있다. 만약 遠日을 점쳤는데 불길하면 近日을 쓰니, 비록 대상 후 10일이 되어도 笙歌의 성음을 이루지 못하는 것은 아직 달을 넘기지 못했기 때문이다.

03-23-01 有子는 蓋旣祥而絲屨組纓(영)이러라

有子는 大祥을 마치고 나서 〈禫祭 뒤의 길복 차림인〉 生絲로 신발 장식을 한 신을 신고 組로 관끈을 만들었던 듯하다.

【注】 譏其早也라 禮에 旣祥에 (日)〔白〕[1]屨無絇(구)하고 縞(호)冠素紕(비)[2]라하니라 有子는

孔子弟子有若이라

1) (日)〔白〕: 저본에는 '日'로 되어 있으나, 문맥이 통하지 않아 北京大本에 의거하여 '白'으로 바로잡았다.

2) 縞(호)冠素紕(비): '素'는 ≪禮記≫ 〈雜記 下〉 공영달의 소에 따르면 生帛을 이르며, ≪예기≫ 〈玉藻〉 陳澔의 주에 따르면 熟絹이다. '紕'는 ≪예기≫ 〈옥조〉 공영달의 소에 따르면 冠 양쪽과 冠卷 아래쪽 가선을 이른다. '縞冠素紕'는 冠과 冠卷 자체는 모두 縞를 사용하고 紕만 素를 사용하는 것이다. 縞는 生絹이어서 吉服에 가까우므로 大祥祭 때 朝服에 縞冠을 써서 점점 吉事에 나아가는 뜻을 나타낸다. 즉 호관은 純吉의 祭服은 아니며, 대상제를 지낸 뒤에는 素紕를 더한다.

그 빠름을 기롱한 것이다. 禮에 따르면 大祥祭를 지낸 뒤에는 〈신코 장식인〉 絇가 없는 흰색 신발을 신고, 素로 가선을 두른 縞冠을 착용한다. '有子'는 공자의 제자 有若이다.

【疏】'有子'至'組纓'. ○ 正義曰: 此一節明除喪失禮之事. 有子, 孔子弟子有若也. "蓋"是疑辭. 錄記之人傳聞有子旣祥而絲屨, 未知審否, 意以爲實, 故云蓋旣祥而絲屨, 以組爲纓也.

經의 〔有子〕에서 〔組纓〕까지

○ 正義曰: 이 절은 탈상한 뒤 예를 잃은 일을 밝힌 것이다. '有子'는 공자의 제자 有若이다. '蓋'는 의심하는 말이다. 기록하는 사람이 유자가 大祥祭를 마친 뒤에 生絲 신발 장식이 있는 신을 신었다는 말을 전해 들었는데, 확실한지 여부를 알 수 없으나 생각에 사실일 것이라 여겼으므로 '대상제를 지낸 뒤 생사로 신발 장식을 한 신을 신고 組로 관끈을 만들었던 듯하다.'라고 말한 것이다.

【疏】○ 注'譏其'至'有若'. ○ 正義曰: 此絲屨組纓, 禫後之服, 今旣祥而著, 故云"譏其早也". 云'禮, 旣祥, 白屨無(絇)〔約〕[1]', 戴德喪服變除禮文. 云'縞(호)冠素紕(비)'者, 玉藻文. 素紕當用素爲纓, 未用組, 今用素組爲纓, 故譏之. 案玉藻(云)云[2]"(玄)〔玄〕[3]冠綦(기)[4]組纓", 知此非綦組纓者, 若其綦組爲纓, 則當以(玄)〔玄〕色爲冠. 若旣祥(玄)〔玄〕冠, 則失禮之甚, 不應直譏組纓也. 案士冠禮"冬皮屨", "夏用葛", 無云"絲屨"者, 此絲屨, 以絲爲飾, 絇·繶(억)·純(준)[5]之屬, 故士冠禮云"白屨, 緇(치)[6]絇·繶·純, 纁(훈)[7]屨, 黑絇·繶·純." 鄭注屨人云"絇, 屨頭飾. 繶是縫中紃(순). 純, 緣也." 此有子蓋亦白屨,

以素絲爲繶·純也.

1) (絇)〔約〕: 저본에는 '絇(현)'으로 되어 있으나, 정현의 주에 의거하여 '約'로 바로잡았다.
2) (云)云 : 저본에는 '云云'으로 되어 있으나, 惠棟校宋本에 의거하여 '云' 1자를 衍文으로 처리하였다. 閩本·監本·毛本에는 첫 번째 '云'이 '文'으로 되어 있다.(阮元의 校勘記 참조)
3) (玄)〔玄〕: 저본에는 '玄'으로 되어 있으나, 淸 聖祖의 성명 愛新覺羅玄燁의 '玄'을 避諱한 것이므로, 원글자인 '玄'으로 돌려놓았다. 이하 '玄'도 동일하다. '玄'은 붉은 염료에 세 번 넣은 뒤 다시 검은 염료에 세 번 넣어 모두 여섯 번 물을 들인 것으로, 약간 붉은색을 띤 검은색이다. 위 03-12-01 '鄭云' 역주 참조.
4) 綦(기) : 蒼白色 또는 靑黑色이다.
5) 約繶(억)純(준) : '約'는 신코 장식으로, 구멍이 있어 신발끈을 꿰어서 맬 수 있다. '繶'은 신발 바닥과 신발 몸체가 만나는 곳에 가느다란 실끈으로 솔기의 중앙에 빙 둘러서 붙인 장식이다. '純'은 신발 입구의 가선을 이른다.
6) 緇(치) : 붉은 염료에 세 번 넣은 뒤 다시 검은 염료에 네 번 넣어 모두 일곱 번 물을 들인 것으로, 玄보다 조금 더 검은색이다. 위 03-12-01 '鄭云' 역주 참조.
7) 纁(훈) : 붉은색 염료에 세 번 넣은 진한 붉은 색으로, 붉은 염료에 한 번 더 넣으면 赤이 된다. 위 03-12-01 '鄭云' 역주 참조.

○ 注의 〔譏其〕에서 〔有若〕까지

○ 正義曰 : 〈〔譏其早也〕〉 이 '絲屨'와 '組纓'은 禫祭를 지낸 뒤의 복식인데 지금 大祥을 지낸 뒤에 착용하였으므로 '譏其早也'라고 한 것이다.

〔禮 旣祥 白屨無約〕 戴德의 ≪喪服變除禮≫ 글이다.

〔縞冠素紕〕 ≪禮記≫ 〈玉藻〉의 글이다. 素紕에는 마땅히 素로 관끈을 만들고 아직 組를 사용하지 못하는데, 지금 素組로 관끈을 만들었으므로 기롱한 것이다. 살펴보면 〈옥조〉에 이르기를 "〈士가 재계할 때 쓰는 冠은〉 玄冠에 綦組로 관끈을 만든다."라고 하였는데, 여기 〈단궁 상〉의 '縞冠素紕'가 綦組로 만든 관끈이 아님을 아는 것은, 만약 綦組로 관끈을 삼았다면 마땅히 玄色으로 冠을 만들어야 하기 때문이다. 만약 이미 大祥祭를 지낸 뒤에 玄冠을 쓴 것이라면 매우 예를 잃는 것이어서 단지 組纓만 기롱하지는 않았을 것이다. 살펴보면 ≪儀禮≫ 〈士冠禮〉에 이르기를 "겨울에는 가죽 신발을 신는다."라고 하고, "여름에는 칡으로 만든 신발을 사용한다."라고 하여 '絲屨'라는 말이 없는 것은, 여기의 絲屨는 絲로 장식을 삼는 것이니 約·繶·純의 등속이므로 〈사관례〉에 이르기를 "〈再加의 皮弁服에 신는〉 白屨는 구·억·준을 緇色으로 하고, 〈三加

의 爵弁服에 신는〉 纁屨는 구·억·준을 흑색으로 한다."라고 한 것이다. ≪周禮≫ 〈天官 屨人〉 정현의 주에 이르기를 "絇는 신발 머리 장식이다. 繶은 솔기 가운데의 끈이다. 純은 가선이다."라고 하였다. 여기 경문에서 有子는 아마도 白屨에 素絲로 억·준을 장식한 듯하다.

03-24-01 死而不弔者三이니

죽었더라도 조문하지 않는 경우가 세 가지이니,

【注】 謂輕身忘孝也라

몸을 가볍게 여겨 효를 잊은 것을 이른다.

畏와

〈오해로 인해 공격을 받는데도 해명하지 못하고〉 두려움 때문에 죽는 경우와,

【注】 人或時以非罪攻己로되 不能有以說之死之者라 孔子畏於匡[1]이라

1) 孔子畏於匡 : ≪論語≫ 〈子罕〉에 "공자는 匡 땅에서 두려움을 품었다.〔子畏於匡〕"라는 내용이 보인다.

다른 사람이 때로 자기의 죄가 아닌 것으로 자기를 공격하는데도 이를 해명하지 못하고 죽는 경우가 있다. 공자는 〈宋나라의〉 匡 땅에서 두려움을 품었다.

厭(압)과

〈위험한 장소 아래를 지나가거나 머물러서〉 깔려 죽는 경우와,

【注】 行止危險之下라

위험한 장소 아래로 지나가거나 머무는 것이다.

溺이니라

〈다리를 이용하거나 배로 건너지 않아서〉 물에 빠져 죽는 경우이다.

【注】不乘橋舡(강)[1)]이라

1) 舡(강) : 監本・毛本・岳本・嘉靖本・衛氏集說에는 '船'으로 되어 있다.(阮元의 校勘記 참조)

다리를 이용하거나 배를 타지 않은 것이다.

【疏】'死而'至'厭溺'. ○正義曰 : 此一節論非理橫死不合弔哭之事. ○'畏'謂有人以非罪攻已, 已若不有以解說之而死者, 則不弔. 鄭(玄)〔玄〕[1)]注引論語以證之, 明須解說也. 案世家云, 陽虎嘗侵暴於匡, 時又孔子弟子顔刻爲陽虎御車. 後孔子亦使刻御車, 從匡過. 孔子與陽虎相似, 故匡人謂孔子爲陽虎, 因圍, 欲殺之. 孔子自說, 故匡(又)〔人〕[2)]解圍也. 自說者, 謂卑辭遜禮. 論語注云[3)] "微服而去." 謂身著微服, 潛行而去, 不敢與匡人鬪, 以媚悅之也. ○'厭'謂行止危險之下, 爲崩墜所厭(압)殺也. ○'溺'謂不乘橋舡(강)而入水死者, 何(胤)〔胤〕[4)]云"馮河・潛泳, 不爲弔也." 除此三事之外, 其有死不得禮, 亦不弔. 故昭二十年, 衛齊豹欲攻孟縶(집), 宗魯事孟縶, 是時齊豹欲攻孟縶, 宗魯許齊豹攻之, 不告孟縶. 及孟縶被殺而死, 宗魯亦死之.[5)] 孔子弟子琴張欲往弔之, 孔子止之曰 "齊豹之盜, 而孟縶之賊. 女何弔焉." 杜預云 "言齊豹所以爲盜, 孟縶所以見賊, 皆由宗魯." 是失禮者亦不弔也.

1) (玄)〔玄〕 : 저본에는 '玄'으로 되어 있으나, 淸 聖祖의 성명 愛新覺羅玄燁의 '玄'을 避諱한 것이므로, 원글자인 '玄'으로 돌려놓았다. 이하 '玄'도 동일하다. 閩本・惠棟校宋本에는 '元'으로 되어 있다.(阮元의 校勘記 참조)

2) (又)〔人〕 : 저본에는 '又'로 되어 있으나, 監本・毛本에 의거하여 '人'으로 바로잡았다.(阮元의 校勘記 참조)

3) 論語注云 : ≪論語≫ 〈子罕〉에 "하늘이 이 文을 없애려 하지 않으셨으니, 匡 땅 사람들이 나를 어떻게 하겠는가.〔天之未喪斯文也 匡人其如予何〕"라는 구절에 대한 정현의 주에 "말을 마친 뒤에 마침내 미복 차림으로 떠났는데 광 땅의 병사들 역시 뒤쫓지 않았다.〔旣言 遂微服而去 兵亦不追也〕"라는 내용이 보인다.

4) (胤)〔胤〕 : 저본에는 '胤'으로 되어 있으나, 淸 世宗의 성명 愛新覺羅胤禛의 '胤'을 避諱한 것이므로 원글자인 '胤'으로 돌려놓았다.

5) 昭二十年……宗魯亦死之 : 이하의 내용이 ≪春秋左氏傳≫ 昭公 20년 조에 보인다. 宗魯는 齊豹가 추천하여 孟縶의 驂乘이 된 사람이다. 제표가 난을 일으키려 하면서 종로에게 자신이 맹집을 죽이려고 하니 맹집의 수레를 타지 말라고 하자, 종로는 제표의 추천을 받아 맹집을 섬길 수 있었다고 하여 은혜를 갚기 위해 이 사실을 맹집에게

고하지 않았고, 또 자신이 만약 도망간다면 자신을 훌륭한 사람이라고 추천했던 제표의 말을 거짓으로 만드는 것이라고 하여 자신도 같이 죽겠다고 하였다. 종로는 맹집의 수레를 몰고 가다가 제표가 맹집을 공격하자 이를 막다가 죽었다. '縶'의 음은 ≪춘추좌씨전≫ 昭公 7년 조 陸德明의 音義에 '집〔張立反〕'이라고 하였다.

經의 〔死而〕에서 〔厭溺〕까지

○ 正義曰 : 이 절은 이치에 맞지 않은 일로 횡사했을 때 弔哭해서는 안 되는 일을 논한 것이다.

○ 〔畏〕 자기의 죄가 아닌 것으로 자기를 공격하는 사람이 있는데도 자기가 만약 이를 해명하지 않아서 죽는다면 조문하지 않는다는 말이다. 정현의 주에서는 ≪論語≫를 인용하여 이를 증명하였으니, 해명해야 함을 밝힌 것이다. 살펴보면 ≪史記≫ 〈孔子世家〉에 이르기를, 陽虎가 일찍이 〈宋나라의〉 匡 땅에서 포악하게 군 일이 있었는데, 당시 또 공자의 제자 顔刻이 양호를 위해 수레를 몰았었다. 후에 공자가 또한 안각에게 수레를 몰게 하고서 광 땅을 지나갔다. 공자가 양호와 모습이 비슷하였으므로 광 땅 사람들이 공자를 양호라고 여겨서 이로 인해 〈공자를〉 포위하고 죽이려 하였는데, 공자가 스스로 해명하였으므로 광 땅 사람들이 포위를 풀었다. '스스로 해명했다'는 것은, 말을 낮추고 예를 겸손히 한 것을 이른다. ≪논어≫ 〈子罕〉 정현의 주에 이르기를 "微服 차림으로 떠났다."라고 하였으니, 몸에 미복을 입고 몰래 길을 떠나 감히 광 땅 사람들과 싸우지 않음으로써 비위를 맞추어주었다는 말이다.

○ 〔厭〕 위험한 장소 아래로 지나가거나 머물러서 무너져 깔려 죽게 됨을 이른다.

○ 〔溺〕 다리를 이용하거나 배를 타지 않고 물에 들어갔다가 죽은 자를 이르니, 何胤이 말하기를 "맨몸으로 물을 건너거나 潛泳한 경우에는 조문하지 않는다."라고 하였다. 이 세 가지 일을 제외하고도 죽음이 예를 얻지 못했으면 또한 조문하지 않는다. 그러므로 魯 昭公 20년에 衛나라 齊豹가 孟縶을 공격하려고 했을 때 宗魯가 맹집을 섬겼는데, 이때 제표가 맹집을 공격하려고 하자 종로는 제표가 공격하는 것을 허락하고 맹집에게 고하지 않았다. 맹집이 피살되어 죽자 종로 또한 죽었다. 공자의 제자 琴張이 〈종로에게〉 가서 조문하려고 하자, 공자가 만류하며 말하기를 "〈종로로 인해〉 제표가 〈아랫사람으로서 윗사람을 불법으로〉 죽여서 〈衛나라 군주의 형인〉 맹집이 피살되었는데, 네가 어찌 조문하려고 하느냐?"라고 하였다. 杜預가 말하기를 "제표가 죽인 원인과 맹집이 피살된 원인이 모두 종로로 말미암았다는 말이다."라고 하였다. 이것이 예를 잃은 경우에는 마찬가지로 조문하지 않는 것이다.

03-25-01 子路有姊之喪이러니 **可以除之矣而弗除也**한대 **孔子曰**하사되 **何弗除也**오 **子路曰**호되 **吾寡兄弟而弗忍也**로이다 **孔子曰**하사되 **先王制禮**는 **行道之人**이 **皆弗忍也**니라

子路에게 〈시집간〉 누나의 喪이 있었는데, 〈大功 9개월의〉 상복을 벗을 때가 되었는데도 벗지 않자 공자께서 물으셨다. "어찌하여 벗지 않는가?"

자로가 대답하였다. "제가 형제가 적어 〈누님을 위한 상복을〉 차마 벗지 못하겠습니다."

공자께서 말씀하셨다. "선왕이 만든 예는 인의를 행하는 사람들이 모두 차마 못하는 마음이 있다."

大功服

【注】行道는 **猶行仁義**라

'行道'는 '仁義을 행하다'라고 하는 것과 같다.

子路聞之하고 **遂除之**하니라

자로가 이 말씀을 듣고 마침내 상복을 벗었다.

【疏】'子路'至'除之'. ○ 正義曰：庾蔚云 "子路緣姊妹無主後, 猶可得反服[1], 推己寡兄弟, 亦有申其本服之理. 故於降制已遠而猶不除, 非在室之姊妹欲申服過期也. 是子路已事仲尼, 始服姊喪, 明姊已出嫁, 非在室也."

1) 姊妹無主後 猶可得反服：≪儀禮≫ 〈喪服〉 '大功九月' 조에 "시집간 고모·누나·여동생·딸을 위하여 입는다.〔姑姊妹女子子適人者〕"라고 하였고, 또 '齊衰不杖期' 조에 "시집간 고모·누나·여동생·딸에게 제사를 주관할 자가 없는 경우 이들을 위하여 입는다.〔姑姊妹女子子適人無主者〕"라고 하였다. 정현의 주에 "제사를 주관할 후사가 없는 자는 사람들이 가엾게 여기는 사람이므로 차마 〈本服을 낮추어〉 降服하지 못하는 것이

다.〔無主後者 人之所哀憐 不忍降之〕"라고 하였다.

經의 〔子路〕에서 〔除之〕까지

○ 正義曰：庾蔚之가 말하였다. "子路는 자매에게 제사를 주관할 후사가 없으면 오히려 〈齊衰不杖期의〉 本服으로 돌아가 입을 수 있다는 것으로 인해 자신이 형제가 적으니 마찬가지로 본복을 펴서 입을 이치가 있다고 미루어 추정하였다. 그러므로 〈大功九月의〉 降服하는 제도에 〈시간이〉 이미 많이 지났는데도 여전히 상복을 벗지 않은 것이지, 시집가지 않은 자매에게 본복을 펴서 입어 喪期를 넘고자 한 것이 아니다. 이것은 자로가 이미 공자를 섬긴 뒤에야 누나의 상에 服을 입은 것이니, 누나는 이미 시집갔으며 집에 있었던 것이 아님이 분명하다."

附 錄

〔附 錄〕

1. ≪禮記正義≫에 인용된 주요 註釋家

• 高堂生 : ?~?. 西漢의 예학가로, 高堂은 復姓이며 이름은 伯이다. 今文 禮學의 최초의 전수자로, ≪士禮≫ 17편 즉 今本≪儀禮≫를 전하였다.

• 郭 璞 : 276~324. 晉나라의 문학가이자 훈고학자로, 字는 景純이다. 方術士로 유명하다. 王隱과 함께 ≪晉史≫를 편찬했다.

• 盧 植 : 139~192. 東漢 말의 경학가로, 字는 子干이다. ≪尙書章句≫·≪三禮解詁≫ 등을 저술하였으나 일실되었다.

• 雷次宗 : 386~448. 남조 宋나라의 佛學家로, 字는 仲倫이다. 저명한 佛學大師인 慧遠大師에게 三禮와 ≪毛詩≫를 배웠으며, 東林十八賢의 한 사람이다.

• 盧文弨 : 1717~1795. 淸나라의 저명한 校勘學家로, 字는 召弓 또는 紹弓이다. ≪逸周書≫·≪孟子音義≫·≪荀子≫·≪呂氏春秋≫·≪賈誼新書≫·≪韓詩外傳≫·≪春秋繁露≫·≪方言≫·≪白虎通≫ 등 210여 종을 교감하였다.

• 段玉裁 : 1735~1815. 淸나라의 저명한 訓詁學家로, 字는 若膺이다. ≪說文解字注≫·≪六書音韻表≫·≪古文尙書撰異≫·≪毛詩故訓傳定本≫·≪經韻樓集≫ 등을 저술하였다.

• 馬 融 : 79~166. 東漢의 경학가로, 字는 季長이다. 동한의 명장인 馬援의 從孫이며, 鄭玄의 스승이다. ≪禮記注≫·≪周禮注≫ 등을 저술하였으나 일실되었다.

• 徐 氏 : 徐邈 또는 徐爰을 가리킨다. 徐邈(172~249)은 삼국시대 魏나라 사람으로 ≪禮記音≫ 1권을 저술하였으며, 徐爰(394~475)은 남조 宋나라 사람으로 ≪禮記音≫ 3권을 저술하였다.

• 徐 鉉 : 916~991. 北宋 때의 大臣이자 서법가로, 字는 鼎臣이다. 아우인 南唐의 훈고학자 徐鍇(920~974)와 함께 江東二徐로 불렸다. ≪說文解字≫를 교정하였으며, ≪文苑英華≫의 편찬에 참여하였다.

• 孫志祖 : 1737~1801. 淸나라의 藏書家로, 字는 貽穀 또는 頤穀이다. ≪文選考異≫·≪孔子家語疏證≫·≪文選注補正≫·≪讀書脞錄≫ 등을 저술하였다.

• 沈 重 : 500~583. 北齊의 경학가로, 字는 子厚이다. ≪詩≫·≪禮≫·≪春秋左氏傳≫에 정통하였다. 저술에 ≪周禮義≫·≪儀禮義≫·≪禮記義≫·≪毛詩義≫·≪喪服經義≫·≪周禮音≫·≪儀禮音≫·≪禮記音≫·≪毛詩音≫ 등이 있다.

• 王 肅 : 195~256. 삼국시대 魏나라의 경학가로, 字는 子雍이다. 晉 文帝 司馬昭의 장인이다. ≪孔子家語≫·≪孔叢子≫ 등을 편찬했으며, 그의 經學 注는 王學으로 불린다.

• 熊安生 : 北齊~北周의 경학가로, 字는 植之이다. 北學의 대표적인 학자로 三禮에 정통하였

다. ≪周禮≫·≪禮記≫·≪孝經≫에 대한 義疏를 저술하였으나 일실되었다.

- 衛 湜 : 南宋의 학자로, 字는 正叔이다. ≪禮記集說≫ 160권을 저술하였다.
- 庾蔚之 : ?~?. 남조 宋나라의 학자이다. ≪喪服世要≫·≪禮答問≫·≪禮記略解≫를 저술하였으나 일실되었다.
- 劉 向 : B.C. 77~B.C. 6. 西漢의 宗室大臣이자 문학가로, 原名은 劉更生이며 字는 子政이다. 경학가인 劉歆의 부친이다. 중국 최초의 도서목록인 ≪別錄≫을 편찬하였으나 일실되었고, 현존하는 편찬서로 ≪新序≫·≪說苑≫·≪列女傳≫·≪戰國策≫·≪五經通義≫ 등이 있다.
- 陸德明 : 550?~630. 唐나라의 경학가이자 훈고학자로, 이름은 元朗, 字는 德明이다. 秦王府 18學士의 한 사람이다. ≪經典釋文≫ 30권 및 ≪周易注≫·≪周易兼義≫·≪易釋文≫ 등을 저술하였다.
- 田 瓊 : ?~?. 東漢 사람으로, 鄭玄의 제자이다.
- 鄭 衆 : ?~83. 東漢 초의 경학가로, 字는 仲師이다. 名儒인 鄭興의 아들이다. 大司農을 역임하였다. 일족인 鄭玄과 구별하여 先鄭이라 불리며, 환관인 鄭衆과 구별하여 鄭司農이라 불린다. 저술에 ≪春秋左氏傳條例≫ 9권, ≪孝經注≫ 2권이 있다.
- 鄭 興 : ?~?. 東漢 초의 경학가로, 字는 少贛이다. 大中大夫를 역임하였다. 특히 ≪春秋公羊傳≫·≪春秋左氏傳≫에 정통하였다.
- 陳 鏗 : ?~?. 東漢 사람으로, 鄭玄의 제자이다.
- 崔靈恩 : ?~?. 남조 梁나라의 학자로, 三禮·三傳에 정통하였다. ≪毛詩集註≫ 20권, ≪周禮集註≫ 40권, ≪三禮義宗≫ 47권, ≪左氏經傳義≫ 20권, ≪左氏條例≫ 10권, ≪公羊穀梁文句義≫ 10권 등을 저술하였다.
- 浦 鏜 : ?~?. 淸나라의 학자로, 字는 金堂이다. ≪理學淵源≫ 10권, ≪續經義考≫ 40권, ≪鑑古錄≫ 16권, ≪文章指南≫ 4권, ≪隱拙齋詩集≫ 40권, ≪文集≫ 20권, ≪盥書雜著≫ 4권, ≪十三經注疏正字≫ 81권 등을 저술하였다.
- 何 胤 : 446~531. 남조 梁나라의 학자로, 字는 子季이다. ≪禮記隱義≫ 20권, ≪禮答問≫ 55권, ≪毛詩隱義≫ 10권, ≪百法論≫注, ≪周易≫注 등을 저술하였다.
- 賀 瑒 : 452~510. 남조 梁나라의 경학가로, 字는 德璉이다. 三禮에 정통하였으며, ≪五經義≫ 등을 저술하였다.
- 惠 棟 : 1697~1758. 淸나라의 藏書家이자 校勘學家로, 字는 定宇이다. ≪九經古義≫·≪明堂大道錄≫·≪後漢書補正≫·≪周易本義辨證≫·≪山海經訓纂≫·≪松崖筆記≫·≪松崖文鈔≫ 등의 저술이 있다.
- 許 愼 : 58?~147? 東漢의 저명한 경학가로, 字는 叔重이다. ≪說文解字≫·≪五經異義≫·≪淮南鴻烈解詁≫ 등을 저술하였다.
- 皇 侃 : 488~545. 남조 梁나라의 경학가로, 三禮學과 ≪孝經≫·≪論語≫에 정통하였다. ≪禮記義疏≫ 50권을 저술하였으나 일실되었다.

〔附 錄〕

2. ≪禮記正義 3≫ 參考書目

◇ 底本

- ≪禮記正義≫, 阮元(淸) 校刻, 十三經注疏(淸 嘉慶 20年(1815) 江西南昌府學開雕 阮元校刻), 中華書局, 2009.

◇ 주요 참고도서

- ≪經典釋文・禮記音義≫, 陸德明 撰, 국립중앙도서관(古092-13-100), 同治10(1871).
- ≪禮記正義≫, 十三經注疏整理本編纂委員會, 上海：上海古籍出版社, 2010.
- ≪禮記正義≫, 十三經注疏整理委員會, 北京：北京大學出版社, 2000.
- ≪禮記大文諺讀≫, 成三問 等 受命編, 古活字本(戊申字), 校書館, 1767.
- ≪十三經注疏校記≫, 孫詒讓全集編纂工作機構, 北京：中華書局, 2009.

◇ 十三經注疏

- ≪周易正義≫, 阮元(淸) 校刻, 十三經注疏(淸 嘉慶刊本), 北京：中華書局, 2009.
- ≪尙書正義≫, 阮元(淸) 校刻, 十三經注疏(淸 嘉慶刊本), 北京：中華書局, 2009.
- ≪毛詩正義≫, 阮元(淸) 校刻, 十三經注疏(淸 嘉慶刊本), 北京：中華書局, 2009.
- ≪周禮注疏≫, 阮元(淸) 校刻, 十三經注疏(淸 嘉慶刊本), 北京：中華書局, 2009.
- ≪儀禮注疏≫, 阮元(淸) 校刻, 十三經注疏(淸 嘉慶刊本), 北京：中華書局, 2009.
- ≪禮記正義≫, 阮元(淸) 校刻, 十三經注疏(淸 嘉慶刊本), 北京：中華書局, 2009.
- ≪春秋左傳正義≫, 阮元(淸) 校刻, 十三經注疏(淸 嘉慶刊本), 北京：中華書局, 2009.
- ≪春秋穀梁傳注疏≫, 阮元(淸) 校刻, 十三經注疏(淸 嘉慶刊本), 北京：中華書局, 2009.
- ≪春秋公羊傳注疏≫, 阮元(淸) 校刻, 十三經注疏(淸 嘉慶刊本), 北京：中華書局, 2009.
- ≪論語注疏≫, 阮元(淸) 校刻, 十三經注疏(淸 嘉慶刊本), 北京：中華書局, 2009.
- ≪爾雅注疏≫, 阮元(淸) 校刻, 十三經注疏(淸 嘉慶刊本), 北京：中華書局, 2009.
- ≪孟子注疏≫, 阮元(淸) 校刻, 十三經注疏(淸 嘉慶刊本), 北京：中華書局, 2009.
- ≪孝經注疏≫, 阮元(淸) 校刻, 十三經注疏(淸 嘉慶刊本), 北京：中華書局, 2009.

◇ 字典 및 기타 참고도서

- ≪經史答問校證≫, 朱駿聲(清), 樊波成校證, 上海：華東師範大學出版社, 2010.
- ≪經典釋文≫, 陸德明(唐), 文淵閣四庫全書 182, 臺北：商務印書館, 1983.
- ≪經學歷史≫, 皮錫瑞(淸), 周予同注釋, 北京：中華書局, 1959(2008 重印).
- ≪考工記譯注≫, 聞人軍, 上海：上海古籍出版社, 2008.
- ≪古代漢語≫, 王力, 北京：中華書局, 2004.
- ≪古漢語同實異名詞典≫, 楊士首・楊北寧, 吉林：吉林教育出版社, 1995.
- ≪大戴禮記匯校集解≫, 方向東, 北京：中華書局, 2008.
- ≪禮記≫, 楊天宇注說, 開封：河南大學出版社, 2010.
- ≪禮記成書考≫, 王鍔, 北京：中華書局, 2007.
- ≪禮書通考≫, 黃以周(淸), 北京：中華書局, 2007.
- ≪史諱擧例≫, 陳垣, 北京：中華書局, 2006.
- ≪三禮圖集注≫, 聶崇義(宋), (文淵閣)四庫全書 129, 臺北：商務印書館, 民國72(1983)
- ≪三禮辭典≫, 錢玄・錢興奇, 南京：江蘇古籍出版社, 1998.
- ≪三禮通論≫, 錢玄, 南京：南京師範大學出版社, 1996.
- ≪商周彝器通考≫, 容庚, 上海：上海人民出版社, 2008.
- ≪先秦文化研究≫, 姚政, 成都：巴蜀書社, 2004.
- ≪說文解字≫, 許愼(後漢), 文淵閣四庫全書 223, 臺北：商務印書館, 民國72(1983)
- ≪說文解字今釋≫, 湯可敬, 長沙：岳麓書社, 2002.
- ≪說文解字注≫, 許愼(後漢), 段玉裁注, 上海：上海古籍出版社, 2011.
- ≪禮經釋例≫, 凌廷堪(淸), 彭林交點, 北京：北京大學出版社, 2012.
- ≪禮書≫, 孫希旦(淸), 續修四庫全書 103, 上海：上海古籍出版社, 1995.
- ≪禮書通故≫, 黃以周(淸), 續修四庫全書 112, 上海：上海古籍出版社, 1995.
- ≪六經圖≫, 楊甲(南宋), 文淵閣四庫全書 183, 臺北：商務印書館, 1983.
- ≪王力古漢語字典≫, 王力, 北京：中華書局, 2005.
- ≪倭漢三才圖會≫, 寺島良安(日本), 서울：韓國學資料院, 2011.
- ≪儀禮圖≫, 張惠言(淸), 續修四庫全書 91, 上海：上海古籍出版社, 1995.
- ≪儀禮釋官≫, 胡匡衷, 續修四庫全書 89, 上海：上海古籍出版社, 1995.
- ≪儀禮釋宮增注≫, 江永(淸), 文淵閣四庫全書 109, 臺北, 商務印書館, 民國72(1983).
- ≪儀禮正義≫, 胡培翬(淸), 江蘇古籍出版社, 1993.

- ≪日知錄≫, 顧炎武(淸), 文淵閣四庫全書 858, 臺北：商務印書館, 民國72(1983)
- ≪鄭玄三禮注硏究≫, 楊天宇, 天津：天津人民出版社, 2007.
- ≪周代的采邑制度≫, 呂文郁, 北京：社會科學文獻出版社, 2006.
- ≪周禮圖說≫, 王應電(明), 文淵閣四庫全書 96, 臺北：商務印書館, 1983.
- ≪中國古代文化史≫ , 陰法魯・許樹安, 北京：北京大學出版社, 2005.
- ≪中國官制大辭典≫, 兪鹿年, 哈爾濱：黑龍江人民出版社, 1998.
- ≪中國歷代人名大辭典≫, 張撝之外, 上海：上海古籍出版社, 1999.
- ≪中國歷史紀年表≫, 方時銘, 上海：上海人民出版社, 2007.
- ≪中國歷史大事典≫, 張海鵬 主編, 山東大學出版社, 2000.
- ≪春秋左傳詞典≫, 楊伯峻・徐提, 北京：中華書局, 1985.
- ≪春秋左傳人物譜≫, 方朝暉, 濟南：齊魯書社, 2001.
- ≪春秋左傳注≫, 楊伯峻, 北京：中華書局, 2000.
- ≪漢代物質文化資料圖說≫, 孫機, 北京：文物出版社, 1990.
- ≪漢語大詞典≫, 羅竹風, 北京：漢語大詞典出版社, 1995.
- ≪欽定四庫全書總目(整理本)≫, 紀昀(淸)等, 北京：中華書局, 1997.

◇ 電子文獻 및 Web DB

- 동양고전종합DB (http://db.cyberseodang.or.kr)
- 이체자정보검색 (http://db.itkc.or.kr/DCH/)
- 電子版 文淵閣四庫全書, 上海古籍出版社.
- 中國基本古籍庫, 黃山書社.
- 한국고전종합DB (http://db.itkc.or.kr)

3. ≪禮記正義 3≫ 參考圖版 目錄 및 出處

4. ≪禮記正義≫ 總目次

• QR코드를 스캔하면 ≪禮記正義≫ 總目次를 볼 수 있습니다.

5. ≪禮記正義≫ 解　題

• QR코드를 스캔하면 ≪禮記正義≫ 解題를 볼 수 있습니다.

責任飜譯

李霜芽

民族文化推進會(現 한국고전번역원) 부설 國譯硏修院 常任硏究部 卒業
成均館大學校 한문고전번역협동과정 문학석사
成均館大學校 한문고전번역협동과정 문학박사
成均館大學校 대동문화연구원 책임연구원(現)

論文 및 譯書

論文 〈茶山 丁若鏞의 ≪家禮酌儀≫ 譯註〉(석사학위논문)
〈茶山 丁若鏞의 ≪祭禮考定≫ 譯註〉(박사학위논문)
〈三虞와 卒哭의 同異에 대한 小考〉
譯書 ≪無名子集 7, 8, 15, 16≫ ≪三山齋集 1~5≫
共譯 ≪禮記正義 1, 2≫ ≪大學衍義 1~5≫ ≪記言 1≫
≪日省錄≫(영조 3, 정조 98) ≪校勘學槪論≫ ≪注釋學槪論 1, 2≫

共同飜譯

趙埈暭

成均館 翰林院 修了
銀臺學堂 史料硏究 專門課程 修了
成均館大學校 한문고전번역협동과정 문학박사
韓國古典飜譯院 연구원(現)

論文 및 譯書

論文 〈柳健休 ≪東儒論語解集評≫의 硏究 및 譯註〉(박사학위논문)
〈≪東儒四書解集評≫의 寫本과 그 가치〉
〈한국 古典籍 분류체계 試論〉
共譯 ≪禮記正義 1, 2≫ ≪大學衍義 1~5≫ ≪韓國行草序跋文選 1≫
≪語解集評≫ ≪校勘學槪論≫ ≪注釋學槪論 1, 2≫

懸　　吐

成百曉

忠南 禮山 出生

家庭에서 父親 月山公으로부터 漢文 修學

月谷 黃璟淵, 瑞巖 金熙鎭 先生 師事

民族文化推進會 國譯研修院 修了

高麗大學校 教育大學院 漢文教育科 修了

傳統文化研究會 副會長

한국고전번역원 부설 고전번역교육원 名譽漢學教授(現)

해동경사연구소 소장(現)

論文 및 譯書

論文 〈艮齋의 性理說小考〉〈燕岩의 學問思想研究〉

飜譯 四書集註 ≪詩經集傳≫ ≪書經集傳≫ ≪周易傳義≫

≪古文眞寶≫ ≪牛溪集≫ 등 數十種 國譯

≪宣祖實錄≫ ≪宋子大全≫ ≪茶山集≫ ≪退溪集≫ 등 共譯

十三經注疏
譯註 禮記正義 3 28,000원

2023년 12월 10일 초판 인쇄
2023년 12월 20일 초판 발행

企劃編輯 東洋古典飜譯編輯委員會
飜譯研究管理 南賢熙
注 鄭玄 疏 孔穎達
責任飜譯 李霜芽
共同飜譯 趙埈暭
懸 吐 成百曉
潤 文 朴勝珠
校 訂 郭成龍
出 版 白俊哲
裝 幀 김진디자인

發行人 郭成文

發行處 社團法人 傳統文化研究會
서울시 종로구 삼일대로 428 낙원빌딩 411호
전화 : (02)762-8401 전송 : (02)747-0083
전자우편 : juntong@juntong.or.kr
사이버書堂 : cyberseodang.or.kr
온라인서점 : book.cyberseodang.or.kr
등록 : 1989. 7. 3. 제1-936호

인쇄처 : 한국법령정보주식회사(02-462-3860)
총 판 : 한국출판협동조합(070-7119-1750)

ISBN 979-11-5794-569-6 94140
978-89-91720-93-0 (세트)

※ 이 책은 2023년도 교육부 고전문헌 국역지원사업 지원비에 의해 출판되었음.